Frank Bösch
Macht und Machtverlust

Frank Bösch

Macht und Machtverlust

Die Geschichte der CDU

DEUTSCHE VERLAGS-ANSTALT
STUTTGART MÜNCHEN

Die Deutsche Bibliothek – CIP-Einheitsaufnahme
Ein Titeldatensatz für diese Publikation ist bei
Der Deutschen Bibliothek erhältlich.

© 2002 by Deutsche Verlags-Anstalt, Stuttgart München
Alle Rechte vorbehalten
Umschlaggestaltung: Bauer + Möhring, Berlin
Coverfoto: © Ullstein Bilderdienst
Satz und Layout: BK-Verlagsservice, München
Druck und Bindung: Freiburger Graphische Betriebe, Freiburg i. Br.
Printed in Germany
ISBN 3-421-05601-3

Inhalt

Vorbemerkung 7

Vom Christlichen Sozialismus
zur Neuen Sozialen Marktwirtschaft:
Programme, Politik und Selbstverständnis
10

Von Adenauer zu Merkel:
Parteiführung und Parteiorganisation
73

Vom Spendensystem zur Spendenkrise:
Die Finanzen der CDU
156

Vom Milieu zur Bürgerpartei:
Gesellschaftsbindungen und Wahlerfolge
191

Von der Partei der Wählerinnen zur Quorumspartei:
Die CDU und die Frauen
240

Rückblick – Der Wandel der CDU
266

Dank **276**
Anmerkungen **277**
Abkürzungen **295**
Literatur- und Quellenauswahl **297**
Personenregister **305**
Sachregister **309**

Vorbemerkung

Am 27. November 1964 nahm Helmut Kohl das erste Mal an einer Sitzung des Bundesvorstandes teil. Wie stets eröffnete ein langatmiger Lagebericht die Versammlung. Kanzler Ludwig Erhard verteidigte darin seine Politik, fand aber auch deutliche Worte gegen die Parteireformen, die einige Christdemokraten neuerdings forderten: »Mitglieder sind ganz schön, aber im Grunde genommen wollen wir gar keine Mitgliederpartei werden. Wir wollen nämlich nicht die Apparaturen herrschen lassen, sondern wir wollen verantwortungsbewusste Männer an der Spitze des Staates stehen haben.«[1] Anschließend rief der Parteivorsitzende Konrad Adenauer zu einem zweiten längeren Referat auf. Die angekündigte Diskussion könne man ja nach hinten schieben.

Dem jungen Helmut Kohl platzte daraufhin der Kragen. Geradezu aufbrausend fuhr er Adenauer ins Wort. Es sei »ein uraltes CDU-Rezept, durch eine Fülle von Referaten die Zeit so auszudehnen, dass nachher für die Diskussion kein Raum mehr da ist.« »Ich will keine Mohrenwäsche machen, sondern nur das ganz klarstellen, was der Bundesvorstand ist: ein führendes Gremium der Partei, ja das Führungsgremium der Partei.« Mit drastischen Worten verlangte Kohl eine offene Diskussion und eine geschlossene Führungsspitze. Adenauer sollte seine Querschüsse gegenüber dem neuen Kanzler Erhard unterlassen, da sie dem Ansehen der Partei schadeten. Denn »die größten Verdienste um unsere Partei auf der einen Seite rechtfertigen nicht, dass daraus ein irgendwie geartetes, ich will nicht sagen Recht, aber Möglichkeit herauskommen könnte, etwa jetzt in dieser zweiten Phase der deutschen Politik oder auch der CDU/CSU, der Partei Abbruch zu tun«.[2]

Auch in den folgenden Jahren blieb Kohl einer der mutigsten Reformer in der Parteiführung. Kaum jemand hätte damals vermutet, dass er einige Jahrzehnte später selbst genau diese Vorwürfe zu hören bekäme. Doch genau das trat ein. Am Ende seiner eigenen Kanzlerzeit musste Kohl sich ebenfalls von jungen Reformern und alten Weggefährten vorhalten lassen, er habe die freie Diskussion unterbunden, den Vorstand entmachtet und trotz seiner Verdienste dem Ansehen der Partei geschadet.[3] Helmut Kohls Leben verkörperte damit zwei Seiten der CDU-Geschichte: Er stand sowohl für das Reformpotential seiner Partei als auch für die große Beharrungskraft langlebiger Traditionen. Denn Kohl hatte eben nicht nur gegen Adenauers Parteiführung opponiert, sondern war auch von ihr geprägt worden. Dadurch übernahm er vieles, was er einst kritisiert hatte.

Diese Dialektik findet sich häufig in der Geschichte der CDU. Die Christdemokraten entwickelten sich eben nicht gradlinig zu einer »modernen Volkspartei«[4]. Altes und Neues wechselte sich ab, überlagerte sich und ragte oft zur Unzeit wieder unerwartet hervor. Jüngst gab die Spendenaffäre ein Beispiel dafür. In vielen Bereichen profitierte die Union von den machtvollen Traditionsüberhängen ihrer Geschichte. Zugleich waren diese immer wieder eine Last, wenn sie sich um Reformen bemühte. Unbeweglich war die Union sicher nicht. Trotz ihres eher konservativen Partei-Images verstand sie es immer wieder, sich an gesellschaftliche Veränderungen anzupassen.

Wie und mit welchem Erfolg sich die CDU in den letzten sechs Jahrzehnten wandelte, ist das Thema dieses Buches. Es handelt von der Entwicklung ihrer Programme und ihrer Politik, vom Wandel ihrer Parteiführung, ihrer Organisation und ihrer Finanzen. Ebenso betrachtet es die Veränderungen bei ihrer Wählerschaft, bei ihren Mitgliedern und bei ihren gesellschaftlichen Bindungen. Es geht sowohl um das Innenleben der Partei wie um ihre Außenwirkung. Zudem greift die Studie ein kaum beachtetes Thema auf, das quer zu allen genannten Ebenen steht: Es fragt, welche Rolle Frauen in der wechselvollen Geschichte der Christdemokraten spielten. Eine wirkliche Vollständigkeit kann und will der überschaubare Band sicher nicht erlangen. Ganz ausgelassen wurde etwa die CDU in der DDR, die außer dem Namen nur wenig mit der Westpartei gemein hatte. Aber dennoch dürfte der Leser ein breites Kaleidoskop erhalten, das Schlüsselfragen der CDU aus historischer Perspektive beleuchtet.

Macht und Machtverlust, Regierungszeit und Opposition, markieren die tiefen Einschnitte der CDU-Geschichte. Sie gaben den Rhythmus vor, in dem sich die Partei entwickelte. Ihr Wechselspiel bestimmte, welche Rolle die Programme, Vorstände oder Parteireformen jeweils spielten. Das Buch überlegt deshalb immer wieder, welche Parallelen sich zwischen den beiden Oppositionsphasen und zwischen der Ära Adenauer und Kohl ausmachen lassen. Der Titel »Macht und Machtverlust« verweist zugleich auf die Frage, ob die Union langfristig ihre Erfolgsressourcen verliert. In die Zukunft sehen kann niemand. Aber aus einem sorgfältigen Blick auf die Vergangenheit lassen sich zumindest die Probleme und Perspektiven ableiten, die der CDU im nächsten Jahrzehnt bevorstehen.

Vom Christlichen Sozialismus zur Neuen Sozialen Marktwirtschaft: Programme, Politik und Selbstverständnis

Nach Helmut Kohls Rücktritt hatte die CDU große Probleme, sich programmatisch zu profilieren. Es fiel ihr schwer, innovative Anstöße einzubringen und alte Ansätze neu zu beleben. Zudem gelang es ihr häufig nicht, eine einheitliche Linie zu finden. Und selbst wenn sie diese erreichte, entwerteten nicht selten die Proteste der CSU ihre Entwürfe. Die Schuld an diesen programmatischen Defiziten wurde schnell der Parteiführung um Angela Merkel angelastet. Tatsächlich hatte die Union aber in ihrer über fünfzigjährigen Geschichte häufig ein äußerst schwieriges Verhältnis zu Programmen. Denn die Christdemokraten sahen sich vornehmlich als pragmatische Regierungspartei, nicht als Partei der papierenen Entwürfe. Seit den siebziger Jahren wuchs zwar die Zahl ihrer programmatischen Schriften. Eine vergleichbare Bedeutung wie das Godesberger Programm der SPD oder die liberalen Freiburger Thesen erreichten sie aber nie. In gewisser Weise galt für die Union, was Kurt Biedenkopf 1993 überspitzt formulierte: »Die CDU ist keine Programmpartei. Mit Programmen werden in der Union gewöhnlich diejenigen beschäftigt, die man damit gern beschäftigen möchte, damit sie ansonsten kein Unheil anrichten.«[1] Statt Integration und Identität schufen die Programme oft Frustrationen. Da Biedenkopf selbst in den programmatisch bewegten siebziger Jahren Generalsekretär war, wusste er, wovon er sprach.

Während ihrer Regierungsjahre barg diese Programmabstinenz zahlreiche Vorteile. Die Christdemokraten verstrickten sich eben nicht in endlose Diskussionen, sondern gewährten ihren Kanzlern und Wahlkampfmanagern große Spielräume. Die erfolgreichen Entscheidungen ihrer Kabinette prägten ihr Selbstverständnis. Umgekehrt hatte die Union bereits in ihrer ersten Oppositionszeit zunächst Schwierigkeiten, zugkräftige Themen zu plazieren.

In den siebziger Jahren wurde ihr schrittweise bewusst, wie wichtig eine programmatische Kursbestimmung ist. Denn schließlich sollte der Wähler wissen, was die Oppositionspartei eigentlich besser machen wollte. Nun erst folgten intensive Programmdiskussionen, in denen die CDU ihre neuen und alten Standpunkte auslotete.

Nicht allein ihr erneuter Wechsel in die Opposition 1998 macht den Blick auf die Programmgeschichte der Union so interessant. Unabhängig von ihrer Gestaltungskraft sind Programme eine vorzügliche Quelle, um das sich wandelnde Selbstverständnis der Christdemokraten zu verfolgen. Das reichte immerhin vom »christlichen Sozialismus« der Gründungsaufrufe bis hin zur liberalen »Neuen Sozialen Marktwirtschaft« unter Angela Merkel. Gerade bei einer eher konservativen Partei ist es besonders spannend zu fragen, wann und wie sie eigentlich auf den gesellschaftlichen Wertewandel reagierte. Zugleich führten die Programme zu innerparteilichen Debatten, die einiges über die unterschiedlichen Standpunkte und die Machtverteilung verrieten. Sie korrespondierten mit der Regierungspolitik, zeigten aber auch eigene Positionen, die unabhängig von Koalitionspartnern getroffen wurden.

Eine Programmanalyse alleine reicht freilich nicht aus, um das Selbstverständnis der Christdemokraten zu erfassen. Während ihrer Regierungszeit hatten die grundlegenden politischen Entscheidungen schlichtweg programmatischen Charakter. Wer die Ziele und Ergebnisse der Christdemokraten systematisch bewerten will, muss daher eher das Wechselspiel zwischen ihrer Politik und ihrer Programmatik betrachten, das im hohen Maße dem Wechsel von Regierungs- und Oppositionszeit, von Macht und Machtverlust entsprach. Ihre Politik gehörte zu den Jahren der Macht wie ihre Programmatik zum Machtverlust.

Programmatische Kompromisse in der Gründungsphase

Bis heute beruhen die programmatischen Schwierigkeiten der CDU häufig darauf, dass sie nach 1945 recht unterschiedliche politische Strömungen vereinte. Immerhin schlossen sich unter dem Namen CDU Katholiken aus der Zentrumspartei, konservative Köpfe aus der DNVP und Liberale aus DDP und DVP zusammen. Wie sehr diese Gründerzirkel weltanschaulich voneinander abwichen, war in den ersten Aufrufen kaum zu übersehen. Von ihrer Vielfalt her hätte man sie kaum ein und derselben Partei zugerechnet. Die große programmatische Leistung der frühen CDU bestand vor allem darin, die verschiedenen Positionen zu einem Kompromiss zusammenzuführen. Damit war die Union anfangs durchaus eine Partei, die intensiv programmatische Standpunkte suchte.

Die frühen Aufrufe lassen sich trotz aller Unterschiede zumindest grob in drei Gruppen unterteilen: in katholisch-soziale Entwürfe, in protestantisch-konservative und in Mischformen aus beiden. Die programmatischen Schriften der katholisch-sozial geprägten Gründerkreise fanden sich vor allem im katholischen Westen und Süden der späteren Bundesrepublik, aber auch in der Diaspora. Charakteristisch für sie war zunächst, dass sie einen »christlichen Sozialismus« forderten. Sie verlangten die Verstaatlichung der Schlüsselindustrien, die Kontrolle der Banken und Versicherungen und die Zerschlagung der Großkonzerne. »Die Vorherrschaft des Großkapitals, der privaten Monopole und Konzerne wird gebrochen«, hieß es dazu etwa in den Kölner Leitsätzen vom Juni 1945, die eine große Ausstrahlungskraft hatten. Die besonders sozial orientierten Frankfurter Christdemokraten um Walter Dirks und Eugen Kogon sprachen von der »Überführung gewisser großer Urproduktionen, Großindustrien und Großbanken in Gemeineigentum«[2]. Dieses erstaunlich antikapitalistische Pathos erklärt sich nicht allein aus der Nachkriegsnot. Entscheidend war zugleich, dass viele katholische CDU-Gründer aus den Weimarer christlichen Gewerkschaften kamen, während sich die bürgerlichen Katholiken anfangs noch zurückhielten. Sie wollten nun eine christlich-soziale Partei der Mitte aufbauen, die auch bisherige SPD-Anhänger umschloss.

Die katholischen Aufrufe hatten zudem einen sehr religiösen Charakter. Die plötzliche Blüte des kirchlichen Lebens führte hierzu, aber auch die Tradition des politischen Katholizismus. Ihre Programme beriefen sich häufig direkt auf Gott und die zehn Gebote, mitunter sogar auf das christliche Naturrecht. Auch den Nationalsozialismus erklärten sie mit dem Abfall von Gott, der zum Materialismus geführt habe. Ihre Gesellschaftsentwürfe waren im hohen Maße von der katholischen Soziallehre geprägt. Vor allem die katholische Subsidiarität kam deutlich zum Ausdruck. Die Familie sahen die Programmatiker als Kern der Gesellschaft an. Neben der kommunalen Selbstverwaltung verlangten sie einen betont föderalen Staatsaufbau. Kulturpolitisch traten die katholischen Aufrufe für die Bekenntnisschule ein – also für getrennte katholische und protestantische Volksschulen. Damit knüpften sie abermals an eine zentrale Forderung der alten Zentrumspartei und der katholischen Kirchen an. Im Unterschied zum Weimarer Zentrum sahen die Programme jedoch zumeist vor, dass auf Elternwunsch hin auch christliche Gemeinschaftsschulen entstehen dürften. Die von den Frankfurtern verlangte »Staatsschule« bildete eher eine kuriose Ausnahme.

Völlig anders sahen dagegen die ersten Aufrufe der protestantisch-konservativen Gründerkreise aus, wie sie vor allem in Norddeutschland entstanden. Sie forderten keinen »christlichen Sozialismus«, sondern vor allem den Schutz des Privateigentums vor dem »Marxismus«. Der Verweis auf die christliche Staatsgestaltung spielte bei ihnen dagegen eine untergeordnete Rolle. Dementsprechend forderten sie statt der Bekenntnisschule eine Gemeinschaftsschule mit Religionsunterricht. Bereits das »C« als Namensbestandteil lehnten sie häufig ab. Fast alle späteren CDU-Kreisverbände in Schleswig-Holstein gründeten sich deshalb zunächst, ohne das »C« im Namen zu haben. »Demokratische Union« war hier ein beliebter Name. Und auch in den evangelischen Städten der Sowjetischen Zone entstand die CDU häufig aus lokalen Gründungen ohne »C«. Nicht allein ihre konservative Tradition und ihr anderes Kirchenverständnis führten zu diesen Unterschieden. Auch die soziale Herkunft der Gründer prägte die Aufrufe: Weil die protestantischen Gründer viel stärker bürgerlichen Schichten angehörten, war ihr Antisozialismus stärker ausgeprägt.[3]

Die Politik der ersten christdemokratischen Regierungen und Fraktionen setzte entsprechend unterschiedliche Akzente. Während sie sich im katholischen Rheinland-Pfalz besonders in der Kulturpolitik engagierten, war im evangelischen Schleswig-Holstein der Kampf gegen die Bodenreform ein zentrales Anliegen. In den frühen Regierungen zeigte sich allerdings, dass auch die katholisch-sozial geprägten Landesverbände nicht so eng mit der SPD zusammenarbeiteten, wie ihre Programme es vermuten ließen. Allein die hessischen Christdemokraten stimmten beim Verfassungskompromiss taktisch der Sozialisierung zu, um ihre Konfessionsschulen durchzusetzen.[4] Ansonsten sahen selbst die katholisch-sozial geprägten, nordrhein-westfälischen Christdemokraten unter Karl Arnold davon ab, mit der SPD zügig die Schlüsselindustrien zu vergesellschaften.

Cum grano salis konnte die CDU damit sowohl in den katholischen Zentrumshochburgen als auch in den protestantisch-konservativen Kerngebieten an die jeweilige politisch-weltanschauliche Tradition anknüpfen. Die CDU wurde hier zur Heimatpartei, die die regionalen Belange vertrat. Schwieriger war es dagegen, in konfessionellen Übergangsgebieten einen programmatischen Ausgleich zu finden. Die interkonfessionelle Berliner CDU-Gründung, die am 26. Juni 1945 den ersten Aufruf mit reichsweitem Anspruch herausgab, hatte dabei einen gewissen Vorbildcharakter.[5] Obwohl einige christliche Gewerkschafter den Berliner Aufruf mit verfassten, vermied er bewusst problematische Reizworte. So sprach er eben nicht vom Christlichen Sozialismus, den besonders ihr späterer Vorsitzender Jakob Kaiser vertrat. Zugleich forderte die Schrift aber die Sozialisierung des Bergbaus und »monopolartiger Schlüsselunternehmungen«. Ebenso benutzte der Berliner Aufruf nicht das Wort »Bekenntnisschule«, sondern nur »das Recht der Eltern auf die Erziehung der Kinder«.

Verklausuliert hieß das natürlich, dass Eltern per Abstimmung getrennte Schulen erreichen konnten. Und schließlich begann der Aufruf zwar mit langen Ausführungen über den Nationalsozialismus, vermied aber pathetische Verweise auf Gott und die Bibel. Stattdessen forderte er lediglich eine Besinnung auf die »geistigen Kräfte des Christentums«.

Ähnliche vermittelnde Formulierungen mussten die Christdemokraten nun überall dort finden, wo sie nicht an ein bestimmtes Milieu anknüpfen konnten. Eine wichtige weltanschauliche Brücke sollte frühzeitig der gemeinsame Antikommunismus bilden. Auch wenn am Anfang noch unklar war, was die bisher getrennten Strömungen eigentlich verband, sah man doch den gemeinsamen Gegner. Die bedrohliche Situation in der SBZ verstärkte die Furcht vor dem Kommunismus und beschleunigte das Zusammenrücken von Protestanten und Katholiken. Ihre christliche Wertebasis bildete dagegen eine positiv benennbare Klammer, die den neuartigen Schulterschluss erleichterte. Der große Vorzug des scheinbar unpolitischen »C« lag darin, dass sich seine Bedeutung so flexibel füllen ließ. Es bildete zugleich ein positives Gegenstück zum Nationalsozialismus, zum Sozialismus und zum Kapitalismus. Dabei rehabilitierte das »C« den politischen Konservatismus ebenso, wie sie die atheistische Sozialdemokratie in Misskredit brachte. Gemäß der Wahlkampfformel »Christ oder Antichrist« konnte die CDU eine scharfe, aber moralisch legitimierte Grenze zur SPD ziehen. Zugleich stand das »C« aber auch für einen sozialen Ausgleich, der sich von einem zügellosen Liberalismus unterschied. Es gab dem katholischen Milieu und dem protestantisch-bürgerlichen Lager damit einen gemeinsamen, individuell deutbaren und scheinbar unpolitischen Kitt, der in der konkreten Wirtschafts-, Sozial- oder Außenpolitik nur schwer zu finden war. Was sie unter dem »christlichen Sittengesetz« oder der »christlichen Verantwortung« genau verstand, ließ die Union daher bewusst offen.[6]

Trotz dieser beiden großen Integrationsklammern verlief die programmatische Kompromissfindung selbst auf der lokalen Ebene nicht immer reibungslos. In den pietistisch geprägten

Regionen Württembergs und den eher reformierten Gebieten im Westen gelang sie noch am ehesten. Dort waren die Protestanten frommer. Der gemeinsame christliche Glaube half, in der Kultur- und Sozialpolitik Brücken zu schlagen. In den konfessionellen Übergangsgebieten Hessens und Niedersachsens war es dagegen deutlich schwieriger, eine gemeinsame Linie zu finden. Hier standen sich die Protestantisch-Konservativen und die Katholisch-Sozialen oft diametral gegenüber. Da die katholischen CDU-Gründer auch in evangelischen Gebieten überwogen, war es besonders kompliziert, ein regional angemessenes Profil auszuhandeln. So erhielt der hessische Landesverband eine stark katholisch-soziale Programmatik, obwohl das Land mehrheitlich evangelisch war. Und in den evangelischen Ländern der sowjetischen Zone setzte der Vorsitzende Jakob Kaiser ein gemeinsames Programm durch, das den christlichen Sozialismus forderte.

Noch schwieriger war es, einen überregionalen Ausgleich zu erreichen. Dies betraf vor allem die CDU der britischen Zone, die allein sich im Westen zonenweit zusammenschloss. Konrad Adenauer, der Vorsitzende der CDU der britischen Zone, erwies sich dabei frühzeitig als ein ausgleichender Taktiker. Schon während des Gründungsprozesses hatte er in Briefen und Zusammenkünften auf maßvolle Formulierungen gedrungen, die keinen Flügel verletzten. Die protestantischen Norddeutschen hielt er an, sich nicht als bürgerliche Rechtspartei zu positionieren. Die Katholisch-Sozialen ermahnte er dagegen, das religiöse Pathos und Worte wie »Christlicher Sozialismus« und Bekenntnisschule zu vermeiden, da dies nur die Protestanten abschrecke. Entsprechend sah ein Programmentwurf Adenauers aus, den er – ohne ihn vorher mit den Landesvorständen oder der zuständigen Programmkommission zu beraten – Ende Februar 1946 auf einer Zonenausschusstagung in Neheim-Hüsten vorlegte. Er enthielt sowohl die Forderungen nach einem sozialen Ausgleich als auch antisozialistische Akzente, ohne entsprechende Reizbegriffe zu verwenden. »Mäßiger Besitz« sollte etwa gefördert werden. Aber zugleich vertagte sein Programm die häufiger gestellte Forderung nach der Vergesellschaftung des Kohlebergbaus und der Energiewirtschaft als »zur Zeit nicht praktisch«. In seinen Erinnerungen sollte Adenauer sich rühmen, so das Auseinanderfallen der Partei verhindert zu haben. Ganz unrecht hatte er damit sicher nicht.[7] Ein ähnliches taktisches Meisterwerk gelang Konrad Adenauer mit dem Ahlener Programm vom 3. Februar 1947. Es ist sicher eines der bekanntesten Manifeste der CDU-Geschichte. Während die Historiker es gerne als Beleg für die vermeintliche Sozialismusbegeisterung in der Nachkriegszeit zitieren, sollten sich die Christdemokraten noch Jahrzehnte später über dessen Inhalt streiten. Konservative wie Franz Josef Strauß bezeichneten das Ahlener Programm noch in den siebziger Jahren als »Irrtum«, »Mumie« und »Sündenfall«. Dagegen hob der soziale Parteiflügel weiterhin dessen Bedeutung hervor und feierte im Februar 1977 sogar mit einer Jubiläumsveranstaltung den dreißigsten Geburtstag.[8]

Der große Mythos des kleinen Programmes beruhte vor allem auf seinen oft zitierten Eingangssätzen: »Das kapitalistische Wirtschaftssystem ist den staatlichen und sozialen Lebensinteressen des deutschen Volkes nicht gerecht geworden. Nach dem furchtbaren politischen, wirtschaftlichen und sozialen Zusammenbruch als Folge einer verbrecherischen Machtpolitik kann eine Neuordnung nur von Grund auf erfolgen. Inhalt und Ziel dieser sozialen und wirtschaftlichen Neuordnung kann nicht mehr das kapitalistische Gewinn- und Machtstreben, sondern nur das Wohlergehen unseres Volkes sein.«[9] So befremdend dieses CDU-Bekenntnis aus heutiger Sicht klingen mag – die Wirkungsmacht des Ahlener Programms basierte auf verschiedenen Missverständnissen. Zum einem wird sein Stellenwert überschätzt. Das Ahlener Programm war eben kein Grundsatzentwurf der CDU. Es war lediglich eine knappe »Programmatische Erklärung des Zonenausschusses der CDU der britischen Zone« (so der Originaltitel), die vornehmlich von nordrhein-westfälischen Christdemokraten verabschiedet wurde. Damit entsprach es vor allem den Ansichten zahlreicher katholisch-sozialer Christdemokraten, jedoch nicht denen der CDU insgesamt. Zum anderen war der weitere Text keineswegs so sozialistisch, wie die Eingangssätze des Gewerkschaftsflügels vermuten ließen. Vielmehr verhinderte das Ahlener Programm durch seine vagen Formulierungen, dass aus ihm tatsächliche konkrete sozialpolitische Forderungen abgeleitet werden konnten. Es forderte die Mitbestimmung der Arbeiter, nannte aber keine Anteile. Konzerne sollten entflochten werden, aber nur bis zu einer unbestimmten Mindestgröße. Zudem warnte das Programm vor einem »Staatssozialismus« und vermied gezielt Reizworte wie Christlicher Sozialismus, Sozialisierung oder Verstaatlichung.

Der maßgebliche Autor des Programmes war wiederum Konrad Adenauer. Abermals legte er seinen Entwurf ohne Rücksprache mit den Landesverbänden fest. Die Programmdiskussion, zu der Adenauer rund vierzig Christdemokraten ins Kloster Sankt Michael eingeladen hatte, dominierte er ebenfalls.[10] Für Adenauer besaß das Ahlener Programm in dreifacher Hinsicht eine taktische Stoßrichtung. Erstens sollte es vor der Wahl in Nordrhein-Westfalen die Stimmen der Arbeiter sichern. Zweitens sollte es durch Scheinzugeständnisse die weiterführenden Forderungen der Briten, Sozialdemokraten und der CDA verzögern und so schließlich verhindern. Und drittens sollte es dazu verhelfen, seinen Rivalen Jakob Kaiser auszuspielen, der seinen Führungsanspruch auf den Arbeitnehmerflügel der Partei stützte. Adenauer umarmte durch seine Zugeständnisse die Sozialauschüsse, korrigierte aber zugleich behutsam ihre programmatischen Forderungen. Insofern ist auch das Ahlener Programm als ein Schachzug zu sehen, der die unterschiedlichen Flügel der frühen CDU vereinen sollte. Durch die behutsamen Teilzugeständnisse fühlten sich am Ende beide Seiten als Sieger. Und gerade dieser flexible Ausgleich machte die CDU frühzeitig zu einer Partei der Mitte.

Dass das Ahlener Programm nur eine taktische Durchgangsstation war, zeigte sich spätestens bei den am 15. Juli 1949 verabschiedeten Düsseldorfer Leitsätzen. Mit ihnen propagierte die CDU erstmals das von Alfred Müller-Armack geprägte Konzept der sozialen Marktwirtschaft. Der neue Begriff war unverkennbar ein Zugeständnis an beide Parteiflügel. Inhaltlich entsprachen die Leitsätze eher den Aufrufen der protestantischen Christdemokraten. Sie nahmen aber auch Elemente der katholisch-sozialen auf. So wandten sich die Leitsätze ausdrücklich gegen eine »Planung und Lenkung von Produktion, Arbeitszeit und Absatz« und setzten auf den Markt als Koordinator. Allerdings sollte die Wirtschaftspolitik den Markt beobachten und vor allem durch Geld-, Handels-, Steuer- und Sozialpolitik eingreifen dürfen. Dem »echten Wettbewerb« wurde eine »unabhängige Monopolkontrolle« gegenübergestellt. »Unternehmensformen in Gemeindeeigentum« wurden nur noch dann als akzeptabel bezeichnet, »wenn sie wirtschaftlich zweckmäßig, betriebstechnisch möglich und politisch notwendig sind«. Eigentum für alle statt Sozialisierung hieß nun die neue Devise. Sowohl Adenauer als auch die neuen Leitsätze selbst versicherten beruhigend, dass das Ahlener Programm weiterhin gelten würde. Aber mittlerweile wurde es nicht nur durch das neue Programm, sondern durch die Wirtschaftspolitik der CDU konterkariert.

Politische Weichenstellungen in der Ära Adenauer

Mit den Düsseldorfer Leitsätzen von 1949 trat die CDU in eine neue Phase. Nun war es die christdemokratische Politik, die inhaltliche Kompromisse entwickelte. Die Programme legitimierten nur noch ihre Erfolge und ordneten sie in einen grundsätzlichen Rahmen ein. Schon die Düsseldorfer Leitsätze rechtfertigten die soziale Marktwirtschaft mit »dem Umschwung«, den die christdemokratische Wirtschaftspolitik im letzten Jahr erreicht habe. Tatsächlich hatte die Union mit ihrer bürgerlichen Koalition im Frankfurter Wirtschaftsrat seit 1948 die Weichen in Richtung Marktwirtschaft gestellt. Inwieweit ihre Marktwirtschaft zugleich auch sozial war, blieb anfangs sehr umstritten.

Diese Frage stellte sich bereits bei der ersten wegweisenden Entscheidung der Christdemokraten, der Währungsreform. Sie leitete das Wirtschaftswunder ein, war aber zunächst denkbar unbeliebt. Denn immerhin wertete sie Sparguthaben ab, Sachwerte dagegen nicht. Deshalb kritisierten die Sozialdemokraten,

Gewerkschaften und Teile der christlich-demokratischen Arbeitnehmerschaft, die CDU begünstige die Haus- und Fabrikbesitzer, bestrafe aber die kleinen Sparer. Nicht minder umstritten war anfangs der Aufschwung, mit dem die Union ihre soziale Marktwirtschaft rechtfertigte. Tatsächlich stieg bis 1950 die Arbeitslosigkeit von 3,2 auf 12,2 Prozent an, während die Reallöhne noch lange stagnierten. Erst von 1952 an sollte sich im Zuge des Korea-Booms unverkennbar jener Wirtschaftsaufschwung abzeichnen, der die Wahlsiege der CDU wesentlich förderte. Die Preisstabilität, die wachsende Vollbeschäftigung und der steigende Export waren dabei jene drei Komponenten, die der christdemokratischen Wirtschaftspolitik eine breite Anerkennung verschafften.

Der Begriff »soziale Marktwirtschaft« entwickelte sich dadurch zu einem der wichtigsten Markenzeichen der CDU. Obwohl die Sozialdemokraten ihn heute längst übernommen haben, fundiert er weiterhin die Wirtschaftskompetenz der CDU. Erstaunlicherweise war die CDU 1952 recht unsicher, ob sie an diesem Begriff festhalten solle. Durch Umfragen hatte sie festgestellt, dass er in der Bevölkerung nicht nur weitgehend unbekannt war, sondern eher mit der SPD in Verbindung gebracht wurde. Schließlich wurde beschlossen, von »Erhards sozialer Marktwirtschaft« zu sprechen, um Missverständnisse zu vermeiden. Eine massive, kontinuierliche Werbekampagne, die das Unternehmerbündnis »Die Waage« organisierte und bezahlte, sollte ab 1952 die dauerhafte Popularität des Begriffes fördern.[11]

Die soziale Marktwirtschaft folgte nicht einem festen Plan, sondern war im Wesentlichen ein offenes Experimentierfeld. Dabei reagierte die Union nicht nur auf die Wirtschaft, sondern vor allem auch auf die Bedürfnisse der Wählergruppen. Ludwig Erhard, der heute in allen Festreden als Vater der sozialen Marktwirtschaft gepriesen wird, war eher der Vater der Marktwirtschaft. Die meisten sozialen Errungenschaften, die ihm bis heute selbst die Christlich-Demokratischen Arbeiternehmer (CDA) zuschreiben, setzten vielmehr Adenauer und die CDA gegen Erhards Willen durch. Das gilt für die Montan-Mitbestimmung über die Lohnfortzahlung im Krankheitsfall bis hin zur Rentenreform. Bei der Ausformung der Sozialgesetze erwies Adenauer sich erneut als ein glänzender Taktiker. Das zeigte sich bereits 1951, als er gegen die Proteste des Wirtschaftsflügels die paritätische Mitbestimmung in der Montan-Industrie ermöglichte. Durch dieses beschränkte Zugeständnis gewann er zum einen die gewerkschaftliche Zustimmung zur Wiederbewaffnung und Westbindung. Zum anderen festigte er das Vertrauen der Christlich-Demokratischen Arbeitnehmer, die ebenfalls für eine Ausweitung der Mitbestimmung eintraten. Gleichzeitig sicherte Adenauer aber ab, dass die paritätische Mitbestimmung nicht auf andere Wirtschaftszweige ausgedehnt wurde. Das Betriebsverfassungsgesetz von 1952 sollte dementsprechend den gewerkschaftlichen Einfluss eher einschränken.

Wie sozial war also die soziale Marktwirtschaft? Adenauer betonte stets die große Bedeutung des sozialen Ausgleiches. Bereits in seiner ersten Regierungserklärung hatte er das Streben nach sozialer Gerechtigkeit als »den obersten Leitstern bei unserer gesamten Arbeit« bezeichnet. Die frühe Sozialpolitik der CDU schuf zunächst keine grundlegenden Reformen, sondern linderte kriegsbedingte Notlagen. Das galt besonders für die Kriegsopferversorgung, die Wohnungsbaupolitik und die Flüchtlingsunterstützung durch den Lastenausgleich.[12] Zusammen mit dem Wirtschaftsaufschwung verminderte sich so die soziale Armut. Wie die statistischen Daten und zahlreiche Studien zeigen, führte die christdemokratische Regierungspolitik jedoch nicht zu einer Angleichung der Einkommensverhältnisse. Vielmehr ging die Wohlstandsschere in den fünfziger Jahren eindeutig weiter auseinander. Die unteren Einkommensgruppen sollten erst mit einiger Verzögerung, am Ende der fünfziger Jahre, stärker an den Segnungen des Wirtschaftswachstums teilhaben.

Schon die formale Struktur der Sozialversicherung zeigte, dass die Christdemokraten trotz aller Nivellierungsdiagnosen keine Angleichung der alten Schichten und Stände intendierten. Die von den britischen Besatzern nahe gelegte Einheitsversicherung wurde wieder in zahlreiche Standeskrankenkassen überführt. Die Arbeiter- und Angestellten-Rentenversicherung blieben getrennt.

Zu den wirtschaftspolitisch besonders geförderten Gesellschaftsteilen gehörten zudem jene mittelständischen Gruppen, die sich als besonders treue CDU-Wähler erwiesen. Das galt insbesondere für die großzügig wieder eingegliederten Beamten und die hoch subventionierten Landwirte.

Die zurückhaltende Sozialpolitik steigerte seit Mitte der fünfziger Jahre den Unmut ihres vornehmlich katholischen Arbeitnehmerflügels. Die Christlich-Sozialen sahen sich durch Erhards liberalen Kurs immer weniger vertreten und stimmten deshalb häufiger in sozialpolitischen Fragen mit der SPD ab.[13] Um die Integration der Partei zu sichern, versprach Adenauer nun eine systematischere Sozialpolitik. Herzstück des zähen Diskussionsprozesses war die Rentenreform. Durch Adenauers Drängen sollte sie rechtzeitig vor der Wahl 1957 verabschiedet werden – gegen die Einwände des Wirtschaftsflügels, der kleinen bürgerlichen Parteien und der Wirtschaftsverbände. Wie oft betont wurde, war die Rentenreform eines der erfolgreichsten Gesetze in der Geschichte der Bundesrepublik. Sie erhöhte nicht nur die laufenden Renten um 60 Prozent, sondern beteiligte die Rentner durch die dynamische Berechnung auch am wachsenden Sozialprodukt. Da sie zugleich einkommensbezogen war, blieb der erreichte Lebensstandard im Alter gewährt. Nachdem die CDU in allzu liberales Fahrwasser zu geraten drohte, fand sie durch dieses große Sozialgesetz wieder zur Mitte zurück. Der anschließende Wahlsieg sollte verdeutlichen, wie sehr sich diese ausgleichende Politik lohnte. Gleichzeitig blieb die Union gegenüber den Wirtschaftsverbänden konziliant. Das 1957 verabschiedete »Gesetz gegen Wettbewerbsbeschränkungen«, das Kartelle verhindern sollte, erhielt nach langem Ringen zahlreiche Ausnahmen.[14]

Ein weiteres Markenzeichen erarbeitete sich die christdemokratische Regierung durch ihre Außenpolitik. Die erfolgreiche Westintegration sollte sowohl die Geschichte der Bundesrepublik als auch die Programmatik und das Selbstverständnis der CDU dauerhaft prägen. Adenauers Außenpolitik war dabei zunächst nicht minder umstritten als die frühe Sozial- und Wirtschaftspolitik. Abermals tastete sich der Kanzler unter Rückschlägen vorwärts, ohne eine programmatische Leitlinie von der Partei zu haben. Die frühen Programme besaßen allenfalls allgemeine Hinweise auf ein gemeinsames Europa und das christliche Abendland. Adenauers Taktik bestand darin, einen »Souveränitätsgewinn durch Souveränitätsverzicht« zu erzielen.[15] Deutschlands industrielles Potential und der Ost-West-Konflikt erleichterten dabei eine Annäherung an den Westen. Wiederum blieben harte Kontroversen nicht aus. Vor allem die Protestanten standen der Westintegration zunächst skeptisch gegenüber. Sie fürchteten, Adenauers Kurs gefährde die Wiedervereinigung. Sowohl der bei ihnen traditionell stärker ausgeprägte Nationalismus als auch ihre größere Verbundenheit mit den Glaubensbrüdern in der DDR beflügelten ihre Bedenken. Adenauers erster Innenminister, Gustav Heinemann, zugleich Präses der evangelischen Synode, setzte mit seinem demonstrativen Rücktritt im Oktober 1950 ein entsprechendes Zeichen. Adenauer dagegen hatte seit der unmittelbaren Nachkriegszeit nie intensivere Kontakte nach Ostdeutschland gepflegt. Den Katholiken im Westen und Süden fiel insgesamt eine engere Zusammenarbeit mit Frankreich oder Italien leichter. Aus der gemeinsamen katholischen Tradition heraus war ihnen der Gedanke an ein gemeinsames, föderalistisches Europa vertraut.

Trotz aller Kritik hielt Adenauer an seinem außenpolitischen Kurs fest. Wie in keinem anderen Bereich hing die christdemokratische Politik hier von den Schachzügen ihres Kanzlers ab. Grundsätzlich stand seine Partei hinter ihm, auch wenn es bei Einzelfragen wie der Saarpolitik immer wieder Kontroversen gab. In keinem Politikfeld sollte die Fraktion schließlich so geschlossen abstimmen wie in der Außenpolitik. Vor allem im Jahr 1952 stellte Adenauers Regierung dabei die Weichen nach Westen. Während sie Stalins Vertragsangebot an eine gesamtdeutsche Regierung ablehnte, leiteten der Deutschlandvertrag, die Wiedergutmachung an Israel und der später an Frankreich gescheiterte EVG-Vertrag den Eintritt ins westliche Bündnissystem ein. Sowohl die Furcht vor dem Kommunismus als auch der schrittweise Souveränitätsgewinn – bis hin zum NATO-Eintritt

1955 – bescherten der Westbindung dabei eine zunehmend breite Akzeptanz. Zu den großen politischen Leistungen der CDU gehörte dabei zugleich, dass sie den deutschen Nationalismus zu einem verhaltenen Wiederaufbau-Patriotismus kanalisierte, der nach Westeuropa und in die USA blickte. Gerade bei der Außenpolitik zeigte sich damit, wie wenig das Schlagwort Restauration auf die CDU zutraf. Vielmehr beschritt sie mit der intensiven Westintegration ebenfalls neue Wege. Obwohl der Wahlslogan »Keine Experimente« zum Signum der Adenauer-Ära wurde, hatte die tatsächliche Politik der CDU Experimente gewagt, die erfolgreich verliefen.

Der Restaurationsvorwurf traf am ehesten noch auf die Kulturpolitik der Adenauer-CDU zu. Nicht nur die oft gescholtene Moral-, Frauen- und Familienpolitik der Union erschien dabei rückständig und klerikal-engstirnig. Auch ihre Schulpolitik war wenig wegweisend. Die Alliierten hatten den Deutschen ein reformiertes, stufenförmiges Schulsystem angelsächsischer Bauart nahe gelegt, das in etwa den sozialdemokratischen Plänen entsprach. Dennoch setzten die Christdemokraten in allen Bundesländern das dreigliedrige Schulsystem fort. Über 80 Prozent der Kinder sollten die achtjährige Volksschule besuchen, aber nur wenige Prozent das weiterhin kostenpflichtige Gymnasium. Zudem führten ihre katholisch geprägten Landesregierungen wieder konfessionell getrennte Bekenntnisschulen ein. Obwohl sich die Bevölkerung in den fünfziger Jahren zunehmend gegen die Trennung der evangelischen und katholischen Volksschüler aussprach, hielt die interkonfessionelle CDU zunächst hieran fest. Gerade die evangelischen Wähler sollten an der Schulpolitik ihre Vorurteile gegen die »zu katholische« CDU ausmachen. Adenauer bemühte sich deshalb, durch die Ernennung evangelischer Kultusminister das Thema herunterzuspielen. Ebenso sollte die Schulfrage vor Wahlen nicht erwähnt werden. Während der katholische Parteiflügel in vielen politischen Bereichen kompromissbereit war, verteidigte er hier jedoch zusammen mit der katholischen Kirche bis in die sechziger Jahre seine Linie. Denn wie in den europäischen Nachbarländern lag gerade in der Schulfrage ein wesentlicher Lebensnerv des politischen Katholizismus. Für das katholische Milieu war die CDU damit weiterhin eine Partei der Mitte. Für viele evangelischen Wähler war sie es gerade in dieser Frage nicht.

Insgesamt fiel die politische Bilanz der Adenauer-Regierung zweifellos positiv aus. Der CDU gelang das Kunststück, das Land schrittweise unter konservativen Vorzeichen zu modernisieren und dabei so weit auf den gesellschaftlichen Ausgleich zu achten, dass ihre Politik für weite Gesellschaftsteile akzeptabel wurde. Während Adenauers Regierungspolitik kontinuierlich neue Fakten schuf, lag jedoch die Programmarbeit völlig brach. Das Hamburger Programm vom 22. April 1953 blieb bis zum Jahr 1968 das erste und einzige Programm der Bundes-CDU. Allerdings war selbst das Hamburger Programm kein grundlegendes Manifest, sondern eher ein knappes Aktionsprogramm zur Wahl. Bezeichnenderweise bezogen sich gleich die ersten Sätze auf die Verdienste der Regierungspolitik: »Unter der Kanzlerschaft Konrad Adenauers hat die Christlich-Demokratische Union in den letzten vier Jahren das deutsche Volk in der Bundesrepublik aus Hunger, Not und tödlicher Verzweiflung herausgeholt.«[16] Zugleich bescherte es eine endgültige Lösung von den Sozialisierungsplänen der Nachkriegszeit. »Verstaatlichung und sozialistisches Gemeineigentum sind keine Lösung der sozialen Frage«, hieß es unzweideutig. Dagegen wurden das »Eigentum für alle Schichten des Volkes« als der neue Weg gepriesen, um den sozialen Ausgleich zu gestalten. Ansonsten stellte das Programm vornehmlich das Erreichte fest, während die Reformimpulse für die künftige Regierungsarbeit recht vage blieben. Einen problematischen Bereich wie die Schulpolitik klammerte das Programm sogar ganz aus. Daher überraschte es nicht, dass sich bei Diskussionen später niemand auf das Hamburger Programm berief.

Bis 1961 sollten sich die Christdemokraten darauf beschränken, einige Wahlprogramme zu beschließen. Erst mit dem Jahrzehntwechsel wurden in der Union einzelne Stimmen laut, die eine programmatische Selbstvergewisserung forderten. Verschiedene Veränderungen führten zu diesem Umdenken. Erstens besaß Adenauers Regierungspolitik seit 1958 kaum noch neue Perspektiven. Nachdem die großen Entscheidungen gefallen waren, zeigte sie nicht mehr jene visionäre Kraft des Faktischen, die bislang souverän Programme ersetzt hatte. Zweitens begann nun Adenauers Stern zu sinken. Bislang war allein seine Person Programm genug gewesen. Nun stellten viele die Frage, wofür die Union eigentlich nach Adenauers Rücktritt stehen würde. Drittens demonstrierte das Godesberger Programm der Sozialdemokraten von 1959 die regenerative Kraft von Programmen. Die Union geriet dadurch in einen gewissen Zugzwang. Zugleich führte der Kurswechsel der Sozialdemokraten und der gesellschaftliche Wandel dazu, dass bislang selbstverständliche Positionen der Union keinen Monopolanspruch mehr hatten. Das galt natürlich besonders für ihr bislang exklusives Verhältnis zu den Kirchen. Bereits auf dem Kieler Parteitag von 1958 hatte der geschäftsführende Vorsitzende Meyers beklagt, dass die Union den liberalen und den sozialistischen Staat stets ablehne, aber kaum eigene Konzepte vorlege. Zwei Jahre später trat besonders der Jungpolitiker Gerhard Stoltenberg für ein ausführlicheres Programm ein. Aber erst nach den Stimmenverlusten von 1961 beauftragte der Bundesvorstand Rainer Barzel damit, eine grundsätzliche Untersuchung über »das geistige und gesellschaftliche Bild der Gegenwart und die künftigen Aufgaben der CDU« zu verfassen. Sie sollte angesichts der zunehmenden Säkularisierung und »Materialisierung des gesamten Denkens« eine genauere Bestimmung des »C« bieten. Barzels Schrift blieb jedoch folgenlos. Adenauer bezeichnete sie im Mai 1962 als »zu kirchlich«. Ihre Veröffentlichung würde nur die liberalen Wähler von der CDU abschrecken.[17] Eine vom Bundesparteitag beantragte Grundsatzerklärung, die auf Barzels Schrift aufbauen sollte, wurde schließlich nicht erstellt.

Der sich langsam anbahnende Führungswechsel brachte ebenfalls keine Aussicht auf Veränderungen. Der 1962 eingesetzte geschäftsführende Vorsitzende Dufhues, der die Eigenständigkeit der Partei stärken sollte, erklärte gleich bei seiner Wahl dem Parteitag: »Programme – mögen sie auch das ›Godesberger‹ heißen, sind oft nichts anderes als ein säkularisiertes und taktisch verbrämtes Glaubensbekenntnis, das die benötigen, die sonst keine Weltanschauung haben und die Wirklichkeit mit dem Feigenblatt eines Programms zudecken müssen. [...] Programme sind ein Requisit der ideologischen Parteien des 19. Jahrhunderts. Unsere Leitsätze aber entwickeln sich dynamisch immer wieder aus der Auseinandersetzung mit der Wirklichkeit, also aus Erfahrung.« Die CDU sei dagegen die einzige Partei, die klare geistige Grundlagen habe, nämlich »das christliche Sittengesetz«.[18] Die Parteimehrheit dachte in den frühen Sechzigern ähnlich wie Dufhues. Statt nach einem neuen Programm suchte die CDU deshalb nach einem neuen Kanzler. Und als der Kanzlerwechsel gelungen war, verstummte schließlich auch die Forderung nach Programmen.

Von Adenauers Nachfolger Ludwig Erhard waren dabei ebenfalls keine neuen Impulse zu erwarten. Da er gegenüber der Parteiarbeit größte Distanz wahrte, konnte man kaum damit rechnen, dass ausgerechnet Erhard Programmkommissionen einsetzte. Zudem hatte er bereits vierzehn Jahre als Minister gearbeitet, was keine inhaltlichen Neupositionierungen versprach. Dennoch ging gerade er als gescheiterter Programmatiker in die CDU-Geschichte ein. Seine auf dem Parteitag 1965 geforderte »Formierte Gesellschaft« gilt bis heute als einer der großen programmtischen Fehlschläge der CDU-Geschichte. Tatsächlich war Erhards Vorstoß viel zu unspektakulär und flüchtig formuliert, als dass er diese Aufmerksamkeit verdiente. Erhards Rede verlangte vor allem eine harmonische und kooperative Zusammenarbeit der Gesellschaftsgruppen. Besonders die Verbände sollten ihre Einzelinteressen zurückstellen, um dem »Ganzen« zu dienen. Seine konkreten Umsetzungsvorschläge – wie das angedeutete »Deutsche Gemeinschaftswerk« – blieben dabei völlig vage. Zugleich war die »Formierte Gesellschaft« wenig innovativ. Wie bereits die zeitgenössische Kritik bemerkte, stand sie in der Tradition der konservativen Pluralismuskritik, die stets ein geschlossenes Volksganzes ersehnt hatte.[19]

Warum fand Erhards unglückliche Worthülse dennoch eine so nachhaltige und kritische Aufmerksamkeit? In der Parteiführung war man zunächst verärgert, weil Erhard seinen Vorstoß überhaupt nicht mit ihr abgesprochen hatte. Vielmehr hatte er das Konzept von seinem persönlichen Beraterkreis um Rüdiger Altmann übernommen und zur allgemeinen Überraschung dem Parteitag präsentiert. Inhaltlich vermissten viele Christdemokraten vor allem Hinweise auf das christliche Weltbild, welches den protestantisch-liberalen Erhard kaum interessierte. Der gläubige Katholik Adenauer hatte dagegen in weltanschaulichen Fragen einen weitaus größeren Spielraum besessen. Die Presse fand Erhards Formulierungen viel zu vage, widersprüchlich und unverständlich. Ein wenig grotesk erschien zudem, dass ausgerechnet er jene gesellschaftliche Harmonie der Interessengruppen einführen wollte, die er selbst nicht in seiner eigenen Partei durchsetzen konnte.

Erhards programmatischer Exkurs fand aber auch deshalb so große Beachtung, weil seine Regierungspolitik im Vergleich zu Adenauers ersten Jahren perspektivenlos erschien. In der Außenpolitik erhielt Erhard scharfe Kritik von den »Gaullisten« um Adenauer und Strauß. Sie hielten ihm vor, das deutsch-französische Verhältnis zugunsten der angelsächsischen Länder zu vernachlässigen. Gleichzeitig konnte er der Ostpolitik der SPD wenig entgegensetzen, die diese 1965 zum Wahlkampfthema machte. In der Bildungspolitik begann die CDU immerhin, Konfessionsschulen aufzulösen. Auf die »deutsche Bildungskatastrophe«, die nun öffentlich diskutiert wurde, fand die Union aber keine überzeugenden Antworten. Als sich schließlich 1966 die erste Rezession ankündigte, verblasste auch noch der wirtschaftspolitische Nimbus der CDU-Regierung. Angesichts der schwachen Regierungsimpulse erschienen grundsätzliche und langfristige programmatische Perspektiven nötiger denn je. Nachdem Erhards politisches Standbein einknickte, fehlte ihm dieses programmatische Spielbein. Auch deshalb war sein Rücktritt 1966 unvermeidbar.

Programmreform im Machtverlust

Ohne die Regierungswechsel von 1966 und 1969 wäre die Programmarbeit der CDU vermutlich noch lange ausgeblieben. Noch Anfang November 1966 betonte der spätere Generalsekretär Bruno Heck: »Die CDU braucht kein neues Programm.« Denn aus der christlichen Sicht des Menschen würden sich weiterhin die Leitlinien ihrer Politik ergeben.[20] Erst die im Dezember 1966 geschlossene Große Koalition veränderte die politischen Rahmenbedingung der Union. Unumstritten wies ihre Regierungspolitik schnelle Erfolge auf. Insbesondere die Wirtschaftskrise meisterte sie zügig. Allerdings konnte sich die christdemokratische Regierungspolitik nun nicht mehr von den Sozialdemokraten abgrenzen, sondern musste Kompromisse verkaufen. Die gemeinsame Regierung machte damit ein eigenständiges Auftreten der Partei nötig, um Unterschiede zu unterstreichen. Da die SPD das Wirtschafts- und Außenministerium besetzte, galt dies sogar für die Kernbereiche der Unionspolitik. Die allgemeine Planungseuphorie, die nun in der Gesellschaft um sich griff, förderte auch bei der Union die Programmdiskussion. Der innerparteiliche Generationswechsel verstärkte die Bereitschaft zusätzlich. Gerade die jüngeren Christdemokraten um Helmut Kohl forderten nun eine gründliche Programmrevision. Sie sollte das etwas verstaubte Image verändern, unter dem die CDU im Wertewandel der sechziger Jahre zunehmend litt.

Bereits im Januar 1967 ernannte das Präsidium deshalb Bruno Heck zum Vorsitzenden einer programmatischen Zentralkommission, die sich aus den Leitern von zwei Dutzend Fachkommissionen zusammensetzte. Unter Hecks Federführung entstand ein Entwurf, der an alle Kreisverbände ging. Deren Anregungen wurden dann, der föderalen CDU-Struktur entsprechend, von den Landesverbänden gebündelt und weitergeleitet. Mit der Programmdiskussion beschritt die Union ein bisher völlig fremdes Terrain. Die Resonanz auf diesen Entwurf überraschte die Parteiführung völlig. Nach eigenen Angaben gingen rund 30 000 Stellungnahmen auf den Entwurf ein, die der Bundesvorstand in langen Diskussionen in einen neuen Text einbaute.[21] Intensive Debatten auf dem Berliner Parteitag 1968 folgten. Damit zeigten die Christdemokraten einen bisher unbekannten Partizipationswillen und ein neuartiges Programminteresse. Der neue Zeitgeist hatte somit die CDU erreicht. Auch sie wagte nun mehr Demokratie und mehr vorausschauende Planung.

Zugleich zeigte das Berliner »Aktionsprogramm« aber auch die Grenzen der christdemokratischen Programmarbeit. Denn inhaltlich blieb es trotz aller Diskussion eine ähnlich rückwärts gewandte Bestandsaufnahme wie das von 1953. Das lag vor allem an der ängstlichen Regie der Parteiführung, die im Vorstand weiterhin die Akzente setzte. Wirklich umstrittene Fragen wie die Ausweitung der betrieblichen Mitbestimmung oder die Vermögensverteilung klammerte sie aus dem Programmtext gezielt aus. Sie wurden auf spätere Parteitage verwiesen, weil eine Festlegung die Partei zwischen Arbeitnehmer- und Wirtschaftsflügel zu zerreißen drohte. Immerhin hatten prominente Wirtschaftspolitiker wie Franz Etzel dem Bundesvorstand ausdrücklich ausrichten lassen, »aus der CDU auszutreten, wenn die Montan-Mitbestimmung ausgedehnt wird«.[22] Andere Fragen der Zeit, wie die Wiedervereinigung, bedachte die CDU nur mit wenigen allgemeinen Sätzen. Immerhin bejahte das Programm dabei »Verhandlungen und Vereinbarungen mit den Machthabern im anderen Teil Deutschlands«, wenn sie die Lebensverhältnisse verbessern halfen. Trotz der internationalen Entspannungspolitik überwogen aber ihre sicherheitspolitischen Bedenken gegenüber einer neuen Ostpolitik. Der viel diskutierten Bildungspolitik gewährte sie mehr Raum, ohne aber explizit die aktuelle Debatte um Hochschulreformen und Gesamtschulen aufzugreifen. Einziger Überraschungspunkt blieb die Forderung nach einem Bundesministerium für die Koordinierung des Bildungswesens, das eine hauchdünne Delegiertenmehrheit auf Antrag der SPD-regirten Hamburger Christdemokraten durchsetzte. Und unter der Überschrift »Reform der Demokratie« vermittelte die CDU schließlich eher administrative Regelungen – wie die Umgestaltung von Verwaltung und Föderalismus. Das Berliner Programm war damit von seinem Inhalt her kein Paukenschlag, von seiner Entstehungsgeschichte hingegen schon.²³

Erst der Weg in die Opposition bescherte seit 1969 eine neuartig intensive Programmarbeit. Bereits der Mainzer Parteitag im November setzte eine neue Kommission ein. Sie sollte das Berliner Programm fortschreiben und »an die veränderten Tatsachen und den neuen Stand der Meinungsbildung in der Partei anpassen«. Die Leitung erhielt diesmal eben nicht Generalsekretär Heck, sondern der junge Reformer Helmut Kohl. Die Entwürfe, die die Kohl-Kommission vorlegte, bargen tatsächlich eine erstaunliche Wandlungsbereitschaft. Die bisher stiefmütterlich behandelte Bildungspolitik rückte nun ganz nach vorne. Dabei fanden sich Sätze wie: »Wir befürworten wissenschaftlich kontrollierte Schulversuche mit verschiedenen Schulmodellen, auch mit kooperativen und integrierten Gesamtschulen.«²⁴ Mit dem Umweltschutz oder der Hilfe für Entwicklungsländer (»Politik der internationalen Solidarität«) griff der Entwurf zukunftsweisende Themen auf. Zudem trat er für eine verstärkte Gesetzgebungskraft des Bundes ein und damit gegen den traditionellen christdemokratischen Föderalismus. Dagegen stellte der Text traditionelle Domänen der Union – wie die Mittelstands- und Außenpolitik – eher zurück. Die Abschnitte zur Deutschland- und Ostpolitik sprachen kaum noch von der staatlichen Wiedervereinigung, sondern vom »Selbstbestimmungsrecht der Deutschen in der DDR«, wovon eine »Anerkennung oder Nichtanerkennung einer Regierung in Ost-Berlin« abhänge. Allein das Wort »Anerkennung« und die fehlenden Anführungszeichen beim Kürzel DDR waren innerhalb der Union bereits revolutionär. Auch sprachlich näherte sich der Entwurf dabei den Sozialdemokraten und dem Zeitgeist an. »Manche Passagen lasen sich wie aus einem Lehrbuch der Soziologie«, sollte nicht nur die FAZ kritisieren.²⁵

Die Unterstützung der Jungen Union und der Christlich-Demokratischen Arbeitnehmerschaft war Kohl sicher. Ebenso vorhersehbar waren aber auch die Proteste des Wirtschaftsflügels und der eher konservativen Mehrheit in der Parteiführung.

Die Programmarbeit wirkte damit nicht integrativ. Sie legte vielmehr noch deutlicher die unterschiedlichen Parteiflügel in der CDU frei, die eine echte Programmrevision gegenseitig blockierten. Rund 7000 Änderungswünsche gingen diesmal ein. Harte Diskussionen auf dem Düsseldorfer Parteitag von 1971 folgten.

Um den innerparteilichen Frieden zu wahren, sollte der Bundesvorstand den Entwurf schließlich sprachlich und inhaltlich so stark revidieren, dass viele eine »Rückschreibung der Fortschreibung« sahen. Die Presse sprach von einer Verwässerung des recht konkreten Entwurfes von Kohl.[26] Statt der Bildungspolitik rückte wieder die Außen- und Deutschlandpolitik an den Anfang. Dabei betonte der neue Text durchgehend das Ziel der Einheit. Die in Kohls Entwurf zumindest erwogene »Anerkennung« wurde komplett gestrichen. Die bildungspolitischen Abschnitte forderten dagegen weder etwas Neues, noch bekannten sie sich klar zum bisherigen Schulsystem. Sie verlangten lediglich, Bildungseinrichtungen »nach den verschiedenen Bildungszielen und Begabungseinrichtungen zu differenzieren«. Neben der Grundschule sollte es eine Sekundarstufe I und II geben. Ob das die Rettung der Hauptschule, Berufsschule und der Gymnasien bedeutete oder ob Orientierungsstufen zulässig seien, blieb unerwähnt. Die symbolische Kernfrage zwischen den Flügeln blieb die Mitbestimmung. Auch hier setzte sich der konservative Flügel auf dem Parteitag knapp durch und schrieb eine klare Mehrheit der Anteilseigner fest. Pikanterweise stimmte Kohl dabei – angeblich aus Versehen – gegen den von ihm getragenen Antrag.[27] Damit hatte sich die Reformeuphorie und Diskussionsbereitschaft ein zweites Mal in einige allgemeine Passagen aufgelöst. Einerseits, weil man um den Zusammenhalt der Partei fürchtete, andererseits, weil die Parteimehrheit offensichtlich weiterhin auf die pragmatische Entscheidungskraft der Fraktion vertraute. Zudem schien die Rückkehr ins Kanzleramt so greifbar, dass Programme wieder als überflüssig galten.

Dennoch kam die programmatische Debatte nicht zum Stillstand, sondern kam immer weiter ins Rollen. Vor allem die verheerende Wahlniederlage von 1972 förderte innerhalb der CDU die Bereitschaft, ihre Positionen grundsätzlich zu überdenken. Die Union sah sich in einer ähnlichen Situation wie die Sozialdemokraten 1957. Der neue Parteivorsitzende Rainer Barzel und andere gestanden ein, dass die CDU die »geistige Führung« verloren habe, weil sie nicht rechtzeitig auf die gesellschaftlichen Veränderungen der sechziger Jahre reagiert habe. So wie sich die SPD nach ihren Niederlagen den Mittelschichten gegenüber öffnen musste, bedurften die Christdemokraten nun einer neuen inhaltlichen Annäherung an die Arbeiter, die Frauen und an die Jugend. Den Christdemokraten waren jedoch nicht nur die Wähler ihrer kirchlichen Milieus abhanden gekommen, sondern auch die weltanschaulichen Gewissheiten, die die Vereinsnetze der Milieus bislang transportiert hatten. Sie mussten nun durch Programme ersetzt werden. So positiv man die Programmarbeit bewerten mag – ihre Notwendigkeit war zugleich auch ein Krisenzeichen für eine Partei, die ihren politischen Standpunkt erst in mühsamen Diskussionen suchen musste.

Wie nötig eine Standortsuche war, hatte sich schon vor der Niederlage von 1972 an den Unstimmigkeiten in der Fraktion, der Partei und den Landesverbänden gezeigt. Gerade in entscheidenden Fragen fanden sie oft weder eine konkrete Alternative noch eine klare Linie. In der Fraktion zeigte sich das besonders bei der Verabschiedung der Ostverträge, als sie die von der Partei nahe gelegte Zustimmung verweigerte. Weil die Union hier keine einheitliche und zugkräftige Position fand, musste Barzel im Wahlkampf das Thema Ostpolitik zurückstellen und sich auf die Wirtschaftspolitik konzentrieren. Ebenso standen sich die Parteiflügel in Fragen wie der Mitbestimmung weiterhin offensiv gegenüber. In der Presse machte man nun fortlaufend Machtkämpfe zwischen der Mittelstandsvereinigung und der CDA aus.

Auch in den Bundesländern wich die christdemokratische Regierungspolitik noch so stark voneinander ab, dass die CDU von dort kein einheitliches Profil gewinnen konnte. Vor allem in der Bildungspolitik bestanden deutliche Differenzen, die sich weiterhin aus den unterschiedlichen Entstehungstraditionen erklärten. In Berlin akzeptierte die Union etwa die sechsjährige

Grundschule und in Niedersachsen die Orientierungsstufe und Gesamtschule. Dagegen förderte sie in Nordrhein-Westfalen weiterhin die Konfessionsschule und bekämpfte dort ähnlich wie in Hessen die Gesamtschulen. Die CDU-Landesregierungen unterschieden sich aber auch in ihrer Sozialpolitik, hinsichtlich der Staatsverschuldung oder der Größe des Beamtenapparates. Die Union war eben nicht überall marktwirtschaftlich, sparsam und antibürokratisch. Vielmehr war sie weiterhin ein regional und weltanschaulich fragmentiertes Bündnis, das nur schwer eine politische Linie fand.[28]

Natürlich formulierten die zahlreichen programmatischen Schriften, die die Christdemokraten seit den frühen siebziger Jahren entwarfen, nicht automatisch einheitliche Positionen. Die Papiere widersprachen sich oft, blieben umstritten oder einfach unbeachtet. Aber immerhin setzte die Partei so eigene Akzente. Zudem galt weiterhin »the medium is the message«. Für die öffentliche Wahrnehmung war wichtig, dass die CDU weiterhin diskutierte, nicht unbedingt, was sie gerade reformierte. Ihr neuer, 1973 gewählter Bundesvorsitzender Helmut Kohl sollte dabei maßgeblich die programmatische Reform vorantreiben und koordinieren. Mit Kurt Biedenkopf, Richard von Weizsäcker und Heiner Geißler förderte Kohl dabei bewusst drei intellektuelle Köpfe, die zugleich mit der neuen Debatten- und Medienkultur umzugehen verstanden. Als programmatischer Stichwortgeber fiel zudem Pater Heinrich Basilius Streithofen auf, der sich im Unterschied zu vielen Christdemokraten souverän in der Ideengeschichte bewegte. Der neue Aktivismus der CDU führte dazu, dass sie bereits im November 1973 das just überarbeitete Berliner Programm weiter fortschrieb. Dabei suchte sie besonders Kompromisse mit dem Arbeitnehmerflügel. In der umkämpften Mitbestimmungsfrage übernahm sie zwar nicht die von der CDA geforderte Parität, wohl aber eine scheinbare Parität. Bei formeller Gleichheit sollte auf der Arbeitnehmerseite mindestens ein leitender Angestellter sitzen. In Pattsituationen entschied freilich die Stimme des Aufsichtsratsvorsitzenden. In der Vermögenspolitik forderte sie nun einen »Beteiligungslohn« für die Arbeitnehmer. Dem Geist der siebziger Jahre entsprechend wurde die CDU damit sozialer und visionärer.

Eine sozialpolitische Kurskorrektur versprach auch die Mannheimer Erklärung von 1975. Sie deutete in einer neuen Weise die gesellschaftlichen Veränderungen und leitete daraus Schlüsse für die Union ab. Die Mannheimer Erklärung wurde insgesamt als ein »Schnellschuss« bewertet, der kein »Wahlschlager« sei.[29] Zudem fiel auf, dass die Parteiführung sie von oben herab einbrachte. Nur der Bundesvorstand hatte den Entwurf von Generalsekretär Biedenkopf diskutiert, während die Delegierten ihn erst kurz vor dem Parteitag erhielten. Für den Reformer Kohl war dieses Vorgehen kein guter Einstand. Große Aufmerksamkeit erregte jedoch das sozialpolitische Kernstück der Erklärung, das Kohls Mainzer Sozialminister Heiner Geißler unter der Bezeichnung die »Neue Soziale Frage« eingebracht hatte. Sie proklamierte, dass neben dem alten Konflikt zwischen Kapital und Arbeit nun »Konflikte zwischen organisierten und nichtorganisierten Interessen« getreten seien.[30] Die CDU sah sich nun als Anwalt der wirklich schwachen Nicht-Organisierten. Hierzu zählte sie besonders alte Menschen, allein erziehende Mütter oder nicht mehr Arbeitsfähige, später auch Arbeitslose, Jugendliche, kinderreiche Familien, Gastarbeiter oder Behinderte. Rund sechs Millionen Menschen würden zu dieser vernachlässigten Armutsgruppe gehören, wie die CDU mit Publikationen untermauerte.[31] Damit reagierte die CDU auf die Auflösung der Milieu- und Vereinsstrukturen, indem sie sich zum Fürsprecher der Organisationslosen machte. Gleichzeitig gestand sie auf diese Weise zu, dass auch in der sozialen Marktwirtschaft der Wohlstand nicht für alle reichte.

Die Neue Soziale Frage erwarb sich aber nicht nur den großen Verdienst, frühzeitig auf soziale Randgruppen aufmerksam zu machen. Auch strategisch war der Entwurf in mehrfacher Hinsicht ein Geniestreich. Erstens demontierte er auf eine äußerst emotionale Weise die sozialpolitische Kompetenz der Sozialdemokraten. Damit schlug er die SPD auf ihrem ureigenen Feld. Die SPD wurde so zur Partei der Mächtigen umgedeutet. Zweitens entwertete die Neue Soziale Frage die traditionelle Konfliktlinie zwischen Arbeit und Kapital, die für die Volkspartei stets ein Problem war. Drittens richtete sich der Ansatz wie Erhards Formierte Gesellschaft gegen alle Verbände, meinte aber besonders die SPD-nahen Gewerkschaften. Diese wurden so als eine Organisation gebrandmarkt, die nicht den wirklich Schwachen helfe. Und viertens sprach die Union mit den unverschuldeten Armen soziale Gruppen an, die im Unterschied zu den Gewerkschaftern potentielle Unionswähler waren. Da diese Armutsgruppe zugleich im Zentrum der traditionellen bürgerlichen Fürsorge und der katholischen Subsidiaritätslehre stand, hatte die Union eine gewisse Kompetenz auf diesem Gebiet. Schließlich hatte sich auch Adenauers Sozialpolitik weniger an die Arbeiter als an die Rentner oder Familien gerichtet. Zugleich ließ ein Engagement für die »würdigen Armen« auch das Wohlwollen der bürgerlichen Christdemokraten erwarten. Ohnehin sollte die Neue Soziale Frage vor allem im Sinne der Subsidiarität gelöst werden. Außer einem angedeuteten Erziehungsgeld versprach sie kaum staatliche Unterstützung. Vielmehr sollte die familiäre und ehrenamtliche Hilfe weiterhin subsidiär Notlagen lindern.

Obwohl Biedenkopf keineswegs zum linken Arbeitnehmerflügel gehörte, machte er sich Geißlers Ansatz so sehr zu eigen, dass er öffentlich ihm alleine zugeschrieben wurde. Um das sozialpolitische Image der Union weiter zu stärken, nannte Biedenkopf nun häufiger sogar das legendäre Ahlener Programm eine Grundlage der CDU, die man fortschreiben wolle.[32] Auch begrifflich leitete Biedenkopf eine weitere Annäherung an die Sozialdemokraten ein. Bereits Ende 1973 war er mit einem wegweisenden Referat aufgefallen, das die sozialdemokratischen Grundwerte Freiheit, Solidarität und Gerechtigkeit in den Mittelpunkt stellte, gleichzeitig aber anders definierte. Nun sorgte er über seine Mannheimer Erklärung dafür, dass sich die CDU exakt auf die gleichen drei Grundwerte wie die Sozialdemokraten berief.

Der neue Kurs löste erwartungsgemäß intensive Diskussionen aus. Biedenkopf hatte schon in der Mannheimer Erklärung Geißlers Ansatz stark entschärft. Dennoch argwöhnten die konservativen Christdemokraten, die Neue Soziale Frage treibe nur die Staatsausgaben und die Einkommensverteilung weiter fort. Ebenso wie die CSU machten sie Biedenkopf für einen »Linksrutsch« und eine »Öffnung zur linken Mitte« verantwortlich.[33] Um sozialpolitisches Profil zu gewinnen, forderten sie vor allem einen Kampf gegen die anwachsende Inflation. Selbst Ludwig Erhard meldete sich noch einmal zu Wort, um das Papier zu kritisieren. Dagegen sahen im linken Lager viele die Neue Soziale Frage als eine Taktik an, um das Image der Unternehmerpartei abzustreifen und verlorene Wähler zurückzugewinnen. Von katholischer Seite wurde schließlich kritisiert, dass die Mannheimer Erklärung sich durch eine »Nichterwähnung des Christlichen« auszeichnete.[34] Doch aller Kritik zum Trotz: Mit der Neuen Sozialen Frage hatte die CDU es geschafft, im Jahr vor der Wahl einen schlüssigen Begriff zu prägen, der wieder ihr geschwundenes sozialpolitisches Profil stärkte. Der Zeitgeist, ihr Oppositionsstatus und der Generationswechsel hatten dafür gesorgt, dass sie sich in eine programmatisch aktive Partei verwandelt hatte, deren Profil sozialer wurde.

Die Entstehung des ersten Grundsatzprogrammes

Zwei Monate nach Helmut Kohls Wahl zum Parteivorsitzenden holte die CDU zu ihrem bisher größten programmatischen Paukenschlag aus: Sie gab sich ein Grundsatzprogramm. Das war für die Partei völlig neu. Nur die Junge Union hatte so etwas bislang gefordert und 1972 für sich verabschiedet. Ansonsten hatten selbst die reformbewussten Christdemokraten bislang weiterhin betont, dass die CDU »kein Godesberg brauche«. Kohl hatte sich Anfang 1973 immerhin für längerfristige Planungen mit »einem Stück Vision« ausgesprochen. Nun regte am 31. August 1973 Richard von Weizsäcker diesen Schritt gegenüber Kohl und in der Öffentlichkeit an.[35] Weizsäcker galt damals einer der »Chefdenker der Union«. Seit zwei Jahren stand er einer kleinen Grundsatzkommission vor, die die Zukunftsperspektiven von Gesellschaft und Partei übermitteln sollte. Nun übertrug die Partei ihm die Leitung der vierzehnköpfigen Grundsatzprogramm-Kommission, die im Mai 1974 ihre Arbeit begann.[36]

Neu an diesem Programm war zunächst, dass es ohne Zeitdruck über mehrere Jahre ausgearbeitet werden sollte. Zudem bezog es sich nicht auf eine bestimmte Wahl. Vielmehr wollte es die CDU bewusst nach der Bundestagswahl 1976 verabschieden, damit sich der Text nicht in Wahlkampffragen verlor. In der Kommission saßen dynamische jüngere Christdemokraten wie Kurt Biedenkopf, Ernst Albrecht oder Wulf Schönbohm. Hinzu kam auch ein externer Experte wie der renommierte Politikwissenschaftler Wilhelm Hennis. Die Programmarbeit diskutierte die Union ebenfalls mit zahlreichen Verbandsvertretern, Kirchenrepräsentanten und Wissenschaftlern, die nicht nur aus dem eigenen Lager kamen. Folglich förderte die Programmdebatte jene Gesellschaftskontakte, die seit den sechziger Jahren mehr und mehr abgerissen waren. Zusätzlich gaben zahlreiche Taschenbuchpublikationen und Gastartikel der Debatte ein eher theoretisches Streitschriften-Fundament, welches die Öffentlichkeit bei der Union bislang vermisst hatte.[37] Damit versuchte die CDU nun in gewisser Weise an jene intellektuelle Diskussionskultur anzuschließen, die durch die Studentenbewegung und die Bildungsexpansion zunehmend popularisiert worden war.

Bei der Diskussion der Entwürfe zeigte sich ein ähnliches Schema wie bei der bisherigen Programmarbeit. Während sich in der Programmkommission vor allem Reformer engagierten, die mutige oder pointierte Positionen ausfeilten, sorgte die eher konservative Parteimehrheit in den Vorständen und auf dem Parteitag für entsprechende Abschwächungen. Gerade die Überarbeitungen sollten abermals zeigen, wo die neuralgischen Punkte des christdemokratischen Selbstverständnisses lagen.

Umstritten war bei der Abfassung zunächst wieder die Reihenfolge der Kapitel. Die Konservativen wollte mit dem Staatsverständnis beginnen und die Außenpolitik folgen lassen, die Christlich-Sozialen dagegen mit dem christlichen Menschenbild der CDU. Diese setzten sich durch. Deutlich abgeschwächt wurde dagegen das soziale Profil der Entwürfe. Sprachen die ersten Texte etwa von einem »Recht auf Arbeit«, so blieb schließlich das unverbindliche »Freiheitsrecht auf Arbeit«, was einen Rechtsanspruch ausschloss. Ein Wort wie »Chancengleichheit« wurde nach langen Diskussionen in »Chancengerechtigkeit« umgewandelt. Die Neue Soziale Frage, die im Entwurf sogar noch eine eigene Kapitelüberschrift gebildet hatte, trat deutlich in den Hintergrund. Dass auch Alleinerziehende Familien bilden, wurde gestrichen, ebenso die Partnerrente. Die wirklich interessante Standortbestimmung lag damit häufig weniger im Grundsätzlichen, sondern in solchen Details, die freilich Grundsätzliches verbargen.[38]

Abgeschwächt wurde aber auch die stärker christliche Ausrichtung des Entwurfes. Besonders im einleitenden Abschnitt, aber auch bei der Definition der Grundwerte hatte er auf die religiöse Verwurzelung der CDU angespielt. Diese Formulierungen wurden nun entweder getilgt oder aufgelockert. Ähnlich wie Adenauer achtete auch Helmut Kohl darauf, dass die Programme nicht wie Glaubensbekenntnisse wirkten, sondern auch Liberale oder Nichtchristen ansprachen. Kohl hatte sich stets zu der großen Bedeutung des »C« bekannt. Aber seit seinem ersten großen Programmentwurf von 1971 fiel auf, wie allgemein die Passagen über das Christliche in den von ihm mitgestalteten Texten waren. In der Präambel des Grundsatzprogrammes von 1978 betonte die CDU nun, dass sie eine Volkspartei sei, die sich an alle Menschen in allen Schichten und Gruppen wende. Sie beruhe auf dem christlichen Verständnis vom Menschen, das als ethische Grundlage ein gemeinsames Handeln von Christen und Nichtchristen möglich mache.

Das Programm war allerdings nicht so säkularisiert, wie die Union in der alltäglichen Politik oft erschien. Selbst die abgeschwächte Endfassung verwies immer noch unverkennbar auf ihre christlichen Grundlagen. Das zeigte sich auch bei der Definition der drei Grundwerte »Freiheit, Solidarität, Gerechtigkeit«, die dem Programm den Namen gaben. Die Freiheit des Menschen führten die Christdemokraten zumindest in einem Nebensatz noch metaphysisch auf eine »Wirklichkeit, welche die menschliche Welt überschreitet«, zurück. Solidarität und Gerechtigkeit wollten sie dagegen weiterhin durch das Subsidiaritätsprinzip der katholischen Sozialphilosophie erreichen. Die »verantwortliche Selbsthilfe« sollte den Zusammenhalt und sozialen Ausgleich sichern, nicht der Staat. Ausgenommen waren davon freilich die Familien, bei denen allein die CDU explizit für eine stärkere staatliche Hilfe eintrat. Dafür stellte sie ein Erziehungsgeld, die Renten steigernde Berücksichtigung von Erziehungsjahren und die besondere Förderung von kinderreichen Familien in Aussicht.

Durch die zahlreichen Kompromisse war das Grundsatzprogramm zu einem Integrationsprogramm geworden. Der Text war ein bunter Strauß, der qua defitionem im Grundsätzlichen blieb. Eher in seiner Gesamtheit spiegelte er den Grundtenor der Partei. Die CDU präsentierte sich dabei als eine sicherheitsorientierte, leistungsbewusste und marktwirtschaftliche Partei, die für den sozialen Ausgleich eintrat, diesen aber möglichst nicht durch staatliche Zahlungen erreichen wollte. Wer bei den Abschnitten zur Bildungspolitik, zur sozialen Marktwirtschaft oder zur Außen- und Deutschlandpolitik konkrete oder neue Ansätze finden wollte, musste etwas suchen. Die dafür nötige Zeit nahmen sich freilich die wenigsten Journalisten. Die Wähler und die Mitglieder hatten sie ohnehin nicht.

Interessante Einzelakzente fanden sich in allen Kapiteln. So schlug das Programm vor, »die Sicherung der ökologischen Zukunft« als ein fünftes wirtschaftspolitisches Ziel aufzunehmen (Art. 81). Mit Ausnahme eines Hinweises auf das »Verursacherprinzip« nannte es jedoch keine Maßnahmen. Als Instrument gegen die Arbeitslosigkeit kam nach harten Diskussionen die besonders von Norbert Blüm geforderte Arbeitszeitverkürzung ins Programm. Sie wurde allerdings vom Wirtschaftswachstum und dem Beschäftigungsgrad abhängig gemacht. Eine perspektivische Zeitangabe zur Verkürzung fehlte ebenfalls (Art. 82). Die Abschnitte zur sozialen Marktwirtschaft lehnten sich eng an Müller-Armacks Grundtext an, auf den sich Erhard einst berief.[39]

Allerdings verband die Union sie nun nach einigen Debatten mit einer »sozialen Ordnungspolitik«, die »Leistungs- und Verteilungsgerechtigkeit« schaffen sollte (Art. 68). Die Außen- und Deutschlandpolitik rückte – wie schon bei den Entwürfen der Kohl-Kommission 1971 – wieder deutlich weiter nach hinten. Dabei bekannte sich das Grundsatzprogramm nun explizit zu allen Verträgen mit ausländischen Staaten und der DDR (Art. 133). Auch wenn die CDU dabei auf ihre Auslegung von 1972 hinwies, war dies ein wichtiges Zeichen. Von einer Unionsregierung konnten die Wähler nun eine außenpolitische Kontinuität erwarten. Zusammenfassend machte das Programm also durchaus leichte Zugeständnisse nach links, schwächte diese aber immer wieder ab. Unzweifelhaft stand das Programm in der Kontinuität des bisherigen CDU-Kurses. Ein Godesberg war es damit nicht.

Der Parteivorsitzende Kohl konnte das Programm zu Recht als sein Werk ansehen. Er hatte es auf den Weg gebracht, und vornehmlich die von ihm geförderten Vertrauten hatten die maßgebliche Arbeit geleistet. Da Kohl das Programm in seiner Heimatstadt Ludwigshafen verabschieden ließ, sollte es bereits vom Namen her dauerhaft mit ihm in Verbindung bleiben. An der Erarbeitung des Programmes hatte er sich dagegen kaum direkt beteiligt. Ein programmatischer Initiator wie in den frühen siebziger Jahren war er nicht mehr. Selbst auf dem Ludwigshafener Parteitag glänzte er nicht als Programmatiker. Kohls Rede besaß kaum visionäre Ideen oder zündende Funken. In der anschließenden Diskussion war er kaum präsent, nicht einmal beim Streit um die Arbeitszeitverkürzung. Stattdessen brillierte der im Vorjahr ernannte Generalsekretär Heiner Geißler, den viele nun als den eigentlichen Vater des Grundsatzprogrammes ansahen.[40]

Die Konflikte zwischen dem Arbeitnehmer- und dem Wirtschaftsflügel konnte das Programm nicht glätten. Ohnehin war umstritten, wie bindend es war. Vor allem die konservativen und liberalen Christdemokraten zeigten sich wenig beeindruckt. Während der Sozialpolitiker und CDA-Vorsitzende Norbert Blüm von einem »Durchbruch der Programmatik« sprach, sah der konservative hessische Landesvorsitzende Alfred Dregger das

Programm als für Oberkirchenräte geeignet an, nicht aber für Wahlkämpfe. Auch Kurt Biedenkopf, der sich nun zunehmend als Rivale von Kohl profilierte, bezeichnete schon eine Woche später die wirtschaftspolitischen Aussagen des Programmes als falsch.[41] Bereits im folgenden Jahr sollte Biedenkopf quasi kompensatorisch ein neues wirtschaftspolitisches Programm ausarbeiten, das noch stärker auf Markt und Leistung setzte. Die Zeit der großen Programmentwürfe war aber ohnehin vorbei. Im Zuge der Wirtschaftskrisen der siebziger Jahre brach die einstige Planungseuphorie auch in der Gesellschaft weg. Statt langfristiger Zukunftsentwürfe kamen nun Krisendiagnosen in Mode.

Stark entwertet wurde das Grundsatzprogramm schließlich 1979/80 durch Franz Josef Strauß' Kanzlerkandidatur. Sie war ein Rückschlag für die gesamte programmatische Arbeit der CDU. Denn nun musste sie sich hinter einen Kandidaten stellen, der keinen Hehl daraus machte, dass er die ganze Programmdiskussion der siebziger Jahre ablehnte. Strauß wetterte gegen die Neue Soziale Frage und die Kosten, die die Sozialpolitik der CDU verursachen würden. Sein Generalsekretär Edmund Stoiber sprach nicht minder deutlich vom »Sozialklimbim«, von dem die CDU lassen sollte.[42] Zudem verschob Strauß wieder die Akzente. Während die Union die umstrittene Außen- und Sicherheitspolitik etwas zurückgestellt hatte, trat sie bei Strauß wieder ganz nach vorn. Und schließlich sorgte Strauß' Auftreten für einen derartig personalisierten Wahlkampf, dass die Inhalte völlig zurücktraten. Das Grundsatzprogramm war damit bereits 1979 in der Schublade verschwunden, wie auch Helmut Kohl selbstkritisch anmerkte.[43]

Stattdessen legte die Union 1980 verspätet ein Wahlkampfprogramm vor, das in vieler Hinsicht ein Rückfall in frühere Zeiten war. Der für Strauß erstellte Text begann mit der außenpolitischen Lage und mit Bedrohungsszenarien, die durch die »sozialistische Entspannungspolitik« entstanden seien. Denn die Politik von Brandt und Schmidt trüge zum Abgleiten in »Kapitulation oder Krieg« bei. Dann erst folgten Abschnitte zur wirtschaftspolitischen Umkehr, die stets mit Finanzierungsvorbehalten versehen waren. Auch hier dominierten Horrorszenarien über die »sozialistische Misswirtschaft«. Statt von den just beschlossenen CDU-Grundwerten Solidarität und Gerechtigkeit sprach Strauß von Sicherheit und Freiheit. Mit Ausnahme der Familienförderung blieb die Sozialpolitik denkbar blass. In vieler Hinsicht erinnerte das Wahlprogramm an die Zeiten vor Helmut Kohl. Die öffentliche Kritik an dem Text war vernichtend wie nie. Selbst der meist unionstreue Rheinische Merkur monierte die fehlenden Inhalte, die Syntax und den unzusammenhängenden Aufbau.[44] Damit zeigte sich, wie wichtig mittlerweile eine längerfristige und integrative Programmarbeit auch für die eher konservative Öffentlichkeit war.

Erst nach Strauß' furiosem Scheitern konnte Helmut Kohl wieder an jenen ausgleichenden programmatischen Kurs anknüpfen, den er in den siebziger Jahren eingeleitet hatte. Im Unterschied zu Strauß förderte Kohl auch die weichen Themen – wie die Bildungs-, Umwelt- und Medienpolitik. Dabei nahm er nicht nur die neue gesellschaftliche Grundstimmung an, die sich durch die Friedensbewegung verbreitete. Er ordnete sie zugleich auch geschickt in die historische Tradition der CDU ein. Den Umweltschutz deutete er als ein »urkonservatives Anliegen«. Die Verständigung mit Polen bezeichnete er als seit je wichtiges Ziel der Union. Sie gehe nicht auf Brandt, sondern auf Adenauer zurück, der diese schon in der Regierungserklärung 1949 gefordert habe.[45] Außenpolitisch machte Kohl dabei immer wieder deutlich, dass er für eine Fortsetzung der sozialliberalen Ostpolitik eintrete. »Wir stehen zu den geschlossenen Verträgen«, lautete im August 1982 sein Credo.

In ihren programmatischen Debatten bemühte sich die CDU zudem um eine neue Offenheit. Das zeigte sich besonders beim Bundesparteitag 1981, als die Parteiführung mit 500 geladenen Jugendlichen über deren spezifische Anliegen diskutierte. Der Parteitag und das dort verabschiedete Papier (»Mit der Jugend – Unser Land braucht einen neuen Anfang«) griff vor allem Fragen aus der Friedensbewegung auf – wie etwa den gewaltlosen Widerstand oder die Stärkung der Entwicklungshilfe. Zugleich widmete sie sich der Reform der Bildungspolitik. Bereits damals beschloss die Union, das Gymnasium auf zwölf Jahre zu verkürzen (Art. 56) – was erst heute umgesetzt wird.

Die CDU der frühen achtziger Jahre lehnte sich jedoch nicht nur an den gewandelten Zeitgeist an. Sie versuchte ihn zugleich durch Gegenakzente neu zu prägen. Den zunehmenden Untergangsängsten in der Gesellschaft hielt die Kohl-CDU eine Kultur des Optimismus entgegen. »Unser Ziel muss eine Politik sein, die wieder Optimismus begründet, die nicht nur Risiken und Herausforderungen aufzählt, sondern auch die Richtung und den Weg in eine menschliche, lebenswerte Zukunft beschreibt«, forderte Kohl etwa auf einer CDU-Klausurtagung zur Zukunft der Union. Die CDU sollte damit nicht wie im Kalten Krieg oder wie bei der Strauß-Wahl als die Partei der »Angstmacher« auftreten, sondern als eine Partei des Aufbruches. Ebenso forderte er im Hinblick auf die Wirtschafts- und Sozialpolitik ein geistiges Umdenken. Nachdem die Deutschen über ihre Verhältnisse gelebt hätten, müsste nun eine neue Leistungsbereitschaft das überstrapazierte soziale Netz sichern. Genau dieser optimistische und integrative Kurs sollte 1982 das geistige Fundament für den Regierungswechsel legen.

Wirtschaftspolitische Regierungspartei

Mit dem Regierungsantritt von Helmut Kohl folgte eine Periode, in der die programmatische Arbeit eine zunehmend geringere Rolle spielte. Im Unterschied zur Adenauer-Ära verabschiedete die CDU weiterhin programmatische Schriften. Aber sowohl ihre Inhalte als auch ihre Ausstrahlungskraft blieben gering. Für das Selbstverständnis der Partei und ihren politischen Kurs war nun wieder die Regierungspolitik maßgeblich.

Nicht irgendein Programm, sondern Helmut Kohls Regierungserklärung stellte nun die ersten langfristigen Weichen, die Politik und Parteiidentität prägten. Bezeichnenderweise wurde sie nicht mehr von der Parteiführung entworfen, sondern von

Kohls informellem Beraterkreis. Vom Adenauer-Haus war lediglich Warnfried Dettling daran beteiligt. Selbst der Parteiprogrammatiker Heiner Geißler blieb bei der Texterstellung außen vor.[46] Kohls Regierungserklärung plazierte Begriffe und Ziele, die lange prägend blieben. Ein zentraler Leitbegriff war die Selbstbezeichnung als »Koalition der Mitte«. Vorherige Umfragen vom Allensbacher Institut hatten ergeben, dass der Begriff mehr Sympathie fand als »Neue Koalition« oder »Erneuerung«. Nun gab er der Regierungserklärung nicht nur den Namen, sondern durchzog sie vom ersten Satz an. Als Koalition der Mitte wies die Union der SPD weiterhin einen Randposten auf der Linken zu. Zugleich plazierte sie sich als Volkspartei des gesellschaftlichen Ausgleiches und nahm sich gegen den in Deutschland heiklen Vorwurf in Schutz, eine Partei der Rechten oder des Bürgertums zu sein. Die sozialen Errungenschaften von Adenauers »Koalition der Mitte« führte Kohl dabei als Beleg für den angestrebten ausgleichenden Kurs an. Die Entfaltung von »Freiheit, Dynamik und Selbstverantwortung« nannte Kohl als ihr geistiges Fundament. Tatsächlich sollte sich der gut positionierte Begriff durchsetzen. Die CDU blieb die Partei der Mitte, weil sie diesen Begriff souverän für sich beanspruchte.

Als zweites identitätsprägendes Leitmotiv etablierte Kohl den Anspruch, eine »Wende« einzuleiten. Den Begriff hatte Kohl bereits seit den siebziger Jahren benutzt. Aber erst die Dramaturgie seiner Regierungserklärung gab ihm seine wirkungsmächtige Kontur. Mit drastischen Worten betonte er zunächst die schwere Wirtschaftskrise, die sich in der hohen Arbeitslosigkeit, der Staatsverschuldung und dem ausbleibenden Wirtschaftswachstum zeige. Zudem sprach er von einer geistig-moralischen Krise der Angst, Wirklichkeitsflucht und Ratlosigkeit. Die durch die neue Regierung eingeleitete Wende sollte in beiden Bereichen Abhilfe schaffen. Dazu stellte er ein sehr konkretes Programm auf, das vor allem vier Leitlinien vorgab: einen Sparkurs, der vor allem im Sozialwesen kürzte, wirtschaftliche und steuerliche Erleichterungen für Unternehmen, eine außenpolitische Kontinuität und eine stärkere »Selbst- und Nächstenhilfe der Bürger«.

Viele Punkte aus der bisherigen Programmarbeit traten dagegen zurück. Die in der Opposition verlangte Förderung der Familien wurde nur noch zaghaft angedeutet. Und der im Grundsatzprogramm als fünftes Wirtschaftsziel geforderte Umweltschutz ging in der Erklärung fast unter.

Hauptziel der christdemokratischen »Wende« war damit unverkennbar die wirtschaftliche Konsolidierung. Auch die Programmdebatten von 1983/84 kreisten vor allem um die Frage, wie man den Wirtschaftsaufschwung beschleunigen könne. Während bislang eher der linke Parteiflügel die programmatischen Impulse gab, trat nun der liberale Wirtschaftsflügel hervor. Im August 1983 diskutierte das Präsidium einen Entwurf des niedersächsischen Ministerpräsidenten Ernst Albrecht, der unverkennbar an das wirtschaftsliberale Lambsdorff-Papier anknüpfte, das den Regierungswechsel eingeleitet hatte. Unter dem Titel »Zehn Thesen zum Problem der Arbeitslosigkeit« kritisierte Albrecht die hohen Lohn- und Lohnnebenkosten, den Kündigungsschutz und die Mitbestimmung. Zugleich forderte er eine zwanzigprozentige Absenkung der Unternehmenssteuern. Dies sei mit einer erhöhten Mehrwertsteuer zu finanzieren.[47] Sein Entwurf war zugleich die Grundlage für eine breite programmatische Debatte, die in die 1984 verabschiedeten »Stuttgarter Leitsätze« mündete. Dabei zeigte sich, dass Albrechts Thesen innerhalb der Partei insgesamt nicht mehrheitsfähig waren. Der christlich-soziale Flügel war weiterhin stark genug, um die Entwürfe deutlich abzuschwächen und sie durch soziale, frauenspezifische und umweltpolitische Aussagen zu ergänzen. Aber dennoch zeichneten sich auch die Stuttgarter Leitsätze durch ein wirtschaftspolitisches Profil aus, das wesentlich marktliberaler war als alle bisherigen Programmtexte. Im Mittelpunkt standen etwa die Forderungen, Subventionen abzubauen, Steuern und Lohnnebenkosten zu senken, Tarifverträge und Arbeitszeiten zu flexibilisieren und Arbeitszeitverkürzungen ohne Lohnausgleich einzuleiten. Die Leitsätze forderten mit Nachdruck »strenge umweltpolitische Vorgaben«, traten aber zugleich für den »verantwortungsbewussten Ausbau der Kernenergie« ein (Art. 19). Sozialpolitisch förderungswürdig galten wiederum die Familien. Die Presse bewertete die Leitsätze sicher zu Unrecht als unspezifisch und allgemein. Sie steckten deutlicher als jede Programmschrift die wirtschafts- und gesellschaftspolitischen Ziele der Union ab. Allerdings war dies nur noch eine Begleitmusik für die Realpolitik, die seit nahezu zwei Jahren die entscheidenden Akzente setzte.

Auch in der christdemokratischen Politik lag der Hauptakzent auf der wirtschaftspolitischen Konsolidierung. Dabei leitete der Bonner Regierungswechsel keine »marktradikale« oder »neokonservative« Wende ein, die etwa mit den USA oder Großbritannien vergleichbar gewesen wäre.[48] Einen Begriff wie Thatcherismus oder Reagonomics prägte Kohls Regierung deshalb nicht. Der vergleichsweise gemäßigte Umbruch hatte verschiedene Gründe. Zum einen war die CDU durch ihre katholischsoziale Verwurzelung weiterhin eine Volkspartei, in der die soziale Absicherung einen deutlich höheren Stellenwert hatte. Insofern ist auch ihre Politik der achtziger Jahre eher mit den christdemokratischen Parteien Europas zu vergleichen, nicht mit den konservativen. Zudem koalierte die CDU mit einem liberalen Koalitionspartner, der zum Teil mit gleichen Ministern in der vorhergehenden Regierung gesessen hatte. Dies förderte besonders in der Außenpolitik und bei Bürgerrechtsfragen die Kontinuität. Ohnehin war eine radikale Kehrtwende aus institutionellen Gründen kaum möglich. Schließlich sind im politischen Feld Deutschlands viele Akteure beteiligt, die radikale Brüche verhindern. Erinnert sei besonders an die Sozialpartnerschaft von Arbeit und Kapital, das Bundesverfassungsgericht, die segmentierte Ministerialbürokratie und die föderale Struktur der Bundesrepublik. Dabei waren es mitunter auch die eigenen Landesregierungen, die Reformpläne ablehnten.[49]

Der Spielraum der CDU war allerdings so groß wie seit den fünfziger Jahren nicht mehr. Das klare Wählervotum von 1983 legitimierte Veränderungen, und die Mehrheit im Bundesrat ermöglichte ihre Durchsetzung. Zudem hatte die sozialliberale Koalition tatsächlich so schlechte Wirtschaftsdaten hinterlassen, dass in der Bevölkerung nun eine breitere Bereitschaft für einen Sparkurs bestand, den Helmut Schmidt nicht durchsetzen konnte. Tatsächlich begann Kohls Regierung nicht mit einem »Reformstau«, sondern mit deutlichen Einschnitten in der Wirtschafts-, Finanz- und Sozialpolitik. Dabei veränderte sie freilich weniger die Struktur des Sozialstaates als das Ausmaß seiner Leistungen. Schon ab 1982 setzte sie deutliche Zeichen. Die Sozialhilfe und die Leistungen der Bundesanstalt für Arbeit wurden beispielsweise gekürzt, die Selbstbeteiligung bei Krankenhausaufenthalten und Kuren verdoppelt, das Bafög auf Darlehensbasis umgestellt und die Rentenanpassung verschoben. Selbst beim Kindergeld übertraf die CDU die sozialdemokratischen Kürzungspläne, die sie im Jahr zuvor noch verhindert hatte. Gleichzeitig senkte sie die Vermögens- und Gewerbesteuer und lockerte die Arbeitszeitvorschriften. Ihre Steuerreform fand dagegen vor allem in der Erhöhung der Mehrwertsteuer eine Gegenfinanzierung. Alle diese Maßnahmen belasteten zweifelsohne besonders die Geringverdiener, während sie die Unternehmen und höheren Einkommen stärker entlasteten. Nicht nur in den Massenprotesten der Gewerkschaften wurde der Union daher bereits seit Oktober 1982 vorgeworfen, den Staat auf Kosten der kleinen Leute zu sanieren.

Die Union betonte dagegen, dass alleine der Wirtschaftsaufschwung soziale Gerechtigkeit ermögliche. Tatsächlich konnte sie schnell wirtschaftspolitische Erfolge vorweisen. Bereits 1984 war das wirtschaftliche Wachstum auf 3,3 Prozent angestiegen, die Netto-Neuverschuldung vermindert und die Inflationsrate von fünf auf zwei Prozent gesenkt. Bis Ende der achtziger Jahre konnte sie zudem die Sozialleistungsquote um vier Prozent senken, während die Sozialabgaben nur geringfügig anstiegen. Auch wenn sich die Wirtschaftskonjunktur im Rahmen des weltweiten Aufschwunges vollzog, schien der Sparkurs der Union doch bestätigt. Gerade die Erfolge bei der Preisstabilität sollten dabei ihr wirtschaftspolitisches Ansehen steigern. Denn dank der doppelten Inflationserfahrung blieben die abstrakten Prozentzahlen ein Leitsymbol, von dem aus viele Wähler die gesamte Wirtschaftspolitik beurteilten. Stabile Preise galten als der Garant für wirtschaftliche Sicherheit. Gerade nach der Wirtschaftskrise unter der sozialliberalen Regierung konnte die CDU so ihr Image aus Erhards Tagen auffrischen. Eher mittlere Erfolge erzielte die Unionsregierung dagegen mit ihren Versuchen, langfristige Reformen umzusetzen. Die Ausstrahlung von größeren Entwürfen – wie der Renten- und Steuerreform – verblasste hinter dem mühsamen Diskussions- und Durchsetzungsprozess. Einen vergleichbaren Stellenwert wie Adenauers Rentenreform erreichten sie nicht. Dagegen zerriss besonders die Diskussion um den Spitzensteuersatz die Parteiflügel. Ähnliches galt für den Versuch, die lange unterschätzte Gesundheitspolitik zu reformieren. Gegenüber dem engen Geflecht der Gesundheitsverbände konnten sie kaum grundsätzliche Reformfortschritte erreichen.[50] Auch in der Umweltpolitik fiel ihre Bilanz zwiespältig aus. Besonders in der Atompolitik leitete die Union auch nach dem Reaktorunfall von Tschernobyl keine Wende ein. Allerdings kam es nicht zu den von Umweltverbänden befürchteten Rückschlägen. Immerhin übernahm die deutsche Regierung vor allem in der Luftreinhaltung eine europäische Vorreiterrolle, indem sie etwa bleifreies Benzin einführte, die KAT-Verbreitung beschleunigte oder Rauchgasentschwefelungsanlagen für Großfeuerungsanlagen verlangte. Für die damals starke deutsche Umweltbewegung waren das alles zu zögerliche Antworten. Weiter gehende Maßnahmen, wie das von CDU-Umweltminister Klaus Töpfer angeregte Tempolimit oder eine Naturschutzabgabe, waren innerhalb der Partei jedoch nicht mehrheitsfähig. Besonders die Mittelstandsvereinigung blieb ein siegreicher innerparteilicher Vetospieler, während vor allem die Junge Union vergeblich für Reformen eintrat.[51]

Mittlere Erfolge erzielte sie auch in der Außen- und Sicherheitspolitik der achtziger Jahre. Auch hier erreichte Kohls Regierung Veränderungen, nicht aber einen mitreißenden Aufbruch. Erwartungsgemäß blieb die Union weiterhin ein treuer Bündnispartner des Westens. An der Nachrüstung hielt sie trotz aller öffentlichen Proteste fest. Zugleich stärkte sie die Bundeswehr, während sie die Kriegsdienstverweigerung erschwerte. Selbst

Reagens umstrittener Weltraumrüstung stimmte Kohl im Namen der Regierung 1985 zu. Dadurch wirkte Kohls Außen- und Sicherheitspolitik ähnlich polarisierend wie seine Wirtschaftspolitik. Für viele Anhänger war die CDU ein Garant gegen die militärische Bedrohung aus dem Osten. Für andere stand sie dagegen für eine bedrohliche Aufrüstung. Profil gewann Helmut Kohl eher als Architekt eines gemeinsamen Europas. Wie seit Adenauer angelegt, sollte es sich vor allem aus einer engen Zusammenarbeit mit den Franzosen entwickeln. Kohls regelmäßige Treffen mit Staatspräsident François Mitterand mündeten in die 1986 unterzeichnete »Einheitliche europäische Akte«, die die Schaffung eines europäischen Binnenmarktes entscheidend vorantrieb. In der Ostpolitik hingegen knüpfte die Regierung Kohl an die Gesprächsbereitschaft der sozialliberalen Koalition an, bewahrte aber in Verhandlungen Distanz. Beim Abtauen des Kalten Krieges und den Abrüstungsverhandlungen, die sich seit Mitte der achtziger Jahre anbahnten, spielte Deutschland jedoch zunächst nur eine untergeordnete Rolle hinter den Großmächten.[52]

Im Unterschied zu Brandts Kanzlerschaft prägte aber die Innenpolitik Kohls erste Regierungsphase. Vor allem dreierlei erschwerte eine außenpolitische Profilierung der CDU. Erstens lag das Außenministerium wie vor 1982 in der Hand des äußerst agilen und populären Liberalen Hans-Dietrich Genscher. Gerade die friedensstiftende Vermittlung zwischen Ost und West wurde deshalb kaum der Union zugeschrieben. Zweitens schaffte die Union es trotz aller Beschwörungen nicht, die Europapolitik zu einem emotional mitreißenden Projekt zu gestalten. Denn nach wie vor war eher der Patriotismus eine emotionale Brücke zu den Parteianhängern – nicht die Auflösung des Nationalstaates zugunsten der visionär angestrebten »Vereinigten Staaten von Europa«. Drittens war nicht die Verständigung mit dem Kommunismus, sondern weiterhin der Antikommunismus das entscheidende Bindeglied der CDU. Kohls Gespräche mit Gorbatschow und Honecker begleiteten viele CDU-Anhänger eher mit Skepsis. Eine wahlentscheidende Reputation hatte die Außenpolitik der Christdemokraten damit in den achtziger Jahren nicht.

Von allen Politikfeldern blieb zweifelsohne die sozialpolitische Regierungsbilanz die schwächste. Im Unterschied zur Adenauer-Regierung gelang es der Union nicht, über die Wirtschaftsförderung auch die Arbeitslosigkeit zu senken. Im Gegenteil: 1983 stieg die Arbeitslosigkeit auf knapp 2,3 Millionen an. Bis 1988 blieb sie auf diesem historischen Höchststand von neun Prozent der Beschäftigten, der vorher noch unter fünf Prozent gelegen hatte. Die Regierung Kohl versuchte, den Arbeitsmarkt weiter zu deregulieren. So erleichterte das Beschäftigungsföderungsgesetz von 1985 befristete Arbeitsverträge, mehr Teilzeitarbeit und schränkte das Streikrecht ein.[53] Da die angebotsorientierte Politik jedoch wenig Abhilfe brachte, setzte die Union zusätzlich auf die Senkung des Arbeitsangebotes. Hier konnte ihr Arbeitnehmerflügel einzelne Gesetze durchbringen. Während die Gewerkschaften vor allem für eine Arbeitszeitverkürzung hin zur 35-Stunden-Woche eintraten, erlaubte ihr Vorruhestandsgesetz 1984 die Frühverrentung mit 58 Jahren.[54] An die sozialdemokratische Arbeitsmarktpolitik erinnerte schließlich auch die Ankündigung von 1987, durch eine bundeseigene Kreditanstalt für Wiederaufbau ein Investitionsprogramm gegen die Massenarbeitslosigkeit aufzubauen. Wirtschaftsverbände, FDP und CSU sollten entsprechend harte Kritik daran üben. Die Beseitigung der Massenarbeitslosigkeit blieb somit eine Frage, die innerhalb der Gesellschaft und innerhalb des eigenen politischen Lagers weiterhin stark polarisierte. Deutlicher als zuvor erhielt die Union nun ein doppeltes Gesicht, das durch ihre Wirtschaftspolitik geprägt wurde: Für die einen war sie die Partei des Aufschwunges, für die anderen die Partei der Massenarbeitslosigkeit und der sozialen Kälte.

Wenn die CDU sozialpolitische Vergünstigungen schuf, so betrafen diese vornehmlich die Familien. Hier entsprach die Union weiterhin ihrer Programmatik und ihrer christlich-sozialen Weltanschauung. Nach den anfänglichen Kürzungen wurden Mitte der achtziger Jahre Erziehungs- und Pflegezeiten für die Rente anerkannt, der Kinderfreibetrag und das Kindergeld aufgestockt und der Erziehungsurlaub finanziell und arbeitsrechtlich abgesichert. Tatsächlich stieg ab 1987 der Geburtenüberschuss wieder deutlich an. Recht unklar blieb jedoch, wie die geforderte subsidiäre Mitmenschlichkeit zu erreichen sei, die laut Programm und Regierungserklärung die sozialen Kürzungen auffangen sollte. Die Unionsregierung hatte hier schlichtweg ihre gesellschaftliche Steuerungsfähigkeit überschätzt. Eine »geistig-moralische Wende«, die auch die neuen sozialen Einschnitte hätte ausgleichen können, erreichte die Union nicht. Stattdessen verdoppelte sich in den achtziger Jahren die Zahl der Sozialhilfeempfänger.[55]

Die programmatisch engagierten Christdemokraten bemühten sich, das zunehmend wirtschaftsliberale Profil der CDU durch entsprechende Gegenakzente auszugleichen. Besonders Heiner Geißler übernahm die Aufgabe, die vernachlässigten weichen Themen der neuen sozialen Bewegung zu besetzen. So rückte er Mitte der achtziger Jahre die Gleichberechtigung der Frau in den Vordergrund. Den Pazifismus der Grünen grenzte er hart aus, indem er ihre Haltung indirekt sogar für den Holocaust verantwortlich machte.[56] Gleichzeitig besetzte er die Begriffe Frieden und Freiheit positiv für die CDU. Gegenvorschläge zum Regierungskurs plazierte auch die CDA, wobei ihr Vorsitzender Norbert Blüm den Spagat zwischen beiden Seiten probierte. Auf diese Weise entstand ein buntes Nebeneinander von unterschiedlichen Polen, die gleichzeitig Akzeptanz fanden. Bezeichnenderweise galten die Exponenten beider Flügel, Sozialminister Blüm und Finanzminister Stoltenberg, als die beiden beliebtesten Politiker der Union.

Seit 1987 verstärkten sich die eigenständigen Akzente der CDU-Geschäftsstelle. Dies äußerte sich vor allem in Geißlers provokativen Formulierungen, die ihn zum Feindbild des eigenen Wirtschaftsflügels werden ließen. Dagegen blieben die CDU-Programmschriften recht blass, obwohl sie nun wieder zunahmen. Das 1988 beschlossene Papier »Politik auf der Grundlage des christlichen Menschenbildes« knüpfte ausführlich an das vergessene Grundsatzprogramm an, ohne wirklich neue Positionen zu präsentieren. Auffällig war lediglich, dass die CDU hier ihre christliche Verankerung besonders nach vorne stellte und ihre strikte Ablehnung von Schwangerschaftsabbrüchen oder gentechnischen Eingriffen unterstrich.[57] Damit reagierte die Union auf den Vorwurf, ihre christliche Grundlage zu vernachlässigen und durch die neue Familienministerin Rita Süssmuth den §218 aufweichen zu wollen. Kompensatorischen Effekt hatte auch das ein Jahr später verabschiedete Programm »Unsere Schöpfung bewahren«. Nachdem die christdemokratische Umweltpolitik nicht zur Abschwächung der Grünen ausreichte, sollte ihr ökologisches Image nun programmatisch gestärkt werden. Ihr Umweltprogramm beschwor vor allem die Erfolge und Pläne ihrer Regierung. Es entwickelte aber zugleich einige Leitlinien. Sie reichten von verstärkten Ökosteuern über den Ausbau des Personennahverkehrs bis hin zum Schutz der Regenwälder. Dass auf dem gleichen Parteitag der Fast-Food- und Einweg-Gigant McDonald's die offizielle Verpflegung der Delegierten übernahm, unterstrich jedoch die große Kluft zwischen Programm und Ethos.

Ende der achtziger Jahre war das Kanzleramt ohnehin so übermächtig, dass von Programmen kaum Imagekorrekturen für die Partei zu erwarten waren. Zudem verloren im Zuge von Geißlers Entmachtung auch die wichtigsten Programmatiker der Bundesgeschäftsstelle ihre Posten. Impulse aus der Partei wurden damit von Kohl gekappt. Gleichzeitig stand die CDU vor dem Problem, dass ihre Regierungspolitik zunehmend bleiern, orientierungslos und ausgebrannt erschien. Die statistischen Wirtschaftsdaten sprachen weiter für sie. 1989 senkte sich sogar erstmals die Arbeitslosenquote. Nachdem die ersten Reformen mühsam umgesetzt waren, fehlte ihr jedoch eine neue langfristige Zielperspektive. Zudem hatte ihre bisherige Regierungspolitik weder den liberalen noch den sozialen Parteiflügel zufrieden gestellt. Deshalb übertrafen sich beide Seiten mit Vorwürfen. Damit stand die CDU wie in den sechziger Jahren vor dem Problem, dass sie einen visionären Programmentwurf benötigte, ihn aber durch die pragmatische Regierungsfixierung blockierte.

Politik und Programme im Schatten der Wiedervereinigung

Die Wiedervereinigung war deshalb ein denkbar großes Geschenk an die Union. Sie überdeckte die vorübergehende Orientierungslosigkeit und gab der Partei ein neues Ziel. Mehr noch: Sie gab der CDU endlich die Chance, einen neuen Gründungsmythos mit ihrer Partei zu verbinden. Während sie bislang als Partei des Wiederaufbaus galt, konnte sie sich nun als Partei der Wiedervereinigung regenerieren.

Wie alle großen Weichenstellungen der fünfziger Jahre entwickelte sich auch ihre Wiedervereinigungspolitik nicht aus programmatischen Diskussionen, sondern aus recht einsamen und pragmatischen Entscheidungen des Kanzleramtes. Für Helmut Kohl hatte die Deutschlandpolitik bis 1989 nur eine untergeordnete Rolle gespielt. Das galt für seine programmatischen Entwürfe aus den siebziger Jahren ebenso wie für seine Regierungspolitik, Regierungserklärungen und öffentlichen Darlegungen in den Achtzigern. Kohl hatte vornehmlich auf eine Annäherung gesetzt, die die Menschenrechte und den innerdeutschen Reiseverkehr verbessern sollte. Der Milliardenkredit an die DDR von 1983, das Moskauer Gipfeltreffen mit Honecker zwei Jahre später und Honeckers Staatsbesuch von 1987 bildeten dabei die drei Meilensteine. 1988 hatten Teile der CDU sogar erwogen, die DDR anzuerkennen. Entsprechende Entwürfe wurden schließlich gestrichen, um den innerparteilichen Frieden zu wahren. Pläne darüber, wie eine Wiedervereinigung ablaufen könnte, hatten die Christdemokraten dagegen bis 1989 nicht entworfen. Dazu schien sie auch ihnen zu illusorisch.[58]

Dass gerade Helmut Kohl einmal zum Kanzler der Einheit stilisiert werden sollte, war somit nicht zu erwarten. Erst seit September 1989 griff er die dynamische Entwicklung in der DDR auf und bemühte sich intensiv um diplomatische Kontakte. Die ersten öffentlichen Zeichen für die Einheit setzten jedoch zunächst andere. Genscher wurde auf dem Balkon der Prager Botschaft bejubelt, Momper und Brandt am John-F.-Kennedy-Platz in Berlin und Späth und Biedenkopf bei ihren frühen Reisen durch die DDR. Erst mit Kohls »Zehn-Punkte-Programm zur Deutschlandpolitik« lag die Initiative Ende November beim Kanzler. Sein außenpolitisch gewagtes Papier, das stufenweise eine Föderation der beiden Staaten anpeilte, hatte er dabei nicht mit der Fraktion oder dem Parteivorstand diskutiert, sondern nur mit den engsten Mitarbeitern im Kanzleramt. Am 19. Dezember 1989 konnte Kohl schließlich auch medial als Kanzler der Einheit glänzen, als er vor der Ruine der Dresdner Frauenkirche die »Einheit der Nation« als sein Ziel verkündete. Schließlich war es ebenfalls Helmut Kohl, der bei der Umsetzung von Währungsunion und Einigungsvertrag das Tempo beschleunigte. Das Primat der Politik gegenüber wirtschaftlichen Schwierigkeiten war damit unverkennbar.

Im Zuge der Wiedervereinigung erhielt die CDU zugleich ein außenpolitisches Profil, das die Partei nach innen festigte. Denn erstens konnte Kohl sich jetzt medienwirksam als ein Staatsmann beweisen, der sich erfolgreich auf internationalem Parkett bewegte. Zweitens förderte sein Einsatz für deutsche Interessen jene patriotische Begeisterung, die seine nüchterne Europapolitik nicht hervorrufen konnte. Und drittens konnte die Union durch ihre Wiedervereinigungspolitik erfolgreich die Linke ausgrenzen, die ihrer Meinung nach die Einheit verraten habe. In Kohls Europapolitik hatte dagegen ein viel zu großer Konsens bestanden, um durch sie eine derartige Abgrenzung zu erreichen.

Die Politik der Union zeichnete sich dabei erneut durch jene Tugenden aus, die ihren Erfolg unter Adenauer begründet hatten. Der selbstbewusste Optimismus, der sich nicht mit quälenden Diskussionen aufhielt, erinnerte ebenso daran wie das atemberaubende Entscheidungstempo und die pragmatischen Zugeständnisse, die sich nicht von Kostenkalkulationen beeindrucken ließen. Vermutlich war es gerade Kohls eigene Erfahrung mit dem Nachkriegsaufbau, die ihm die nötige Zuversicht gab. Die rasch einsetzende Krise in den neuen Bundesländern sollte freilich zeigen, dass dabei grobe Fehleinschätzungen nicht ausblieben.[59]

Die Grundsatzentscheidungen bei der Wiedervereinigung standen in der weltanschaulichen und historischen Tradition der

Christdemokraten. Das galt für ihr Vertrauen in die Heilungskraft des Marktes, der gleichzeitig durch Subventionen abgesichert wurde. Das galt ebenso für den Vorrang der Eigentumsrückgabe vor der Entschädigung, der die hohe ethische Bedeutung des Eigentums spiegelte. Auch die wählerbezogenen Kompromisse bei der Währungs- oder Rentenumstellung hatten durchaus ihre historischen Vorläufer. Überraschend war, dass die CDU bei der Währungsunion eine größere Preissteigerung riskierte, die trotz aller Vorhersagen schließlich aber ausblieb. Auch im Hinblick auf den Westen hielt sie an ihren Traditionen fest. Veränderungen für die alte Bundesrepublik wollte sie aus der Einheit nicht ableiten. Im Unterschied zu vielen Sozialdemokraten setzte sie deshalb von Beginn an auf den Anschluss der DDR nach Artikel 23 und die Übernahme des Grundgesetzes, nicht auf die Ausarbeitung einer gemeinsamen Verfassung nach Artikel 146. Wie sehr sich gerade ihre rheinischen Hochburgen an die alte Republik klammerten, zeigte sich etwa bei der lange umstrittenen Frage nach dem künftigen Regierungssitz: Die Mehrheit der Union stimmte ähnlich wie bei den Sozialdemokraten gegen einen Umzug nach Berlin. Erst die kleineren Parteien gaben den Ausschlag.

Ähnlich wie der politische Anschluss der DDR verlief auch der programmatische Zusammenschluss mit der Ost-CDU. Das im Oktober 1990 verabschiedete Manifest zur Vereinigung der CDU »Ja zu Deutschland – Ja zur Zukunft« betonte fast ausschließlich die Erfolge und Grundsätze der bisherigen West-CDU. Sie habe »einen weltweit vorbildlichen Sozialstaat verwirklicht« und die »weltweit ... leistungsfähigste und gerechteste Wirtschafts- und Sozialordnung« geschaffen.[60] Die Lage in den neuen Länder wurden dagegen nur in einem abschließenden Kapitel aufgegriffen, das unvermeidbare »Übergangsprobleme« erwähnte und zum Aufbau aufrief. Die stärker soziale Ausrichtung der Ost-CDU, die sich in ihren ersten Programmen zeigte, fand dagegen keinen Niederschlag. Eher fiel auf, wie dezent die CDU ihre Parteigeschichte korrigierte: Die bisher verdrängten Berliner Gründer Andreas Hermes und Jakob Kaiser traten nur einleitend neben Adenauer.

Das etwas umfangreichere »Dresdner Manifest« von 1991 orientierte sich ebenfalls an der Bonner Regierungspolitik. Ähnlich wie das kanzlerbezogene Adenauer-Programm von 1953 hob es bereits in der Präambel hervor, dass »durch die konsequente Politik der CDU unter Führung von Helmut Kohl die Einheit der Deutschen erreicht wurde«. Unter der Überschrift »Die innere Einheit Deutschlands vollenden« legitimierte es zunächst die ausgebliebene Neuabstimmung des Grundgesetzes, um dann eine Verschärfung des Asylrechtes zu fordern. Zu den spezifischen Anliegen der Neuen Bundesländer – von der Arbeitsplatzsicherung über die Kinderbetreuung bis hin zur Neuregelung des § 218 – fanden sich dagegen kaum konkrete Hinweise. Wegweisend war gewiss das Ziel, in ganz Deutschland einheitliche Lebensverhältnisse und einen gleichen Lohn zu schaffen. Da das Programm aber weder einen Zeitrahmen noch neue Maßnahmen nannte, erschien auch dies vielen als ein Allgemeinplatz. Entscheidend für die Ost-CDU blieb damit der Abschnitt »Vergangenheit aufarbeiten«, der auch die Parteitagsdiskussion bestimmte. Um Konflikte zu vermeiden, verwies er die Aufarbeitung an die ostdeutschen Christdemokraten. Überspitzt formuliert ergaben sich damit zwei programmatisch getrennte Sphären: Während die West-CDU die politischen Leitlinien vorgab, sollte sich die beigetretene Ost-CDU um die Selbstreinigung von ihrer sozialistischen Blockpartei-Vergangenheit kümmern.

Um nach der Vereinigung eine gemeinsame inhaltliche Basis zu erreichen, regte Helmut Kohl zudem 1990 eine Neuauflage des Grundsatzprogrammes an. Nicht nur für eine eher konservative Partei, die Programmen weniger Gewicht beimaß, war das eine ungewöhnlich rasche Neubearbeitung. Tatsächlich dürfte nicht allein die Einheit Kohl zu diesem Schritt inspiriert haben. Zweifelsohne sollte die Programmrevision auch den Eindruck widerlegen, die CDU habe sich seit dem Bremer Parteitag von 1989 nun endgültig wieder zum Kanzlerwahlverein zurückentwickelt. Kritiker meinten zudem, der Kanzler wolle sich für die Zeit nach seinem Rücktritt ein weiteres langfristiges Denkmal setzen und seinen Kurs festschreiben. Eine reine Kanzlerentscheidung war die Programmrevision aber nicht. Auch die Ostdeutschen unter Lothar de Maizière, die programmatisch stets aktive Junge Union und die CDA regten es an.[61]

Tatsächlich schien es zunächst so, als wenn die Anliegen der ostdeutschen Christdemokraten nun mehr Gehör fänden. Immerhin erhielt der ostdeutsche Parteivize Lothar de Maizière den Vorsitz der Programmkommission. Seine Vorstellungen wichen in Kernfragen von der bisherigen Programmatik der Union ab: Das galt für die Lockerung des § 218, für soziale Fragen wie das Recht auf Arbeit oder für die Entschädigung vor Rückgabe. Seine Konzepte lösten in der CDU ein entsprechendes Unbehagen aus. Nachdem de Maizière im Zuge der Stasi-Vorwürfe alle Ämter niedergelegt hatte, übertrug Kohl deshalb dem loyalen, aber bisher völlig unbekannten westdeutschen Reinhard Göhner den Vorsitz. Der 38-jährige Staatssekretär war bislang nicht einmal Mitglied der Programmkommission. Nun sollte er de Maizières Ost-Einschlag korrigieren. Im Januar 1993 beendete deshalb auch der ostdeutsche stellvertretende Kommissionsvorsitzende Arnold Vaatz seine Mitarbeit in der Grundsatzkommission. In einem Interview begründete er dies später damit, dass das geplante Programm zu wenig den »Anforderungen im Osten« gerecht würde, während »heilige Kühe der Altbundesländer« unangetastet blieben.[62] Weitere Kritik aus den neuen Bundesländern sollte 1993 auf die ersten Entwürfe folgen. Die Landesvorsitzenden Biedenkopf und Fink kritisierten es öffentlich, während der sächsische »Gesprächskreis 2000« vergeblich eine demokratischere Öffnung der Partei forderte, etwa durch Volksentscheide oder Amtsbegrenzungen.[63] Die gewünschte Einheit mit der Ost-CDU konnte das Grundsatzprogramm damit allenfalls oberflächlich besiegeln. Helmut Kohl selbst regte immerhin an, im Programmtext die Geschichte der Block-CDU großzügig neu zu interpretieren. Ihren Mitgliedern bescheinigte es überwiegend »innere Unabhängigkeit« trotz »persönlicher Risiken«. Nur Einzelne hätten das angepasste Bild der Blockpartei geprägt (Art. 5). Eine echte Debatte über die Ost-Identität sollte aber ohnehin erst 1995/96 in der CDU aufbrechen.

Helmut Kohl selbst trat weiterhin kaum als Programmatiker in Erscheinung. Unverkennbar steuerte er jedoch die Diskussion; sei es durch die Auswahl von Personen, durch seinen Zeitplan oder durch seine moderierend vorgetragenen Beiträge in den maßgeblichen Sitzungen. Dabei steckte er den Rahmen so eng ab, dass sich die CDU im Unterschied zu den siebziger Jahren eben nicht in eine diskutierende Partei verwandelte. Das lag zum einen an seiner Personenauswahl. Kommissionschef Reinhard Göhner, Generalsekretär Peter Hintze und der junge Programmsekretär Thomas Gauly konnten es intellektuell sicherlich nicht mit Richard von Weizsäcker, Kurt Biedenkopf und Heiner Geißler aufnehmen, denen Kohl in den siebziger Jahren die Programmarbeit übertragen hatte. Im Unterschied zu damals fehlte Kohl nun der Mut, sich auf anregende Stichwortgeber einzulassen. Zudem schränkte sein Tempo die Debatte ein. Da das Grundsatzprogramm im Unterschied zu den siebziger Jahren unmittelbar vor der nächsten Bundestagswahl verabschiedet werden sollte, blieb der Basis kaum Zeit zur Diskussion. Die Aussprache in intellektuellen Foren blieb selten. Entwürfe, Unterlagen und Begleitbücher erschienen spät. Dennoch zeigte die Partei ein starkes Partizipationsbedürfnis. Da rund zweitausend Anträge eingingen und sich über ein Drittel der Kreisverbände beteiligten, kann man von einer Mitgliederapathie nicht sprechen.[64]

Inhaltlich stand die CDU schließlich vor dem Problem, als langjährige Regierungspartei keine grundsätzlichen gesellschaftlichen Defizite ausmachen zu können. Die Forderungen Entbürokratisierung, Staatsentschuldung oder Arbeitsplatzsicherung verloren dadurch an Überzeugungskraft. Viele Programmabschnitte versprachen deshalb, sich »noch mehr« um die jeweiligen Politikfelder zu kümmern. Nicht zuletzt deshalb beurteilte die Presse aller Couleur das 1994 verabschiedete Grundsatzprogramm als perspektivlos und langweilig. Sie kritisierte besonders die idealisierte Gegenwartsbeschreibung und die fehlende Vision.[65]

Um das Selbstverständnis der Union zu greifen, war das Grundsatzprogramm aber auch diesmal interessant. Dabei fiel erstens auf, dass sich die CDU weiterhin im hohen Maße auf Gott und das Christentum berief. Ausgangspunkt blieb »das christliche Verständnis vom Menschen«. Sowohl die ersten Absätze als auch die zahlreichen Begleitpublikationen und Interviews von Reinhard Göhner unterstrichen dies. Gleichzeitig öffnete sich die Union weiter für Nichtchristen. Göhner betonte schon frühzeitig »Auch Mohammedaner sind herzlich willkommen«.[66] Besonders Helmut Kohl trat in der Diskussion wieder dafür ein, das Programm auch an Nichtchristen zu richten. Neu hinzu kam dementsprechend der Satz »Die CDU ist für jeden offen, der die Würde und Freiheit aller Menschen und die daraus abgeleiteten Grundüberzeugungen unserer Politik bejaht« (Art. 1.2.). Die CDU reagierte folglich auf den Gesellschaftswandel, blieb aber programmatisch erstaunlich religionsgebunden.

Zweitens trat die CDU als eine Umweltpartei auf, die sich für die »ökologische und soziale Marktwirtschaft« einsetzte. Die CDA und die Mittelstandsvereinigung protestierten vergeblich gegen diese Erweiterung, die verspätet an den ökologischen Zeitgeist anknüpfte. Die einen fürchteten eine Vernachlässigung des Sozialen, die anderen höhere Kosten für die Unternehmer. Generalsekretär Peter Hintze verteidigte dagegen den neuen Begriff und nannte in der Parteitagsdiskussion sogar Ludwig Erhard als Kronzeugen. Weltanschaulich leitete die Union ihren ökologischen Anspruch aus ihrer christlichen Verankerung ab, die zur »Bewahrung der Schöpfung« verpflichte. Als konkrete Maßnahmen empfahl das Programm, »mehr als bisher ökologische Ordnungselemente im Steuerrecht, Umweltabgaben, Kompensationsmöglichkeiten, Zertifikats- und Haftungsregelungen« zu schaffen (Art. 70). Tatsächlich erwies sich dieser neue Akzent als ein Flop. Der Begriff »ökologische und soziale Marktwirtschaft« setzte sich auch in der Partei nicht durch, obwohl er bereits in ihren letzten Aktionsprogrammen stand. Damit zeigte sich erneut, dass Begriffe und Imagewechsel immer eine realpolitische, personelle und weltanschauliche Basis haben müssen, um tatsächlich Ausstrahlungskraft zu gewinnen.

Drittens fiel auf, dass das Programm wirtschafts- und sozialpolitisch eher liberale Akzente setzte. In den siebziger Jahren war es der Mittelstandsflügel gewesen, der die Programmdebatte als Linksruck kritisierte. Nun war es der stellvertretende CDA-Vorsitzende Hermann-Josef Arentz, der die Entwürfe als »einseitig liberal geprägt« und »unannehmbar« bezeichnete, da sie einer »Ellenbogenmentalität« Vorschub leisteten.[67] Auch die politikwissenschaftliche Programmanalyse von Irmgard Reichart-Dreyer machte eine Achsenverschiebung von einem gemeinschaftlichen hin zu einem individualisierten Menschenbild aus, das vor allem die »freie Entfaltung der Persönlichkeit« betonte.[68] Tatsächlich fehlten die bisherigen Abschnitte zur »Chancengerechtigkeit«. Auch die Neue Soziale Frage wurde überhaupt nicht mehr aufgenommen. Geißler vermutete darin eine persönliche Rache von Helmut Kohl. Sicher entsprang das aber auch Göhners Versuch, eigene Akzente zu setzen. Göhners Vorschlag, neben die drei Grundwerte die Gleichheit zu stellen, wurde nach heftigen Diskussionen abgelehnt. Und trotz der steigenden Zahl von sozialen Brennpunkten setzte ihre Sozialpolitik nun noch stärker auf Eigenvorsorge und ehrenamtliche Hilfe (Art. 92 und 93). Der Titel des Grundsatzprogrammes, »Freiheit in Verantwortung«, erhielt somit vor allem die Konnotation »Freiheit in Eigenverantwortung«. Die Familie blieb jedoch weiterhin das Leitbild ihrer Weltanschauung. Deshalb sei sie zusätzlich finanziell zu fördern. Aber auch hier zeigte die CDU eine gewisse Liberalisierung. Nun akzeptierte sie ausdrücklich nichteheliche Partnerschaften und allein erziehende Eltern (Art. 44 und 45).

Das Grundsatzprogramm dokumentierte damit auf unterschiedlichen Ebenen den Spagat zwischen traditionellen Werten und neuer Zielgruppenansprache. Obwohl die Ergebnisse mager blieben, war die Programmarbeit nicht sinnlos. Die bisherigen Positionen kamen so zumindest auf den Prüfstein, selbst wenn sie beibehalten wurden. Die Programmdiskussion verstärkte zunächst wieder die Konflikte zwischen den einzelnen Flügeln. Aber bis zur Endfassung entwickelte sie recht integrative, versöhnliche Lösungen. Zugleich wurde die Partei wieder an den Regierungsprozess angebunden. Besonders die mittlere und untere Parteielite erhielt endlich wieder einen Anreiz zum Engagement, was Kontakte und Kompetenzen förderte. Um die christdemokratische Regierungspolitik anzuleiten oder auch nur öffentliche Anstöße zu geben, blieb das Programm jedoch viel zu allgemein.

In der öffentlichen und innerparteilichen Wahrnehmung spielte das Grundsatzprogramm ohnehin nur eine untergeordnete Rolle. Hier dominierte die Regierungspolitik stärker als zuvor. Das lag am Autoritätsgewinn des Kanzlers, aber auch an seiner zunehmend polarisierenden Politik, die sich kaum durch einen harmonischen Programmtext auffangen ließ. Denn die sozialen Kürzungen erreichten nun ein Ausmaß, das auch für Teile der Partei den christlich-sozialen Anspruch in Frage stellte. Gleichzeitig blieben aber – im Unterschied zu einigen reformbewussten Nachbarländern – die Erfolge aus.

Selbst wo die Unionsregierung Erfolge errang, verloren diese im Laufe der neunziger Jahre ihre Zugkraft. Außenpolitisch konnte die CDU nun tatsächlich als die Partei gelten, die unter Helmut Kohl maßgeblich das gemeinsame Europa vorbereitete. Das war zweifelsohne ein Verdienst, das das Selbstverständnis vieler Parteiaktivisten prägte. Für die Bevölkerung war das aber nach wie vor kein emotional bindendes Thema. Vielmehr wuchsen nun auch unter den Unionsanhängern die Bedenken, ob Kohls europäische Vision nicht zu weit gehe und für Deutschland eher Nachteile bringe.

Wirtschaftspolitisch konnte die Unionsregierung weiterhin damit reüssieren, nach einem kurzzeitigen Preisanstieg wieder die Inflation eingedämmt zu haben. Allerdings war auch dies nun kein Pfund mehr, mit dem sie wie früher wuchern konnte. Denn einerseits verminderte sich die Gruppe derer, die noch von der Inflationserfahrung der beiden deutschen Nachkriegszeiten geprägt waren. Andererseits war die Preisstabilität nun keine besonders deutsche Leistung mehr. Durch die EU entsprach sie zunehmend europäischem Standard. Zudem trat die CDU nun als die Partei auf, die gerade ihr Markenzeichen, die stabile Deutsche Mark, zugunsten des Euros abschaffen wollte. Damit demontierte die Union indirekt eine ihrer wichtigsten Erfolgsgrundlagen.

Die restlichen Wirtschaftsdaten sahen am Ende ihrer Regierungszeit weniger bravourös aus. Nach einem kurzen Konjunkturschub im Zuge der Wiedervereinigung fiel die Bilanz in nahezu allen Bereichen schlecht aus. Der Hinweis auf die gewaltigen Kosten der Einheit konnte vieles überdecken. Besonders die rasant ansteigende Staatsverschuldung und die Erhöhung der Sozialabgaben erklärte die Union damit, obwohl die westdeutsche Entwicklung dazu beigetragen hatte. Zweifelsohne hatte auch die internationale Rezession die deutsche Wirtschaftslage in Mitleidenschaft gezogen. Allerdings zeigte der statistische Vergleich zwischen den 23 OECD-Ländern, dass Deutschland international in vielen Bereichen bis 1998 auf einen mittleren bis hinteren Platz rutschte. Das galt etwa für die Daten über das Wirtschaftswachstum, das Bruttoinlandsprodukt, die Kaufkraft, die Wettbewerbsfähigkeit oder die Beschäftigungspolitik. Selbst bei gesellschaftspolitischen Aufgaben wie den Bildungsinvestitionen und dem Ausbildungsniveau, der Entwicklungshilfe oder dem Waldschutz stand Deutschland am Ende der Regierung Kohl nicht mehr im vorderen Feld, sondern fiel weiter nach hinten.[69] »Weltklasse für Deutschland« – wie der CDU-Wahlslogan von 1998 versprach – garantierte die Union damit nicht mehr.

Gleichzeitig vermittelte aber auch die CDU selbst den Eindruck, dass Deutschland kein sicherer Wirtschaftsstandort mehr sei. Während sie bislang gerade durch ihren Optimismus glänzte, verbreitete sie nun ein Krisenszenario über die Abwanderung deutscher Unternehmen, das auf sie selbst zurückfiel. Ihre Standortdebatte sollte den Umbau des Sozialstaates legitimieren. Zweifelsohne waren hier grundlegende Reformen längst überfällig. Die Politik der Union verstärkte allerdings den Eindruck, vor allem die Unternehmen zu fördern, nicht aber die normalen Arbeitnehmer. Die Statistiken zur Einkommens- und Steuerentwicklung belegten diese Einschätzung. Während die realen Nettoeinkommen aus nichtselbständiger Arbeit leicht fielen, stiegen jene aus Unternehmertätigkeit stark an. Ebenso erhöhte sich die Lohnsteuer, während die durchschnittliche Steuerbelastung der Unternehmer kontinuierlich sank.[70] Vermutlich hätte diese

Umverteilung mehr Zustimmung erfahren, wenn sie tatsächlich die versprochenen Verbesserungen auf dem Arbeitsmarkt gebracht hätte. Tatsächlich stieg aber die Zahl der Arbeitslosen und der Sozialhilfeempfänger in West- und Ostdeutschland weiter dramatisch an – besonders bei jungen Menschen. Und die mussten nun mit zunehmend gekürzten Sozialleistungen vorlieb nehmen.

Die Sozialpolitik der Regierung verstärkte den Imagewandel der CDU. Um das Gesundheitssystem zu stabilisieren, führte sie 1994 die Pflegeversicherung ein. Sie war zugleich ein Herzstück ihres Grundsatzprogrammes. Da die Arbeitgeber ihren Anteil nicht zahlen wollten, strich die Union ersatzweise den freien Buß- und Bettag. Gerade für eine christliche Partei war dies zweifelsohne eine harsche Lösung, um Unternehmensabgaben zu erstatten. Wenig Gespür für symbolische Politik zeigte auch ihr »gesundheitspolitisches Sparpaket« von 1996. Es bescherte erhöhte Zuzahlungen der Patienten und Leistungskürzungen der Kassen. Gerade die Älteren, die bisher überwiegend die Union wählten, mussten nun regelmäßige Mehrkosten aufbringen. Gleichzeitig setzte sich die CDU aber kaum gegen die gesundheitspolitische Lobby durch, um die bestehende medizinische Überversorgung oder Preiskartelle aufzubrechen.

Um die sozialen Kürzungen umzusetzen, verzichtete die Unionsregierung zudem auf eine breitere Konsensbildung. Das geplante Bündnis für Arbeit ließ sie 1996 scheitern, nachdem die Landtagswahlsiege ihr ein trügerisches Stärkegefühl gegeben hatten. Stattdessen brachte sie gegen die Stimmen der Opposition das als »Sparpaket« bezeichnete »Aktionsprogramm für Investitionen und Arbeitsplätze« ein. Das schmälerte unter anderem Lohnersatzleistungen und die Lohnfortzahlung im Krankheitsfall, lockerte den Kündigungsschutz und hob das Rentenalter an. Der gleichzeitige Ausspruch Kohls, Deutschland sei ein »kollektiver Freizeitpark« geworden, verstärkte dabei die Verbitterung über die einseitigen Kürzungen. Bislang hatte die Union ihre Einschnitte zumindest sprachlich sensibler vermittelt. Nun entwickelte sie sich zu einer Partei, die nicht einmal verbal jene Sicherheit versprach, die sie politisch abbaute.

Mehr Geld erhielten weiterhin die Familien. Selbst in der Krisenzeit blieb die Unionsregierung diesem weltanschaulichen Leitbild treu. 1992 erhöhte sie die Kindererziehungszeiten im Rentenrecht, vier Jahre später den Kinderfreibetrag. Die soziale Komponente ihrer Marktwirtschaft konnten solche Einzelmaßnahmen freilich nicht unterstreichen. In den Augen vieler Wähler hatte sich die Partei der sozialen Marktwirtschaft in eine Partei der sozialen Kälte verwandelt, die ergebnislos den Wirtschaftsunternehmen immer neue Zugeständnisse machte. Nicht das Grundsatzprogramm der CDU hatte ihr Profil verschoben, sondern ihre Politik unter der Regierung Kohl. Da die Union vornehmlich Leistungen kürzte, aber nur wenige neue Strukturen einführte, wirkte sie 1998 ähnlich perspektivenlos und unkreativ wie kurz vor der Einheit. Nur noch 14 Prozent der Bevölkerung meinten, die CDU sei offen für neue Ideen.[71] Diesmal sollte sie freilich kein außenpolitischer Glücksfall retten.

Programmatisches Vortasten seit 1998

Mit dem Regierungsverlust 1998 begann abermals eine Phase, in der programmatische Diskussionen ein größeres Gewicht einnahmen. Dabei zeigten sich erstaunliche Parallelen zur ersten Oppositionszeit in den siebziger Jahren. Unmittelbar nach dem Machtwechsel mahnten vor allem die Nachwuchspolitiker, man müsse die vernachlässigte Programmarbeit nun verstärken. Die reformbewussten »Erfurter Leitsätze« vom April 1999 unterstrichen, wie sehr die CDU nach dem Ende der Ära Kohl neue Akzente setzen wollte: »Eine lebendige und offene Diskussion soll auf allen Ebenen die Arbeit der Partei bestimmen. Zu sehr haben die Anforderungen der Regierungsarbeit nach Kompromißsuche und Koalitionstreue auch das Parteileben bestimmt [...] Wenn es um die Gestaltung der Zukunft geht, sind Tabus und Denkverbote fehl am Platz.«[72] Auf den ersten CDU-Parteitagen der Oppositionszeit blieb die grundlegende Debatte jedoch weitgehend aus. Beim Bonner Parteitag im November 1998 nahm die Aussprache nur eine knappe Stunde ein. Viele verbrachten selbst diese Zeit mit Privatgesprächen oder waren ganz abwesend. Immerhin bezeichneten einzelne Delegierte die CDU hier selbstkritisch als angepasste »Kanzlerpartei« und fragten, wer das eigene Grundsatzprogramm überhaupt kenne.[73] Obwohl der Erfurter Parteitag im April 1999 Reformsignale setzen wollte, vermisste man wiederum eine programmatische Diskussion. Nach einer langen Rede des neuen Vorsitzenden Wolfgang Schäuble kreiste die Aussprache vor allem um den Kosovo-Einsatz. Anstelle grundsätzlicher Überlegungen dominierte somit wie zu Regierungszeiten die Tagespolitik. Die Programmdiskussion verlagerte die CDU dagegen in vier Kommissionen, die langfristige Entwürfe entwickeln sollten. Auf diese Weise bewahrte die Union ihre Geschlossenheit, die sie durch eine aufreibende Parteitagsdebatte vermutlich gefährdet hätte.

Auch der weitere Verlauf der Programmdiskussion erinnerte an die siebziger Jahre. Wie damals beflügelte der Regierungsverlust zunächst den Hader mit der CSU, die in vielen Fragen auf einen fundamentaleren Kurs drang. Unverkennbar fehlte nun das gemeinsame Kabinett als vorzeitiges Klärungs- und Disziplinierungsgremium. Die einzelnen Parteiflügel der CDU setzten über die Medien zahlreiche neue Akzente. Eine gemeinsame strategische Linie blieb jedoch zunächst aus. Wie 1970 erlahmte die erste Reformeuphorie im Jahr nach dem Machtwechsel, weil Landtagswahlsiege und sozialdemokratische Regierungsprobleme eine trügerische Sicherheit vorgaukelten, die eine kritische Überprüfung der eigenen Standpunkte unnötig erscheinen ließ. Retardierend wirkte zudem beide Male, dass mit Rainer Barzel und Wolfgang Schäuble Ziehsöhne der bisherigen Regierung den Vorsitz von Fraktion und Partei übernahmen. Einerseits verlagerte sich so die inhaltliche Arbeit hin zum Tagesgeschäft der Abgeordneten. Andererseits garantierte die personelle Kontinuität erneut ein gewisses Anknüpfen an die alte Regierungspolitik. Die eigenständige Programmarbeit der Partei kam dagegen wie in den siebziger Jahren erst in Bewegung, als nach einer Führungskrise Fraktions- und Parteivorsitz wieder getrennt wurden. Die Krise um die Spendenaffäre lähmte und überlagerte die gerade aufkeimende Programmarbeit jedoch ebenso wie einst die Krise um die Ostverträge und Barzels Scheitern. Beide Male waren erneute Wahlrückschläge und ein weiterer Führungswechsel nötig, um neue programmatische Akzente zu beflügeln. Damit war und blieb die CDU eine Partei, die sich nur unter Druck programmatisch reformierte.

Wie in den siebziger Jahren hielt die Union nach 1998 an ihren programmatischen Grundlagen fest, gab ihnen aber zugleich vorsichtig neue Akzente. Das galt zunächst für ihr Verhältnis zum »C«. Auch nach dem zweiten Machtverlust gab es niemanden, der ernsthaft die christliche Wertebasis anzweifelte. Die meisten programmatischen Äußerungen bezeichneten das christliche Menschenbild weiterhin als das Fundament der Partei. Eine Debatte über seine aktuelle Bedeutung blieb jedoch zunächst aus. Auf Nachfrage definierte Angela Merkel es mit den Worten: »Jeder Mensch ist einzigartig, jeder unterscheidet sich von den anderen.«[74] Damit stellte sich die CDU-Vorsitzende in jene personalistische Interpretationslinie, mit der sich schon Adenauer von sozialistischen Gleichheitsidealen abgegrenzt hatte. Eine zeitgemäße Interpretation konnten solche Kurzformeln aber sicher nicht ersetzen. Zudem mehrten sich die Anzeichen dafür, dass der Generationswechsel das christliche Selbstverständnis weiter abschwächte. In den wichtigsten Programmpapieren seit 1998 blieben die direkten Hinweise auf die christliche Verankerung der CDU äußerst rar. Die Erfurter Leitsätze, die familienpolitischen Beschlüsse vom Dezember 1999 oder Angela Merkels grundlegende Schriften (wie »Die Wir-Gesellschaft« oder »Meine Prioritäten für Deutschland«) enthielten zumeist nur einen einzigen kurzen Verweis auf das christliche Menschenbild. Zudem deuteten sie zwar allesamt ausführlich den gesellschaftlichen Wandel, sparten dabei aber die wachsende Entkirchlichung der Gesellschaft aus. Dass die Texte von einer christlich fundierten Partei kamen, ließ sich allenfalls indirekt aus der Hochschätzung der Familie oder Forderung nach Subsidiarität erschließen.

Die Gründe für die Vernachlässigung des Christlichen waren vielschichtig. Die protestantischen Parteivorsitzenden Wolfgang Schäuble und Angela Merkel sahen in der Religion anscheinend noch stärker einen Privatbereich als viele katholische Parteifreunde. Zudem musste die CDU gerade in Schwächephasen auf die säkularisierten Wechselwähler achten. Schließlich ist weiterhin fraglich, ob eine genaue Bestimmung des oft beschworenen christlichen Menschenbildes eigentlich innerparteilich machbar ist. Besonders in den Ethikdebatten über die Grenzen der Gentechnik zeigte sich erneut, wie groß die Spannbreite zwischen den kirchlichen und den wirtschaftsliberalen Christdemokraten war. Während der kirchenpolitische Sprecher der Unionsfraktion, Hermann Kues, in Anlehnung an die Deutsche Bischofskonferenz das Klonen und die Präimplantationsdiagnostik (PID) klar ablehnte, sprach sich etwa der wirtschaftspolitische Sprecher der Unionsfraktion, Gunnar Uldall, gegen ein vorschnelles Klonverbot aus. An der Parteispitze verkörperten besonders Annette Schavan und Jürgen Rüttgers die unterschiedlichen Positionen.[75] Gerade in der Embryonenforschung wird sich daher zukünftig zeigen, welche Bedeutung das christlich-kirchliche Selbstverständnis für die CDU noch hat. In ihrem umfangreichen Entwurf zur Neuen Sozialen Marktwirtschaft blieb ein unmissverständliches Nein zur Genmanipulation aus. Die Gendebatte führte aber immerhin dazu, dass die CDU-Wertekommission Ende November 2001 eine Schrift namens »Die neue Aktualität des christlichen Menschenbildes« veröffentlichte, die sich klar von der PID und der »verbrauchenden Embryonenforschung« distanzierte. Zudem definierte sie das christliche Menschenbild als eine »Balance zwischen Freiheit und Verantwortung« und passte es somit in die CDU-Programmatik ein.

Die programmatischen Akzente der Union blieben durch ihre christliche Parteitradition geprägt. Die Familienpolitik bildete deshalb weiterhin einen ihrer Schwerpunkte. Mit ihrem Vorschlag, ein Familiengeld von monatlich 1200 Mark einzuführen, legte sie ihre greifbarste sozialpolitische Alternative zum rot-grünen Regierungskurs vor. Zudem forderte sie eine bessere Kinderbetreuung oder entsprechende Vergünstigungen im Steuer- und Rentenrecht. Bei ihren wirtschaftlichen Liberalisierungsplänen wurden die Familien stärker als bisher ausgeklammert. So verlangte die CDU für die ersten Erziehungsjahre den Ausbau des Kündigungsschutzes, einen Anspruch auf Teilzeitarbeit und die Ausdehnung des Erziehungsurlaubes. Vorschläge für eine Gegenfinanzierung blieben allerdings rar.[76]

Gleichzeitig revidierte die Union vorsichtig ihr traditionelles, kirchlich geprägtes Familienbild. Als Familie definierte sie nun trotz innerparteilicher Proteste explizit auch Alleinerziehende oder nichteheliche Lebensgemeinschaften mit Kindern. Auch gleichgeschlechtliche Partnerschaften wurden nun erstmals in einem Programmbeschluss ausdrücklich respektiert. Noch deutlicher als zuvor ermunterte die CDU auch Männer, die Erziehung zu übernehmen. Angela Merkels Lebenserfahrung dürfte die familienpolitische Werteverschiebung gefördert haben. Als berufstätige ostdeutsche Frau, die geschieden und kinderlos war, verstand sie unter der Familie etwas anderes, als es bislang bei der Union üblich war. Die Forderung nach mehr Betriebskindergärten, Kleinkindertagesstätten oder schulischer Ganztagsbetreuung deutete zumindest an, dass hier aus den neuen Bundesländern Impulse kamen, um Frauen die außerfamiliäre Arbeit zu erleichtern. Die Akzentverschiebung erinnerte zudem an Geißlers Neue Soziale Frage in den siebziger Jahren. Schon in der ersten Oppositionszeit hatte die CDU Frauen, Familien und Alleinerziehende entdeckt, deren finanzielle und soziale Engpässe sie lindern wollte. Auch damals verlangte sie ein äußerst hohes Erziehungsgeld, das angesichts der staatlichen Finanzmisere kaum realistisch wirkte. Aber offensichtlich sah die Union hier ihr größtes Potential, um als Oppositionspartei eine soziale Alternative zur SPD zu bilden.

In der Wirtschafts- und Sozialpolitik blieb die soziale Marktwirtschaft weiterhin das Credo, das alle programmatischen Äußerungen grundlegend prägte. Dabei kam es zu einer erstaunlichen Erhard-Renaissance. Selbst bei aktuellen Fragen zum Sozialstaat wurde nicht der Parteiführer Adenauer zitiert, sondern der einst umstrittene Kurzzeitkanzler, der sich gegen viele soziale Reformen der CDU stellte. Beim CDU-Kongress der »Kommission 21 – Arbeit für alle« schmückte beispielsweise Erhards Konterfei die Einladung, der Titel variierte seinen Slogan »Wohlstand für alle« und Hauptredner Christian Wulff zitierte ausführlich Erhard.[77] Besonders die Parteivorsitzende Merkel wurde nicht müde, sich auf Erhard und seine soziale Marktwirtschaft zu berufen.

Wie lässt sich diese historische Identitätssuche erklären? Einerseits musste die CDU so weit in die Geschichte zurückgehen, weil sie seit Erhard keinen überragenden Wirtschaftspolitiker mehr hervorgebracht hat. Vielmehr hat sie seit 1966 nicht einen einzigen Bundeswirtschaftsminister mehr gestellt. Eine Leitfigur brauchte sie aber, weil sich die wahlentscheidende Wirtschaftskompetenz am besten mit Personen vermitteln lässt. Andererseits passte Erhard tatsächlich gut zu dem eher liberalen Wirtschaftskurs, den die CDU zur Reform des Sozialstaates anbot. Jenseits der Familienpolitik setzten ihre programmatischen Entwürfe durchweg auf mehr Eigenverantwortung, was vor allem mehr Eigenvorsorge im Sozialsystem bedeutete. Zudem forderten sie den Ausbau eines Niedriglohnsektors, der ohne Sozialabgaben und mit staatlicher Unterstützung schlecht qualifizierte Arbeitslose und Sozialhilfeempfänger zur Arbeit drängt. Diesen Ansatz hätte Erhard sicherlich unterschrieben.

Neben diesen traditionellen Elementen versuchte die CDU, neue wirtschaftspolitische Akzente zu setzen. Den Begriff soziale Marktwirtschaft taufte sie unter Merkels Regie kurzzeitig in »Neue Soziale Marktwirtschaft« um. Merkel und Ex-Bundesbankpräsident Hans Tietmeyer galten als Schöpfer des Wortes. Wie in den fünfziger Jahren sollte parallel dazu ein Unternehmerbündnis mit einer Anzeigenkampagne für den Begriff werben, das diesmal allerdings unabhängiger war.[78] Innerparteilich blieb die Ergänzung ähnlich umstritten wie die gescheiterte Umbenennung in »ökologische und soziale Marktwirtschaft«. Besonders die Sozialausschüsse fürchteten erneut, die soziale Komponente könnte unter der Namensänderung leiden. Führende Programmatiker wie Christian Wulff mieden dezidiert diesen Begriff. Bis

2001 gab die CDU keine klaren Hinweise, was das Neue an der »Neuen Sozialen Marktwirtschaft« war. Der Verweis auf die Globalisierung, auf eine neue Kultur der Selbständigkeit und auf die Wissensgesellschaft reichte sicher nicht aus.[79] Vor allem fehlte der Union weiterhin ein Wirtschaftspolitiker, mit dem sie über Erhard hinaus diesen neuen Anspruch verbinden konnte. Ein vages Schlagwort wie die »Neue Mitte« wäre schließlich ohne Gerhard Schröder ebenfalls kaum erfolgreich gewesen.

Ende August 2001 legte die von Angela Merkel geführte Kommission zur Neuen Sozialen Marktwirtschaft schließlich einen wirtschafts- und sozialpolitischen Programmentwurf vor. Das umfangreiche Papier zeichnete sich durch zahlreiche konkrete und innovative Vorschläge aus, die zu kontroversen Diskussionen anregten. Allerdings blieben viele Forderungen so unbezahlbar, dass sie einen leicht populistischen Beigeschmack hatten. Das galt für die Steuervereinfachung auf drei Sätze zwischen zehn und 35 Prozent, die staatliche Übernahme der Lohnnebenkosten von Niedrigeinkommen oder eben das hohe Familiengeld von 1200 Mark. Dabei ging das Papier – wie viele programmatische Entwürfe seit 1983 – auf die Anliegen der Sozialausschüsse kaum ein, obwohl sie auch diesmal entsprechende Bedenken vortrugen. Denn auch dieser Entwurf setzte vor allem auf eine Liberalisierung des Arbeitsmarktes, indem er eine weitere Lockerung des Kündigungsschutzes, mehr befristete Arbeitsverhältnisse und die stärkere Eigenvorsorge bei den Sozialversicherungen forderte. Bei der Christlich-Demokratischen Arbeitnehmerschaft wuchs daher die Angst, das »Neue« an Merkels sozialer Marktwirtschaft könnte langfristig die soziale Komponente verdrängen. Die ökologische Phase der CDU war dagegen definitiv vorbei. Während ihre Programme seit den späten achtziger Jahren zur »Bewahrung der Schöpfung« Umweltsteuern forderten, wollte das Merkel-Papier diese gerade abschaffen.

Ein weiterer neuer Leitbegriff war die »Wir-Gesellschaft«. Angela Merkel sah hierin das Ziel ihrer Politik. Inhaltlich stand es in der Tradition der christdemokratischen Programme, die stets eine harmonische und sozial engagierte Gesellschaft ersehnt hatten. Der Begriff »Wir-Gesellschaft« erinnerte nicht nur in seiner sprachlichen Holprigkeit an Ludwig Erhards »Formierte Gesellschaft«. Erhards Programmentwurf ähnelten auch die nebulösen, teilweise naiven Assoziationsketten, mit denen die »Wir-Gesellschaft« ausgerufen wurde. »Ehrlichkeit schafft Gerechtigkeit«, »Offenheit fördert Wohlstand« und »Verlässlichkeit sichert Freiheit« lauteten etwa die »zentralen Prinzipien« eines Vertrages, den die CDU zwischen Politik und Bürgern vermitteln wollte.[80] Unverkennbar setzte die Union auf Gefühle und Werte, um nicht als kalte Wirtschaftspartei zu erscheinen. Um die Wirtschaftskompetenz auszubauen, fehlte den emotionalen Entwürfen aber oft die härtere Unterfütterung.

Die beiden neuen Begriffe zeigten vor allem, wie sehr sich die CDU tastend vorbewegte, aber nicht wirklich fündig wurde. Die Zahl der Programmtexte wuchs. Die zugkräftige inhaltliche Synthese blieb aber zunächst aus. Die mühsame Kanzlerkandidaten-Entscheidung zwischen Merkel und Stoiber ließ schließlich die Programmdebatte Ende 2001 ganz in den Hintergrund treten. Die vorgelegten Programmentwürfe schienen dagegen sprachlich und inhaltlich viele Anhänger zu überfordern. Die größten Erfolge hatte die CDU nach Kohl bezeichnenderweise dann, wenn sie an einfache nationale Emotionen appellierte. Kein Begriff beflügelte die öffentliche Diskussion wie die von Friedrich Merz geforderte »Leitkultur«. Und keine politische Kampagne war derartig erfolgreich wie die gegen die doppelte Staatsbürgerschaft von 1999. Das weist zumindest darauf hin, dass ihre Anhänger nicht die Bewährung auf internationalen Märkten erwarteten, sondern persönliche Sicherheit. Denn der Erfolg der Union beruhte stets darauf, dass ihre Politik und Programmatik diese Sicherheit im weiteren Sinne versprach: sei es gegen die Inflation, gegen die Bedrohung aus dem Osten oder gegen Veränderung im bestehenden Schulsystem.

Die Politik der CDU muss aus guten Gründen Reformen einleiten und umsetzen. Doch gerade von Adenauer könnte sie lernen, diese möglichst behutsam zu verpacken.

Von Adenauer zu Merkel:
Parteiführung und Parteiorganisation

Die CDU ist ein komplexes Großunternehmen, das nur schwer zu steuern ist. Die Parteienforschung sah bereits in der sozialdemokratischen Organisation eine kaum lenkbare »lose verkoppelte Anarchie«.[1] Gleiches gilt für die Union. Vermutlich ist sie sogar noch stärker fragmentiert, mit noch mehr unterschiedlichen Spielern besetzt, die eigenständige Wege gehen. Ihre Vorsitzenden mussten sich nicht nur in der Regierung, der Fraktion und der Bundespartei behaupten, sondern auch gegenüber äußerst eigenständigen Landesverbänden und Parteiflügeln. Dementsprechend standen die bisherigen CDU-Vorsitzenden nur sehr kurz oder sehr lange an der Spitze. Entweder scheiterten sie frühzeitig, weil sie die Machtzentren nicht integrieren konnten. Oder sie setzten sich durch und machten sich unentbehrlich. Die von ihnen aufgebaute Parteistruktur verhinderte dann zusätzlich den Aufstieg von Rivalen.

Wie entwickelte sich dieses Wechselspiel zwischen Parteiführung und Parteiorganisation? Es wäre verfehlt, die organisatorische Entwicklung einer großen Volkspartei allein mit dem Führungsgeschick ihrer Vorsitzenden und Kanzler zu erklären.[2] Aber unverkennbar prägen sie die Partei, so wie die jeweilige politische Konstellation auch die Vorsitzenden beeinflusste. Die Vorsitzenden brachten individuelle Stärken und Schwächen mit, waren aber zugleich durch unterschiedliche Handlungsspielräume eingegrenzt. Die Schlagkraft, die Geschlossenheit und das öffentliche Ansehen der Partei hing wesentlich von den Vorsitzenden ab. Ihre jeweilige Stellung war jedoch auch ein Ausdruck dafür, in welchem Zustand sich die Partei gerade befand. Insofern standen Adenauer, Erhard, Kiesinger, Barzel, Kohl, Schäuble und Merkel vor ähnlichen Aufgaben, aber vor unterschiedlichen Herausforderungen.

Adenauer und die verspätete Gründung der Bundes-CDU

Die CDU entstand als eine verspätete Partei. Es sollte immerhin bis zum Oktober 1950 dauern, bis sich die Union endlich zur Bundespartei zusammenschloss. Und auch dieses eher förmliche Bündnis blieb noch lange locker. Damit war die CDU von Beginn an eine Partei der Landesverbände, von denen sich viele gegen ein engeres Zusammengehen wehrten.

Versuche, die Union zentral zu organisieren, gab es freilich schon früh. Die Berliner Gründer sahen sich schon 1945 als Kopf einer »Reichspartei«. Sie eröffneten eine »Reichsgeschäftsstelle«, die über die Zonengrenzen hinweg Kontakte aufbaute und Einfluss ausübte. Das von ihnen organisierte Bad Godesberger Treffen vom 14. bis 16. Dezember 1945 war eine erste »Reichstagung«. Allerdings zeigte sich hier schon, wie schwer es war, von Berlin aus die CDU aufzubauen. Zum einen schränkte die Sowjetische Militärverwaltung ihre Bewegungsfreiheit stark ein. Die Rede des Berliner Vorsitzenden Andreas Hermes konnte in Godesberg nur noch verlesen werden, da er selbst keine Reiseerlaubnis erhielt. Kurz danach zwangen ihn die Sowjets zum Rücktritt, weil Hermes ihre Bodenreform nicht mittragen wollte. Zum anderen bestanden bei den Christdemokraten aus dem katholischen Süden und Westen Deutschlands beträchtliche Bedenken gegen einen Berliner Führungsanspruch. Traditionelle Abneigungen gegen die preußisch-protestantische Hauptstadt waren unverkennbar. Hinzu kam ein stark föderalistisch geprägtes Ethos, das sich aus der katholischen Soziallehre speiste. Ähnlich wie bei der Wählerschaft und der Programmatik zeigte sich auch hier das Erbe der föderalen Zentrumspartei.

Die CDU gründete 1946 deshalb nur einen Zonenverbindungsausschuss, der in Frankfurt saß. Er verfügte lediglich über einige Mitarbeiter und einen Generalsekretär, der vornehmlich Informationen weiterleitete. Zudem trafen sich die führenden Christdemokraten in der »Arbeitsgemeinschaft der Christlich-Demokratischen und Christlich-Sozialen Union Deutschlands«. Dennoch entstand auch aus dieser Arbeitsgemeinschaft nicht die geplante

Bundespartei, obwohl sie bereits 1948 eine Satzung ausgearbeitet hatte. Diese erneute Verzögerung lag allerdings nicht nur an den katholisch-föderalen Landesverbänden. Verschleppend wirkte auch ein innerparteilicher Machtkampf, bei dem keine Seite der anderen den Führungsanspruch überlassen wollte. Vor allem Konrad Adenauer verhinderte dabei durch sein Taktieren einen frühen bundesweiten Zusammenschluss, um seinen eigenen Aufstieg nicht zu gefährden.[3]

Konrad Adenauers Parteikarriere war ein Lehrstück darüber, wie sehr Organisations- und Machtfragen zusammenhingen. Unmittelbar nach Kriegsende hielt er sich von den entstehenden Parteigremien zunächst fern. Er übernahm kurzzeitig wieder sein Amt als Kölner Oberbürgermeister und beobachtete die Parteientwicklung. Auf der informellen Ebene knüpfte er jedoch sofort Kontakte. Er schrieb Briefe, traf sich mit Weimarer Politikern und lud sie zu sich nach Rhöndorf ein, um Allianzen zu schmieden. Ebenso bescheiden wie unzweideutig signalisierte er dabei seine Bereitschaft, trotz seines 70-jährigen Alters »vorläufig« Führungsposten zu übernehmen. Schon bevor Adenauer überhaupt ein Parteiamt übernommen hatte, glänzte er somit als ein Taktiker, der sich parallel zu den offiziellen Gremien durchsetzte.

Für ein Spitzenamt in der Union brachte Adenauer die besten Voraussetzungen mit. Politisch war er als unbelasteter Zentrumspolitiker und früherer Oberbürgermeister von Köln glänzend ausgewiesen, um Anfang 1946 den CDU-Vorsitz des Landesverbandes Rheinland und der Britischen Zone zu übernehmen. Beide Posten waren wiederum eine gute Ausgangsbasis für seinen bundesweiten Führungsanspruch. Denn das Rheinland war aus der Zentrumstradition heraus der am besten organisierte Landesverband. Früher als alle anderen Landesverbände verfügte er über eine starke Mitgliederschaft, hauptamtliche Mitarbeiter, innerparteiliche Vereinigungen, geordnete Finanzen und über detaillierte Parteiberichte. Damit hatten die Rheinländer Christdemokraten ein Organisationsniveau, das nahezu mit der funktionärs- und mitgliederstarken SPD konkurrieren konnte. Dies wäre kaum erreicht worden, wenn der Landesvorsitzende Adenauer tatsächlich so desinteressiert an Parteifragen gewesen wäre, wie viele behaupten. Ähnliches galt für die CDU der Britischen Zone. Auch sie war im Vergleich zu den anderen Zonen recht gut organisiert und damit für Adenauer eine wichtige Hausmacht. Die Landesverbände der Amerikanischen und Französischen Zone verzichteten dagegen sogar ganz auf einen Zusammenschluss.

Versuche, die Union über die Zonengrenzen hinweg zu koordinieren, blockte Adenauer allerdings hartnäckig ab. Zunächst bemühte er sich, den Berliner Einfluss einzudämmen. Er drang auf den Boykott der Berliner Treffen. Den Berliner Generalsekretär wies er an, Briefwechsel mit den westdeutschen Landesverbänden nur über sein Kölner Zonensekretariat zu führen. Auf dieser Weise grenzte er vor allem seinen größten Rivalen aus, Jakob Kaiser, der als Vorsitzender der SBZ-CDU von Berlin aus für den christlichen Sozialismus eintrat. Die Restriktionen der Sowjets begrenzten schließlich Kaisers Aufstieg zusätzlich. Sie zwangen ihn schließlich, Ende 1947 sein Amt niederzulegen. Parallel dazu ließ Adenauer die Führungsansprüche der norddeutschen Protestanten ins Leere laufen, wie sie etwa der Schleswig-Holsteiner Hans Schlange-Schöningen und der Herforter Friedrich Holzapfel anmeldeten. Da die CDU ihre stärksten Wurzeln im politischen Katholizismus hatte, konnte er sie leicht als Konservative marginalisieren. Adenauer selbst hatte dagegen den Vorteil, weltanschaulich für beide Seiten akzeptabel zu sein, da er viele wirtschaftliche Positionen mit den Protestanten teilte, aber zugleich ein gläubiger Katholik war.

In einem dritten Schritt wehrte Adenauer schließlich den Einfluss ab, den die Süddeutschen über den Frankfurter Zonenverbindungsausschuss nahmen. Noch 1949/50, also nach Gründung der Bundesrepublik, pochte Adenauer auf die Eigenständigkeit seines britischen Zonenverbandes und untersagte selbst eine gemeinsame Parteifinanzierung. Um Beschlüsse durchzusetzen, umging er dabei souverän offizielle Gremien wie die Arbeitsgemeinschaft. Stattdessen rief Adenauer einfach die Landesvorsitzenden zusammen, führte zahlreiche Einzelgespräche oder rief ausgewählte Parteifreunde zusammen, die ihm sichere Mehrheiten versprachen. Die Entscheidung für seine Kanzlerschaft fiel dementsprechend bei Adenauer zu Hause in Rhöndorf, als er führende Politiker mit guten Weinen bewirtete. Seinen nordrhein-westfälischen Rivalen Karl Arnold hatte er dabei gar nicht erst eingeladen.[4]

Daneben stützte Adenauer sich bereits in den Nachkriegsjahren auf staatliche Organe. Zunächst engagierte er sich im Hamburger Zonenausschuss, den die Briten als Quasiparlament eingesetzt hatten. Im Frankfurter Wirtschaftsrat strebte er selbst zwar kein Amt an, sorgte aber zugleich für die wegweisende bürgerliche Koalitionsbildung, die ihn später in Bonn unterstützte. Seine Präsidentschaft im Parlamentarischen Rat sollte das entscheidende Sprungbrett zur Kanzlerschaft sein. Als Adenauer schließlich das Kanzleramt antrat, bevor die Bundespartei gegründet war, legte er endgültig den Grundstein für eine prägende Prioritätensetzung. Das Kanzleramt, nicht die Partei, wurde so für lange Zeit die entscheidende Macht- und Organisationsgrundlage der CDU.

Der Zusammenschluss zur Bundes-CDU geriet dadurch zu einer reinen Formsache. Ihn vollzogen die Christdemokraten erst ein Jahr später, am 20. Oktober 1950 in Goslar. Die Partei huldigte hier ihrem Kanzler, den sie mit großer Zustimmung zu ihrem Bundesparteivorsitzenden wählte. Kontroverse Diskussionen blieben dagegen aus, obwohl die innerparteiliche Stimmung durchaus angespannt war. Sowohl die erste Satzung als auch der Ablauf des ersten Parteitages verrieten bereits einiges über das christdemokratische Organisationsverständnis. Dem Bundesparteitag gestand Adenauer kein größeres Gewicht zu. Die Delegierten durften lediglich den vorher ausgewählten Vorsitzenden und seine beiden Stellvertreter bestätigen, nicht aber etwa die Vorstandsmitglieder. Weiter gehende Kompetenzen lehnte Adenauer in der vorhergehenden Satzungsdebatte ab. Ebenso sorgte Adenauer wie bei den späteren Parteitagen dafür, dass die Redner- und Diskussionsliste vorher sorgfältig zusammengestellt wurde, um auf dem Parteitag Geschlossenheit zu zeigen. Aus seiner sicheren Machtstellung heraus trat Adenauer nun für eine stärkere Zentralisierung der Partei ein. Hierbei scheiterte er jedoch am föderalen Selbstverständnis der Landesverbände. Adenauers Vorschlag, einen Generalsekretär einzusetzen, widersprach ihrem föderalen Denken. Der dafür vorgeschlagene spätere Kanzler Kurt Georg Kiesinger erhielt aus Protest so wenig Stimmen, dass er das Amt ablehnte. In der Satzung schrieb die CDU-Spitze unmissverständlich die Eigenständigkeit der Landesverbände fest. Mit dem Bundesausschuss erhielt die CDU zudem ein zweites Führungsgremium, das fast ausschließlich von Vertretern der Landesverbände besetzt wurde.

Zugleich demonstrierte der Parteitag den Anspruch, eine gesamtdeutsche Partei zu sein, ohne die real existierende, gleichgeschaltete Ost-CDU einzubeziehen. Stattdessen bekamen die aus der DDR geflüchteten Christdemokraten, die sich in der Exil-CDU zusammengeschlossen hatten, einen recht großen Delegiertenanteil zugesichert. Gleiches galt für den Landesverband Oder-Neiße, der die Vertriebenen vertrat. Die Fahnen der Landesverbände zeigten dabei ihre symbolische Präsenz. An die gesamtdeutsche Symbolik knüpfte auch der Tagungsort Goslar an. Da Adenauer und andere Rheinländer sich weigerten, die Bundes-CDU in Berlin zu gründen, wählte man den kleinen Ort an der Zonengrenze. Dementsprechend sollten die meisten Redner mahnend an die Deutschen hinter dem Stacheldraht erinnern. Der so beflügelte Antikommunismus half zugleich, die Partei zu einen. Und wie bei späteren Parteitagen lag der Tagungsort im Norden, als Signal für die umworbenen norddeutsch-protestantischen Wähler.

Der organisatorische Aufbau der Partei war mit dieser ersten Satzung noch lange nicht abgeschlossen. Bis 1967 sollte sich die satzungsgemäße und tatsächliche Struktur noch fortlaufend ändern. Aber zumindest hatte sie nun mit Bundesvorstand, Bundesausschuss und Bundesparteitag endlich drei Organe, mit denen sie sich über die Landesverbände hinaus artikulieren konnte.

Adenauers informelle Parteiführung

Seit ihrem Regierungsantritt und der Gründung ihrer Bundespartei bewegte sich die CDU in einem neuen Machtdreieck. Das Kanzleramt, die Fraktion und die Partei standen sich nun gegenüber. Adenauers große Leistung bestand darin, diese drei Pole geschlossen zu verbinden. Seinen Führungsstil beschrieb man dabei oft als recht autoritär. Bekannt sind seine scharfen brieflichen Ermahnungen, die mit knappen Worten Erklärungen verlangten, wenn er seine Linie verletzt sah. Ebenso umging er häufig die zuständigen Gremien. Zahlreiche wichtige Entscheidungen diskutierte er eben nicht mit der Fraktion, dem Parteivorstand und dem betroffenen Ministerium, sondern allein mit seinen Beratern im Kanzleramt. Das galt insbesondere für seine Außenpolitik.[5]

Dennoch hätte Adenauer sich kaum derart gut durchsetzen können, wenn er tatsächlich an der Partei und der Fraktion vorbeiregiert hätte. Seine Führungskunst bestand vielmehr darin, die Entscheidungszentren souverän zu lenken. So fiel Adenauer die Unterstützung der christdemokratischen Bundestagsfraktion nicht einfach zu. Diese war nur schwer zu steuern. Die Abgeordneten der ersten Stunde waren zumeist Honoratioren, keine Vollblutpolitiker. Da sie nach regionalen Gesichtspunkten aufgestellt worden waren, hatten sie zwar starke Milieubindungen, aber oft wenig politische Erfahrung und Kompetenz. Vielen zeitgenössischen Beobachtern erschien die frühe Unionsfraktion wie eine bunte Ansammlung von unterschiedlichen Interessenvertretern. In der Fraktionsspitze häuften sich die Klagen, dass ein sehr kleiner Teil der Abgeordneten fast die gesamte Parlamentsarbeit trage, während andere nicht einmal zu wichtigen Abstimmungen erschienen. Ihre heterogene Zusammensetzung führte zu einer recht geringen Geschlossenheit. Während sich die SPD-Fraktion bei namentlichen Abstimmungen fast durchweg einig war, gelang dies den Christdemokraten in der Innen- und Rechtspolitik nur bei 70 Prozent der Abstimmungen, in der Wirtschafts- und Sozialpolitik nur bei 80 Prozent.[6] Gerade bei sozialpolitischen Gesetzen gehörten harte Kontroversen zwischen dem Arbeitnehmer- und dem Mittelstandsflügel zur Tagesordnung. Dementsprechend votierten die christlich-sozialen Abgeordneten mehrfach mit der SPD – etwa beim Personalvertretungsgesetz 1955, beim Arbeitslosenversicherungsgesetz 1956 oder beim sozialdemokratischen Initiativantrag zur Lohnfortzahlung im Jahre darauf. Umgekehrt verweigerten die Mittelstandsvertreter bei Fragen wie der Montanmitbestimmung oder der Rentenreform demonstrativ ihre Zustimmung.

Konrad Adenauer bemühte sich von Beginn an um die Einbindung der Fraktion. Er erschien mitunter selbst bei den Sitzungen des Fraktionsvorstandes und lenkte die Diskussion. Ebenso ließ er gelegentlich einzelne Abgeordnete bei Kabinettssitzungen teilnehmen, um so seine Linie zu vermitteln. Während der erste Fraktionsvorsitzende, Heinrich von Brentano, mit seiner Führungsaufgabe häufig überfordert war, bewies sein Nachfolger Heinrich Krone mehr Geschick. Zu Krone baute Adenauer ein zunehmend enges Vertrauensverhältnis auf. Nahezu tägliche Gespräche oder Rückmeldungen ermöglichten, dass der Kanzler die Stimmung bei den Abgeordneten gut einschätzen konnte. Die enge Verbindung zwischen Kanzleramt und Fraktion zahlte sich aus. Ab 1957 erreichte die Unionsfraktion tatsächlich eine deutlich höhere Geschlossenheit. Adenauers großzügige Ausdehnung des Kabinettes erleichterte zusätzlich die Integration. Denn über die Kabinettsdisziplin konnte er die unterschiedlichen Parteiströmungen eher auf eine gemeinsame Linie einschwören.

Dagegen schenkte Adenauer der Bundesgeschäftsstelle fast keine Aufmerksamkeit. In seiner ganzen Amtszeit besuchte er sie nur einziges Mal – zur Nikolausfeier 1951. Mit rund 60 Mitarbeitern blieb sie spärlich besetzt. Ihre Aufgaben beschränkten sich vornehmlich darauf, Wahlbroschüren und Parteiveranstaltungen vorzubereiten. Und selbst hierbei fühlten sich die Bundesgeschäftsführer permanent übergangen. »Es ist kein befriedigender Zustand, wenn der Bundesgeschäftsführer der Partei Plakate, die für die Partei werben sollen, erst an den Plakatsäulen kennen lernt«, klagte etwa Bundesgeschäftsführer Konrad Kraske 1959.[7] Vor allem aber besaßen die hauptamtlichen Mitarbeiter in der betont funktionärsfeindlichen CDU ein denkbar geringes Ansehen. Ohne zusätzliche staatliche Ämter fehlte es ihnen an Autorität, um in die Partei hineinzuwirken oder von Adenauer respektiert zu werden. Die Impulse und die integrative Ausstrahlung, die von der Geschäftsstelle ausgingen, blieben damit denkbar klein. Adenauer vernachlässigte sie, weil sie keine Multiplikatoren waren. Und die Partei vernachlässigte sie, weil sie fern von der Macht standen.

Allerdings wäre es kurzsichtig, Adenauer deshalb eine Vernachlässigung der Partei vorzuhalten. Auch ihre Geschlossenheit stellte sich nicht von alleine ein, sondern musste auf allen Ebenen erarbeitet werden. Eine wichtige Integrationsfunktion hatten dabei die Sitzungen des Bundesvorstandes und des Bundesparteiausschusses. Sicherlich wurden hier keine Grundsatzentscheidungen getroffen. Aber man diskutierte immerhin zentrale politische Fragen und Probleme. Konrad Adenauer verstand es dabei meisterhaft, die unterschiedlichen Standpunkte lenkend aufzufangen. Die Sitzungen begann er regelmäßig mit langen, ein- bis zweistündigen Lageberichten. Auf diese Weise setzte er Schwerpunkte und nahm den kursierenden Einwänden von vornherein den Wind aus den Segeln. Seine Eingangsrede spitzte er so weit zu, dass seine Position unmissverständlich war. Die anschließende Diskussion, in der sich zumeist nur die prominenten Christdemokraten meldeten, dominierte Adenauer ebenfalls. Abweichende Äußerungen rückte er häufig sogleich zurecht, sei es durch humorvolle Zwischenrufe oder mahnende Kommentare. Seine enorme Schlagfertigkeit erwies sich damit als ein Grundelement seiner Führungskunst. In den Sitzungen richtete er mitunter direkt das Wort an einzelnen Landespolitiker und setzte so die abweichenden Köpfe unter Rechtfertigungszwang. Dagegen vermied Adenauer Abstimmungen über kontroverse Fragen, da dies nur die Konsensbildung gefährdet hätte.

Um die Landesverbände und Vereinigungen möglichst gut einzubinden, wurde die Mitgliederzahl des Vorstandes und Parteiausschusses ständig erweitert. Den Bundesvorstand hatte die CDU zunächst als ein kleines schlagkräftiges Gremium angelegt.

Tatsächlich vergrößerte sich sein Teilnehmerkreis im Laufe der fünfziger Jahre schnell auf vier Dutzend Mitglieder. Die Vorsitzenden der Vereinigungen traten fest hinzu, ebenso die Landesvorsitzenden. Die breite Integrationspolitik führte somit zu einer Selbstentmachtung der mittleren Parteiführung. Noch deutlicher zeigte sich dies beim Bundesparteiausschuss. Bis 1959 wuchs er auf 213 (!) Mitglieder an. Man nannte ihn deshalb bald »kleinen Parteitag«. Eine echte Entscheidungsfindung oder offene Aussprache war hier kaum noch möglich. Stattdessen segnete der Bundesausschuss vornehmlich die Beschlüsse ab, die in der jeweils vorausgehenden Vorstandssitzung ausgehandelt worden waren.

Typisch für diese Führungsgremien war die Rekrutierung per Amt und nicht per Wahl. Auch dies diente der breiten Einbindung und der Vermeidung von Konflikten. Ohnehin war die Personalpolitik eine der zentralen Integrationstechniken, derer sich Adenauer souverän bediente. Obersten Stellenwert hatte dabei der Ausgleich zwischen Katholiken und Protestanten. Bei führenden Positionen in der Partei, im Staat und in der Gesellschaft spielte das richtige Gesangsbuch eine große Rolle. War der Kanzler oder Parteivorsitzende katholisch, so sollten der Bundespräsident und der erste Parteivize evangelisch sein. Einen ähnlichen Proporz wandte die CDU-Führung in den Vorständen, bei der Fraktionsspitze und im Kabinett an. Im Zweifelsfall war es immer wieder Adenauer, der die Katholiken an die ungeschriebene Quote erinnerte. Die Katholiken bewahrten dabei immer ein leichtes Übergewicht, traten aber im Hinblick auf ihren Mitgliederanteil deutlich zurück. Dafür durften die Protestanten oft in getrennten Abstimmungen entscheiden, welchen Vertreter sie für ein Spitzenamt haben wollten. Besonders der Evangelische Arbeitskreis der CDU/CSU (EAK) wählte etwa den stellvertretenden Parteivorsitzenden oder Fraktionsvorsitzenden mit aus. Für die anderen Parteigruppen galt Ähnliches. Auch sie wählten in den Vereinigungen ihre Vertreter aus und gaben dann Empfehlungen. Gleichzeitig holte Adenauer aber besonders bei den Ministerämtern das Votum der entsprechenden Verbände ein. Abstimmungen über Posten versuchte er zu vermeiden. »Wenn jetzt geheim gewählt wird, gibt es eine vollkommene Verzerrung. Dann können die Arbeitnehmer oder die Bauern usw. ausfallen. Auch das Verhältnis der Konfessionen kann sich verschieben«, mahnte Adenauer etwa im Bundesausschuss 1956.[8] Das förderte die innerparteiliche Harmonie, blockierte aber den Aufstieg von engagierten Parteiaktivisten.

Bei wichtigen Entscheidungen waren allerdings nicht diese Parteigremien, sondern Adenauers persönliche Berater die entscheidenden Diskussionspartner. Wichtigster Berater in nahezu allen Fragen war dabei Adenauers Staatssekretär im Kanzleramt, Hans Globke. Globke war erstens in Regierungsfragen ein unentbehrlicher Informationspool. Er bereitete nicht nur die Kabinettssitzungen in Adenauers Sinne vor, sondern informierte ihn auch frühzeitig über Abweichungen in den Ministerien. Sowohl die von ihm eingerichteten Spiegelstrichministerien im Kanzleramt als auch seine zahlreichen Vertrauten in der Ministerialbürokratie erleichterten dabei die Kontrolle. Zweitens hielt Globke einen engen Kontakt zur Fraktionsspitze. Vor allem mit dem Fraktionsvorsitzenden Heinrich Krone stand er im fortlaufenden Gespräch. Auch privat freundeten sich die beiden an und trafen sich mitunter bereits auf Globkes morgendlichen Spaziergängen oder auf ein abendliches Gläschen Whisky. Drittens koordinierte Globke auch die Parteiarbeit der CDU. Er brachte per Telefon die Landesverbände auf Kurs, schlichtete innerparteilichen Streit, hielt den Kontakt zum kirchlichen Vorfeld, beriet Adenauer bei der Personalauswahl und verwaltete das Spendenwesen der Partei. Viele Landespolitiker wandten sich deshalb direkt an Globke, wenn sie innerparteiliche Probleme hatten. Da die antizentralistische CDU keinen offiziellen Generalsekretär zuließ, übernahm Globke somit die Rolle des heimlichen Generalsekretärs, der für alle Bereiche die Vollmacht zur regulierenden Kontrolle hatte. Globkes hohes Ansehen in der Partei speiste sich aus seiner engen Nähe zu Adenauer, aber auch aus seiner berüchtigten lautlosen Effizienz.

In der Öffentlichkeit war Globkes großer Einfluss freilich denkbar umstritten. Ihm wurde zunehmend vorgehalten, dass er bereits im »Dritten Reich« Ministerialdirektor im Reichsinnenministerium war und dabei auch noch die offiziellen Kommentare zu nationalsozialistischen Gesetzen mitverfasst hatte, insbesondere zu den Nürnberger Rassegesetzen von 1935. Globke wurde so zum Symbol für eine zweifelhafte Elitenkontinuität. Allerdings beteuerten die Gutachten von Persönlichkeiten wie Jakob Kaiser, Bischof Konrad Graf von Preysing oder Theodor Eschenburg, dass Globke in verschiedenen Fällen Juden durch Sondergenehmigungen geholfen hatte.[9] Da Globke kein öffentlichkeitswirksames Amt anstrebte, konnte er bis zu Adenauers Pensionierung seine Schlüsselstellung bewahren. Adenauer stand dabei stets unzweideutig zu ihm, auch in den Kampagnenjahren 1960/61.

Adenauer bildete zunehmend mit Globke und dem Fraktionsvorsitzenden Krone eine Art Führungstroika, die die komplexe Partei zusammenhielt. Im Unterschied zum üblichen Proporz war die informelle Parteispitze damit rein katholisch. Um diese Kerngruppe herum gab es einige wechselnde informelle Kreise, die für spezielle Fragen zuständig waren. Proporzmerkmale spielten auch in diesen Runden so gut wie keine Rolle. Dementsprechend waren sie rein männlich, eher älter, stärker rheinisch-westfälisch und seltener mit Vertretern der Arbeitnehmerschaft besetzt. In außen- und wirtschaftspolitischen Fragen standen Adenauer etwa Männer wie Herbert Blankenhorn, Walter Hallstein, Horst Osterheld, Robert Pferdmenges oder Hermann Josef Abs zur Seite. Die Wahlen bereitete die »Mittwochsrunde« vor, die 1956/57 auch als »Donnerstagskreis« zusammenkam. Sie versammelte im Abstand von einigen Wochen führende Männer aus Partei, Fraktion und Kanzleramt. Mit dem Bundesgeschäftsführer Bruno Heck und seinem Nachfolger Konrad Kraske war in dieser Runde auch die Bundesgeschäftsstelle eingebunden. Der »geschäftsführende Vorstand«, der zunächst in keiner Satzung stand, leitete kurzzeitig die Parteigeschäfte. Er setzte sich aus Adenauer, dem Bundesschatzmeister und den drei »geschäftsführenden Vorsitzenden« zusammen. Da letztere ebenso wie die stellvertretenden Bundesvorsitzenden hauptsächlich mit ihren staatlichen Ämtern und Mandaten zu tun hatten, schlief dieses Gremium schnell ein.

Die Parteiarbeit im engeren Sinne koordinierten die Landesverbände. Solange sie Adenauers Kurs unterstützten und die Mehrheit im Bundesrat garantierten, hatten sie einen recht großen Spielraum. Erfolglose Abweichler wurden dagegen mit Adenauers aktiver Unterstützung abgesetzt. Das zeigte sich 1950 vor allem bei dem Vorsitzenden der CDU in Niedersachsen, Günther Gereke, und etwas später auch beim hessischen Vorsitzenden Werner Hilpert. Trotz ihrer ansonsten recht großen Autonomie glänzten die Landesverbände nicht gerade durch Reformfreude. In den meisten Landesverbänden fehlte es an Kreisgeschäftsführern und einer technischen Grundausstattung. Die Landesgeschäftsstellen wussten zumeist nicht einmal annähernd, wie viele Mitglieder oder Ortsvereine sie eigentlich hatten. Modernisierungsanstöße kamen eher von der Bonner Führungsspitze. Sie regte 1956 die Einführung von zentralen Mitgliederkarteien an oder schlug vor, für finanzschwache Gebiete Kreisgeschäftsführer einzustellen. Besonders die katholisch geprägten, stark föderalistischen Landesverbände lehnten dies aber ab, da sie darin eine unzulässige Einmischung sahen. Der Organisationsstand der einzelnen Landesverbände schwankte dabei beträchtlich. In den Landesverbänden Rheinland und Westfalen war er mit Abstand am besten. In den stärker protestantischen Landesverbänden blieb er zunächst weiterhin schlechter, da sie eben nicht an die Zentrumstradition anknüpfen konnten.

Die dezentrale Struktur der Union verstärkte sich dadurch, dass ihre Landesverbände nicht immer den Grenzen der Bundesländer entsprachen. Innerhalb von Baden-Württemberg, Nordrhein-Westfalen und Niedersachsen bestanden mehrere Landesverbände, die miteinander rivalisierten. Regionale Traditionen, aber auch konfessionelle Konflikte erschwerten eine engere Zusammenarbeit. Dies behinderte wiederum zentrale Wahlkampfplanungen, schnelle politische Entscheidungen oder eine gemeinsame Personalpolitik, da man stets noch den regionalen Proporz innerhalb des Bundeslandes berücksichtigen musste. In den Bundesländern entstand dadurch eine ähnliche Führungsstruktur wie in Bonn: Auch in den Ländern dominierten informelle Gremien und Treffen, die sich um den Ministerpräsidenten, die Fraktionsspitze oder die Parteivorsitzenden herum entwickelten. Das Kabinett – oder die Fraktion im Falle der Opposition – ersetzte dabei die programmatische und organisatorische Arbeit der Parteigremien.[10] Denn auch diese trafen in den Ländern weniger Entscheidungen, sondern dienten vor allem der Integration. Damit war die Adenauer-CDU auf allen Ebenen eine stark informell geführte Partei.

Erste Krisen

In den fünfziger Jahren konnte Adenauer die CDU auf diese Weise relativ problemlos lenken. 1956 zeigten sich zwar die ersten Risse, aber die blieben noch recht fein. So musste der Kanzler im Bundesvorstand die erste Debatte über das Selbstverständnis der CDU führen. Auf dem Stuttgarter Parteitag steckte er im selben Jahr erstmals eine öffentliche Niederlage ein. Gegen seinen Willen verdoppelten die Delegierten die Anzahl der stellvertretenden Vorsitzenden auf vier. Gleichzeitig übte die Junge Union in diesem Jahr auf ihrem Travemünder Parteitag erstmals eine harte Kritik an ihrem Parteivorsitzenden. Aber erst Ende der fünfziger Jahre wurden die ersten kritischen Stimmen am Führungsstil und am Aufbau der Adenauer-CDU wirklich lauter. Im Bundesvorstand war es nun der protestantische Bundestagspräsident Eugen Gerstenmaier, der als offensiver Gegenredner von Adenauer auftrat. Auf dem Kieler Parteitag 1958 forderten mehrere Redner, die CDU müsse sich reformieren. Als Partei der absoluten Mehrheit richteten die Christdemokraten ihren Blick nicht mehr nur nach außen. Sie wollten die CDU nun auch nach innen festigen. Vor allem dachten sie aber daran, was im Falle des plötzlichen Todes ihres mittlerweile 82-jährigen Kanzlers geschehen würde. Denn tatsächlich verstarb Ende der fünfziger Jahre ein Teil jener Politiker, die die Parteiarbeit seit 1945 getragen hatten. Der christlich-soziale Flügel verlor etwa Jakob Kaiser und Karl Arnold. Beim Mittelstandsflügel zog sich Robert Pferdmenges krankheitsbedingt zurück, bevor er 1962 verstarb. Adenauer selbst blieb dagegen körperlich erstaunlich vital, zeigte aber einen gewissen Altersstarrsinn. Vor allem verlor er zunehmend sein Gespür für integrative Entscheidungen.

Der entscheidende Wendepunkt war die Präsidentschaftskrise von 1959. Sie zeigte erstmals deutlich, wie unsicher und voreilig Adenauer mittlerweile taktierte. In diesem Jahr suchte die Partei etwas verzweifelt einen Nachfolger für den liberalen Bundespräsidenten Theodor Heuss. Vor allem die Katholiken sprachen sich dabei für einen Protestanten aus, um einen katholischen Kanzlernachfolger für Adenauer sicherzustellen. Nachdem Adenauer seinen ungeliebten Nachfolger Ludwig Erhard nicht auf den Präsidentenposten abschieben konnte, wollte er kurzzeitig selbst das Präsidentenamt übernehmen, um seine politische Karriere langfristig abzusichern. Als Adenauer dann erfuhr, dass die Vollmachten bei bestem Willen nicht für eine präsidiale Herrschaft im Stil von Charles de Gaulle ausreichten, rückte er plötzlich von seiner Kandidatur ab. Erst nach langem Hin und Her fand die Union schließlich mit Heinrich Lübke einen Kompromisskandidaten, den keine Seite wirklich favorisierte. Tatsächlich sollte Lübke schnell intellektuelle Defizite zeigen, die ihn kaum zu einem Aushängeschild der Christdemokraten machten.

In der Präsidentschaftskrise beging Adenauer gleich mehrere Fehler, die seine Autorität stark untergruben. Zum einen diskreditierte er mit Ludwig Erhard einen der beliebtesten Unionspolitiker. Ihm sprach Adenauer direkt die Fähigkeit ab, sein Amt zu übernehmen. Zum anderen führte seine Rücktrittsbekundung dazu, dass die Partei sich kurzzeitig auf den Abschied ihres Kanzlers einstellte. Sein über die Medien verbreitetes Dementi wirkte daraufhin wie eine selbstherrliche Verfügung über das höchste Staatsamt. Besonders selbstherrlich erschien dies, weil Adenauer in dieser Krisenphase weder den Bundesvorstand und den Bundesausschuss einberief noch den jährlich vorgeschriebenen Bundesparteitag abhielt. Damit konnte er nicht den Unmut kanalisieren, der sich nun in den Landesvorständen, der Fraktion und über die Medien entlud. Als Adenauer im September 1959 endlich Vorstand und Bundesausschuss tagen ließ, hagelte eine bisher unbekannte Kritik auf ihn nieder. Die Partei wollte nun ein eigenständiges Gesicht zeigen und sich von Adenauers enger Leine lösen. An die Spitze der Parteireformer stellte sich dabei der junge Ministerpräsident von Schleswig-Holstein, Kai-Uwe von Hassel. »Zu den zwei Pferden, die wir im Rennen haben – Kabinett und Fraktion – müssen wir jetzt das dritte satteln: Die Partei«, verkündete er am 29. Juli 1959 im »Spiegel«.

So plötzlich dieser erste Sturm aufgekommen war, so schnell verpuffte er zu einem lauen Lüftchen. Denn erstens verfolgten die Reformer untereinander viel zu unterschiedliche Interessen, um gemeinsam aufzutreten. Persönliche Rivalitäten vermischten sich dabei mit konfessionellen und regionalen Ressentiments. Zweitens hielt sich der wichtigste Gegenspieler und Kanzleranwärter, Ludwig Erhard, aus den innerparteilichen Diskussionen heraus. An der Parteiarbeit hatte er so wenig Interesse, dass er sich noch nicht einmal aus taktischen Gründen an die Spitze der Reformer stellte. Stattdessen wartete er beleidigt auf das Kanzleramt. Drittens verfügte Adenauer weiterhin über eine derartige Ausstrahlung in der Parteiführung, dass seine persönliche Anwesenheit die Kritik mäßigte und die Thronanwärter von einer nachhaltigen Rebellion abhielt. Zudem brachte er die nötige Flexibilität auf, um sich den Reformforderungen anzuschließen. Er sicherte etwa zu, einen engeren Vorstand zu bilden, ließ diesen dann aber de facto einschlafen. Im Wahljahr 1961 tagte Adenauer wie gewohnt mit seiner informellen Mittwochsrunde, an der neben den Kanzleramtsrepräsentanten und einzelnen ausgewählten Parteileuten auch die BDI-Vertreter Stein und Berg häufiger teilnahmen. Die Proporzvertreter aus der Partei, etwa die Frauen oder die Arbeitnehmer, blieben dagegen von diesen Runden wie gewohnt ausgeschlossen.

Dennoch sollte sich Adenauers Führungskunst nach der Präsidentschaftskrise nicht mehr regenerieren. Während seiner Regierung die zugkräftigen politischen Ideen ausgingen, häuften sich seit 1960 die innerparteilichen Krisen. Im Streit um die Einführung eines zweiten Fernsehsenders überwarf er sich mit wichtigen Landesfürsten – wie etwa dem rheinland-pfälzischen Ministerpräsidenten Peter Altmeier. In der Debatte um die nationalsozialistische Vergangenheit von gesellschaftlichen Eliten, die von der DDR nach Westen schwappte, musste er sich nach langem Zögern von seinem Vertriebenen-Minister Theodor Oberländer trennen. Und Adenauers harter Wahlkampf gegen Willy Brandt vergrämte gerade im Zuge des Mauerbaus weite Teile der eigenen Parteiführung. Seine erneute Kandidatur von 1961 trug die Partei deshalb nur mit Murren. Als die CDU dann noch bei der Wahl kleinere Verluste hinnehmen musste, gab es kein Halten mehr. Ihr Parteitag 1962 beschloss endlich, die bisherige Struktur zu reformieren. Die Partei sollte als eigenständige Kraft erkennbar werden, die auch politische Linien vorgibt. Besonders vehement forderte dies unter anderen der gerade 32-jährige Delegierte Helmut Kohl.[11] Mit Josef Herrman Dufhues erhielt die CDU nun einen geschäftsführenden Vorsitzenden. Und mit der Gründung des Präsidiums bekam sie endlich ein kleines Führungsgremium, das bis heute die Geschicke der Partei maßgeblich lenkt.

Dufhues leitete eine Inspektion der Partei ein, die das Fundament für ihre Modernisierung legte. Die erste Planungs- und Datenverarbeitungseuphorie der Deutschen ergriff dabei auch die Union. Die CDU baute endlich eine zentrale Mitgliederstatistik auf, die die soziale Zusammensetzung der Mitglieder, die Stärke der Vereinigungen und die Größe der Orts- und Kreisverbände per EDV erfasste. Mit Letzterem überholte sie sogar die SPD. Zugleich registrierten Dufhues' Mitarbeiter die Lage in den einzelnen Landesverbänden – von ihren Verbandskontakten über die Führungsstärke der einzelnen Landespolitiker bis hin zu ihrer finanziellen Lage. Damit wurde das innerparteiliche Wissen, das bislang Globke eher nebenbei für sich gespeichert hatte, nun offiziell inventarisiert.

Die Parteireform fand so lange Adenauers Unterstützung, wie sie nicht seinen eigenen Führungsanspruch einschränkte. Bei der Frage, wer etwa das Präsidium einrufen dürfe, versuchte Adenauer schon kurz nach Dufhues' Wahl Grenzen zu setzen. Adenauers Interventionen wirkten jedoch ebenso hilflos wie seine Versuche, seine Kanzlerschaft zu verlängern oder zumindest Erhard zu verhindern. Die Nachfolge konnte Adenauer nicht mehr in seinem Sinne lösen. Erhard war der Liebling der öffentlichen Meinung. Danach richteten sich auch die Skeptiker in der Fraktion, die mit Erhards Hilfe auf eine Wiederwahl hofften. Die Zeit des starken Parteiführers Adenauer war damit 1963 endgültig vorbei.

Gestärkte Partei, schwache Führung: Ludwig Erhard

Mit Erhards Kanzlerschaft veränderte sich die Lage völlig. Da Adenauer weiterhin Parteivorsitzender blieb, waren erstmals Kanzleramt und Vorsitz nicht mehr in einer Hand. Kurioserweise wurde dadurch ausgerechnet Adenauer zum Anwalt einer eigenständigen Partei. Denn diese bildete nun Adenauers neue Machtbasis, um auf seinen Rivalen Erhard einzuwirken. Nicht zufällig tagte das Präsidium seit Adenauers Rücktritt wesentlich häufiger – teilweise jeden Montag, oft auch ohne Erhard.[12] Auch der Bundesvorstand sollte im ersten halben Jahr nach Adenauers Rücktritt fast monatlich zusammenkommen. Nicht nur in den Gremien, sondern auch öffentlich scheute sich Adenauer dabei nicht, die Arbeit des Kanzlers im Namen der Partei offen zu kritisieren. Damit bekam die CDU nun zu spüren, welche Disharmonie die oft geforderte eigenständige Partei bringen konnte. Zugleich verlangte Adenauer von Erhard, die Partei an politischen Entscheidungen zu beteiligen und in der Außenpolitik mitreden zu lassen. Er selbst habe das doch auch getan. Trotz Erhards Konzilianz bekam Adenauer jedoch zu spüren, wie wenig Einblick ein CDU-Parteivorsitzender in die Regierungsgeschäfte hatte, selbst wenn er weiterhin über treue Informanten verfügte. Denn Adenauer konnte sich auch nach seinem Rücktritt weiterhin auf sein altes informelles Netz verlassen.

Obwohl die Partei eine neuartige Selbstständigkeit zeigte, kam sie mit ihrem Kanzler Erhard vom Regen in die Traufe. Adenauer hatte wenigstens verbal betont, dass Parteireformen und die Mitgliederförderung wichtig seien. Erhard konnte sich noch nicht einmal dazu durchringen. Dazu passte, dass Erhard als zweitwichtigster CDU-Politiker erst selbst 1963 der CDU beitrat, wobei er seinen Ausweis dezent auf 1949 zurückdatieren ließ. Unterstützung oder auch nur Verständnis für die Parteiarbeit konnte man von Erhard kaum erwarten. Als einziger Kanzler und Vorsitzender der CDU sollte Erhard die Bundesgeschäftsstelle nicht ein einziges Mal aufsuchen.

Zudem zeigte Erhard große Führungsschwächen. In seiner Amtsperiode wurde deutlich, wie schwer die Union zu steuern war. Viele, die eben noch über Adenauers autoritären Stil geflucht hatten, sehnten sich nun schon wieder nach dem starken Kanzler zurück. Erhard verstand es nicht, Diskussionen zu lenken und zu bündeln. Sowohl im Kabinett als auch im Vorstand ließ er Debatten einfach laufen. Erst nach einiger Zeit meldete er sich zu Wort, ohne aber Ergebnisse richtungsweisend festzuhalten. An seinen Lageberichten vermisste man ebenfalls die pointierte Klarheit, die bei Adenauer die Marschrichtung vorgegeben hatte. Da Erhard einen kurzen Arbeitstag und lange Urlaube pflegte, war er häufig auch zu wenig vorbereitet, um fundiert einzugreifen. Gleichzeitig fehlten ihm anscheinend die Skrupel, um sich ähnlich wie Adenauer auf sein Gespür zu verlassen. Adenauer hielt sich in den ersten Vorstandssitzungen noch zurück. Dann nutzte er das Machtvakuum und übernahm seit 1964 wieder selbst die Leitung des Vorstandes.

Erhard vernachlässigte jedoch nicht nur die offiziellen Führungsgremien. Im Unterschied zu Adenauer baute er auch kein informelles Koordinationsnetz auf, das bis in die Ministerien und vor allem in die Fraktion reichte. Adenauer standen auch nach 1963 der pensionierte Globke und der nunmehrige Bundesminister Krone als Ratgeber zur Seite. Erhards eigenwilliger Staatssekretär Ludger Westrick übernahm zwar vieles, war aber kein vergleichbarer Universalverwalter. Die Kunst der informellen Ministerkontrolle, der gezielten Personalpolitik und der loyalen Aktenvorbereitung beherrschte Westrick wesentlich schlechter als Globke. Ebenso war überhaupt nicht daran zu denken, dass Westrick ähnlich wie Globke nebenbei auch noch die Parteigeschäfte lenkte.[13] Zudem stand Erhard in der dritten Ecke des Machtdreiecks, der Fraktion, mit Rainer Barzel ein ehrgeiziger Fraktionschef gegenüber, der gegenüber Globke Anfang 1966 unmissverständlich betonte, er wolle nicht Parteivorsitzender werden, »er erstrebe vielmehr zu gegebener Zeit die Nachfolge Erhards als Bk.«[Bundeskanzler, F.B.][14]. Tatsächlich meldete er auch vorsichtig Ambitionen auf den Vorsitz an und wurde daraufhin immerhin zum ersten stellvertretenden Vorsitzenden ernannt. Adenauer hatte das Kanzleramt und den Parteivorsitz innegehabt und die Fraktionsführung eng eingebunden. Nun hatte sich dieser starke Führungsstamm, auf dem die Integrationskraft der Adenauer-CDU beruhte, auf drei Äste verteilt. Hinzu kam nicht nur Dufhues als geschäftsführender Vorsitzender, sondern auch noch der CSU-Mann Franz Josef Strauß, der nach seinem Ministerrücktritt in der Spiegel-Affäre lautstark die CDU-Politik zu kritisieren begann.

Natürlich regierte Erhard unter schwierigeren Bedingungen als Adenauer. Nicht nur die Gesellschaft, sondern auch die Union begann sich zunehmend zu polarisieren. Und schon vor der Wirtschaftsrezession von 1966 tauchten die ersten Krisenszenarien auf, besonders in der Bildungspolitik. Erhard trug aber wenig dazu bei, ähnlich integrativ wie Adenauer zu wirken. Da er auf disziplinierende Briefe oder Gespräche verzichtete, äußerten nun alle möglichen Christdemokraten kaum verhüllt ihre Kritik am Kanzler. Selbst in der Außenpolitik, in der seit Anfang der fünfziger Jahre ein gewisser Konsens bestand, brach nun innerparteilicher Streit aus. Dabei debattierten die Gaullisten und Atlantiker, ob eher die Nähe zu Frankreich oder aber zum angelsächsischen Raum gesucht werden sollte, wie Erhard und sein Außenminister Schröder es bevorzugten. Und in der Innenpolitik zeigte die Union besonders bei sozialpolitischen Fragen Uneinigkeit. Auf diesem Gebiet sank die Fraktionsgeschlossenheit bei namentlichen Abstimmungen auf den historischen Tiefstand von 80 Prozent.[15] Dem liberalen Protestanten Erhard fehlte offensichtlich das Gespür dafür, welche unterschiedlichen Wurzeln die Union hatte. Besonders ihre rheinisch-katholische, christlich-soziale Tradition sollte er dabei sträflich vernachlässigen.

Da half es wenig, dass Erhard 1966 überraschend den Parteivorsitz übernahm, als der nunmehr 90-jährige Adenauer endlich zurücktrat. Erhard wollte durch diesen Schritt vor allem seinen Rivalen Barzel ausbremsen. Wie wenig die Partei von Erhard hielt, zeigt sich in seinem Wahlergebnis: Gerade einmal 413 von 548 Stimmen erhielt der neue Vorsitzende. Eine einheitliche, starke Führungsspitze wie unter Adenauer entstand durch die Verkopplung von Parteivorsitz und Kanzleramt nicht. Dies erschwerte bereits die erneute Organisationsreform, mit der die CDU den ungeliebten Kanzler umrahmte. Mit Barzel trat ein erster stellvertretender Vorsitzender an seine Seite. Die zwei stellvertretenden Vorsitzenden Hassel und Lücke sowie Bruno Heck als geschäftsführendes Präsidiumsmitglied traten hinzu. Die kollektive Führung der CDU war damit institutionalisiert.

Seinen zurückhaltenden Führungsstil änderte Erhard trotz seines Parteivorsitzes und Adenauers zunehmender Abwesenheit nicht. Als sich ein halbes Jahr später die gegen Erhard gerichtete Große Koalition ankündigte, waren seine Tage ohnehin gezählt. Sein Parteivorsitz bot ihm da wenig Rückhalt. Im Gegenteil: Erhard trat 1966 zu einem Zeitpunkt an die Parteispitze, als die innerparteiliche Lage denkbar schlecht war. Finanziell stand die CDU so mittellos wie seit langem nicht mehr da, weil ein Urteil des Bundesverfassungsgerichtes zur kurzzeitigen Aussetzung der staatlichen Parteienfinanzierung geführt hatte. Die Union musste deshalb harte Kürzungen vornehmen. Erhard hatte diese nicht verschuldet. Die innerparteiliche Beliebtheit des neuen Vorsitzenden steigerten sie aber sicher nicht. Personell befand sich die CDU mitten in einem Generationswechsel, der die ohnehin bestehenden Konfliktlinien verschärfte. Und bei den Wahlen erlebte die Partei ihre ersten Niedergangserscheinungen, was weniger an Erhard als am Säkularisierungsschub der sechziger Jahre lag. Da Erhards wichtigste Integrationsressource jedoch sein Ruf als erfolgreiche Wahllokomotive war, traf ihn 1966 die Landtagswahlniederlage in Nordrhein-Westfalen besonders hart. Der in der Partei verankerte Adenauer konnte Einbrüche bei den Landtagswahlen eben vertragen, die Wahllokomotive Erhard eben nicht. Schließlich scheiterte Erhard daran, dass die FDP nicht die Steuererhöhungen mittragen wollte und im Oktober 1966 das Kabinett verließ. Eine Große Koalition wollte Erhard nicht eingehen. Auch hier fehlte ihm die integrative Großzügigkeit, durch die Adenauer einst geglänzt hatte. Für seine Rivalen war diese Koalitionsfrage ein willkommener Anlass, den schwachen Kanzler und Vorsitzenden aufs Altenteil zu schicken.

Kiesinger und das Achtundsechzig in der CDU

Im Zuge von Erhards Sturz musste die CDU erstmals überlegen, wie man eigentlich einen Kanzlerkandidaten auswählt. Nachdem ihr Bundesvorstand das Thema vorsichtig umkreist hatte, sprach Helmut Kohl offen an, über welche vier Diadochen man abstimmen müsse: Rainer Barzel, Gerhard Schröder, Eugen Gerstenmaier und Kurt Georg Kiesinger stünden zur Debatte. Alle vier galten als scharfsinnige Köpfe. Barzel und Schröder eilte jedoch der Ruf voraus, menschlich zu kalt und zu ehrgeizig zu sein. Barzel galt zudem nicht nur als Königsmörder von Erhard, sondern hatte sich Mitte 1966 zu weit aus dem Fenster gelehnt, als er in den USA ohne Absprache mit dem Präsidium und dem Kanzler Vorschläge zur Deutschlandpolitik machte.[16] Eugen Gerstenmaier hatte sich dagegen als Bundestagspräsident mit seiner eher überparteilichen Haltung viele Feinde gemacht. Zudem trat der kleinwüchsige Theologe mitunter so akademisch auf, dass ihm selbst seine Vorstandskollegen kaum folgen konnten. Ein idealer Kanzlerkandidat war er damit sicher nicht, auch wenn sich die Bevölkerungsmehrheit damals für seine Kandidatur aussprach.

Kurt Georg Kiesinger wirkte dagegen wesentlich integrativer. Als Ministerpräsident und Landesvater von Baden-Württemberg hatte er seit 1958 das ausgleichende Auftreten eingeübt. Zudem war er ein glänzender Redner. Seine außenpolitische Erfahrung und sein Ruf als erfolgreicher Wahlkämpfer sprachen ebenfalls für ihn. Da die Fraktion den Kanzler zu wählen hatte, sollte sie schließlich auch über den Kandidaten entscheiden. Da Gerstenmaier gar nicht erst antrat, konnte Kiesinger sich schließlich mit den vollen Stimmen der süddeutschen Länder in einer Kampfabstimmung gegen Schröder und Barzel durchsetzen. Ein Jahr später, 1967, übernahm er dann auch den Parteivorsitz.[17]

Diese offene Wahl des Kanzlerkandidaten markierte zugleich den Beginn einer neuartigen innerparteilichen Demokratisierung. Denn bisher hatte die CDU es stets vermieden, bei Wahlen mehrere Köpfe antreten zu lassen, da sie darin eine Gefahr für die Einheit der Partei sah. Im Vergleich zu Adenauers Rhöndorfer Kür und dem Gekungel um seine Nachfolge war die Kiesinger-Wahl äußerst demokratisch. Den seit 1967 einsetzenden Parteiumbau hatte Kiesinger jedoch nicht zu verantworten. Im Gegenteil: In seinem geringen Interesse an Parteiangelegenheiten stand er Erhard nur wenig nach. Aber dennoch leitete die CDU ausgerechnet mit Kiesingers Amtsantritt eine grundlegende Parteireform ein, die der Union cum grano salis ihre bis heute prägende Struktur gab.

Nicht Kiesingers Parteivorsitz, sondern drei andere Entwicklungen waren für die 1967 einsetzenden Reformen verantwortlich. Erstens führte die Große Koalition dazu, dass die Partei nun nicht mehr aus der Regierung heraus geführt werden konnte. Die Christdemokraten mussten jetzt bereits vor den Kabinettssitzungen ihre Linie unter den Parteiflügeln absichern, wenn sie innerparteiliche Zwietracht vermeiden wollten. Einen entscheidenden Anstoß zum Parteiumbau gab zweitens das Parteiengesetz. Achtzehn Jahre nach Verkündung des Grundgesetzes hatten sich die Parteien endlich durchgerungen, es am 24. Juli 1967 zu verabschieden. Erst das von den Karlsruher Richtern indirekt angemahnte Parteiengesetz zwang die Christdemokraten, innerhalb von kürzester Zeit ihre Satzungen zu revidieren, Vorstände zu wählen und sich ein Programm zu geben.[18] Drittens beschleunigte der massive Generationswechsel die Parteireform. Auf allen Parteiebenen drängten nun jüngere Christdemokraten nach vorne. Sie scheuten keine innerparteilichen Wahlen, sondern traten diese geradezu kampfeslustig an. Die neue Demokratisierung der CDU war für sie sowohl eine moralische Verpflichtung als auch eine Karriereteppe für den persönlichen Aufstieg. Aus ihrer Parteisozialisation heraus standen sie Organisationsfragen aufgeschlossener gegenüber. Newcomer wie Helmut Kohl und Gerhard Stoltenberg waren eben keine Honoratioren mehr, sondern hatten seit ihrem Studium für und schließlich von der Partei gelebt. Im Unterschied zu ihren älteren Kollegen, die nebenbei noch Kanzleien, Unternehmen oder Verbände leiteten, war für sie professionelle Parteiarbeit selbstverständlich. Sie hatten die Zeit dafür, akzeptierten diese Arbeit aber auch als Beruf.

Insofern kam es auch innerhalb der CDU zu einem kleinen »1968«. Mehr Wahlen, mehr Diskussionen, mehr Transparenz und mehr Basisbeteiligung waren auch bei ihr im dosierten Maße die Kennzeichen des Wandels. Programmatische Standpunkte, Führungsfragen oder selbst die Spendenfinanzierung debattierte die Union 1967/68 mit einer neuartigen Offenheit. Dies wurde auch dadurch möglich, dass Vorstand und Bundesausschuss nahezu um die Hälfte verkleinert wurden. Die Modernisierung der Union bescherte zugleich eine Zentralisierung der Partei. Vor allem das neu geschaffene Amt des Generalsekretärs unterstrich 1967 diese Entwicklung. Immerhin bekam er die satzungsmäßige Kompetenz, an allen Sitzungen der Parteigremien und der Vereinigungen teilzunehmen, ihre Publikationen zu koordinieren und sogar ihre Etats und die Landesgeschäftsführer abzusegnen. Das war eine neuartige Macht der Bonner Zentrale.

Die stärkere innerparteiliche Zentralisierung setzte auch in den Bundesländern ein. Die vier CDU-Landesverbände in Baden-Württemberg (Nord-Baden, Süd-Baden, Württemberg-Hohenzollern und Nord-Württemberg) verhandelten Ende der Sechziger ihren Zusammenschluss, den sie 1972 vollzogen. Die drei bis heute gespaltenen Landesverbände in Niedersachsen (Oldenburg, Hannover, Braunschweig) gaben sich 1968 auf ihrem Rothenburger Parteitag eine Satzung, die eine wesentlich engere Koordination vorsah. Auch die Landesverbände Rheinland und

Westfalen bauten 1967 ihr paritätisch besetztes Präsidium und ihre Landesversammlung aus, um ihrem neuen Oppositionsstatus gerecht zu werden. Andere Landesverbände, wie Rheinland-Pfalz, schlossen ihre Bezirke zusammen und stellten jetzt alle Geschäftsführer zentral ein.

Das Achtundsechzig in der CDU veränderte die Grundstruktur der Partei. Die Grenzen dieses ersten Reformschubes waren aber offensichtlich. Für die jungen Parteiaufsteiger bot der Umbruch neue Profilierungschancen. Dagegen hatten die Wahlen und die Gremienverkleinerung für schwächere Parteigruppen mitunter negative Effekte. Besonders die Frauen und die Arbeitnehmer gelangten nun seltener in die Führungsspitze als zu Zeiten des Proporzverfahrens. Zudem nahm der Katholikenanteil in Fraktion und Parteispitze zu.

Auch personell zeigten sich schnell die Grenzen der ersten Reformeuphorie. Das galt besonders für die Arbeit des Generalsekretärs. Mit der Wahl von Bruno Heck hatte sich die Unionsführung 1967 bewusst nicht für einen Neuanfang entschieden, sondern wieder ihren alten Bundesgeschäftsführer aus den fünfziger Jahren reaktiviert. Für ihn war das Amt des Generalsekretärs nun eher eine Nebenbeschäftigung. Trotz seiner Ernennung blieb er zunächst noch Bundesfamilienminister und Bundestagsabgeordneter. Als er ein Jahr später das Ministerium abgab, übernahm er nebenbei noch die Leitung der von ihm aufgebauten Konrad-Adenauer-Stiftung. Im Unterschied zu den fünfziger Jahren war Heck zwar eng an die Regierungspolitik angebunden; aber nun fehlte es ihm an einem entsprechenden Engagement.

Der Vorsitzende Kurt Georg Kiesinger initiierte die Parteireform nicht, duldete sie aber mit präsidialem Gestus. In gewisser Weise erschien Kiesinger als ein moderner Mann aus vergangenen Tagen. Sein intellektuelles Auftreten entsprach der Zeit, sein fehlendes Parteiengagement nicht. Öffentlich glänzte Kiesinger als Redner mit »silberner Zunge«. Intern vernachlässigte er dagegen den Kontakt zur Bundesgeschäftsstelle und den einzelnen Parteivereinigungen. Stattdessen verstärkte Kiesinger die Anbindung an die Fraktion. Immerhin elf von zwölf Präsidiumsmitgliedern kamen nun aus der Fraktion oder der Regierung. Vorstand und Präsidium tagten unter Kiesinger regelmäßig und diskutierten nach seinen langen Lageberichten entscheidende Fragen. Im Vergleich zu Adenauer blieb Kiesinger in Diskussionen dabei zurückhaltender und kompromissbewusster. Kiesinger verwaltete die Partei in einer schwierigen Lage, ohne jedoch zukunftsweisende Impulse zu geben. Auch öffentlich verzichtete er auf zugespitzte Auseinandersetzungen. Im Unterschied zu Erhard glänzte er zumindest als integrativer Vermittler.

Kiesinger sah ebenso keine Notwendigkeit, den Informationsfluss im Kanzleramt zu modernisieren. Er sah auch davon ab, einen schlagkräftigen Beraterstab aus Baden-Württemberg mitzubringen. Sein wichtigster Beratungszirkel blieb ein informelles überparteiliches Gremium von Union und SPD, der Kressbronner Kreis. Diese nach dem ersten Tagungsort benannte Runde sorgte für den Ausgleich zwischen den beiden Volksparteien, deren Spitzenvertreter sich hier trafen. Allerdings zeichnete Kiesinger sich auch hier eher durch kluge Gespräche aus, nicht durch konkrete Arbeit an einzelnen Gesetzen. Wie Erhard war auch Kiesinger kein Aktenleser. Bei der Kleinarbeit ließ er anderen freie Hand – nicht nur seinen Ministern, sondern insbesondere dem Fraktionsvorsitzenden Barzel, der zusammen mit seinem sozialdemokratischen Kollegen Helmut Schmidt die Tagesgeschäfte koordinierte.

Natürlich war Kiesingers zurückhaltende Parteiführung auch im Zusammenhang mit den Vorwürfen zu sehen, die über seine Vergangenheit im Nationalsozialismus kursierten. Immerhin war er von 1933 bis 1945 NSDAP-Mitglied gewesen. Während des Krieges hatte er in der Propagandaabteilung des Auswärtigen Amtes gearbeitet, wobei er schnell zum stellvertretenden Leiter der Rundfunkabteilung aufgestiegen war. Öffentlich spielte er dies selbstverständlich herunter. Er sei nur »wissenschaftlicher Hilfsarbeiter« gewesen und habe vom Holocaust nichts gewusst. In seinen Memoiren sollte er dies später korrigieren.[19] Die Ohrfeige, die er von Beate Klarsfeld auf dem CDU-Parteitag 1968 erhielt, seine Zeugenaussagen in Holocaust-Prozessen und die ihn fortlaufend begleitenden »Sieg-Heil«-Rufe der APO-Studenten hielten seine Vergangenheit dennoch im öffentlichen Bewusstsein. Ein harter, autoritärer Führungsstil wäre deshalb gerade bei Kiesinger denkbar unpassend gewesen.

Durch seine nachlässige Parteiführung und Parteibindung stand Kiesinger vor einem ähnlichen Problem wie Erhard: Auch er war für die CDU so lange akzeptabel, wie er Wahlen gewann und die christdemokratische Kanzlerschaft sicherte. 1969 erreichte er zwar ein beachtliches Ergebnis, nicht aber den erhofften liberalen Koalitionspartner, den er ebenfalls völlig vernachlässigt hatte. Ohne den Kanzlernimbus war Kiesingers Ansehen daher schnell dahin. Da half es wenig, dass Kiesinger auf dem Mainzer Parteitag 1969 noch einmal für zwei Jahre zum Parteivorsitzenden gewählt wurde und sich dort als ein Reformer ausgab, der nun forderte: »Unsere Entscheidungs- und Führungszentren müssen die zentralen Parteiinstanzen sein.«[20] Als Wahlkämpfer war er kaum noch zugkräftig, als Parteiführer weiter schwach und in der Fraktion kaum durchsetzungsfähig, wie sich besonders während Barzels Urlaub 1970 zeigte. Bereits im Frühjahr 1970 kursierten daher die ersten Rücktrittsgerüchte, im August nahmen sie zu.[21] Besonders die Parteijugend im RCDS und die Junge Union sprachen sich frühzeitig gegen Kiesingers erneute Kanzlerkandidatur aus. Bereits Ende 1970 rechnete die Partei nur noch mit Barzel und Kohl, nicht mehr mit Kiesinger. Angesichts des erneuten Reformschubes, den der Machtwechsel von 1969 bringen sollte, war die Zeit des präsidialen Kiesingers endgültig abgelaufen.

Barzel und der gebremste Reformanlauf in der Opposition

Erst der Regierungsverlust von 1969 sollte das gesamte Organisationsgefüge der Union grundlegend verändern. Schon bevor Helmut Kohl vier Jahre später den Vorsitz übernahm, intensivierte sie endlich ihre Parteireform. Wie andere Parteien benötigte sie dafür den Druck einer qualvollen Oppositionserfahrung. Die Konkurrenten hatten diesen Schritt allerdings schon hinter sich. So hatte sich die CSU nach ihrem Regierungsverlust von 1954 neu formiert, die Liberalen während der Großen Koalition und die Sozialdemokraten nach den zahlreichen Niederlagen gegen Adenauer, insbesondere nach dem Tiefschlag von 1957. Allerdings wäre es verfehlt, die Parteireformen der siebziger Jahre allein mit der Oppositionsphase oder gar mit dem Engagement von Helmut Kohl zu erklären. Denn schließlich bauten auch die regierenden Sozialdemokraten und Liberalen in den siebziger Jahren ihre Partei weiter aus. Die Reform der CDU erhielt dabei großen Rückenwind aus allgemeinen gesellschaftlichen und staatlichen Entwicklungen – sei es durch die Politisierung der Gesellschaft oder durch den gesicherten Zufluss an hohen öffentlichen Geldern.

Die christdemokratische Parteireform wurde zunächst durch zahlreiche Wechsel an der Führungsspitze eingeleitet. Hier drehte sich in kurzer Zeit ein Personenkarussell, das der CDU allerlei Wechselbäder zwischen Altem und Neuem bescherte. Kiesingers Bestätigung als Vorsitzender konnte nicht verdecken, dass bereits beim Mainzer Parteitag vom November 1969 der Generationswechsel bis in die Parteispitze durchschlug. Im Bundesvorstand hatten zwölf der zwanzig wählbaren Köpfe neue Gesichter, bei den stellvertretenden Vorsitzenden vier von fünf. Mit Helmut Kohl, Hans Katzer, Gerhard Stoltenberg und Helga Wex standen diese vier für eine Reformpolitik. Gleichzeitig verabschiedete der Parteitag eine Satzungsänderung, die die neue Machtambition der Partei spiegelte. Im Statut wurde nun festgehalten, dass Beschlüsse des Parteitages für Fraktionen und Regierungen »verbindlich« seien. Der Parteitag verabschiedete zudem die Forderung, man müsse die Opposition »als Chance zur personellen, organisatorischen und sachlichen Erneuerung nutzen«[22]. Eine »Partei der Mitglieder« zu werden, war das erste Arbeitsziel. Nicht nur auf ihren Parteitagen und in den Medien, sondern auch über Buchpublikationen debattierten die Parteiflügel nun öffentlich, welche Reformstrategien den Weg ins Kanzleramt wieder ebnen könnten. Dabei nutzten sie Publikationsweisen, wie man sie bislang eher von der Linken kannte.[23]

Vor allem in der Bundesgeschäftsstelle wehte nun ein anderer Wind. Geradezu symbolisch wirkte, dass die CDU nun mit dem Bau eines Hochhauses nahe des Bundestages begann. Es sollte die Geschäftsstelle, einige Vereinigungen und parteinahe Unternehmen großzügig unter einem Dach beherbergen und verkörperte schon rein architektonisch den neuen Geltungsanspruch der Partei. Mit Generalsekretär Bruno Heck blieb noch bis 1971 ein Mann der Adenauer-Zeit an der Spitze der Geschäftsstelle. Sein Ansehen sank aber rapide. Viele lasteten Heck die Niederlage von 1969 an, weil er nicht einmal verhindert habe, dass einige Abgeordnete während des Wahlkampfes in Urlaub fuhren. Für die Reformer war er ohnehin ein Mann von gestern. Zudem war Hecks Verhältnis zu Fraktionschef Barzel so angespannt, dass Barzel 1971 öffentlich davon sprach, die CDU müsse nun endlich einen »erstklassigen Generalsekretär« bekommen.[24] Und zu seinem Bundesgeschäftsführer Kraske war Hecks Beziehung so angespannt, dass Kraske 1970 entnervt sein Amt abgab.

Neuer Bundesgeschäftsführer wurde mit Rüdiger Göb ein Mann, der dem Zeitgeist entsprach. Göb war ein Planungseuphoriker, der die Parteireform im sozialwissenschaftlichen Jargon der 68er ausmalte. Er sprach von »Regelmechanismen«, »Simulationsmodellen« und einer »kybernetischen Organisation«.[25] Die Unionsschriften forderten nun auf Neudeutsch etwa zum »Canvassing« auf, um den Kontakt zu den Bürgern zu verbessern. Dementsprechend strukturierte Göb die Bundesgeschäftsstelle um. Ihre nunmehr sieben Abteilungen richtete er auf die Mediengesellschaft aus. Hinzu kam die visionäre Abteilung »Personalplanung«, die durch ein EDV-gesteuertes Informationssystem CDU-Mitglieder in den öffentlichen Dienst schleusen sollte. Die neu organisierte »Abteilung Politik« verwies dagegen auf den Machtanspruch der Geschäftsstelle: Sie wies acht parallele Arbeitsgruppen zur Fraktion auf, um die politische Mitsprache der Partei zu verbessern.[26] Mit dem 68er-Geist teilte Geschäftsführer Göb zudem sein machtbewusstes Eintreten für Maximalforderungen. In dem RCDS-Blatt »Die Sonde«, das sich nun zum Sprachrohr der jungen Reformer entwickelte, forderte er 1971 etwa, den Posten des Generalsekretärs abzuschaffen und durch einen ersten stellvertretenden Vorsitzenden zu ersetzen.[27]

Unverkennbar wollte Göb durch diesen Schritt das Eigengewicht der Bundesgeschäftsstelle verstärken. Der rasante Anstieg ihrer hauptamtlichen Mitarbeiter – von 145 (1969) auf 191 (1972) – verstärkte ihren Einfluss. Der Personalausbau führte gleichzeitig zu einem Personalwechsel, der den Parteiapparat bis in die frühen neunziger Jahre prägen sollte. Viele Stellen wurden dabei mit den akademischen 68ern des RCDS besetzt. Sie waren wie Göb habituell und programmatisch liberaler als die meisten Christdemokraten. Von ihrem Organisationsbewusstsein ähnelten sie eher den Sozialdemokraten. Zu ihnen zählten etwa Wulf Schönbohm, Peter Radunski und Warnfried Dettling. Da sich diese klugen Köpfe zugleich publizistisch engagierten und schließlich auch die Parteigeschichtsschreibung der CDU übernahmen, prägten sie das öffentliche Bild der Union.[28] Dagegen drohten sie die eigene Partei mitunter zu überfordern.

Das neue Machtzentrum der CDU war dagegen zunächst die Fraktion. Sie bestimmte den politischen Kurs. Denn hier saßen nach dem Machtverlust die bundesweit einflussreichsten Köpfe, mit deren Autorität allenfalls die Ministerpräsidenten konkurrieren konnten. Wie bei der Parteiführung und der Geschäftsstelle blieb die Fraktionsspitze die alte, während die zweite Reihe wechselte. Rainer Barzel blieb Fraktionschef. Aber schon bei den Stellvertretern traten nun neue Männer wie Stoltenberg und Katzer hervor. Da sie zugleich stellvertretende Parteivorsitzende wurden, standen sie für eine neue Personalunion zwischen Partei und Fraktion. Die zahlreichen Abgeordneten im Präsidium unterstrichen dies zusätzlich. Das Präsidium tagte zwar äußerst regelmäßig, arbeitete aber vornehmlich der Fraktion zu. Dagegen kam der Bundesvorstand kaum zusammen. Stattdessen setzten die Christdemokraten auf eine weitere Zentralisierung und Effektivierung der Fraktion. Barzels Stellvertreter bekamen nun genauere Aufgabenfelder, und zu den Ausschüssen wurden thematisch gebündelte Arbeitsgruppen gebildet. In der Fraktion selbst kamen zwar immerhin über ein Drittel neue Gesichter hinzu, aber dieser Wert war eher unspektakulär. Die Regeneration der einfachen Abgeordneten verlief wesentlich gleitender als in der Partei. Erst 1972 verjüngte sich die Unionsfraktion etwas, blieb aber mit durchschnittlich 47 Jahren weiterhin die älteste.[29]

Die Reformwelle der ersten Oppositionsjahre verlor jedoch 1971 wieder ihre Dynamik. Das hatte verschiedene Gründe. Die schnellen Landtagswahlsiege gaukelten vor, eine organisatorische Reform sei nicht nötig.[30] Zweitens bröckelte die ohnehin dünne Mehrheit der sozialliberalen Koalition immer weiter ab. Dadurch schien das Kanzleramt so greifbar, dass viele Christdemokraten sich auf ein erfolgreiches Misstrauensvotum verließen. Vergeblich mahnten die jungen Reformer, die Oppositionsrolle zur Regeneration anzunehmen. Drittens war die CDU weiterhin zu heterogen, als dass man sie einfach von oben reformieren oder gar wirklich zentralisieren konnte. In der Fraktion behielten die Landes- und Interessengruppen weiterhin ein starkes Gewicht. In der Partei erhoben dagegen die durch Wahlen gestärkten Landesfürsten ihre Stimme. Gleiches galt für die Vorsitzenden ihrer Vereinigungen, die sich nun lautstark bekämpften.[31] Zudem trat die CSU vehementer als bislang auf. Viertens schränkte die prekäre Finanzlage, die sich vor allem aus dem Bau des neuen Parteihauses ergab, die euphorischen Planungen ein. Und fünftens blockierte schließlich die offene Führungsfrage die weitere Entwicklung der Union.

Wie vier Jahre zuvor kursierten 1971 mit Barzel, Kohl, Stoltenberg und Schröder vier mögliche Namen für Kiesingers Nachfolge. Schröders Zeit war jedoch vorbei. Stoltenberg war jung und beliebt, aber zu zögerlich, um eine Kampfkandidatur zu riskieren. Es blieben Kohl und Barzel. Sie standen für einen unterschiedlichen Kurs. Kohl verlangte nur den Parteivorsitz und nicht die Kanzlerkandidatur, um die Partei zu reformieren. Barzel dagegen trat als Kanzlerkandidat an, der auch die Partei führen wollte. Dementsprechend unterstützten reformorientierte Vereinigungen wie die Junge Union und die CDA Kohl. Das reichte jedoch nicht aus. In der ersten Kampfkandidatur kürten am 4. Oktober 1971 immerhin zwei Drittel des Parteitags Rainer Barzel zum Parteivorsitzenden.

Barzel stand im Vergleich zu Kiesinger der Parteireform wesentlich aufgeschlossener gegenüber. Allerdings war Barzel eher ein Reformer der sechziger Jahre, nicht der siebziger. In den Sechzigern war er zunächst als Programmatiker aufgefallen, dann als innovativer Fraktionschef. Die »Süddeutsche Zeitung« nannte ihn etwa 1964 den »Star der Union«, der in seinen modischen Jacketts einen neuen Stil eingeführt habe.[32] Man bemerkte seine straffe Führung, seine informelle Netzarbeit, aber auch sein undemagogisches Auftreten. Ein guter Redner war er obendrein. Besonders während der Großen Koalition hatte seine Fraktionsführung so viel Anerkennung erhalten, dass selbst die Junge Union auf ihrem Deutschlandtag 1970 ihn, nicht Kohl, als den kommenden Kanzlerkandidaten feierte.[33]

Im Unterschied zu seinen Vorgängern suchte er wenigstens eine symbolische Anbindung zur Bundesgeschäftsstelle. Während die ersten drei Vorsitzenden sie stets gemieden hatten, traf Barzel sich bereits vier Tage nach seiner Wahl zum Parteivorsitzenden mit den Abteilungsleitern des Adenauer-Hauses.[34] Dagegen fiel die für 1971 geplante Organisationsdebatte aus. Zudem unterstrich Barzels Entscheidung für den neuen Generalsekretär Konrad Kraske (und gegen den bisherigen Geschäftsführer Göb), dass er ihren neuen Reformgeist lieber bremsen wollte. Da Kraske seit 1953 führend in der Bundesgeschäftsstelle mitgearbeitet hatte – seit 1958 schließlich als Bundesgeschäftsführer –, brachte er eine denkbar große Erfahrung für das Amt mit. Gleichzeitig war der 45-jährige Historiker jedoch unverkennbar ein ähnlich »junger Alter«, der eher für die Zeit der Adenauer-CDU stand. Tatsächlich trat Kraske kaum als Akteur oder Reformer hervor. Ebenso war der neue Geschäftsführer Ottfried Hennig im Unterschied zu Göb eher konservativ, dafür aber loyal.

Den Bundesvorstand rief Barzel ähnlich selten ein wie einst Adenauer. Dafür kam das Präsidium so häufig zusammen wie niemals wieder in der CDU-Geschichte. Das Präsidium wurde damit tatsächlich ein neuer Ersatz für das verlorene Kanzleramt, der die enge Bindung zur Fraktion garantierte. Um die CDU wieder ins Kanzleramt zu führen, setzte Barzel weiterhin auf die Fraktion. Zwischen 1969 und 1972 erreichte er immerhin die mit Abstand größte Geschlossenheit bei namentlichen Abstimmungen, die die Union bislang je hatte (98,8 Prozent).[35] Die knappen Mehrheitsverhältnisse disziplinierten.

Gleichzeitig besaß Barzel bei Schlüsselfragen wenig Duchsetzungskraft. Das zeigte sich zunächst bei den Ostverträgen. Barzel hatte sich nach langem Hin und Her für ihre Annahme ausgesprochen und ein entsprechendes Votum des Präsidiums und des Bundesvorstandes erreicht. Dennoch stimmte seine Fraktion gegen seine Richtlinie. Sie enthielt sich bei einigen Neinstimmen, obwohl die sozialliberale Koalition die geforderten Nachbesserungen weitgehend berücksichtigt hatte. Die zweite große Niederlage erlitt Barzel schließlich bei seinem Versuch, mit einem konstruktiven Misstrauensvotum die Regierung abzulösen. Mindestens zwei, vielleicht drei Enthaltungen oder Gegenstimmen aus Barzels eigenem Lager verhinderten dabei am 26. April 1972 den Machtwechsel. Ob der Unionsabgeordnete Julius Steiner dabei tatsächlich für 50 000 DM seine Stimme an die SPD verkaufte, wie er selbst behauptete, oder sich sogar beide Volksparteien gegenseitig die Abgeordneten abwarben, ist bis heute ungeklärt geblieben.[36] Da Barzel außerhalb der Fraktion keine Hausmacht besaß, traf ihn das besonders hart. Denn Barzels Aufstieg hatte sich immer auf Mentoren gestützt, von Karl Arnold über Heinrich Krone bis hin zu Adenauer. Als Vorsitzender eines Landesverbandes oder einer Vereinigung war er dagegen nicht hervorgetreten. Gegenüber einem Rivalen wie Helmut Kohl fehlte ihm damit ein Rückzugsraum in Krisen. Denn nun konnte ihm kein starker Mentor mehr helfen, trotz der Niederlagen weiter nach vorn zu kommen.

Barzels Schlüsselproblem war jedoch sein Image. Er galt zwar als moderner Politiker. Aber zugleich eilte ihm seit den frühen sechziger Jahren selbst innerhalb der Partei der Ruf voraus, zu ehrgeizig, zu berechnend, zu kalt zu sein, um Menschen wirklich für sich einzunehmen. Gerade im Vergleich zu Brandts Charisma erschien er unnahbar. Zugleich galt er vielen als zu anpassungsfähig, zu zungenfertig und zu wenig durchschaubar, um ihm wirklich zu vertrauen. Sein früher Wechsel vom katholisch-sozialen Flügel hin zum antikommunistischen Klub »Rettet die Freiheit«, in dem er mit Strauß scharfe Polemik verbreitete, hatte Ende der fünfziger Jahre wesentlich dazu beigetragen. »Was will Barzel wirklich?«, fragten daher auch Anfang der siebziger Jahre noch die Kommentatoren. Sein streberhaftes Image verdankte er dagegen sicher auch seinem rasanten Aufstieg – vom jüngsten Ministerialrat zum jüngsten Bundesminister bis hin zum jungen Fraktionschef. Dass er selbst bei Rückschlägen immer weiter befördert wurde, beflügelte entsprechenden Neid und Spott.

Im Wahlkampf 1972 bemühte er sich mit einigem Erfolg, diese Zuschreibungen abzuschütteln, die ihm wie eine Klette anhingen. Sein Redestil wirke jetzt natürlicher als vorher, da er sich mehr auf einfache Sätze beschränkte. Gegenüber Störern versuchte er sachlich oder ironisch zu reagieren, nicht mit dem Holzhammer. Um nicht als Ehrgeizling zu erscheinen, versteckte er seine Person hinter Sachzwängen. Worte wie »ich« oder Hinweise wie »wenn ich der nächste Kanzler werde« vermied er.[37] Volkstümlich wurde er aber deshalb noch lange nicht. Die Zahl seiner Veranstaltungen blieb gering. Und nach den Reden sah er davon ab, sich noch mit den lokalen Honoratioren, den mitreisenden Journalisten oder der Parteibasis zu treffen.

Da Barzel ein festes innerparteiliches Fundament fehlte, gab ihm die verheerende Wahlniederlage 1972 den Todesstoß. Die CDU sprach sich zunächst wie bei Kiesinger dafür aus, weiterhin zu ihm zu stehen und ihm den Fraktionsvorsitz zu belassen. Die CSU dagegen protestierte sofort. Sie setzte eine auf ein Jahr beschränkte Wahl des Fraktionsvorsitzenden durch und zwang der Schwesterpartei einen Forderungskatalog auf, dass die CSU in föderativen Fragen nicht überstimmt werden dürfe. Gleichzeitig ertönten die ersten Stimmen von CDU-Reformern, die Barzels Rücktritt vom Parteivorsitz forderten. Sein Auftreten im Präsidium wurde schon im Dezember 1972 als äußerst schwach empfunden.[38] Und bereits am 5. Januar 1973 kündigte Helmut

Kohl an, auf dem kommenden Parteitag erneut gegen Barzel zu kandidieren.

Barzel gab jedoch nicht auf, sondern zeigte sich auffällig motiviert und kampfbereit. Offensiv wandte er sich gegen die »Heckenschützen« in der eigenen Partei.[39] Zugleich legte Barzel jetzt ein neues innerparteiliches Engagement an den Tag. Im Unterschied zur letzten Niederlage berief er nun mehrfach alle möglichen Parteigremien ein, um die Wahlniederlage zu analysieren. Zudem startete er eine Initiative namens »Hinaus ins Volk«, die den innerparteilichen Aktionismus fördern sollte. Die Politiker an der Führungsspitze verpflichtete er, mindestens 20 Veranstaltungen mit Zielgruppen durchzuführen. Der zweiten Garde bürdete er mindestens fünf auf. Alle führenden Christdemokraten sollten sich jetzt jeden Montag von offiziellen Terminen freihalten, um in der Partei zu agieren. Ebenso bemühte sich Barzel nun endlich um die Vereinigungen. Angesichts des zunehmenden Machtverlustes suchte er im Februar 1973 das Gespräch mit der Jungen Union, der Frauenvereinigung und der Parteibasis. Schon im Monat darauf traf er sich mit der CDA und der Mittelstandsvereinigung.[40]

Erfolg hatte Barzel mit dem verspäteten Parteiengagement allerdings nicht mehr. Seine Kritiker sahen darin nur einen opportunistischen Rettungsversuch. Die von ihm verlangten Wahlanalysen rechneten zudem hart mit Barzel ab, besonders die des wichtigen Landesverbandes Rheinland.[41] Das Genick brach ihm schließlich der schwindende Rückhalt in der Fraktion. Seine Ankündigung, die Fraktion solle in Zukunft nicht mehr laufend als Neinsager auftreten, hielten viele für zu nachgiebig.[42] Tatsächlich wirkten Barzels Reden nicht mehr kämpferisch genug. Besonders bei der Aussprache um Brandts Regierungserklärung blieb er farblos, während Franz Josef Strauß brillierte. Nicht nur die CSU, sondern auch die konservativen Abgeordneten der CDU stellten sich nun gegen Barzel, dem sie einen Linkskurs unterstellten. Im Februar 1973 brachte er in der Außenpolitik nur noch knappe Mehrheiten hinter sich. Zudem scheiterte er am rechten Flügel, als er im Alleingang den katholisch-sozialen CDA-Politiker Hans Katzer zum Koordinator der Planungsstäbe von Partei und Fraktion machen wollte. Schließlich trat Barzel am 9. Mai 1973 vor der abschließenden Bundestagsdebatte über den Grundlagenvertrag und den UNO-Beitritt überraschend zurück, als er bei der Probeabstimmung eine Niederlage hinnehmen musste. Gegen sein Votum stimmte die Mehrheit mit Nein, angeführt von den Konservativen um Strauß, Gradl und Dregger. In seiner knappen, nur 30-zeiligen Rücktrittserklärung führte Barzel lediglich an, dass er sich außerstande sehe, Mehrheiten zu bilden. Eine Woche später zog er auch seine Kandidatur für den Bundesvorsitz zurück. Damit musste die Union vier Jahre nach dem Regierungsverlust mit ansehen, dass sie führungsloser und zerrissener war denn je.

Parteireform unter Kohl

Der junge Helmut Kohl war zweifellos einer der größten Reformgeister der Parteigeschichte. Schon zu Adenauers Zeiten machte er mit mutigen Reden auf sich aufmerksam, die die Stärkung und den Umbau der Parteiführung verlangten. Bereits im rheinland-pfälzischen Landesvorstand hatte der 26-Jährige 1956 unvermittelt gefordert, die Vorstände als Führungsorgane ernst zu nehmen.[43] Während Adenauers Präsidentschaftskrise drei Jahre später plädierte er deshalb für die Trennung von Parteivorsitz und Kanzleramt, um die Partei zu fördern.[44] Ebenso trat er seit seinen ersten Bundesvorstandssitzungen als scharfer Kritiker von Adenauers Führungsstil auf und gehörte zu den wichtigsten Diskutanten des Bundesvorstandes. Ein glänzender Redner war Kohl sicher nicht. Aber immerhin erörterte er Probleme analytischer, konstruktiver und integrativer als andere. Selbst bei heiklen Fragen – wie der halbillegalen Spendenfinanzierung – glänzte Kohl dadurch, dass er die offene Aussprache nicht nur forderte, sondern auch praktizierte. Der demokratische, stärker antiautoritäre Gestus der um 1930 geborenen neuen Generation war dabei unverkennbar.[45]

Gleichzeitig war unübersehbar, dass Kohl vor allem die Gremien stärkte, in denen er gerade seine eigene Position ausbaute. Organisationsfragen begriff er zugleich als Machtfragen. Als Fraktionsvorsitzender trat er in Rheinland-Pfalz seit 1963 für die Stärkung der Fraktion ein, die nun etwa die Minister in geheimer Wahl bestätigen durfte. Als Anwärter für den Bundesparteivorsitz forderte er dagegen die Trennung von Partei und Fraktionsvorsitz, um zunächst die Partei als seine neue Hausmacht zu stärken. Der Ausbau der offiziellen Parteiorgane war für ihn so lange interessant, wie er nicht an den informellen Führungsnetzen der Regierung beteiligt war. Spätestens als Ministerpräsident von Rheinland-Pfalz traf er jedoch die wichtigsten Entscheidungen ebenfalls mit seinen persönlichen Beratern. Die innerparteiliche Demokratie förderte er auch als Ministerpräsident weiter, wenn sie seine Position absicherte. 1970 ging er in seinem Bezirksverband sogar so weit, die Parteimitglieder an der Auswahl der Landtagskandidaten zu beteiligen. Diese neuartige Abstimmung sicherte seiner Führungsspitze nicht nur die Zustimmung der Basis, sondern half zugleich, junge Köpfe weiter nach vorne zu bringen.[46]

Zudem zeigte Kohl frühzeitig eine Fähigkeit, die alle angehenden politischen Führungspersonen benötigen: Er hatte großes Durchhaltevermögen. Kohls Aufstieg wurde von kontinuierlichen Rückschlägen begleitet. Dennoch kämpfte er weiter. In seinem Heimatland Rheinland-Pfalz legte ihm die alte Führungsspitze um Ministerpräsident Peter Altmeier sechs Jahre lang alle denkbaren Steine in den Weg, bis er 1966 den Landesvorsitz und drei Jahre später endlich das Ministerpräsidentenamt übernehmen konnte. Und auf der Bundesebene scheiterte er 1964 bei der Wahl in den Bundesvorstand, zwei Jahre später bei der Wahl ins Präsidium, 1971 bei der Wahl zum Parteivorsitz und fünf Jahre später bei der ersten Kanzlerkandidatur. Dennoch rutschte er mit etwas Glück in die Gremien nach oder reüssierte im zweiten Anlauf. Das häufige Scheitern dürfte seine Kampfeskraft langfristig gestärkt haben. Nicht unbedeutend war dabei, dass er als neuer Politikertypus von und für die Politik lebte. Während sich andere nach schweren Niederlagen in ihre Kanzleien oder Unternehmen zurückzogen, war für Kohl die CDU seine einzige berufliche Heimat, für die er ein entsprechendes Engagement aufbrachte.

Mit der Wahl von Kohl entschied sich die Partei 1973 bewusst für einen Vorsitzenden, der die Partei reformieren und stärken sollte. Einen künftigen Kanzlerkandidaten wählte sie nicht. Dafür war ihr Vertrauen in Kohl zu gering. Kohl wusste das, und hielt sich dementsprechend mit derartigen Ansprüchen zurück. Stattdessen forderte Kohl nicht nur eine Aufwertung der Partei, sondern erreichte sie auch. Die Konstellation für diese Machtverschiebung war günstig. Die Fraktion war zahlenmäßig geschwächt. Mit dem Parlamentsneuling Karl Carstens stand jetzt ein Mann an ihrer Spitze, von dem keine überehrgeizigen Kraftakte zu erwarten waren. Helmut Kohl beschnitt den Einfluss der Abgeordneten weiter, indem er vor allem Landespolitiker ins Präsidium und in den Vorstand holte. 1970 war Kohl noch der einzige Landeschef unter den Präsidiumsmitgliedern, zehn Jahre später waren diese in der Überzahl.[47] Da die christdemokratischen Landesfürsten über die Bundesratsmehrheit verfügten, bildeten sie nun die politische Machtreserve der Partei. Das Präsidium wurde dabei zunehmend zu einer Clearingstelle für Länderfragen. Mit Gerhard Stoltenberg und Hans Filbinger saßen hier die wichtigsten Vertreter der Nord- und der Süd-CDU, deren Zustimmung Kohl sich in Einzelfällen besonders versichern musste. Zudem suchte Kohl über das Präsidium einen Ausgleich mit der CSU. Bereits in den ersten 20 Monaten seines Vorsitzes führte Kohl immerhin sieben gemeinsame Präsidiumssitzungen mit der CSU. Insgesamt tagte das Präsidium jedoch seltener als bei seinen beiden Vorgängern.[48]

Der Bundesvorstand entwickelte sich dafür zu einem Führungsgremium, das etwas häufiger zusammenkam. Auch der Vorstand beruhte auf der Macht der Länder, sollte sie aber gleichzeitig kontrollieren und lenken. In den Sitzungen selbst wandelte sich Kohl vom eifrigen Diskutanten zum aufmerksamen und machtbewussten Diskussionsleiter. Er steuerte die Vorstandstreffen dabei ähnlich wie als rheinland-pfälzischer Parteichef: Er bereitete sie durch informelle Beratungen vor, hielt in der Diskussion aber seine Position zurück, um dann moderierend zu lenken. Weil Kohl im Vorstand oft keine klare Meinung vertrat, sollte der »Stern« Kohl als »einen Mann ohne Mumm« betiteln.[49] Tatsächlich war diese verdeckte Führung wohl die beste Art, wie man die zunehmend fragmentierte CDU der siebziger Jahre steuern konnte. Sich zunächst zurückzuhalten, hatte der junge Kohl vor allem bei seinem Scheitern in der Mitbestimmungsfrage 1971 gelernt, als er sich zu früh auf die Seite der Minderheit stellte und erst zu spät zur Mehrheit wechselte.

Nach seiner Wahl zum Parteivorsitzenden konnte sich Kohl natürlich nicht mehr als Kritiker der bestehenden Organisation profilieren. Um integrativ zu wirken, musste er sich auf allgemeine Vorschläge beschränken und positive Signale senden. Ähnlich wie bei der Programmdebatte trieb er aber bereits durch seine Personalpolitik die Reformen weiter voran. Die von ihm geförderten Männer hatten häufig dreierlei gemeinsam: Sie waren eigenständige Denker, sie stammten aus dem rheinischen Südwesten und, sie waren relativ unbekannt, bis Kohl sie mit sicherem Gespür entdeckte. Kohl erhoffte sich so, zugleich loyale und innovative Politiker hervorzubringen. Zu ihnen zählten etwa Männer wie Richard von Weizsäcker, Heiner Geißler, Kurt Biedenkopf, Bernhard Vogel und Norbert Blüm, die allesamt bis weit in die neunziger Jahre die CDU maßgeblich prägen sollten.

Vor allem mit Biedenkopfs Wahl zum Generalsekretär setzte Kohl einen neuen Akzent. Biedenkopf stammte wie Kohl aus Ludwigshafen und war ebenfalls Jahrgang 1930. Ansonsten unterschieden sich ihre Lebenswege deutlich. Biedenkopf hatte eine schnelle Karriere als Professor für Wirtschaftsrecht gemacht, war Universitätsrektor in Bochum und in der Geschäftsführung der Henkel GmbH tätig. In die CDU fiel er dagegen erst Anfang der siebziger Jahre als Kommissionsvorsitzender und Schlichter in der umstrittenen Mitbestimmungsfrage auf. Seine Ernennung zum Generalsekretär gab dem Amt neues Leben. Als Professor und Manager konnte Biedenkopf in Partei und Öffentlichkeit mit einer ganz anderen Autorität sprechen als sein Vorgänger Kraske, der stets als Funktionär gearbeitet hatte. Schon unmittelbar nach seiner Wahl proklamierte Biedenkopf offensiv den Führungsanspruch der Partei gegenüber der Fraktion. Während bisher die Regierungsmacht die unterschiedlichen Flügel zusammengehalten habe, müsse dies nun eine starke Organisation erreichen. Als analytischer Kopf und Seiteneinsteiger sah Biedenkopf die organisatorischen Defizite der Parteistruktur nicht nur schneller, sondern hatte auch weniger Hemmungen, Bestehendes zu verändern. So fasste er etwa in der Bundesgeschäftsstelle die gerade geschaffenen sieben Hauptabteilungen zu dreien zusammen. Damit zentralisierte er nicht nur die Parteiführung, sondern konnte bei der Gelegenheit gleich neue Leute einsetzen. Die Planungsgruppe unterstellte er direkt dem Generalsekretär und übertrug Warnfried Dettling die Leitung dieses legendären Brainpools. Zentralisiert wurde auch das Verhältnis zu den Landesverbänden. Bei Landtagswahlkämpfen sollte nun mindestens ein Vertreter der Bundesgeschäftsstelle mitarbeiten. Zudem mussten die Landesverbände im Bundesvorstand berichten, wie sie den Wahlkampf führen wollten. Um die Konsolidierung der CDU zu beschleunigen, trieb Biedenkopf auch den Ausbau der unteren Parteiebene voran. Vor allem durch systematische Schulung wollte er die Kompetenz und das schlechte Image der lokalen Hauptamtlichen verbessern, um aus den Kreisgeschäftsstellen »Dienstleistungszentren« zu machen.

Kohl und Biedenkopf glänzten durch ihren neuartigen Aktionismus. Ständig konnten sie Erfolgszahlen vorlegen. Denn im Unterschied zur zähen Fraktionsarbeit war eine Mitgliedererhöhung um 100 000 eine greifbare Meldung. Bis 1975 sollte Helmut Kohls Popularität dementsprechend schnell in die Höhe gehen. Obwohl Biedenkopf und Kohl engagiert Akzente setzten, sollte man ihre Innovationskraft allerdings auch nicht überbewerten. Ihre Arbeit knüpfte in vielen Bereichen an Reformvorhaben an, für die bereits seit den späten sechziger Jahren die Grundlagen gelegt worden waren. Das galt für den Ausbau der Orts- und Kreisverbände und der Geschäftsstelle, den Mitgliederanstieg oder die Schulung der Hauptamtlichen. Durch die bessere Finanzlage konnten sie nun vieles Angefangene vollenden. Die Mitarbeiterzahl der Bundesgeschäftsstelle stieg schon ein Jahr nach Kohls Antritt um weitere 50 auf den Höchststand von 256 Hauptamtlichen. Auch die letzten Kreisverbände ohne Funktionär bekamen nun bezahlte Geschäftsführer. Damit leitete die CDU endlich eine stärkere Vereinheitlichung der Organisationsstandards ein.

Welche tatsächlichen Folgen die Vergrößerung des Funktionärsstabes hatte, ist schwer abzuschätzen. Natürlich erhielt Helmut Kohl so bis hinunter in die Kreisverbände loyale Mitarbeiter. Es wäre aber voreilig, daraus allein einen Machtgewinn gegenüber der Fraktion oder den Landesverbänden abzuleiten. Schließlich wuchsen die Mitarbeiterstäbe der Fraktionen und der Landesverbände ebenfalls in den siebziger Jahren rasant an.[50] Zweifelhaft ist auch, ob sich aus dem Parteiausbau für Biedenkopf und Kohl ein direkter Imagegewinn ableitete. Gerade für eine Partei, die gegen Bürokratie und das Funktionärstum kämpfte, konnte eine deutliche Erhöhung der Funktionäre eine problematische Erfolgsmeldung sein.

Kohls Engagement hatte zudem den Preis, dass sich die Fraktion von der Partei entfremdete. Dadurch nahmen auch die Probleme mit der CSU zu. Es war natürlich kein Zufall, dass Kohl bei seinem bundespolitischen Aufstieg zunächst einen Bogen um die Fraktion gemacht hatte. Unter den Abgeordneten hatte er wesentlich mehr Gegner als in der Parteiführung. Sie sammelten sich frühzeitig um Franz Josef Strauß. Besonders in der Ostpolitik, aber auch in der Wirtschafts-, Sozial- und Bildungspolitik hielten viele Konservative Kohl seit seinem Programmentwurf von 1971 für zu links. Dass Kohl die FDP als Koalitionspartner umwarb und nicht auf die absolute Mehrheit setzte, machte ihn bei vielen Abgeordneten zusätzlich umstritten.

Die Wahl des Kanzlerkandidaten war somit ein echter Lackmustest, ob Kohl mit der Partei tatsächlich die stärkere Hausmacht besaß. Immerhin galt der Fraktionschef Karl Carstens als ein möglicher Kandidat, den auch die CSU tolerierte. Tatsächlich kapitulierte Carstens jedoch vor der Partei, deren Unterstützung ihm fehlte. Kohl dagegen ließ sich vom Bundesvorstand, und eben nicht von der Fraktion, am 12. Mai 1975 einstimmig zum Kandidaten küren. Besonders die CSU fühlte sich durch diese Parteientscheidung übergangen und grollte lautstark. Sie ließ sich auch in gemeinsamen Präsidiumssitzungen nicht davon abbringen, dass Strauß der bessere Kanzlerkandidat sei.[51] Entsprechende Schwierigkeiten standen Kohl 1976 bevor.

Schwierige Machtabsicherung

Bei der Bundestagswahl von 1976 hatte Helmut Kohl brillante 48 Prozent erreicht. Doch obwohl er die FDP umwarb, gelang ihm die angestrebte Regierungsübernahme nicht. Dennoch gab Kohl sein bequemes Ministerpräsidentenamt in Rheinland-Pfalz auf, um den Bonner Fraktionsvorsitz zu übernehmen. Er tat dies, obwohl das krisenhafte Verhältnis zur Schwesterpartei CSU gerade kulminierte. Mit ihrem berühmten Kreuther Trennungsbeschluss hatte die CSU die Fraktionsgemeinschaft mit der Schwesterpartei gelöst. Für Kohls Antritt war das geradezu ein Glücksfall. Kohl bereitete demonstrativ die Ausweitung der CDU auf Bayern vor, woraufhin die CSU schließlich kapitulierte. Auf ihre Fraktionsmitglieder hatte das eine disziplinierende Wirkung. Zudem konnte Kohl sich nun erst von der CDU-Fraktion zum Vorsitzenden wählen lassen – und dann noch mal gemeinsam mit der CSU. Dies verhinderte ein vorzeitiges breiteres Bündnis gegen ihn.

Dennoch blieben die Defizite des neuen Fraktionsvorsitzenden Kohl unübersehbar. Als Redner konnte er mitunter nicht überzeugen, so dass er sich vom Mikrophon fern hielt. Ein weiteres Grundproblem blieb, dass der Parteimann Kohl zwar ein guter Generalist war, aber kein echtes Spezialgebiet entwickelt hatte. In Sachdebatten kam er daher gelegentlich ins Schleudern. Die Abstimmungen bereitete Kohl in zahlreichen Gesprächen mit äußerstem Fleiß vor. Immerhin erreichte er bei den namentlichen Abstimmungen zur Wirtschafts-, Außen- und Verteidigungspolitik erstmals in der Unionsgeschichte eine durchgehende hundertprozentige Geschlossenheit der Fraktion.[52] So etwas kannte man bisher nur von der SPD. Dennoch hatte Kohl große Probleme mit den öffentlichen Kapriolen von prominenten Unionsabgeordneten, die sich partout nicht von seiner Autorität beeindrucken ließen. Das galt besonders für Dregger und Barzel, schließlich auch für Biedenkopf. In der Fraktion galt Kohl deshalb mitunter als zu kompromissbereit und zu führungsschwach.

Während Kohl in der Fraktion mit dem Ausbau seiner Macht rang, ging es ihm in der Partei nunmehr um die Absicherung seiner bislang guten Position. Nach der dynamischen Parteireform wollte er nun Rivalen verhindern und den innerparteilichen Zusammenhalt sichern. Seine Rede auf dem Düsseldorfer Parteitag von 1977 umging alle heiklen Themen, die Diskussionen hätten hervorrufen können. Damit sorgte er für Langeweile, aber auch für eine beruhigende Harmonie, die ihm ein gutes Wahlergebnis bescherte. Seinen Antrag auf eine Verkleinerung des Parteitages hatte er im Vorfeld wieder so weit zurückgenommen, dass die Delegierten nicht zu sehr um ihre Posten fürchten mussten.[53] Zudem hatte Kohl zunächst angeregt, die Zahl seiner Stellvertreter von fünf auf zwei zu reduzieren. Unverkennbar sollte so der weitere Aufstieg von potentiellen Konkurrenten wie Kurt Biedenkopf verhindert werden. Auch damit scheiterte Kohl. Stattdessen erreichte er aber gegen den Protest der Jungen Union und mit beträchtlichen Gegenstimmen, dass die Zahl seiner Stellvertreter von fünf auf sieben erhöht wurde. Kohl begründete es mit den wachsenden repräsentativen Aufgaben des Vorsitzenden. Tatsächlich bedeutete es jedoch eine Abwertung der Stellvertreter und damit eine Abwertung potentieller Rivalen.

Vor allem Kohls Verhältnis zu Biedenkopf zeigte, wie sehr Kohl nun auf eine Machtabsicherung setzte. Seit 1976 hatte Biedenkopf einen Ehrgeiz an den Tag gelegt, der weit über seinen Posten hinausreichte. Er kandidierte für den Bundestag, ließ sich in den Fraktionsvorstand wählen und knüpfte Kontakte, um an die Spitze des Landesverbandes Westfalen aufzusteigen. Sein Amt als Generalsekretär wollte er laut Presseberichten nur behalten, wenn er einen stärkeren Zugriff auf die Fraktion und die Adenauer-Stiftung erhielt. Kohl lehnte dies ab.[54] Im Januar 1977 besiegelten die beiden dann im beiderseitigen Einverständnis Biedenkopfs Rücktritt. Damit war allerdings auch der Ring frei für einen offenen Machtkampf.

Zum neuen Generalsekretär ernannte Kohl Heiner Geißler, der bislang in Rheinland-Pfalz das Sozialministerium innehatte. Damit gelang ihm abermals ein Glücksgriff. Geißlers rednerische, analytische und kreative Fähigkeiten konnten durchaus mit seinem Vorgänger mithalten. Schon vor seiner Wahl war er durch verschiedene Studien zur Sozialpolitik, Gesellschaftsentwicklung und zur Wahlkampfführung aufgefallen. Im Vergleich zu Biedenkopf war der Jurist und Jesuitenschüler Geißler in religionsethischen Fragen wesentlich sattelfester. Als ehemaliger JU-Landesvorsitzender kannte er zudem die Parteiseele von klein auf. Außerdem theoretisierte er nicht nur kultiviert, sondern verdeutlichte mit seinen gezielten Provokationen, dass auch er exzellent mit den Gesetzen der neuen Medienlandschaft zu spielen wusste. Schon kurz nach seinem Amtsbeginn riefen seine Begriffe und Schriften Debatten hervor. Etwa, als er Arbeitslose als »Drückeberger« bezeichnete oder liberale und sozialdemokratische Politiker, Journalisten und Schriftsteller für den Terrorismus mitverantwortlich machte. Seine Provokationen muteten mitunter rechtspopulistisch an. Sozialpolitisch blieb er aber unzweideutig ein Repräsentant des linken Flügels, der durch seine Wahl gestärkt wurde. Zugleich zeigte Geißler beim Abschluss des Grundsatzprogrammes von 1978, dass er die einzelnen Parteiflügel auch integrieren konnte. An der formellen Organisationsstruktur der Partei änderte Geißler kaum etwas. Aber immerhin hielt er die Abteilungen, Fachausschüsse und Gremien durch seine inhaltlichen Impulse in Bewegung.[55] Um trotz Kohls Fraktionsvorsitz weiter die Eigendynamik der Partei zu unterstreichen, war Geißler der ideale Mann.

Dennoch geriet Kohls Führung 1979 in eine tiefe Krise. Das hatte verschiedene Gründe. Nach der Verabschiedung des Grundsatzprogrammes war der Partei die Zielperspektive abhanden gekommen. In der Fraktion hatte Kohl auch nach drei Jahren keine echte Autorität gewonnen. Vor allem die CSU setzte ihm schärfer denn je zu. Zudem stellten sich in einigen Landesverbänden Führungskrisen ein, die die Stimmung lähmten. Das zeigte sich vor allem beim Rückritt des baden-württembergischen Ministerpräsidenten Hans Filbinger, der als Marinerichter noch 1945 Todesurteile ausgesprochen hatte und dies nach der Enthüllung nur häppchenweise zugab. Der entscheidende Grund für Kohls Krise war jedoch, dass er dem geplanten Regierungswechsel mit der FDP nicht näher gekommen war und im kommenden Jahr die vierte Wahlniederlage drohte.

Aus dieser unruhigen Stimmung heraus riskierte Kurt Biedenkopf seinen ersten Putschversuch. Ende 1978 verschickte er ein Memorandum an die engere Parteiführung, in dem er die Führungsschwäche von Helmut Kohl kritisierte. Daraus leitete er die Forderung ab, Kohl solle entweder den Fraktions- oder den Parteivorsitz abgeben. Offensichtlich schielte Biedenkopf selbst auf die Fraktionsführung. Nachdem das Papier am 11. Januar 1979 von einer Zeitung gedruckt worden war, kam es schließlich sogar zu einem offenen Machtkampf.[56] Kohl berief sofort Vorstand und Präsidium ein, da er in diesen Gremien den stärksten Rückhalt hatte. Wie immer bei Machtkämpfen erschienen alle Mitglieder. Biedenkopf trug selbstbewusst seine Bedenken vor. Der Vorstand stellte sich aber hinter den Vorsitzenden Kohl, der per Telefon die Sitzung vorbereitet hatte und eine entsprechende Rednerliste führte. Allerdings musste sich auch Kohl einige Kritik gefallen lassen. Einzelne Sitzungsteilnehmer monierten seine Führungsschwäche und machten ihm Auflagen. Auch die Delegierten des Parteitages zwei Monate später bescherten Kohl bei seiner Wahl zum Vorsitzenden mit 83 Prozent der Stimmen ein schlechtes Ergebnis. Für Kohl war 1979 ein Krisenjahr. Für Biedenkopf zahlte sich der Vorstoß aber nicht aus. Die Delegierten unterstrichen bei der Abstimmung ihr Unbehagen gegenüber dem forschen Professor. Nur knapp gelang ihm der Einzug ins Präsidium.

Ein weiteres Führungsproblem war die erneut ungeklärte Kanzlerkandidatenfrage. Sie drohte die Partei zu zerreißen, wurde von Kohl aber beharrlich ausgeschwiegen. Franz Josef Strauß' Anspruch stand außer Zweifel. Kohl sagte weder zu noch ab. Auf dem gesamten Kieler Parteitag umgingen die Christdemokraten vielmehr das Wort CSU. Kohl sprach nur von einer Mannschaft, die den Wahlkampf führen solle. Insgeheim wusste er aber, dass er gerade in dieser Krisensituation kaum antreten könne. Um dennoch Strauß zu verhindern, fragte er die Ministerpräsidenten von Schleswig-Holstein und Niedersachsen. Gerhard Stoltenberg sagte ab, Ernst Albrecht zu. Wie 1976 versuchte Kohl nun die Fraktion zu umgehen. Allerdings stieß Albrechts Kandidatur schon im Präsidium und Vorstand auf eine sehr geteilte Meinung, auch wenn die Zustimmung schließlich einhellig war.[57] Albrecht galt als zu liberal, zu norddeutsch, zu protestantisch, um vor allem bei den katholisch-konservativ geprägten Christdemokraten auf Sympathie zu stoßen. Besonders die Landesverbände Hessen, Nordrhein-Westfalen und Baden-Württemberg traten deshalb für Strauß ein. Umkämpft blieb abermals die Frage, welches Gremium eigentlich den Kandidaten wählen durfte. Die in keiner Satzung festgesetzte Konferenz der Landesvorsitzenden, die aber seit 1949 immer wieder in Krisen zusammentrat, sollte auch diesmal wieder die Positionen klären. Albrechts Anhänger schlugen vor, ein CDU-Sonderparteitag solle den Kandidaten wählen. Dagegen setzten sich die Strauß-Anhänger mit dem Vorschlag durch, die Fraktion entscheiden zu lassen. In einer siebenstündigen Sitzung, in der fast 90 Abgeordnete das Wort ergriffen, siegte Strauß schließlich mit 135 zu 102 Stimmen.

Für die Parteiorganisation war Strauß' Nominierung zweifelsohne ein gefährlicher Rückschlag. Bislang hatten gerade die Kanzlerkandidaten alle vier Jahre die unterschiedlichen Parteisegmente neu gebündelt und auf Linie gebracht. Die gemeinsame Unterstützung des Kanzlerkandidaten war immer wieder ein wichtiger Kitt der CDU gewesen. Nun mussten sich viele Landesverbände und Vereinigungen eher unwillig hinter einen Spitzenkandidaten stellen, der nicht einmal der eigenen, sondern der kleinen Schwesterpartei angehörte. Besonders die Junge Union und die Christlich-Demokratische Arbeitnehmerschaft konnten sich kaum für Strauß erwärmen, da er ihnen zu konservativ war. Gleiches galt für die norddeutschen Länder, aber auch für den katholisch-sozialen Landesverband Saarland.

Strauß scheiterte und erzielte das schlechteste Ergebnis seit 1949. Kohl bescherte die verpatzte Wahl jedoch langfristige Vorteile. Nach Strauß' Debakel war Helmut Kohl der Sieger in der Niederlage. Ein neues Kreuth gab es nicht, und Strauß war zunächst einmal ruhig gestellt. Stattdessen wählte die CDU/CSU-Fraktionsgemeinschaft Kohl einhellig zu ihrem Vorsitzenden. In den frühen achtzigern Jahren war er somit gefestigter als zuvor.

Die Querelen nahmen nun eher in der eigenen Partei zu. Das galt besonders für die Spannungen zwischen Kohl und seinem Generalsekretär Geißler. Schon 1979 hatte ihr Verhältnis in einem Personalstreit einen ersten tiefen Riss bekommen. Geißler wollte die Hauptabteilung Politik Meinhard Ade unterstellen. Kohl lehnte dies mit harten Worten ab (»Nur über meine Leiche«), akzeptierte aber auch keinen der vorgeschlagenen Ersatzmänner. Deshalb gab Geißler dennoch Ade den Posten. 1981 wiederholte sich nun eine ähnliche aggressive Auseinandersetzung. Geißler wollte Peter Radunski zum Bundesgeschäftsführer ernennen, Kohl dagegen seinen Vertrauten Hans Terlinden, der allerdings als weniger kompetent galt. Wieder hielt Geißler an seinem Vorschlag fest und brachte ihn überraschend im Präsidium zur Abstimmung. Dabei wurde Kohl mit 13:1 überstimmt. Das war eine der größten Niederlagen, die der Vorsitzende in der Parteiführung je hinnehmen musste. Tatsächlich übernahm Radunski daraufhin den Geschäftsführerposten.[58] Die personellen Querelen zwischen dem Vorsitzenden und seinem Generalsekretär gingen zudem mit politischen einher. Ihre Spannungen zeigten sich besonders im Mai 1982, als Geißler ohne Absprache eine Kritik an Waffenexporten aussprach.[59]

Auch von anderer Seite blieben Anfang der achtziger Jahre die innerparteilichen Querschüsse nicht aus. 1981 monierte etwa Baden-Württembergs Ministerpräsident Lothar Späth die fehlende »geistige Führungskraft«, während der JU-Vorsitzende Matthias Wissmann vor zu viel Geschlossenheit warnte. Kohl konnte sich gegen die Kritik durchsetzen. Einerseits verteilte er per Brief oder im Vorstand scharfe, einschüchternde Rügen. Kiep vermerkte in seinem Tagebuch Kohls »hochgradige Nervosität, ruppiger Umgangston, Rundumangriffe etc«[60]. Andererseits griff Kohl auf dem Parteitag im November 1981 die Einwände recht sensibel und selbstkritisch auf und zeigte sich als ein offener Zuhörer. Zahlreichen Kritikern nahm er so den Wind aus den Segeln.[61] Trotz des untergründigen Murrens ging Kohl damit recht gefestigt in das Jahr 1982.

Rückkehr zur Regierungspartei

Helmut Kohls Kanzlerjahre haben von der Politikwissenschaft bereits zahlreiche Etikette erhalten. Nicht wenige sprachen von einem Fortbestehen der Kanzlerdemokratie (Karl-Heinz Niclauß). Andere sahen eher eine Koordinationsdemokratie (Wolfgang Jäger), machten eine »konsensdemokratische Abhängigkeit des Kanzlers von seiner parteipolitischen Machtbasis« aus (Karl-Rudolf Korte) oder betonten die zunehmende Verflechtung mit den weiterhin recht autonomen Landesverbänden (Josef Schmid).[62] Unverkennbar ist, dass Kohls Kanzlerschaft in zwei Phasen zerfiel. Im Grunde regierte er zweimal acht Jahre. Der Bremer Parteitag und die Wiedervereinigung bildeten dabei 1989/90 eine Zäsur, nach der die Union tatsächlich kurzzeitig Züge eines Kanzlerwahlvereins annahm. Eine pauschale Verwendung des Begriffes auf Kohls Kanzlerzeit ist aber sicher zu undifferenziert.

Die einzelnen Machtpole der CDU gerieten nach dem Regierungswechsel unverkennbar in Bewegung. Unbestreitbar war das Kanzleramt seit 1982 das neue Machtzentrum der Christdemokraten. Die Entscheidungsfindung verlagerte sich von Beginn an in die informellen Treffen, die Kohl regelmäßig mit seinen engsten Beratern im Kanzleramt abhielt. Diese Kerngruppe stammte eben nicht aus der Parteiführung. Kohls engste Mitarbeiter waren entweder langjährige persönliche Wegbegleiter (wie Horst Teltschik, Eduard Ackermann, Wolfgang Bergsdorf, Juliane Weber oder der erste Kanzleramtschef Waldemar Schreckenberger), oder sie kamen aus der Fraktionsspitze. Der Posten des ersten parlamentarischen Geschäftsführers entwickelte sich dabei zu dem wichtigsten Sprungbrett. Die Kanzleramtschefs Wolfgang Schäuble, Rudolf Seiters und Friedrich Bohl hatten alle vorher diese Stelle inne. Somit legte bereits Kohls Beraterauswahl ein gutes und enges Verhältnis zur Fraktion nahe, während sie Spannungen zur ausgegrenzten Parteispitze vorprogrammierte.

Kohls informelle Führung begann nicht als ein geöltes System, sondern hatte durchaus Anlaufschwierigkeiten. Vor allem der Flick-Spendenskandal schmälerte Kohls Autorität. Unter seinen Beratern verursachte Kanzleramtschef Schreckenberger zahlreiche Pannen, bis 1984 mit Schäuble ein geeigneter Ersatz gefunden war. Zugleich ließen sich schnell gewisse Ähnlichkeiten zu Adenauers informellem Führungsstil ausmachen. Auch Kohl dachte seine Politik stark personenbezogen. Diskretion war wie unter Adenauer eine der wichtigsten Tugenden für seine Mitarbeiter. Teilfragen besprach auch er mit unterschiedlichen Kreisen, so dass er insgesamt immer einen Wissensvorsprung behielt. Bei den Treffen ließ er durchaus eine ergebnisoffene, informative Diskussion zu. Besonders in Einzelgesprächen galt er – wie selbst die kritischen Zeitzeugen berichten – als ein sehr aufmerksamer Zuhörer, der sich selbst zurückhielt und interessiert nachfragte. Gleichzeitig setzte er klare Grenzen. Seine zahllosen Telefonate ersetzten die disziplinierenden Briefe, mit denen einst Adenauer seine Linie einforderte. Und ähnlich wie Adenauer konnte sich Kohl nun Loyalitäten sichern, weil er Posten zu verteilen hatte. Viele in der CDU-Spitze empfanden es als die eigentliche Sanktion, wenn Kohl sie bei lukrativen Stellen überging.

Allerdings sollte man solche Parallelen nicht überstrapazieren, da auch deutliche Unterschiede zu erkennen sind. Mit Wolfgang Schäuble fand Kohl zwar schnell einen herausragenden Berater, der Entscheidungen nicht nur vorbereitete, sondern auch in Kohls Namen in die Gremien und die Fraktion trug. Aber mit Globkes Allround-Management war seine Position nicht zu vergleichen. Auch im menschlichen Umgang zeigten sich klare Unterschiede. Adenauer hielt selbst zu seinen engsten Mitarbeitern eine menschliche Distanz. Bei Kohl vermischten sich dagegen Arbeit und Freundschaft in einem hohen Maße, was für eine bürgerliche Partei ungewöhnlich war. Die kumpelhaften, oft spät tagenden Runden beim Kanzler bildeten einen wichtigen Lebensmittelpunkt für die Führung. Im wörtlichen Sinne wurde das Kanzleramt zur Heimat der Partei. Der Parteienforscher Peter Haungs sprach deshalb von einer »personal party«, einer »persönlichen Partei«.[63] Auch die meisten Gespräche leitete Kohl mit Fragen zu persönlichen Dingen ein, um Nähe und Vertrauen herzustellen. Durch diese große Nähe fielen umgekehrt später auch die Zerwürfnisse besonders hart aus. Die engen Freundschaften schlugen in offene Feindschaften um. Besonders Kohls Memoiren geben ein Zeugnis für diese neuartige Form der öffentlichen Verbitterung bei einem Spitzenpolitiker.[64]

Die Machtverlagerung ins Kanzleramt bedeutete nicht unbedingt eine Aufwertung des Kabinetts. Im Unterschied zu Helmut Schmidts Regierung tagte es nun häufig nicht mehr zu festen Zeiten, sondern unregelmäßig. Natürlich waren Terminfragen auch Machtfragen. Mit ihnen konnte man Teilnehmer unter Druck setzten oder von der Sitzung fern halten. Zudem waren die Sitzungen kürzer. Besonders in der zweiten Hälfte der achtziger Jahre nahm die Diskussionszeit ab, obwohl die Zahl der Themen stieg. Das Kabinett traf sich vornehmlich zur Beratung, beschloss aber oft bereits Entschiedenes. Solange die einzelnen Minister seiner Grundlinie folgten, gab Kohl ihnen recht große eigene Spielräume. Bei Abweichungen hingengen folgten ähnlich scharfe Ermahnungen wie unter Adenauer. Als kollektiver Akteur übte das Kabinett dagegen keine Macht aus.[65]

Das Kabinett diente zugleich der Integration der unterschiedlichen Parteisegmente. Um die geschwächten norddeutschen Protestanten einzubinden, gab Kohl etwa dem Finanzminister Gerhard Stoltenberg eine Schlüsselstellung. Als Landesvorsitzender von Schleswig-Holstein und stellvertretender Parteivorsitzender war Stoltenberg zugleich fest in der Partei verwurzelt. Zum Sozialminister ernannte Kohl dagegen den CDA-Vorsitzenden

Norbert Blüm, wodurch der katholisch-soziale Flügel in seinem angestammten Ressort prominent vertreten war. Auffällig war schließlich, dass er Generalsekretär Geißler auch als Minister für Jugend, Familie und Gesundheit einsetzte. Unverkennbar sollte der eigenständige Parteimann durch diesen Schritt die Kabinettsdisziplin spüren. Damit leitete Kohl allerdings genau jene Einheit zwischen Regierung und Partei ein, die er gegenüber Bruno Heck 1967 verurteilt hatte. Um die weiteren Parteisegmente einzubinden, hatte Kohl ebenso wie Adenauer keine Bedenken, einfach die Zahl der Posten zu erhöhen. Die Zahl der Minister ließ er leicht, die der parlamentarischen Staatssekretäre geradezu inflationär ansteigen: Von 1982 bis 1990 wuchs ihre Zahl von 20 auf 33 an.[66] Um sich Loyalitäten zu sichern, scheute er den großzügigen Umgang mit Steuergeldern nicht.

Zahlreiche Minister kamen nach dem Machtwechsel auch aus der Fraktionsspitze. Das stärkte die Anbindung an die Fraktion, schwächte aber zugleich die Fraktion selbst, da sie dadurch ausblutete. Die Fraktion verlor während der achtziger Jahre zwar zunehmend an Bedeutung, jedoch blieb ihr Verhältnis zum Kanzleramt gut. Nun konnte Kohl davon profitieren, dass er selbst sechs schwere Jahre den Unionsabgeordneten vorgestanden hatte. Dadurch hatte er nicht nur genügend Vertraute, sondern kannte auch die gefährlichen Klippen und taktischen Winkelzüge bei der Meinungsbildung bestens. Vor allem Kohls wichtigster Vertrauter, Wolfgang Schäuble, entwickelte sich zu einem Verbindungsmann, der die Fraktion auf Linie brachte. Zudem sprach Kohl häufiger selbst in den Sitzungen des Fraktionsvorstandes und übte in den Diskussionen seinen lenkenden Einfluss aus.

Der neue Fraktionschef Alfred Dregger erwies sich ebenfalls als äußerst loyal, obwohl er nicht in Kohls engsten informellen Kreis aufstieg. Der konservative Dregger sah es jetzt als seine Pflicht an, die Regierung voll zu unterstützen. Letztlich war er aber auch Kohl dafür dankbar, dass er ihn an die Fraktionsspitze gehievt hatte. Tatsächlich erreichten die Unionsabgeordneten unter Dregger eine Geschlossenheit bei namentlichen Abstimmungen, wie sie noch nie vorher bestanden hatte.[67] Völlig spannungsfrei blieb das Verhältnis zur Fraktion freilich nicht. Der Unmut der Abgeordneten entzündete sich einerseits daran, nicht frühzeitig genug in Entscheidungen eingebunden oder informiert zu werden. Andererseits waren sie zunehmend verärgert, dass Kohl seine Minister in der zweiten Hälfte der achtziger Jahre zunehmend an ihr vorbeirekrutierte und mitunter noch nicht einmal über seine abweichenden Pläne informierte. Die feste Achse zwischen der Fraktion und der Regierung sollte dies aber nicht lockern.

Quer zu dieser Achse stand in gewisser Weise die Partei. Das lag vor allem an dem Generalsekretär Heiner Geißler, der trotz seines Ministeramtes weiterhin am Modell der eigenständigen Partei festhielt. Dabei grenzte er sich nicht nur vom Regierungskurs ab, sondern auch von der CSU, was den profilbildenden Konflikt verstärkte. 1985 verließ er sogar sein Ministeramt, um sich stärker der Partei zu widmen. Wie bereits dargestellt, setzte der Generalsekretär dabei besonders durch seine provokativen Begriffe und Aussprüche eigene Akzente. Einige davon waren aus der Hüfte geschossen, andere hatte er vorher mit seinen engsten Mitarbeitern in der Bundesgeschäftsstelle diskutiert – besonders mit Schönbohm, Dettling, Radunski und Ade. Eine vorherige Rücksprache mit dem Vorsitzenden Kohl oder dem Präsidium umging Heiner Geißler jedoch. Damit war es nicht »die Partei«, sondern vor allem die Spitze der Bundesgeschäftsstelle, die weiterhin hervortrat. Spätestens seit 1987 polarisierten Geißlers Äußerungen dabei auch innerhalb der eigenen Partei so sehr, dass der konservative Flügel immer wieder für Geißlers Absetzung eintrat.

Über diese inhaltlichen Akzente hinaus blieb die organisatorische und politische Gestaltungskraft des Generalsekretärs freilich begrenzt. Gegenüber den weiterhin recht autonomen Landesverbänden übte Geißler kaum Einfluss aus. Obwohl der Generalsekretär das Recht hatte, an den Landesvorstandssitzungen teilzunehmen, machte er davon selten Gebrauch. Allein bei den Landesparteitagen trat er als Redner auf und versuchte durch seine Teilnahme, Kurs und Struktur der Landesverbände zu prägen. In ihre Personal- oder Wahlkampffragen mischte sich Geißler ebenfalls nur in Einzelfällen ein. Wie einst bei Filbinger legte er etwa Biedenkopf den Rücktritt in Nordrhein-Westfalen nahe oder erlaubte Späth 1988 einen Wahlkampf gegen Stoltenbergs Steuerreform. Um die Landesverbände kümmerte sich der Parteivorsitzende Kohl jedoch weiterhin selbst. Enger war dagegen die Zusammenarbeit zwischen dem Generalsekretär und einigen Vereinigungen, die er laut Satzung ebenfalls auf eine Gesamtlinie bringen sollte. Insbesondere bei der Jungen Union, der Frauenvereinigung und der CDA nahm Geißler häufiger an Vorstandssitzungen teil, um gemeinsame Strategien zu entwickeln.[68]

Ein gewisses Eigengewicht konnte die Partei auch in den Sitzungen des Präsidiums und des Vorstandes bewahren. Sie tagten seltener als in der Oppositionszeit. Aber im Vergleich zu Adenauers Kanzlerdemokratie blieb ihre Tagungshäufigkeit dennoch bis 1988 recht hoch. Das Präsidium trat alle drei bis vier Wochen zusammen, der Vorstand etwas seltener. Besonders während der Flick-Parteispenden-Affäre 1984 berief Kohl die Gremien deutlich häufiger ein, um seinen innerparteilichen Führungsanspruch in dieser schweren Anfangskrise zu untermauern.

Der Bundesvorstand zeigte allerdings im Laufe der achtziger Jahre erhebliche Niedergangserscheinungen. Die Tagesordnung, die der junge Kohl so vehement von Adenauer eingefordert hatte, reduzierte sich nun zunehmend auf wenige allgemeine Punkte. »Bericht, Aussprache, Verschiedenes« lautete der monotone Dreiklang vieler Sitzungen. Wie bei Adenauer hielten sich auch Kohls Eingangsreferate lange mit der großen Außenpolitik auf, in denen er oft ohnehin Bekanntes verbreitete. Kohl selbst bereitete seine Ausführungen mit einigen Zetteln vor, ging insgesamt aber zunehmend unvorbereitet in die Sitzungen. Die Aussprachezeit begrenzte zumeist schon das festgelegte Ende der Vorstandssitzungen. Wenn der Vorstand Beschlüsse fasste, waren sie zumeist in der vorhergehenden Präsidiumssitzung ausgehandelt worden. Die offene Diskussion, die Kohl als junger Reformer gefordert hatte, schränkte er zunehmend ein. Abweichende Beiträge unterbrach er mitunter direkt. Vermeintliches Fehlver-

Tab. 1: Tagungshäufigkeit der wichtigsten CDU-Gremien 1967–2001
(absolut und pro Monat)

Berichts-Zeitraum	Präsidium	Bundes-vorstand	Bundes-ausschuss	Landes-geschäfts-führer-konferenz
5/1967 – 11/1968	20 (1,1)	7 (0,4)	3	
– 11/1969	16 (1,3)	7 (0,6)	2	
– 1/1971	31 (2,2)	6 (0,4)	2	4
– 10/1971	18 (2,0)	4 (0,4)	1	3
– 10/1972	45 (3,8)	8 (0,7)	2	8
– 6/1973	19 (2,4)	8 (1,0)	2	3
– 11/1973	11 (2,2)	5 (1,0)	0	2
– 6/1975	29 (1,5)	14 (0,7)	4	10
– 5/1976	17 (1,5)	12 (1,1)	2	7
– 3/1977	17 (1,7)	11 (1,1)	1	7
– 10/1978	20 (1,1)	13 (0,7)	3	7
– 3/1979	12 (2,4)	12 (2,4)	2	12
– 5/1980	18 (1,3)	18 (1,3)	2	10
– 11/1981	27 (1,5)	20 (1,1)	4	6
– 5/1983	31 (1,7)	21 (1,2)	3	14
– 5/1984	12 (1,0)	9 (0,8)	2	9
– 3/1985	13 (2,5)	9 (1,8)	1	7
– 10/1986	22 (1,2)	14 (0,7)	2	14
– 11/1987	16 (1,2)	12 (0,9)	1	12
– 6/1988	14 (2,0)	6 (0,9)	1	5
– 10/1989	11 (0,7)	12 (0,8)	4	9
– 10/1990	16 (1,3)	14 (1,2)	2	2
– 12/1991	13 (0,9)	17 (1,2)	1	5
– 10/1992	9 (0,9)	5 (0,5)	1	5
– 9/1993	13 (1,2)	7 (0,6)	1	6
– 2/1994	5 (1,0)	4 (0,8)	–	3
– 10/1995	9 (0,5)	9 (0,5)	–	4
– 10/1996	14 (1,2)	11 (0,8)	–	4
– 10/1997	18 (1,8)	13 (1,3)	–	4
– 11/1998	26 (2,0)	20 (1,5)	–	3
– 4/1999	10 (1,7)	6 (1,0)	–	2
– 4/2000	29 (2,4)	20 (1,7)	1	3
– 12/2001	40 (2,0)	26 (1,3)	2	5

Quelle: Eigene Berechnung nach Berichten der Bundesgeschäftsstelle

halten geißelte er vor versammelter Mannschaft. Umgekehrt belohnte Kohl wohlwollendes Verhalten auch bei den Vorstandsmitgliedern durch parlamentarische Staatssekretärsposten, was die loyale Schwerfälligkeit des Führungsgremiums verstärkte.[69] Die große Führungskunst von Helmut Kohl bestand aber weiterhin darin, am Ende der Sitzung die Beiträge so zu bündeln, dass eine relativ klare und harmonische Linie entstand, in der sich die meisten Teilnehmer wiederfanden.

Im Vergleich zum Vorstand behielt das Präsidium eine gewisse Mitsprachemöglichkeit. Da es eine Schnittmenge aus dem Kanzleramt, der Fraktion, den Ländern und der Partei bildete, war es weiterhin eine wichtige Clearingstelle für Streitfragen. Den Kanzleramtschef, den Bundesgeschäftsführer und die Ministerpräsidenten zog Kohl hinzu, auch wenn sie keine satzungsgemäßen Mitglieder waren. Besonders bei den Koalitionsverhandlungen hatte das Präsidium mehr Gewicht als die Fraktion. Auch wenn das Präsidium den parlamentarischen Prozess nicht als kollektiver Akteur prägte, blieb es ein wichtiges Koordinationszentrum für die laufenden politischen Entscheidungen.[70] Ein echtes Entscheidungszentrum war es im Vergleich zu Kohls informellen Zirkeln aber nicht. Kohl holte im Präsidium Meinungen ein. Eigenständige Köpfe wie Geißler, Späth, Süssmuth, Biedenkopf oder Blüm zählten dabei zu den wichtigsten Rednern. Sie äußerten mitunter offene Kritik, mussten sich eine solche aber auch gefallen lassen. Am Ende der Sitzungen vermied Kohl formelle Abstimmungen. Stattdessen fasste er vielmehr das Stimmungsbild zusammen. Das suggerierte Geschlossenheit und ließ ihm zugleich Auslegungsspielräume. Dass das Präsidium zumeist im Kanzleramt oder im Kanzlerbungalow zusammenkam, zeigte ebenfalls Kohls neues Parteiverhältnis. Ähnlich wie seine Vorgänger begann er die Bundesgeschäftsstelle zu meiden.

Der Position der Bundesgeschäftsstelle verschlechterte sich bis Ende der achtziger Jahre zunehmend. Schon vor dem Regierungsantritt hatten sich ihr Etat und ihre Mitarbeiterzahl stark verkleinert. Seit 1980 pendelte sie sich mit rund zweihundert Beschäftigten auf den Stand vor Kohl ein, erhöhte aber ihre

Personalkosten im Unterschied zur SPD nicht.[71] Die Geschäftsstelle produzierte zwar weiterhin politische und organisatorische Reformschriften, diese fanden aber immer weniger Gehör. Gegenüber der Ministerialbürokratie des Kanzleramtes gingen ihre Ideen unter. Zudem brachten nun auch die Landes- und Kreisverbände geringeres Verständnis für ihre Pläne auf. Die Geschäftsstelle erhielt nun das Image, zu sehr dem Geist der siebziger Jahre zu entsprechen, nicht der aktuellen Lage. Ihre Mitarbeiter galten als zu planerisch und technokratisch, während der neue Zeitgeist wieder auf die kleinen, dezentralen Einheiten setzte. Zudem erschienen sie vielen als Nörgler, die sich nicht mit dem Rückgewinn des Kanzleramtes anfreunden konnten, weil sie über ihren Einflussverlust nicht hinwegkamen. Nach der organisatorischen Euphorie der Siebziger setzten sich damit wieder die antibürokratischen Ressentiments gegen die Funktionäre durch. Kohls Bremer Rede gegen die »Verbonzung« der Partei zielte 1989 in genau diese Richtung, auch wenn viele kritisch an Kohls eigenen Werdegang gedacht haben mögen.[72]

Organisatorisch engagierte sich die Bundesgeschäftsstelle weniger für einen Umbau der Partei als für eine Intensivierung der bestehenden Kommunikationsstrukturen. Vor allem der Ausbau der Datenverarbeitung durch die gerade entstehenden Computersysteme erschien in den achtziger Jahren als ein wegweisendes Allheilmittel. Tatsächlich scheiterte dieses Vorhaben zunächst, weil viele Kreisverbände mit der Datenübertragung technisch nicht zurechtkamen.[73] Was dagegen funktionierte, war der telefonische Kontakt zwischen dem Parteivorsitzenden Kohl und den Kreisverbänden. Tatsächlich waren Kohls persönliche Anrufe bei den Kreisvorsitzenden oder -geschäftsführern kein Mythos. Er erkundigte sich unangekündigt nach der lokalen Lage, gratulierte zum Geburtstag und brachte so nebenbei die Kreise auf Linie, wenn bestimmte Personal- und Sachfragen anstanden.[74] Die Bundesgeschäftsstelle, die eigentlich die Verbindung zu den Kreisen halten sollte, hatte auch hier wiederum das Nachsehen gegenüber dem Kanzleramt. Um Mehrheiten zu bilden und Loyalitäten zu sichern, waren Kohls persönliche Kontakte sicher effizient. Sie reetablierten aber eine Honoratiorenstruktur, die hinter die einst angestrebten Organisationsstandards zurückfiel. Denn nicht die Nähe zur Gesellschaft, sondern die Nähe zum Kanzler bildete nun ein entscheidendes Signum.

In der Parteiorganisation verdichteten sich in der zweiten Hälfte der achtziger Jahre die Krisenzeichen. Die Mitgliederaustritte hielten seit 1984 an, die Partei war hochverschuldet und erschien vielen als abgeschottet und ineffizient. Heiner Geißler setzte deshalb 1987 eine Reformkommission namens »Moderne Parteiarbeit in den neunziger Jahren« ein, die die größte Organisationsuntersuchung in der Geschichte der CDU vornehmen sollte. Vor allem die Serviceleistungen der Partei, die Aufgabenstellung der Hauptamtlichen und die Finanzierung kamen dabei auf den Prüfstand. Dabei wurde beispielsweise festgestellt, dass die Kreisvorstände mit durchschnittlich fünfzig Jahren überaltert waren, dass ihre Motivation in den letzten Jahren gesunken war und dass Frauen bei den unteren Funktionsträgern nur 16 Prozent ausmachten.

Trotz der mitunter dramatischen Erkenntnisse blieb die Kommissionsarbeit recht folgenlos. Das lag zu nicht geringen Teilen an Helmut Kohl selbst. Er übernahm 1988 überraschend den Vorsitz der Kommission von Geißler und lenkte die Revision in ruhigeres Fahrwasser. Die im April 1989 mit den Landes- und Kreisgeschäftsführern diskutierten Reformvorschläge wurden schließlich in abgeschwächter Form auf dem Bremer Parteitag im September des Jahres verabschiedet. Nach der groß angelegten Mängelliste blieben die »Empfehlungen« unverbindlich und allgemein. Die Partei sollte auf allen Ebenen mehr offene programmatische Diskussionen führen, die Parteigremien mehr politische Entscheidungen vorbereiten und die Kandidatenlisten sich für Seiteneinsteiger, junge Menschen und Frauen öffnen. Zudem sollte die Bundesgeschäftsstelle ihre Verwaltungsarbeit so weit auslagern, dass sie ein Viertel ihrer Mitarbeiter einsparen konnte.[75] Aus der geplanten Öffnung und Intensivierung der Parteiarbeit ergab sich damit zugleich eine weitere Beschneidung der Geschäftsstelle.

In den späten sechziger Jahren hatte die Bundes-CDU Reformanstöße von den Landesverbänden erhalten. Ende der achtziger Jahre gerieten die Landesverbände jedoch selbst langsam in eine Krise. Eine Vorbildfunktion konnten sie nicht mehr übernehmen. Denn auch in den Ländern hatten die früheren Reformer zunehmend als Regierungschefs präsidiert und die Partei vernachlässigt. Die Nachfolgestreite zerrissen nun die maroden Landesparteien weiter. Im einst modernen Landesverband Rheinland-Pfalz kämpften etwa Carl-Ludwig Wagner und Hans-Otto Wilhelm um Bernhard Vogels Erbe.[76] In Niedersachsen verlor das Doppelgespann Albrecht/Hasselmann in der Spielbankenaffäre Vorsitz und Regierung. In Nordrhein-Westfalen gingen die Querelen so weit, dass der Vorsitzende Biedenkopf dem Landesgeschäftsführer den Zutritt zur Geschäftsstelle verweigerte. Die Landtagsfraktion musste zusammen mit der Bundespartei Biedenkopf zum Rücktritt zwingen. Und in Schleswig-Holstein führte der »Waterkante-Skandal« sogar 1988 zum Selbstmord des CDU-Ministerpräsidenten Uwe Barschel, der entgegen seines Ehrenwortes seinen Herausforderer Björn Engholm vor der Wahl ausspioniert hatte. Alle diese Krisensymptome beschleunigten natürlich auch die Wähler- und Regierungsverluste in den Ländern. Die Niederlagen schmälerten ihren Einfluss zusätzlich.

Die fortlaufenden Wahlniederlagen verstärkten die unverkennbare Führungskrise Kohls. Öffentlich erschien die CDU seit 1987 als eine zerstrittene Partei.[77] Auf dem Parteitag 1988 musste sich Kohl harte Kritik anhören. Die ersten Redner monierten gleich die fehlenden Diskussionen, das Aussitzen von Problemen und die langweiligen Parteitage. Sie sahen sich als die Kamele in der Karawane, deren Weiterziehen Kohl beschworen hatte. Kohl gelang es nur noch mit Mühe, die Vorwürfe aufzufangen, indem er selbst eine Grundsatzrede über die nötige Parteireform hielt. Damit engte er zugleich Geißlers Spielraum geschickt ein.

1989 verdichteten sich die Probleme jedoch zur größten Führungskrise von Kohls gesamter Kanzlerschaft. Zusammenfassend gesehen, hatte sie vor allem fünf miteinander zusammenhängende Ursachen. Erstens raubten die Verluste bei den Europa- und

Landtagswahlen Kohls Erfolgsnimbus. Zweitens erschien seine Regierungspolitik so perspektivlos, dass plötzlich nur noch 27 Prozent der Bevölkerung »im Großen und Ganzen mit der Politik Kohls einverstanden« waren.[78] Drittens war die Partei völlig verschuldet, so dass Entlassungen und Sparmaßnahmen anfielen, die seinen Rückhalt bei den Funktionären schwächten. Viertens vernachlässigte Kohl die Parteigremien nun völlig. Selbst das Präsidium trat kaum noch zusammen und erfuhr nur im Nachhinein von Entscheidungen. Und fünftens spitzte Kohl den latenten Machtkampf mit seinem Generalsekretär Geißler so weit zu, dass er schließlich mit Volker Rühe ohne jede Rücksprache mit der Parteiführung einen neuen Kandidaten für das Amt präsentierte.

Die Empörung über Kohl erreichte nun einen Grad, der mit Adenauers Präsidentschaftskrise 1959 zu vergleichen war. Im Vorfeld des Bremer Parteitages erwogen Geißler, Biedenkopf und Süssmuth sogar, mit dem baden-württembergischen Ministerpräsidenten Lothar Späth einen Gegenkandidaten für den Parteivorsitz aufzustellen. Ihr Plan sollte als »Bremer Putschversuch« in die Geschichte eingehen. Zweifelsohne war das Wort »Putsch« ein sehr dramatischer Begriff dafür, dass die Partei erstmals seit langem wieder einen zweiten Kandidaten bei einer demokratischen Wahl aufstellen wollte. Die Rede vom »Putsch« zeigte eher, wie unbezweifelbar Helmut Kohls Führungsanspruch mittlerweile erschien, obwohl Kohl selbst mit Kampfkandidaturen aufgestiegen war. Laut einer EMNID-Blitzumfrage wünschten nun immerhin 57 Prozent aller CDU-Anhänger einen zweiten Kandidaten bei der Wahl zum Vorsitzenden.[79]

In der Vorstandssitzung vom 29. August 1989 musste Kohl die schärfste Kritik in seiner 16-jährigen Amtszeit einstecken. Auf dem anschließenden Bremer Parteitag entlud sich der Unmut zahlreicher Delegierter über Kohls Führungsstil.[80] Dennoch überstand Kohl mit List und Glück auch diese Krise. Seine Kritiker waren nicht entschlossen genug, um ihn abzuwählen. Aus Angst vor einer Niederlage stellten sie keinen Gegenkandidaten auf, sondern rückten schon vor dem Parteitag schrittweise von Späth und Geißler ab. Zu groß war die Furcht, sowohl die Einheit der Partei als auch die eigene Karriere zu gefährden. Ähnlich wie Ernst Albrecht verlangten sie für ihre Loyalität von Kohl das Versprechen, dass er seinen Führungsstil ändere.[81] Auch Geißler gab sich in seiner Parteitagsrede denkbar versöhnlich gegenüber Kohl. Im Präsidium begnügten sich Späth, Geißler, Blüm und Süssmuth damit, einen Reformkatalog vorzulegen. Das Präsidium solle an Entscheidungen beteiligt werden, im zweiwöchigen Abstand tagen und für die einzelnen Mitglieder Zuständigkeitsbereiche verteilen.[82] Kohl gab sich konziliant, löste aber tatsächlich keine der Forderungen ein.

Zudem war Kohl seinen Kritikern taktisch überlegen. Bei der Vorbereitung des Parteitages zahlten sich die zahlreichen Telefonkontakte aus, die er zur Basis gehalten hatte. So konnte er Delegiertenstimmen vorab sichern. Zudem nutzte Kohl geschickt die dramatische Entwicklung in Osteuropa, um von dem Parteistreit abzulenken. Genau zu Beginn des Parteitages ließ er den schon vorher feststehenden Beschluss der ungarischen Regierung verkünden, dass DDR-Bürger über ihr Land ausreisen dürften. Seine Parteitagsrede begann er ebenfalls mit einem feierlichen Blick auf Ungarn. Damit weckte er patriotische Gefühle. Viele Diskussionsredner mahnten nun »die Not der Mitteldeutschen« und die Entwicklung in der DDR an, während die Parteireform in weite Ferne rückte.[83]

Mit 77 Prozent der Stimmen verließ der Vorsitzende Kohl den Parteitag mit einem denkbar schlechten Wahlergebnis. Dennoch blieb er der unumstrittene Sieger nach Punkten. Sein neuer Generalsekretär Volker Rühe hatte mit 84 Prozent recht gut abgeschnitten. Gleiches galt für loyale Geister wie Schäuble oder Töpfer. Dagegen straften die Delegierten die Kohl-Kritiker klar ab. Bei der Wahl zum stellvertretenden Vorsitzenden fiel Späth durch. Albrecht, Geißler und Süssmuth erhielten nur magere Ergebnisse. Bei der Vorstandswahl scheiterte der CDA-Vorsitzende Ulf Fink. Kurt Biedenkopf und der JU-Vorsitzende Christoph Böhr zogen nur knapp ein.

Nicht die in Bremen beschlossene Organisationsreform, sondern der gescheiterte »Putsch« sollte einschneidende Konsequenzen für die Parteistruktur haben. Nach der Bremer Revolte verschob sich das Parteigefüge nun tatsächlich in Richtung »Kanzlerpartei«. Die Bundesgeschäftsstelle wurde jetzt als eigenständige Kraft entmachtet. Nicht nur Geißler verlor seinen Posten. Vielmehr löste Kohl seine ganze Grundsatz- und Planungsabteilung in ihrer bestehenden Form auf. Geißlers kreative Mitarbeiter wurden ebenfalls entlassen. Wulf Schönbohm, der die Grundsatz- und Planungsabteilung geleitet hatte, wechselte in die Stuttgarter Staatskanzlei und dann als Repräsentant der Adenauer-Stiftung in die Türkei. Warnfried Dettling fand ebenfalls in Späths Regierung Asyl. Er arbeitete schließlich als ein Publizist, der die CDU kritisch begleitete. Entlassen wurde auch der Leiter der Hauptabteilung Organisation, Rüdiger May. Sein Nachfolger wurde der Kohl-Vertraute Hans Terlinden. Nur Radunski verblieb noch ein Jahr, wechselte dann aber als Senator nach Berlin. Mit Wilhelm Staudacher hatte er aber sogleich einen Kohl-loyalen Stellvertreter erhalten, der dann nachrückte.[84]

Der neue Generalsekretär Volker Rühe stand zuverlässig an Kohls Seite. Schon in seinen ersten Interviews wandte er sich gegen die Reformer, die eine Aufgabenzuweisung im Präsidium verlangten. Schließlich sei das Präsidium kein Kabinett.[85] Bezeichnenderweise war Rühe bislang in der Parteiarbeit überhaupt noch nicht hervorgetreten, sondern nur in der Fraktion. Da er fern von der bisherigen Personaldebatte stand und eher als liberal denn als konservativ galt, war er in der aufgeregten Situation dennoch eine kluge Wahl.

Die Bremer Ereignisse verstärkten zugleich die Bonner Macht gegenüber den Ländern. Denn mit Lothar Späth zog sich nun der letzte christdemokratische Ministerpräsident von Rang aus der Bundespolitik zurück. Zudem wurden im Zuge des Bremer Parteitages der soziale, linke Parteiflügel und seine Vereinigungen entscheidend geschwächt. Mit der Herabsetzung von Geißler, Süssmuth und Fink schwand vor allem der Einfluss der Christlich-Demokratischen Arbeitnehmerschaft und der Frauen-Union. Insgesamt war die CDU damit schon vor der Wiedervereinigung eine andere Partei als zuvor.

Wiedervereinigte Kanzlerpartei

Die Bremer Revolte hatte Helmut Kohl mit einem blauen Auge überstanden. Die nächste Führungskrise des angeschlagenen Vorsitzenden schien 1989 absehbar. Tatsächlich sorgte aber die Wiedervereinigung dafür, dass sich Kohls Position noch einmal grundlegend verfestigte. Die Wiedervereinigung bremste in gewisser Weise jenen Generationswechsel in der Führungsspitze, der sich Ende der achtziger Jahre angekündigt hatte. Kohl, aber auch einzelne ausrangierte Landesvorsitzende wie Kurt Biedenkopf und Bernhard Vogel, erhielten so eine weitere Chance. Besonders Kohl nutzte sie, um seine Vormachtstellung nach dem Trauma von Bremen grundsätzlich abzusichern. In der ersten Hälfte der neunziger Jahre sollte sich die CDU nun tatsächlich kurzzeitig zu einer Kanzlerpartei entwickeln, in der die Partei nahezu einflusslos war.

Im Zuge der Vereinigung mit der Ost-CDU gelang es Kohl, fast die gesamte Partei zu seinen Gunsten umzugestalten. So wurde bereits auf dem Vereinigungsparteitag 1990 die Zahl der stellvertretenden Vorsitzenden von sieben auf einen einzigen reduziert. Diesen Posten erhielt nun der bisherige Vorsitzende der Ost-CDU, Lothar de Maizière, um den scheinbar gleichberechtigten Zusammenschluss zu symbolisieren. Durch die drastische Verminderung der Stellvertreter, die Kohl ja bereits 1977 versucht hatte, verloren nun Köpfe wie Heiner Geißler, Rita Süssmuth, Norbert Blüm, Gerhard Stoltenberg oder Ernst Albrecht allesamt ihr innerparteiliches Spitzenamt. Von seinem neuen Stellvertreter de Maizière brauchte Kohl keine eigenständigen Machtambitionen zu befürchten. Ebenso wenig Schwierigkeiten versprach de Maizières Nachfolgerin Angela Merkel. Damit war Helmut Kohl zum nahezu einzigen offiziellen Repräsentanten seiner Partei geworden.

Vergrößert wurden dagegen die Organe der CDU. Ihre Diskussionsfähigkeit sank so noch weiter. Der Bundesparteitag der CDU, der mit 750 Delegierten ohnehin schon besonders groß war, erhielt nun zusätzlich 250 Delegierte aus den neuen Bundesländern. Mit der Erweiterung bewahrte Kohl die alten Erbhöfe der mittleren Parteielite. Die Parteitage erhielten so allein schon von ihrem Umfang her den Charakter von Krönungsmessen, bei denen die Redner kaum noch mit bloßem Auge zu sehen waren. Ihr Ablauf unterstrich diesen Heerschaucharakter, die dem Kanzler der Einheit huldigte. 1990 war Kohl mit einem Spitzenergebnis von 98 Prozent zum Vorsitzenden gewählt worden. Im folgenden Jahr wollte er den Parteitag zunächst ganz ausfallen lassen, hielt ihn dann aber doch im Dezember ab. Kohl und Rühe sorgten durch ihre Parteitagsregie allerdings dafür, dass strittige Themen (wie der § 218, die Pflegeversicherung oder das Asylrecht) ohne Aussprache an die Fraktion überwiesen wurden. Die Bremer Reformer standen dagegen im Hintergrund. Süssmuth sprach vor einem weitgehend leeren Saal, Geißler hielt sich zurück und der nun in Sachsen erfolgreiche Biedenkopf begann seine Rede mit einer Eloge auf den Kanzler und überreichte ihm einige Weinflaschen.[86] Auch die folgenden Parteitage zeichneten sich durch eine hohe Geschlossenheit aus, wurden aber zugleich von den meisten Beobachtern als recht inhalts- und diskussionsarm charakterisiert. Selbst bei der Programmdebatte von 1994 stand Helmut Kohl als geradezu mythisch entrückte Person über der Partei. Wie immer auch seine Reden ausfielen, der Applaus hielt so lange an, als wollten die Zuhörer dadurch die Redeleistung übertreffen. Junge Christdemokraten riefen »Helmut, Helmut«, und bei seinem Bad in der Menge versuchten die Delegierten, ihn zu berühren oder Autogramme zu ergattern. Im Unterschied zu der zwanglosen Nähe, die Kohl bislang immer gepflegt hatte, spiegelte sich gerade in diesem Starkult die wachsende Distanz zwischen dem Vorsitzenden und der Basis. Da Kohl nun regelmäßiger im Fernsehen seine Akzente setzte, verstärkte sich diese distanzierte Nähe, die sich grundlegend von Kohls alter Netzwerkarbeit unterschied.

Eine ähnliche Entwicklung durchlief der ohnehin angeschlagene Bundesvorstand. Auch er wuchs um sechs Mitglieder aus den neuen Bundesländern an. Seine Tagungshäufigkeit nahm 1991 kurzzeitig zu, da er für Kohl ein komfortableres Gremium war als das Präsidium, in dem immer noch einige Querköpfe von Bremen ein größeres Gewicht hatten. Dann setzte jedoch bis Mitte der neunziger Jahre ein drastischer Verfall beider Organe ein. 1994/95 kamen Präsidium und Vorstand schließlich nur noch alle zwei Monate zusammen. Der Bundesausschuss, der so genannte »kleine Parteitag«, verkam zu einem jährlichen Treffen und fiel nach 1993 für einige Zeit ganz aus. Selbst die Zusammenkünfte der Landesgeschäftsführer erfolgten nun deutlich seltener.

Bis 1989 hatten zumindest der Generalsekretär und die Spitze der Bundesgeschäftsstelle die Eigenständigkeit der Partei verkörpert. Nach der Entlassung von Geißler und dessen Mitarbeitern traten im Adenauer-Haus jedoch keine vergleichbaren Nachfolger mehr hervor. Der neue Generalsekretär Rühe erwies sich als nicht so kanzlertreu wie erwartet. Rühe setzte auch eigene politische Akzente. So kritisierte er die Jugoslawien-Politik der Regierung, ließ gegen den Willen des Vorsitzenden eine Debatte über die Altmitglieder aus der Ost-CDU führen oder baute die Geschäftsstelle nicht nur in Kohls Sinne um. Ein eigenständiger Parteimanager war der außenpolitisch engagierte Fraktionsmann aber nicht. Einen weiteren Rückschritt für die Partei sahen schließlich viele, als Kohl 1992 Peter Hintze zum neuen Generalsekretär ernannte. Sowohl in der Öffentlichkeit als auch bei weiten Teilen der CDU galt der evangelische Pfarrer zunächst als zu brav und farblos. Hintzes erste Reden bekräftigten diesen Eindruck. Selbst viele Geißler-Gegner wünschten sich nun den einstigen Generalsekretär zurück.

Zumindest im Vergleich zu Volker Rühe kannte Peter Hintze die Partei jedoch wesentlich besser. Er war in den Bundesvorstand des RDCS aufgerückt, saß lange im Deutschlandrat der Jungen Union, war stellvertretender Landesvorsitzender von Nordrhein-Westfalen und Bundesvorsitzender des Evangelischen Arbeitskreises der CDU/CSU. Schon gleich nach seinem Amtsantritt kündigte er eine grundlegende Reform der CDU und neue Aktionsformen an.[87] Tatsächlich sollte Hintze seit 1994 einige wichtige organisatorische Neuerungen fördern – etwa die Frauenquote oder die verstärkte Mitbestimmung der Basis. Durch den unerwarteten Wahlsieg von 1994 erhielt er dann auch etwas mehr Respekt in der Partei. Zudem verdiente er sich Anerkennung, weil er vor den Landtagswahlen verschiedenen unerfahrenen Kandidaten half. Außer Zweifel stand jedoch, dass Hintze loyal seinem Kanzler zuarbeitete. Auch er war somit ein weiterer Baustein für die Rückkehr zur Kanzlerpartei.

In gewisser Weise war Hintze eine Symbolfigur für die veränderte Personalpolitik Kohls. Während er in den siebziger Jahren originelle Denker gefördert hatte, umgab er sich nun auf dem Höhepunkt seiner Macht eher mit Jasagern oder unauffälligen Gestalten, die wenig eigene Impulse einbrachten. An der gescheiterten Bundespräsidenten-Nominierung Steffen Heitmanns zeigte sich dabei, wie unüberlegt Kohls einstmals souveräne Talentsuche nun wurde. Mit Heitmann wollte Kohl einen liberalen Kopf vom Schlage von Weizsäckers verhindern. Stattdessen suchte er einen Nachfolger aus, dessen Meinung zur nationalsozialistischen Vergangenheit oder zur Frauenfrage selbst innerhalb der Partei als untragbar galt. Da Kohl immer dünnhäutiger gegenüber Kritik wurde, aber gleichzeitig mit mittelmäßigen Jasagern unzufrieden war, drehte sich das Personalkarussel schneller. Sogar sein wichtigster Berater, Horst Teltschik, wechselte Ende 1990 verstimmt in die Wirtschaft. Aus seinem engeren, seit den siebziger Jahren gepflegten Kreis blieb nur noch seine Sekretärin Juliane Weber übrig; von den schnell wechselnden Regierungsmitgliedern nur Norbert Blüm. Der Generationswechsel forderte einen weiteren Tribut. Altersbedingt schied auch der augenkranke Medienberater Eduard Ackermann aus. Mit Wolfgang Schäuble blieb Kohl eine wichtige loyale Stütze. Nach Dreggers Abschied pflegte dieser als neuer Fraktionschef die enge Beziehung zwischen Regierung und Fraktion weiter. Dank Schäubles Ehrgeiz wurde die Fraktion dabei gestärkt. Da Kohl sich immer mehr auf das außenpolitische Präsidieren verlegte, sollte Schäuble einen Großteil der inhaltlichen Gestaltung übernehmen. Er prägte schließlich auch die Regierungsprogramme von 1994 und 1998.[88]

Die Vormacht des Kanzlers konnte nun auch weniger denn je durch die Länder herausgefordert werden. Das galt zunächst für den Dauerkonflikt mit der Schwesterpartei CSU. Der Tod von Strauß erleichterte Kohls Führungsanspruch ungemein. Unter dessen Nachfolger Max Streibl gewann die bayerische Partei zunächst nicht ihr altes Gewicht zurück. Und mit dem neuen Finanzminister Theodor Waigel fand Kohl einen zuverlässigen CSU-Mann, der ihn sogar in seiner Europapolitik unterstützte. Mit ihm verband Kohl schließlich eine engere Freundschaft.

Die christdemokratischen Landesverbände blieben ebenfalls recht einflusslos. Denn sie durchlebten Anfang der neunziger Jahre fast alle die wohl stärksten Führungskrisen ihrer bisherigen Geschichte. Wichtige christdemokratische Landesverbände – wie Rheinland-Pfalz, Schleswig-Holstein oder Niedersachsen – machten nun in gewisser Weise jene Wechselbäder durch, die auf der Bundesebene höchstwahrscheinlich ohne die Wiedervereinigung eingetreten wären. Die Landeschefs wechselten hier in so kurzen Abständen, dass sie kaum eine Hausmacht aufbauen konnten. Die Absprachen unter den Landesverbänden halfen da wenig. Um den Einfluss des Nordens zu stärken, reaktivierte der Schleswig-Holsteiner Ottfried Hennig etwa den »Soltauer Kreis«, in dem sich die vier Nordländer und Mecklenburg-Vorpommern trafen. Und vor den Bundesparteitagen sprachen sich die großen Flächenländer Baden-Württemberg, Nordrhein-Westfalen und Niedersachsen ab, um eine gemeinsame Linie auszuhandeln. Ihre Autorität blieb aber gering, da sie kaum noch Regierungen stellten. In den alten Bundesländern verblieben lediglich in Berlin und Baden-Württemberg christdemokratische Ministerpräsidenten. Und auch diese standen nur Großen Koalitionen vor. Ihre Schwäche traf die CDU, stärkte aber die Macht des Kanzlers. Die Phase der Kanzlerpartei war damit zugleich eine Zeit der Parteikrise.

Die Gewinne in den neuen Bundesländern konnten dies nicht ausgleichen. Immerhin stellte die CDU hier mit Ausnahme von Brandenburg zunächst überall den Regierungschef. Dennoch überwog auch im Osten eine geradezu chaotische Führungslosigkeit und Fluktuation. Sie ergab sich nicht zuletzt aus dem problematischen Erbe der Ost-CDU. In allen neuen Bundesländern mussten die christdemokratischen Ministerpräsidenten, die Landesvorsitzenden und viele Spitzenpolitiker zunächst wegen ihrer DDR-Vergangenheit oder wegen skandalösen Verfehlungen zurücktreten. Alte Seilschaften in der zweiten Reihe erschwerten den christdemokratischen Transformationseliten den Neuanfang.[89] Konflikte zwischen den Fraktions- und Parteivorsitzenden kamen hinzu. Ein gerraffter Blick auf die zunächst häufig desaströse Parteiführung der fünf ostdeutschen Landesverbände mag diese geradezu fluide, kaum noch übersehbare Lage der ersten zehn Jahre illustrieren:

• In *Sachsen-Anhalt* wurde Ministerpräsident Gert Gies schon 1991 von seiner Vergangenheit eingeholt. Sein Nachfolger, der Westimport Werner Münch, musste bereits zwei Jahre später zurücktreten, da er und seine Westkollegen eine falsche Berechnung ihrer früheren Einkünfte bei der Festsetzung ihres Amtsgehaltes aufgestellt hatten. Der neue Vorsitzende Karl-Heinz Daehre geriet schnell in Dauerkonflikt mit dem 1994 gestürzten Ministerpräsidenten Christoph Bergner, der als Fraktionsvorsitzender eine unergiebige Frontalopposition betrieb. Weitere Skandale folgten bis Ende der neunziger Jahre: Schatzmeister Michael Josten wurde etwa beschuldigt, Detektive auf Parteifreunde und Sozialdemokraten angesetzt zu haben, und gegen seinen Amtsvorgänger Manfred Wulfert wurde ermittelt, weil er laut Staatsanwaltschaft versucht habe, »durch Vermittlung eines Russen einen privaten Gläubiger umbringen zu lassen«.[90] Die CDU schloss derartige schwarze Schafe aus. Nach den Niederlagen und Skandalen trat im Oktober 1998 sogar der gesamte Vorstand geschlossen zurück. Erst mit dem neuen Parteivorsitzenden Wolfgang Böhmer kam mehr Ruhe in den Landesverband.

• Besonders schwierig war die Lage der CDU in *Brandenburg*, da hier der Anteil der Blockeliten zunächst recht hoch blieb. Lothar de Maizière gab nach Stasi-Vorwürfen den Vorsitz an den westdeutschen CDA-Vorsitzenden Ulf Fink ab, der diesen Posten gegen Kohls Votum erreichte. Nachdem der wenig volkstümliche

Fink weder im Bund noch im Land Rückhalt fand, übernahm 1993 die völlig unbekannte Lehrerin Carola Hartfelder den Vorsitz. Um sie herum rollten weiter die Köpfe. Der streitfreudige Fraktionsvorsitzende Peter-Michael Diestel trat nach dubiosen Grundstücksverkäufen zurück, und Generalsekretär Thomas Klein legte sein Amt nieder, nachdem er sich am Vorstand vorbei beträchtliche Honorarzahlungen bewilligt hatte. Gleiches galt für den stellvertretenden Vorsitzenden Klaus Häßler, der seit 1975 im Bezirksvorstand der Ost-CDU saß und nun unter Verdacht stand, seit 1969 als IM für die Stasi gearbeitet zu haben. Die Führungswechsel und Querelen erfassten zugleich die Vorsitzende: Nachdem ihr Landesgeschäftsführer sie als unfähig bezeichnete, beurlaubte sie ihn ohne Rücksprache, was wiederum zu ihrem Sturz führte. Kaum hatte der Nachfolger Peter Wagners seinen Posten angetreten, forderten drei Landtagsabgeordnete in einem offenen Brief an alle Mitglieder seinen Rücktritt. Nach einem weiteren Übergangsvorsitzenden hat seit Anfang 1999 der Berliner Jörg Schönbohm den Vorsitz inne. Er hat es erstmals geschafft, Ruhe in den wohl schwierigsten Landesverband der CDU zu bringen.

• Nicht weniger Startprobleme hatte die Union in *Thüringen*. Ministerpräsident Josef Duchac trat nach zähen Diskussionen zurück, weil er früher als Clown bei Stasi-Veranstaltungen aufgetreten war. Der Landesvorsitzende und Innenminister Willibald Böck musste gehen, nachdem er unter dem Tisch der Landtagskantine eine private Spende von 20 000 DM angenommen hatte. Nicht weniger peinliche Skandale folgten. Ein christdemokratischer Sozialminister wurde beim Diebstahl eines Pornoheftes erwischt, und der Finanzminister vergab Landesaufträge an die eigene Computerfirma. Schließlich gelang es mit dem ehemaligen rheinland-pfälzischen Ministerpräsidenten Bernhard Vogel die Partei in ruhiges Fahrwasser zu bringen. Vogel sorgte für ein harmonisches Auftreten der Partei und wurde jeweils auf den Parteitagen mit großer Mehrheit bestätigt. Zudem organisierte er frühzeitig den Generationswechsel. Er förderte die Wahl des Fraktionsvorsitzenden und ehemaligen Kultusminister Dieter Althaus, der im November 2000 den Vorsitz übernahm.

- In *Mecklenburg-Vorpommern* regierte mit Alfred Gomolka dagegen der einzige christdemokratische Ministerpräsident, der nicht wegen seiner Vergangenheit zurücktreten musste. Ebenso wie bei dem Landesvorsitzenden Günther Krause waren es die hausgemachten kleinen Skandale, die Werftenkrise und die selbstherrliche Entlassung eines Ministers, die ihn diskreditierten.[91] 1992 trat Landesgeneralsekretär Berndt Seite seine Nachfolge an. Auch ihm gelang keine Zusammenarbeit mit der eigenen Fraktionsspitze, die sich unter Eckhardt Rehbergs Führung mitunter gegen den Ministerpräsidenten profilierte. Die neue Landesvorsitzende Angela Merkel stand moderierend daneben. Als Merkel den Posten zugunsten des Bundesvorsitzes der CDU abgeben musste, hatte sie große Schwierigkeiten, eine Nachfolgerin zu finden. Die im Mai 2000 vorgeschlagene frühere Kultusministerin Steffie Schnoor, ein Westberliner Import, war nicht die erste Wahl. Besonders die Konservativen misstrauten der Lehrerin, weshalb sie nur 72 Prozent der Stimmen erhielt. Schon ein Jahr später sollte Rehberg ihren Posten übernehmen.
- Die beste Lage erarbeitete sich der Landesverband *Sachsen*. Da der Landesvorsitzende Klaus Reichenbach als Ex-Bezirksvorsitzender der Block-CDU untragbar wurde, übernahm Kurt Biedenkopf das Ministerpräsidentenamt und dann auch den Vorsitz. In Sachsen konnte die Union eine recht stabile Parteiführung aufbauen, weil sie schnell für eine strikte Erneuerung der Spitze eintrat und frühere IM-Tätigkeiten überprüfte[92]. Sachsen war damit ein Zentrum der Reformer. Biedenkopfs präsidiale Führung stiftete zunächst Harmonie, bescherte dafür seit Ende der neunziger Jahre zunehmend Probleme. Einerseits, weil Biedenkopf die Partei völlig vernachlässigte und 1995 deren Vorsitz dem einflusslosen Fritz Hähle überließ. Andererseits, weil er im Schatten seiner zunehmend selbstherrlichen Führung einen Nachfolgekampf förderte. Er drohte die Partei in einem ähnlich offenen Streit zu zerreißen, wie man es bisher aus den anderen neuen Ländern kannte. Der neue Vorsitzende Georg Milbradt setzte sich im September 2001 schließlich gegen den in der Wohnungsaffäre angeschlagenen Biedenkopf als Vorsitzender durch.

In fast allen ostdeutschen Landesverbänden war die Parteispitze also zunächst so angeschlagen, dass sie kaum Einfluss auf die Bonner Führung nehmen konnte. Bundespolitischen Einfluss hätte die ostdeutsche CDU allenfalls als kollektiver Akteur erlangen können. Ihre Kooperation über die Landesgrenzen hinweg blieb jedoch gering. Das lag nicht nur an der fehlenden gemeinsamen ostdeutschen Identität, sondern an der schwach ausgebildeten Flügel- und Gruppenbildung. Die Landesverbände verinselten zugleich deshalb, weil sie vornehmlich von der Staatskanzlei oder der Fraktion aus gelenkt wurden, weniger aus der Partei heraus. Sie blickten somit stärker auf die Interessen ihres Landes, nicht auf das gemeinsame in der CDU. Ihre schlechte Finanzlage verstärkte dabei im Osten den Trend zur Fraktionspartei.

Die chaotische Entwicklung in den Ländern zeigte zudem, wie wenig sich Helmut Kohl um den Zustand der Partei bemühte. Er versuchte vornehmlich, eine Gefährdung durch landespolitische Rivalen zu vermeiden. Die von Lothar Späth vorgeschlagene Kandidatur von Biedenkopf in Sachsen tolerierte er 1990 noch. Als Rita Süssmuth in Thüringen kandidieren wollte, legte er dagegen schon sein Veto ein. Als sie daraufhin eine Aussprache mit ihm verlangte, machte Kohl ihr klar, dass er neben Biedenkopf nicht noch einen weiteren Bremer Putschisten dulden würde.[93] Stattdessen sollte der loyale Bernhard Vogel den Posten übernehmen. In Rheinland-Pfalz verhinderte Kohl, dass 1993 Heiner Geißler den Vorsitz des zerrissenen Landesverbandes übernahm. Dort mobilisierte Kohl die Kreisverbände, den loyalen Johannes Gerster zu unterstützen. Da Geißler gerade vor einer Operation stand, verzichtete er schließlich auf eine Kampfkandidatur.[94] Allmächtig war Kohl in den Landesverbänden allerdings nicht. Das zeigte sich vor allem in Brandenburg. Dort scheiterte 1991 die von ihm geförderte Angela Merkel in einer Kampfabstimmung um den Landesvorsitz gegen den CDA-Vorsitzenden Ulf Fink. Insgesamt blieb aber die Krise der Landesverbände ein weiterer Baustein, um die Kanzlerpartei der frühen neunziger Jahre zu festigen.

Reformversuche aus den Landesverbänden

Die Krise der Landesverbände hatte für die Partei allerdings auch positive Folgen. Ihre Oppositionszeit regte grundsätzliche Reformen an. Fast alle Landesverbände der alten Bundesrepublik begannen Anfang der neunziger Jahre, auf das schlechte Image der CDU und die allgemein diagnostizierte Politikverdrossenheit zu reagieren. Ihrem föderalen Profil entsprechend wichen ihre Satzungsreformen zum Teil deutlich voneinander ab. Eine gemeinsame Stoßrichtung zeigte sich aber zumindest in drei Bereichen. Erstens richteten sie sich gegen die verkrustete und übermächtige Parteiführung. Amtszeitbegrenzungen, das Verbot von mehr als drei Vorstandsämtern oder die Reduzierung der parlamentarischen Staatssekretäre gehörte fast überall zum Forderungskatalog der Landesverbände. Zweitens sollte die Macht der Basis gestärkt werden. Die Urwahl von Amts- und Mandatskandidaten, Mitgliederbefragungen und Vollversammlungen auf Kreisebene gehörten hierzu. Und drittens sollte die Partei sich für Nichtmitglieder öffnen. Als Gäste sollten sie für eine gewisse Zeit auch ohne Beitritt das Rede- und Vorschlagsrecht erhalten.[95]

Die Anregungen zu diesen Reformen kamen aus der Führung der Landesverbände. Vielfach sollten die Satzungsänderungen von den Parteitagsdelegierten zu weiten Teilen abgelehnt oder lange verschleppt werden. Während die unteren Parteiaktivisten einen Einflussverlust durch Nichtmitglieder fürchteten, bangte die mittlere Parteielite um ihre Erbhöfe, die eine innerparteiliche Demokratisierung gefährden könnte. In Nordrhein-Westfalen scheiterte 1993 etwa die Einführung von »Schnuppermitgliedschaften«, in Berlin ein Jahr zuvor die Amtszeitbegrenzung und in Schleswig-Holstein die Urwahl und die Abschaffung des Delegiertenprinzips bei Kreisparteitagen. Die Debatten über die einzelnen Punkte zogen sich mitunter noch lange hin. Das Erreichte wurde von den Kreisverbänden nur sehr zögerlich umgesetzt.[96] Folglich wäre es verfehlt, allein die Führungsspitze der Partei oder gar Helmut Kohl für den Zustand der CDU verantwortlich zu machen. Schuld an der Innovationsblockade hatten vielmehr auch die unteren Parteiaktivisten.

Die Krisendiagnosen und Reformvorschläge der Landespolitiker richteten sich unverkennbar nicht nur an die verkrustete Basis, sondern auch gegen den Parteiführungsstil von Helmut Kohl. Amtszeit- und Ämterbegrenzungen sollten eine ähnliche Machtakkumulation verhindern, wie Kohl sie praktizierte. Spätestens nach dem knappen Wahlsieg von 1994 sprachen sich viele Landesvorsitzende direkt für die Reform der Bundespartei aus. Bis zum Leipziger Parteitag 1997 verdichtete sich diese Kritik.

Dabei taten sich wie in den sechziger Jahren jüngere Landespolitiker von unter vierzig Jahren hervor, die schnell den Ehrentitel »junge Wilde« erhielten. Die Medienberichte machten sie zur Gruppe. Sie bündelten ihre Kohl-Kritik und gaben den Jungpolitikern mit Gruppeninterviews ein gemeinsames Forum.[97] Die Landes- und Fraktionsvorsitzenden Ole von Beust (Hamburg), Christian Wulff (Niedersachsen), Roland Koch (Hessen), Christoph Böhr (Rheinland-Pfalz), Günther Oettinger (Baden-Württemberg) und den JU-Vorsitzenden Klaus Escher zählte man dazu, mitunter auch den etwas älteren Verkehrsminister Matthias Wissmann. Auf den ersten Blick ähnelten sie sich: Sie waren allesamt männlich und zumeist Juristen, die seit ihrer steilen JU-Karriere mit und in der CDU aufgewachsen waren und nebenbei häufig noch Anwaltskanzleien betrieben. Für eine neue soziale Vielfalt standen sie damit nicht.

In ihren Reformansätzen unterschieden sich die jungen Wilden. Während Roland Koch etwa einen »evolutionären Prozess« der Erneuerung forderte, lehnte sich Christian Wulff besonders weit nach vorne und verlangte 1994 »grundlegende Reformen«. 1997 forderte er in der Steuerreform-Debatte sogar Waigels Rücktritt, weshalb Kohl ihn im Vorstand entsprechend runterputzte.[98] Solche Vorstöße verdienten durchaus das Adjektiv »wild«, das viele belächelten. Besonders radikale Reformvorschläge verabschiedete 1995 der Deutschlandrat der Jungen Union. Er forderte beispielsweise die Urwahl des Parteivorsitzenden, die Streichung von »Pflichtreden« auf Parteitagen, die Umwandlung jedes zweiten Parteitages in Politikmessen (im Stil des Kirchentages), das parteiöffentliche Tagen der Orts- und Stadtvorstände und die Abschaffung des Präsidiums, das durch einen geschäftsführenden Vorstand aus dem Bundesvorsitzenden, den Stellvertretern und dem Schatzmeister zu ersetzen sei.[99] Wie in den sechziger Jahren traten die jungen Christdemokraten damit wieder als visionäre Brauseköpfe auf, die zumindest Denkanstöße gaben.

Zu der Kritik der jungen gesellten sich die alten Wilden. Geißler warnte in Publikationen und zahlreichen Medienauftritten davor, dass die CDU eine »führerkultische Partei« werden könne. Biedenkopf verfasste wie früher kritische Papiere, die vor langweiligen, diskussionsfreien Parteitagen und einer Fixierung auf den Kanzler warnten.[100] An den Wahlergebnissen auf den Parteitagen konnte man ebenfalls ablesen, dass Kohls Stern deutlich sank, auch wenn die Delegierten insgesamt eher lethargisch blieben. Nicht nur Kohl erzielte 1996 schlechtere Ergebnisse als Geißler und Biedenkopf. Auch Kohls getreues Umfeld, wie etwa Innenminister Manfred Kanther oder der CDA-Vorsitzende Rainer Eppelmann, fiel deutlich ab.

Damit war die CDU in den Jahren nach 1994 gewiss kein geschlossener Kanzlerwahlverein mehr, in dem die Partei keine Stimme hatte. Helmut Kohl musste nun vielmehr zunehmend mit Widersachern ringen, die sich über die Landesverbände langsam eine Hausmacht aufbauten. Dennoch konnte er sich weiterhin gut halten. Nicht nur, weil er hart zurückschlug, sondern auch, weil er weiterhin mit den Reformern nicht völlig brach und ihre Anliegen ernst zu nehmen schien. Seit Mitte der neunziger Jahre berief er das Präsidium und den Vorstand wieder häufiger ein, um die Integration der zerrissenen Partei zu erreichen. Und schon auf dem Hamburger Parteitag 1994 hatte sein Generalsekretär Hintze verkündet, nun ebenfalls »eine umfassende Parteireform« zu beginnen. Dabei griff er zahlreiche Pläne aus den Landesverbänden auf, wie die Mitgliederbefragung, eine Gastmitgliedschaft ohne Beiträge und die Beschränkung auf drei Ämter. Gleiches galt für die umstrittene Frauenquote, zu deren Anwalt sich auch Kohl aufschwingen sollte. Auf dem geplanten

Reformparteitag von 1995 zeigte sich allerdings, wie wenig Bedeutung Kohl dem tatsächlich beimaß. Lediglich der letzte Tag wurde für die Parteifragen reserviert. Dabei machten Kohl und Hintze eine ähnliche Erfahrung mit den Delegierten wie die Landespolitiker. Die Mitgliederbefragung über Sachfragen fiel mit 417 zu 331 durch, die Quote knapp. Die mittlere Parteielite blieb weniger reformwillig als die Führungsspitze. Auch hier zeigte sich, dass man Kohl alleine kaum die Schuld an ausgebliebenen Parteireformen zuweisen kann. Zugleich war gerade das Scheitern der Quote auch eine Niederlage für Helmut Kohl.

Das Grunddilemma blieb jedoch, dass Kohl trotz seiner vorherigen Ankündigung nicht zurücktreten wollte. Der junge Kohl hatte unter Adenauer und Ministerpräsident Altmeier hautnah mitbekommen, wie tragisch es sein konnte, wenn große Politiker nicht rechtzeitig die Macht abgeben, sondern durch ihre lange Regierungszeit in einen gewissen Altersstarrsinn verfallen. Dass Kohl aus dieser Erfahrung keine Konsequenzen zog, ließ an seiner Lernfähigkeit zweifeln. Ähnlich wie bei seinen beiden Vorgängern begann er nun seinen eigenen Nachruf zu zerstören. Nachdem er 1994 von seiner letzten Regierungsperiode gesprochen hatte, erwarteten alle seinen Rücktritt. Mit Wolfgang Schäuble stand ein beliebter Nachfolger in den Startlöchern, der seine Bereitschaft unzweideutig öffentlich bekundete. Zudem hatte die Union mit den jungen Landespolitikern eine wesentlich bessere Ausgangsbasis für einen Generationswechsel als die SPD, der gerade diese mittlere Generation Mitte der neunziger Jahre fehlte. Trotzdem verkündete Kohl ohne Rücksprache mit der Partei über das Fernsehen seine erneute Kandidatur. Präsidium und Vorstand segneten dies am 21. April 1997 ab, wobei nur Biedenkopf Bedenken anmeldete.[101] Auf dem Leipziger Parteitag 1997 forderte Kohl angesichts der öffentlichen Kritik offensiv, jeder könne an das Mikrophon treten und sich frei gegen seine Kandidatur aussprechen. Tatsächlich ließ er sich aber nicht durch eine offene Diskussion oder Abstimmung küren, sondern durch den minutenlangen Applaus nach seiner Rede. Ebenso charakteristisch für sein selbstherrliches Machtgebaren war sein Fernsehinterview nach dem Parteitag, in dem er Wolfgang Schäuble zum langfristig geeigneten Nachfolger ernannte. Dies rundete den Eindruck ab, Kohl betrachte seine Ämter als einen persönlichen Erbhof, bei dem er alleine über Rücktritt und Thronfolger bestimme. Aus Angst vor der drohenden Niederlage stellte sich die Partei dennoch erstaunlich geschlossen hinter Kohl. Obwohl er auf dem Bremer Parteitag 1998 eine wenig mitreißende Rede hielt, belohnten ihn die Delegierten mit überlangem Applaus und geradezu inszenierter Begeisterung. Innerlich fragten sich aber viele schon vor der Niederlage, ob Schäuble das Zepter nicht früher hätte übernehmen sollen. Im Nachhinein waren viele klüger.

Führungsschwächen in der zweiten Oppositionsphase

Nach der verheerenden Niederlage von 1998 schien der Wechsel der CDU-Führung reibungslos zu gelingen. Im Unterschied zu Adenauer und Kiesinger legte Helmut Kohl sofort den Parteivorsitz nieder. Damit verhinderte er einen ähnlich quälenden Dualismus. Auch öffentlich trat Kohl in den Hintergrund. Einen Nachfolgestreit vermied er, indem er sofort unzweideutig betonte: »Schäuble wird Fraktionsvorsitzender und natürlich Parteivorsitzender.«[102] Der Rivale Volker Rühe sollte nicht zuletzt deshalb von einer Kandidatur absehen. In der weiteren Führungsspitze kam es zu einem gleitenden Übergang zwischen alten und neuen Köpfen. Die neue Generalsekretärin Angela Merkel, der Schatzmeister Wissmann und die beiden Stellvertreter Rühe und Blüm standen für eine Kontinuität aus dem Kabinett heraus. Parteivize Christian Wulff und Annette Schavan standen dagegen für eine gewisse Erneuerung aus den Ländern. Ähnliches galt für die Präsidiums- und Vorstandswahl im November 1998. Die Parteitagsregie garantierte hier durch weitgehend abgezählte Kandidaten das Gleichgewicht zwischen den Flügeln und Generationen. Allerdings war es keineswegs allein die Führungsspitze um Schäuble, die einen Bruch mit der Kohl-CDU verhinderte. Auch die Mehrheit der Delegierten wollte keinen echten Schnitt. Kohls Kritiker – wie Rita Süssmuth, Peter Müller oder Klaus Escher – erhielten dementsprechend schlechte Ergebnisse. In der Parteitagsdebatte machten einzelne Redner sie sogar für die Niederlage verantwortlich.[103] Hinter den Kulissen blieb Helmut Kohl weiter präsent. Als Ehrenvorsitzender nahm er bis Ende 1999 regelmäßig an den Sitzungen des Präsidiums und des Vorstandes teil.[104] Gerade bei den ersten Zusammenkünften fiel er dabei schnell wieder in seine alte Führungsrolle hinein. Seine internen Ratschläge, besonders an Schäuble, und seine halb öffentliche Kritik an den Reformplänen von Generalsekretärin Merkel waren dabei Hilfe und Last zugleich. Die CDU nach Kohl war somit weiterhin eine CDU mit Kohl.

Der neue Parteichef Wolfgang Schäuble erinnerte in mancher Hinsicht an Rainer Barzel und den Weg in die erste Opposition. Auch Schäuble galt vor allem als ein guter Manager, der aus der Fraktion heraus die Partei organisierte. Er glänzte als kühler, wendiger und analytischer Kopf, konnte aber schlechter als Kohl emotionale Bindungen aufbauen. Wie Barzel wirkte er etwas undurchsichtig. Wiederum fragte man sich, wofür der Vorsitzende eigentlich wirklich stand. In der Parteiorganisation war er ebenfalls nie besonders hervorgetreten und stand ihr nun eher nebenbei vor. Bereits seine Antrittsrede wurde als zu kopflastig empfunden. Auf dem Erfurter Parteitag im April 1999 setzte er sich zwar differenziert mit dem Kosovo-Konflikt auseinander – ein Zukunftskonzept für die Union oder eine Analyse der Niederlage bot er dagegen nicht. Trotz seines Fraktionsschwerpunktes kam es aber schon unter Schäuble zu einer Aufwertung der Parteigremien. Das Präsidium und der Bundesvorstand sollten jetzt so häufig tagen wie noch nie in der gesamten Parteigeschichte der CDU. Gerade in der Krisenphase waren sie wichtige Entscheidungsträger. Die Vorstandssitzungen bereitete Schäuble umsichtig per Telefon vor. Während Kohl die Zusammenkünfte mit einem recht offenen Bericht begann und erst am Ende die Ergebnisse bündelte, machte Schäuble bereits eingangs stringente Vorgaben. Allerdings gelang es ihm kaum, am Ende eine vergleichbar wohlige Harmonie herzustellen wie sein Vorgänger Kohl.[105] Selbst bei den Parteitagen verteilte er zum Abschluss eher Hausaufgaben. Sein Führungsstil wirkte dadurch auf viele einschüchternd. Aber immerhin bewahrte Schäuble bis zur Spendenkrise eine nicht erwartete Geschlossenheit in der Partei, wobei ihm die schnellen Landtagswahlsiege zu Hilfe kamen. Vor allem die jungen Wilden sollten erstaunlich zahm bleiben und sich kaum kontrovers zu Wort melden. Offensichtlich fiel es ihnen schwer, statt der Kanzlerkritik nun eigene Akzente zu setzen. Ihnen fehlte die bisherige Aufmerksamkeit der Medien. Ebenso verzichteten die stellvertretenden Vorsitzenden, die recht hart um ihre Posten gekämpft hatten, im Jahr nach der Niederlage auf eine eigenständige Profilierung. Um eine echte und faire Einschätzung von Schäubles Parteiführung und Organisationsarbeit geben zu können, war seine einjährige Amtszeit bis zur Spendenaffäre aber sicherlich zu kurz.

Erst der Spendenskandal sollte geradezu gewaltsam jenen Bruch mit der Kohl-CDU herbeiführen, den die Partei bislang aus guten Gründen vermieden hatte. Nicht die Stärke der Hausmacht, sondern die persönliche Integrität war nun plötzlich entscheidend, um in der Führungsspitze zu verbleiben. Dementsprechend verteilte sich das Machtgefüge in der Union schlagartig neu. Kohl schied im Dezember 1999 aus dem innerparteilichen Leben und schließlich sogar als Ehrenvorsitzender aus, da er die Namen seiner geheimen Spender nicht preisgab. Schäuble musste zurücktreten, weil er eine ihm überreichte große Bargeldspende trotz Nachfrage verheimlicht hatte. Der zweifelsohne wichtigste Jungpolitiker der CDU, der frisch gewählte hessische Ministerpräsident Roland Koch, blieb ebenfalls in seiner Karriere blockiert, nachdem er erst verspätet offenbarte, wann er von den geheimen Spenden seines Landesverbandes erfuhr. Zudem scheiterte der hoffnungsvolle Schatzmeister Matthias Wissmann an seinem schlechten Krisenmanagement. Aufs Kanzleramt schielende Köpfe wie Volker Rühe und Jürgen Rüttgers wurden dagegen durch ihre mittelmäßigen Landtagswahlergebnisse zurückgeworfen, die auf den Skandal folgten.

Allein aus dieser Konstellation erklärt sich der Aufstieg von Angela Merkel, die sich am 22. Dezember 1999 in einem mutigen FAZ-Artikel von Kohl abgrenzte. Vier Monate später wurde sie zur neuen Vorsitzenden gewählt. Mit Angela Merkel rückten bislang unbekannte Gesichter in die Parteispitze, die kaum politische Erfahrung hatten. Den Fraktionsvorsitz übernahm mit dem 45-jährigen Friedrich Merz ein Abgeordneter, der knapp zwei Jahre dem Bundesvorstand und sechs Jahre der Fraktion angehört hatte, ansonsten aber kaum Parteiengagement vorweisen konnte. Mit dem Schatzmeister Ulrich Cartellieri kam für knapp zwei Jahre ein Mann ins Präsidium, der extra für dieses Amt erst in die CDU eintrat. Als ehemaliger Vorstandsprecher der Deutschen Bank hatte er zumindest für den wichtigsten CDU-Spender gearbeitet. Zudem nominierte Angela Merkel mit Ruprecht Polenz einen Generalsekretär, der bislang weder in der Partei noch bei seinen Fraktionskollegen besonders aufgefallen war. Tatsächlich blieb er so blass, dass Merkel ihn nach einem halben Jahr gegen den Wadenbeißer Laurenz Meyer auswechselte, der sich in der Partei sogleich durch seine übereilte Schärfe unbeliebt machte. In der CDU-Geschäftsstelle hatte Merkel schon vorher ihre Vertrauten plaziert. Sie berief ihren alten Staatssekretär Willi Hausmann zum Bundesgeschäftsführer und besetzte drei von vier Hauptabteilungsleitern neu. Ihrem ehemaligen Generalsekretär aus Mecklenburg-Vorpommern, Klaus Preschle, übertrug sie die Leitung der Abteilung Grundsatzfragen und politische Planung, die ihr direkt unterstellt war. Der letzte Kohl-loyale Leiter einer Hauptabteilung, Hans Terlinden, flog schließlich während der Spendenaffäre, da er weiterhin Kohl vorab mit Dokumenten versorgt hatte. Merkel erwies sich damit als eine Vorsitzende, die in der Personalpolitik hart durchgreifen konnte und wie Kohl vor allem auf persönliche Weggefährten setzte. Nicht nur der allgemeine Generationswechsel, sondern auch der Umzug nach Berlin verstärkte die Fluktuation in der Geschäftsstelle. Drastische Entlassungen aus finanziellen Gründen beschleunigten den Austausch zusätzlich.

Auf allen Ebenen zeigte sich schnell, dass die Partei mit diesem harten Bruch überfordert war. Besonders in der Bundesgeschäftsstelle fehlten der CDU nun talentierte Führungspersonen, die zugleich Erfahrung aufwiesen. Bis Anfang 2002 blieb deshalb unklar, wer eigentlich den Bundestagswahlkampf koordinieren sollte. Niemand in der Geschäftsstelle traute sich diese Aufgabe so recht zu, da keiner jemals einen Bundestagswahlkampf geleitet hatte. Der ambitionierte Leiter der Abteilung Grundsatzfragen und politische Planung, Klaus Preschle, schmiss bereits im März 2001 wegen der desolaten Lage das Handtuch. Daraufhin löste Merkel diesen wichtigen Posten zugunsten des Wahlkampfstabes auf. Die Fluktuation war gewaltig. Immerhin hatte sich die Geschäftsstelle nicht nur um ein Drittel auf 117 Mitarbeiter verkleinert (Stand November 2001), sondern auch umzugsbedingt etwa fünfzig Posten neu besetzt. Aus diesem Kompetenzvakuum heraus intensivierte sich immerhin die Zusammenarbeit mit den Wahlexperten der Konrad-Adenauer-Stiftung. Nach ihrer Auszeit unter Kohl durften sie nun wieder eine echte Beratung anbieten. Ein weiteres Problem blieb, dass die einzelnen Abteilungen der Bundesgeschäftsstelle recht unverbunden nebeneinander und gegeneinander arbeiten. Offensichtlich fehlte die übergeordnete Hand, die Synergieeffekte herbeiführte und die gedrückte Stimmung auflockerte. Da die Geschäftsstelle besonders stark unter der Finanznot und den Entlassungen litt, blieb die Motivation gering. Dennoch: Das Grundproblem waren nicht die fehlenden Mittel für teure Strategien, sondern der Mangel an klaren Zielen.[106]

Überfordert war auch die neue Vorsitzende Angela Merkel. Natürlich waren ihre persönlichen Voraussetzungen denkbar ungünstig. Als erste Frau und erste Ost- und Norddeutsche an der CDU-Spitze war ein grundlegendes Misstrauen vorprogrammiert. Angesichts der stark westdeutsch-katholischen Tradition der Partei konnten ihre katholischen Generalsekretäre aus Nordrhein-Westfalen dies kaum ausgleichen. Den Konservativen in der Partei und in der CSU erschien Merkel ohnehin zu liberal. Im Unterschied zu ihren Vorgängern hatte sie weder eine Hausmacht, noch trat sie als Wahlsiegerin an. Die Spendenaffäre schränkte ihre Spielräume zusätzlich ein. Denn obwohl sich Merkel integrativ um ein gutes Verhältnis zu Kohl und dessen Anhängern bemühte, zerriss Kohls Verhalten die Partei. Und im Unterschied zu Kohl hatte sie zudem keine Posten zu verteilen. Stattdessen musste sie fortlaufend Entlassungen aussprechen, was loyale Bindungen natürlich zerstören konnte.

Strukturell gesehen besaß die neue CDU-Vorsitzende allerdings eine recht gute Ausgangslage. Ihre potentiellen Rivalen waren angeschlagen, im Bundesrat hatte die Union eine Mehrheit und die CSU trat wesentlich zurückhaltender auf als in der letzten Oppositionsphase. Gleichzeitig waren nun auch die Krisen in den Landesverbänden weitgehend überwunden. Nach der Spendenaffäre konnte Merkel eigentlich nur für eine Aufwärtsentwicklung stehen.

Dennoch zeigte Merkel schnell hausgemachte Schwächen. Erstens blieb sie in den Vorstands- und Präsidiumssitzungen führungsschwach. Im Unterschied zu Kohl praktizierte sie eine wesentlich offenere Diskussionskultur, die kaum Ergebnisse vorgab. Vielen Beteiligten fehlte jedoch die abschließende Bündelung hin zu einer gemeinsamen Linie, die sich Merkel zu lange offen hielt. Im Vergleich zu Kohl und Schäuble griff sie vor den Sitzungen zunächst kaum zum Telefon, um Stimmungen auszumachen oder zu lenken. Dementsprechend fehlte der Partei in wichtigen Diskussionen und Abstimmungen die nötige Einheit. Zahlreiche Landesvorsitzende sollten ihr diese Führungsschwäche sogar öffentlich vorwerfen – intern beklagten sie selbst Merkel-Anhänger.[107] Zweitens gelang ihr keine enge Kooperation mit der Fraktion und deren Vorsitzenden Merz. Anfangs umkreisten sie sich wegen der offenen Kanzlerkandidatenfrage. Seit Merkel ihm die Schuld an der gescheiterten Ablehnung der Steuerreform im Bundesrat gab, blieb das Verhältnis abgekühlt. Zudem trugen die Abgeordneten Merkels wechselhafte Haltung nicht mit, etwa in der Frage des Mazedonien-Einsatzes. Gerade die enge Brücke zwischen Partei und Fraktion dürfte aber die Grundvoraussetzung für jede erfolgreiche Oppositionsarbeit sein. Das galt gerade für die Zeit nach der Spendenaffäre. Durch die Sparmaßnahmen in der Bundesgeschäftsstelle wurde die Fraktion zusätzlich aufgewertet. Denn sie verfügte weiterhin über regelmäßige Finanzeinnahmen und einen unveränderten Mitarbeiterstab, der nun verstärkt politische Planungsaufgaben übernahm.

Drittens wurde Merkel angelastet, einige Beschlüsse nicht mit wichtigen Köpfen der Partei abzustimmen. Das begann im positiven Sinne mit ihrem FAZ-Artikel gegen Kohl. Ihre Aussage, sie und Stoiber entschieden alleine über die Kanzlerkandidatur, sorgte dagegen für Verärgerung. Gleiches galt für ihre »Grundsatzerklärung« vom Juni 2001, die sie vorher nicht in den Gremien besprach.[108] Sicher war die Einschätzung überzogen, Merkel berate sich nur mit ihrem »Girlscamp«, das aus ihrer Büroleiterin Beate Baumann, ihrer Pressesprecherin Eva Christiansen, der JU-Vorsitzenden Hildegard Müller und der stellvertretenden Vorsitzenden Annette Schavan bestehe. Gerade die beiden Letzteren gehörte ohnehin nur phasenweise zu Merkels engstem Kreis. Eine kontinuierliche Rücksprache mit den Landesvorsitzenden, den Vorsitzenden der wichtigsten Vereinigungen und den führenden Köpfen der Fraktion fehlte aber offensichtlich. Merkel stieg als Frau der Regionalkonferenzen auf, vernachlässigte dann aber die regionale Ebene. Öffentliche Unstimmigkeiten waren die Folgen. Ihre wenigen Vertrauten unter den CDU-Granden wechselten. Im Jahr 2001 zählten vor allem der Niedersachse Christian Wulff und der Saarländer Peter Müller hierzu, mitunter auch der Thüringer Bernhard Vogel. Zu Roland Koch baute Merkel eine machtpolitische Kontaktpflege auf. Probleme hatte sie dagegen zunächst mit dem nordrhein-westfälischen Landesvorsitzenden Jürgen Rüttgers, obwohl dieser schließlich offen ihre Kanzlerkandidatur forderte. Eine engere Verbindung zu den Landesverbänden suchte Merkel auch bei der Wahlvorbereitung. Im Unterschied zu Kohls Zeiten durften nun die Landesvorsitzenden Ole von Beust und Frank Steffel in der Wahlkampfphase an den Präsidiumssitzungen teilnehmen, um Rückhalt der Bundespartei zu erhalten.[109] Die geringe Unterstützung, die sie von den Landesvorsitzenden für ihre Kanzlerkandidatur erhielt, legte aber schließlich offen, dass sie keine festeren Loyalitäten in den Landesverbänden aufbauen konnte.

Zweifelsohne stand Angela Merkel für eine Aufwertung der Partei. Besonders das Präsidium entwickelte sich nun wieder zu einem Führungsgremium, dessen Beschlüsse sich gut in den Medien plazieren ließen. Die CDU-Ministerpräsidenten nahmen nun auch laut Satzung beratend an Präsidiumssitzungen teil, Vorsitzende von Vereinigungen und Landesverbänden an den Vorstandssitzungen. Damit schrieb der Essener Parteitag trotz aller Reformbegeisterung freilich jene Aufblähung der Gremien fest, die unter Kohl de facto entstanden war.

Keine Durchsetzungsstärke bewies Merkel jedoch bei der Reform der Parteiorganisation. Diese blieb vorzeitig in allgemeinen Aufforderungen stecken. Zunächst zeigte Merkel hier durchaus großes Engagement. Schon als Generalsekretärin war sie unverkennbar für eine stärkere Beteiligung der Basis eingetreten. Die Regionalkonferenzen, auf denen sie sich küren ließ, sollten dies ebenso unterstreichen wie die von ihr angestrebte »Bürgerpartei«. Ebenso sprachen sich ihre Generalsekretäre Polenz und Meyer sofort dafür aus, die Mitgliederbeteiligung zu erhöhen und die Parteibasis zu öffnen. Allerdings zog sich die Umsetzung dieser Ansätze hin. Erstaunlicher Weise hatte die Regierungspartei SPD drei Jahre nach dem Regierungswechsel mehr derartige Parteireformen verwirklicht als die Union, obwohl bei der Oppositionspartei eher eine Erneuerung zu erwarten gewesen wäre.[110] Zudem blieben viele christdemokratische Reformforderungen die gleichen wie seit über drei Jahrzehnten. Ihre Beschlüsse »Krise als Chance« vom Essener Parteitag 2000 ähnelten im hohen Maße dem Papier »Moderne Parteiarbeit in den neunziger Jahren«, das 1989 verabschiedet, aber nie wirklich umgesetzt wurde. Im April 2001 legte ihre Präsidiumskommission den Bericht »Lebendige Volkspartei. Reformprojekte der CDU Deutschlands für eine moderne, demokratische und interessante Parteiarbeit« vor. Ihre Forderungen knüpften an die Diskussion der frühen Neunziger an. So regte der Bericht erneut mehr Mitgliederbefragungen bei Kandidaten und Sachthemen an, die Öffnung der Kreisparteitage für alle Mitglieder, die Empfehlung zur Amtszeitbegrenzung auf maximal zwölf Jahre oder die Beschränkung auf drei Vorstandsämter. Und erneut scheiterte das Papier schon im Vorfeld am Unwillen einiger Landesverbände.[111] Obwohl der Parteitag für 2001 eine Reformvorlage verlangt hatte, wurde sie deshalb stillschweigend auf die Zeit nach der Bundestagswahl vertagt.

Ein weiteres Grundproblem von Angela Merkel und der gesamten CDU blieb schließlich die lange ungeklärte Frage, wer 2002 Kanzlerkandidat werden sollte. Seit 1966 quälte sich die Union nun regelmäßig mit der Diskussion, welches Gremium eigentlich den Bewerber für das wichtigste Staatsamt aussuchen darf. Abermals blieben die Vorschläge taktisch leicht durchschaubar. Die Anhänger von Merkel – wie die Junge Union, die Frauen-Union oder der Generalsekretär – schlugen eine Urwahl oder Regionalkonferenzen vor.[112] Da ihr Rivale Edmund Stoiber laut Umfragen auch bei den CDU-Mitgliedern auf mehr Resonanz stieß, geriet dieser Schachzug in Vergessenheit. Die quälende Debatte lähmte die CDU. Aber auch unter taktischen Gesichtspunkten war ihr Abwarten von sehr zweifelhaftem Wert. Durch eine frühzeitige Entscheidung hätte der Spitzenkandidat frühzeitig innerparteiliche Autorität erlangt und so die Geschlossenheit der CDU gestärkt. Denn bislang hatten sich die Christdemokraten noch fast immer recht loyal hinter ihren Kanzleranwärter gestellt. Da Merkel und Stoiber für unterschiedliche Akzente standen, hätte die CDU bei einer rechtzeitigen Festlegung zudem früher einen klaren Kurs finden können. So dominierte aber 2001 bei vielen Mitarbeitern der Geschäftsstelle eine gewisse Lethargie, weil sie nicht wussten, für wen sie eigentlich bestimmte Themen aufbauen sollten. Erst im Januar 2002 ermöglichte Merkels vorzeitiger Verzicht, dass endlich die gezielte Wahlkampfvorbereitung beginnen konnte.

Angela Merkel hat sich nach Kohls Rücktritt sicher wackerer geschlagen, als alle Beobachter erwartet haben. Ähnlich wie der junge Kohl trat sie als eine Reformerin an, nicht als geborene Kanzlerkandidatin. Im Unterschied zu ihrem Vorgänger konnte sie ihre Chance aber nicht nutzen, um aus der Parteiorganisation heraus ein Machtzentrum aufzubauen. Die Zukunft der CDU liegt daher zunächst weiterhin in den Bundesländern.

Vom Spendensystem zur Spendenkrise: Die Finanzen der CDU

Die Entstehung des CDU-Spendensystems

Für Parteien gilt das Gleiche wie für jeden Fußballverein, jedes Museum oder jedes Forschungsinstitut: Sie müssen möglichst viel Geld einwerben, weil auch davon ihr Erfolg abhängt. Da Parteien jedoch in einem permanenten ideologischen Wettkampf stehen, haben die Finanzen für sie eine noch grundsätzlichere Bedeutung. »Zum Kriegführen gehört Geld, Geld und wieder Geld, und auch Wahlkampf ist eine Art Krieg, zu dem man Geld, Geld und wieder Geld braucht«, sagte Franz Josef Strauß auf dem CDU-Bundesparteitag 1984.[1] Tatsächlich gingen Macht und Machtverlust in der CDU stets mit ihren Finanzen einher. Ihr Spendenwesen förderte ihren Aufstieg, ihre Spendenskandale beschleunigten dagegen ihren Niedergang. Schwere Parteikrisen wurden fast immer von großen Finanzkrisen begleitet.

Selbst bei den Finanzen der Parteien zeigt sich die große Wirkungsmacht von Traditionen. Bis heute sind die Sozialdemokraten die Partei mit dem größeren Besitz. Um sich eine Teilöffentlichkeit zu verschaffen, hatte die SPD seit dem Kaiserreich ihre Mitglieder- und Mandatsträgereinnahmen in Druckereien, Verlage und Parteihäuser investiert. Die bürgerlichen Parteien verzichteten dagegen auf eine ähnliche Vermögensbildung. Sie brauchten keine eigenen Druckereien, da sie sich bis 1933 auf eine parteinahe Richtungspresse stützen konnten. Zudem benötigten sie keinen kostspieligen Parteiapparat, weil sie auf den Staat, die Kirchen oder nahe stehende Verbände bauten. Zur Finanzierung ihrer Wahlkämpfe griffen sie auf die Spenden der Wirtschaftsverbände und Unternehmen zurück, während ihre Mitgliedereinnahmen vernachlässigenswert gering blieben.[2]

In den ersten Jahren nach 1945 schien die CDU mit dem bürgerlichen Finanzierungsmodell zu brechen. Ihr rasanter Mitgliederzulauf bescherte ihr größere Beiträge aus der Parteibasis. Die Politiker der ersten Stunde setzten zudem häufiger eigenes Vermögen ein. Wirtschaftsspenden spielten dagegen nur eine kleinere Rolle. Wichtiger waren die Mittel, die die Union von den ihr nahe stehenden Zeitungen erhielt. Denn ebenso wie die Sozialdemokraten hatte auch die CDU von den Alliierten Zeitungslizenzen bekommen, die allerdings nahe stehende Einzelpersonen übernahmen. Von den Kieler Nachrichten über die Kölnische Rundschau bis hin zur Schwäbischen Zeitung besaßen die Christdemokraten ein lukratives Pressewesen.

In den fünfziger Jahren geriet die Parteifinanzierung der Union jedoch wieder in die alten Bahnen. Die Zahl der Mitglieder sank ebenso rasant wie ihre Zahlungsmoral. Wie der damalige Bundesschatzmeisters Ernst Bach ausführte, zahlte nur die Hälfte überhaupt Beiträge. Der Rest brachte nur so kleine Summen auf, dass die SPD insgesamt knapp sechsmal so viel von ihrer Basis einnahm. Auch die christdemokratischen Mandatsträger weigerten sich, ähnlich wie die Sozialdemokraten Abgaben an die Partei zu leisten. Die Parteiressentiments waren auch bei ihnen noch zu groß. Zudem gerieten seit 1949 die CDU-nahen Zeitungen in die Krise. Um sich zu sanieren, lösten sie sich von der Union. Auch wenn sie ihr weiter politisch nahe standen, konnte die Union von ihnen keine monatlichen Zahlungen mehr erwarten. Dagegen erhielt die SPD nicht nur regelmäßig hohe Mitglieder- und Abgeordnetenbeiträge, sondern besaß durch die Entschädigung für ihr 1933 beschlagnahmtes Vermögen zugleich auch noch einen guten finanziellen Grundstock.

Aus dieser Krisensituation heraus entwickelte die CDU seit Anfang der fünfziger Jahre ein neues Finanzsystem. Dabei setzte sie zunächst wieder auf den Staat. Adenauer und sein Staatssekretär Otto Lenz zeigten bereits Anfang der fünfziger Jahre wenig Scheu, hohe Regierungsmittel für die politische Werbung zu verwenden. Über die Töpfe des Bundespresseamtes, der Bundeszentrale für Heimatdienst oder des Ministeriums für gesamtdeutsche Fragen finanzierten sie nicht nur Werbeschriften, sondern ganze politische Werbeorganisationen. Allein über den berühmten Titel 300 des Bundespresseamtes liefen für diese Öffentlichkeitsarbeit Mitte der fünfziger Jahre elf Millionen Mark pro Jahr.[3] Damit finanzierte sie vor allem die Arbeitsgemeinschaft Demokratischer Kreise, die bereits 1952 rund 2000 feste Mitarbeiter hatte, oder die Mobilwerbung GmbH, die mit 25 Spezialbussen Filmvorführungen über Adenauers Erfolge präsentierte.

Zur wichtigsten Einnahmequelle der CDU entwickelten sich jedoch die Großspenden der Verbände und der Unternehmen. Im Unterschied zur Weimarer Republik verließen sich die bürgerlichen Parteien nicht mehr auf die unregelmäßigen, unkalkulierbaren und oft personenbezogenen Einzelspenden, die vornehmlich nur vor Wahlen eingingen. Vielmehr bauten sie ein neuartiges Spendensystem auf, das vor allem auf zwei Säulen beruhte: den Fördergesellschaften und dem »Wirtschaftsbild«.

»Das Wirtschaftsbild« war eine Parteizeitung der CDU, die der Spendenbeschaffung diente. Für das seit 1949 herausgegebene Blatt, das nur einige allgemeine Wirtschaftsdaten enthielt, zahlten die Unternehmen fünfzig Mark pro Zeitschrift. Dies konnten sie als Betriebsausgabe steuerlich absetzen. Da viele Unternehmen zugleich mehrere Ausgaben abonnierten, kamen für die Union so durchschnittlich rund 2,5 Millionen Mark an Spenden im Jahr zusammen. Die Gelder gingen zunächst an die Bundesgeschäftsstelle, wurden dann aber wieder größtenteils an jene Landes- oder Kreisverbände zurückgezahlt, die sie eingeworben hatten. Damit die CDU nicht selbst die hohen Gewinne versteuern musste, erfand sie 1959 einen weiteren Trick. Sie legte rückwirkend das gewinnträchtige Wirtschaftsbild mit ihren kostenintensiven Mitgliederzeitungen in einem Verlag zusammen. Auf diese Weise zehrten sich die Gewinne des Wirtschaftsbildes intern auf. Die Überschüsse ließ sie als »Provisionen« getarnt an die Bundes-, Landes- und Kreisgeschäftsstellen zurücklaufen. Viele Parteimitarbeiter wurden deshalb offiziell als Verlagsangestellte geführt, um die Gewinne aufzubrauchen. Damit war die CDU wie die SPD eine verlagsfinanzierte Partei, ohne dass sie echte Presseprodukte herstellte. Statt zur mitgliederfinanzierten Partei wurde sie zu einer durch Abonnenten finanzierten Partei.[4]

Der wichtigste Spendenkanal waren jedoch die so genannten Fördergesellschaften. Sie entstanden seit 1952 in allen Bundesländern und trugen Namen wie Gesellschaft zur Förderung der Wirtschaft Baden-Württemberg e.V. oder Verein zur Förderung der sozialen Marktwirtschaft in Nordrhein-Westfalen. In diesen Spendenvereinen wurden die Wirtschaftsverbände und Unternehmen Mitglieder und zahlten eine Aufnahmegebühr und Monatsbeiträge. Die Staatsbürgerliche Vereinigung bildete 1954 ein bundespolitisches Pendant dazu. Sie leitete die Spenden der bundesweiten Verbände und größten Unternehmen weiter. Vor allem der Bundesverband der Deutschen Industrie (BDI) übernahm durch seinen Vorsitzenden Fritz Berg und seinen Geschäftsführer Gustav Stein die Leitung dieser Vereinigung. Die Verbindung zwischen diesen Spendenvereinen und der CDU garantierten auf der Bundesebene vor allem Adenauers engste Berater Robert Pferdmenges und sein Staatssekretär Globke. Auf Landesebene hielten dagegen wirtschaftsnahe Landesvorsitzende wie Otto Fricke (Braunschweig), Klaus Scheufelen (Nord-Württemberg) oder Hugo Scharnberg (Hamburg) einen engen Kontakt. Die Fördergesellschaften waren damit keineswegs CDU-Vereine, standen aber mit den wichtigsten Christdemokraten in enger Verbindung.

Ziel dieser Vereine war es von Beginn an, Großspenden steuerbegünstigt, anonym, geschlossen und regelmäßig an die bürgerlichen Parteien weiterzuleiten. Monatlich brachten die Fördergesellschaften bereits Ende 1953 rund 300 000 DM für die CDU auf. Vor Wahlen lag dieser Betrag deutlich höher. Die wichtigste Forderung der Spender war, dass die bürgerlichen Parteien keine Regierung mit der SPD bilden dürften, sondern möglichst eng zusammenrücken sollten. Dies entsprach exakt Adenauers Sammlungskurs. Die Liberalen, die Deutsche Partei und die Flüchtlingspartei Block der Heimatvertriebenen und Entrechteten (GB/BHE) profitierten von den relativ hohen Spendenanteilen, die sie von den Fördergesellschaften bekamen. Immerhin erhielten die Liberalen über ein Drittel der Gesamtsumme, die Deutsche Partei rund fünfzehn Prozent. Gleichzeitig gerieten die Kleinparteien allerdings unter hohen finanziellen Druck, wenn sie sich in Alleingängen gegen die CDU profilierten. Bereits vor der Bundestagswahl von 1953 sperrten ihnen die Fördervereine nach entsprechenden Wahlaussagen die Spenden. In den Bundesländern hatten sozialliberale Koalitionen – wie 1956 in Nordrhein-Westfalen oder 1959 in Niedersachsen – für die Liberalen ähnliche Folgen. Umgekehrt erhielten jene Landesverbände Sondermittel, die für eine enge Zusammenarbeit mit der Union eintraten. Damit erschöpfte sich die Bedeutung der Fördergesellschaften nicht nur in ihrer materiellen Dimension. Sie waren vielmehr ein wichtiger Katalysator, um die Konsolidierung der bürgerlichen Parteien und ihr Aufgehen in der CDU zu beschleunigen.[5]

Die Fördergesellschaften hatten einen weiteren positiven Effekt für die Union. Im Vergleich zu den Einzelspenden an bestimmte Politiker verminderten sie die Korruptionsgefahr. Auch wenn wirtschaftsnahe Christdemokraten über sie weiterhin gewisse Sonderzahlungen erhielten, standen sie für eine gewisse Anerkennung des Parteienprinzips. Dafür sprachen die Spender aber bei wirtschaftspolitischen Grundsatzentscheidungen mit einer Stimme. Adenauer war sicher zu sehr auf einen gesellschaftlichen Ausgleich bedacht, um blind das Votum der Wirtschaft zu übernehmen. Der Beraterstatus von Verbandsvertretern wie Fritz Berg oder Robert Pferdmenges wurde durch dieses Finanzierungssystem aber deutlich aufgewertet. Zum Kanzleramt hatten sie einen recht offenen Zugang. Besonders der Geschäftsführer des BDI, Gustav Stein, sollte sich phasenweise sogar wöchentlich mit Adenauers Staatssekretär Globke treffen.[6]

Innerhalb der Partei beeinflusste das Spendensystem ebenfalls das Machtgefüge. Zunächst stärkte es die Bonner Führung innerhalb der föderalen Partei. Die Spenden des Wirtschaftsbildes und der Staatsbürgerlichen Vereinigung wurden von ihr erfasst und dann erst verteilt. Ein Landesverband wie Hessen, der Wahlbündnisse mit den Kleinparteien ablehnte, konnte dagegen 1953 durch die Fördergesellschaften diszipliniert werden, die ihm kurzzeitig die Gelder sperrten. Der intransparente, geheime Geldfluss wertete in den Landesverbänden zugleich die Position der Schatzmeister auf. Weil die CDU aus Geheimhaltungsgründen keine Etats vorlegte, hatten sie ein gewisses Herrschaftswissen bei der Mittelverteilung. Da die meisten Schatzmeister und Spendenakquisiteure wirtschaftsliberale Protestanten waren, verstärkte das Spendensystem ihr Gewicht innerhalb der katholisch fundierten CDU. Dementsprechend war es vor allem der katholisch-soziale Flügel, der frühzeitig für eine Staatsfinanzierung eintrat.

Vor allem festigte das Spendensystem aber die informelle Parteiführung von Adenauer. Während sein wirtschaftspolitischer Berater Pferdmenges die Spenden hereinholte, bewahrte sein Staatssekretär Hans Globke einen bundesweiten Überblick über das komplizierte Kontensystem. Zahlreiche Beispiele zeigen, dass sich Landespolitiker bei Finanzproblemen direkt an Globke wandten – und nicht etwa an den offiziellen Bundesschatzmeister Ernst Bach, der von vielen Konten gar nichts wusste. Der Kanzler und Parteivorsitzende konnte dann entscheiden, unter welchen Bedingungen einem Landesverband, einer Vereinigung oder einem bestimmten Politiker ausgeholfen werden sollte.[7]

Die rechtliche Grundlage des Spendensystems blieb denkbar dünn. Um die steuerbegünstigten Parteispenden der Fördergesellschaften zu legitimieren, holte die Union vom Bundesfinanzhof 1952 ein Gutachten ein, das Berufsverbänden Parteispenden von bis zu 25 Prozent ihres normalen Beitragsaufkommens erlaubte. Es sollte auch in den folgenden Jahrzehnten die einzige Rechtsgrundlage bleiben. Sie war allerdings recht windig. Denn die Fördergesellschaften waren keine echten Berufsverbände, sondern Spendenvereine. Außerdem leiteten sie mehr als ein Viertel ihrer Einnahmen weiter. 1954 hatte die Regierungsmehrheit zwar Parteispenden als abzugsfähig deklariert. Dieses Gesetz kassierte aber bereits vier Jahre später das Bundesverfassungsgericht, da es wirtschaftsnahe Parteien begünstige.[8] Das explizite Urteil erhöhte den moralischen und juristischen Druck auf die bürgerlichen Parteien.

Zudem verschleierte die CDU die rechtliche Grundlage dadurch, dass sie bis 1967 das vom Grundgesetz geforderte Parteiengesetz verschleppte. Denn laut Grundgesetz hätte das Parteiengesetz eigentlich die Rechenschaft über die Finanzen regeln sollen. Die Christdemokraten argumentierten jedoch, eine Offenlegung der Spenden würde diese völlig zum Erliegen bringen. Sie forderten vielmehr eine Darlegung der Vermögensverhältnisse, was die SPD ablehnte. Denn die Sozialdemokraten blieben zweifelsohne die Partei mit dem größeren Vermögen. Während die SPD aus ihrer historischen Erfahrung heraus die Werte hortete, gab die CDU ihr Geld für extrem aufwendige Wahlkämpfe aus. Die frühe CDU war eben wahl-, nicht organisationsbezogen.

Dennoch war die CDU Ende der fünfziger Jahre mit ihrer Finanzlage nicht zufrieden. Sie erschien ihr zu unsicher. Bereits Anfang 1958 plädierte Adenauer dafür, eine direkte staatliche Parteienfinanzierung einzuführen. Er fürchtete vor allem, ein Regierungsverlust oder ein Führungswechsel könne die Finanzgrundlagen der CDU gefährden. Zudem klagte Adenauer über den starken Druck der Verbände. In der Partei monierte selbst der Bundesschatzmeister, das Spendensystem stehe zu sehr am Rande der Legalität, als dass man sich allein darauf verlassen könne. Das Mitte 1958 ergangene Karlsruher Urteil, das die Steuerabzugsfähigkeit von Parteispenden untersagte, vergrößerte schließlich das Zwielicht.

Trotz alledem war die direkte staatliche Parteifinanzierung für die westlichen Demokratien ein neuartiger Schritt, der bisher nur in Costa Rica eingeleitet worden war. Lediglich die Jugendorganisationen der deutschen Parteien hatten bisher offiziell Staatsgelder bekommen. Deshalb sollte der Vorsitzende der Jungen Union, Gerhard Stoltenberg, maßgeblich das Gesetz ausarbeiten. Bislang waren die Christdemokraten mehrheitlich gegen die Staatshilfe eingetreten. Denn sie vertrug sich kaum mit ihrem bürgerlichen Wirtschafts- und Selbstständigkeitsethos. Zudem fürchteten sie Proteste ihrer Wählerschaft. Aus diesem Grunde hielt die CDU die 1959 erstmalig beantragte Summe bewusst klein. Als die befürchteten Proteststürme jedoch ausblieben, erhöhte sie leichtfüßig und beliebig die jährliche Gesamtsumme. Sie wurde den Wahlergebnissen entsprechend unter den Parteien aufgeteilt. Für eine Partei mit absoluter Mehrheit war das eine vorteilhafte

Entscheidung. Ein hoher Sockelbetrag sicherte dabei 1961 die finanzielle Einbindung der Koalitionspartner FDP und CSU. Außerdem hielt die Union ihre Landesverbände an, sich aus den Landtagshaushalten zu bedienen. Dementsprechend lagen in den sechziger Jahren die staatlichen Parteienzahlungen in den CDU-regierten Ländern besonders hoch. Dagegen mussten ihre Landesverbände in sozialdemokratisch regierten Ländern wie Hessen, Bremen oder Hamburg durch einen parteiinternen Ausgleich gestützt werden, da sie zunächst keine Staatsgelder erhielten.

Die Staatsfinanzierung ergänzte das CDU-Finanzsystem, veränderte es aber nur graduell. Ihre aufwendigen Wahlkämpfe finanzierte die Union weiterhin mit den Spenden, die sie über die Staatsbürgerliche Vereinigung, die Fördergesellschaften und das Wirtschaftsbild abwickelte. Innerhalb der Partei änderte sich in den sechziger Jahren jedoch das Finanzmanagement. Während der Einfluss von Adenauers Beratern sank, erhielt die Partei einen stärkeren Zugriff. Der neue Schatzmeister Fritz Burgbacher regelte den Gelderfluss nun vor allem über den CDU-Finanzausschuss. In ihm kamen die Landes- und Bundesschatzmeister zusammen und klärten offen alle Finanzflüsse.

Einige innerparteiliche Bewegungen lösten die Staatsgelder aber schon aus. Da sie ein kalkulierbarer Zuschuss waren, förderten sie den Ausbau der Parteiorganisation und Parteischulung. Dieser Ausgabenposten ließ sich auch besser unter dem Deckmantel der »politischen Bildung« legitimieren, unter dem die Parteien einen Großteil der Gelder abbuchten. Durch die Staatsgelder gewann das CDU-Finanzsystem zudem an Transparenz. Denn ihre Höhe war für alle einsichtig. Und schließlich machte die Staatsfinanzierung die bürgerlichen Parteien unabhängiger von den Spendern und deren Forderung, keine Regierung mit der SPD zu bilden. Den Christdemokraten erleichterte das den Weg zur Großen Koalition, den Liberalen den Weg in die sozialliberale Koalition.

Neuordnung und Altlasten in der Oppositionszeit

Erst in Adenauers Todesjahr 1967 setzte eine Neuordnung der christdemokratischen Finanzen ein. In diesem Jahr musste die Union die schwerste Finanzkrise ihrer Geschichte durchmachen. Nachdem das Bundesverfassungsgericht 1966 die bisherige Selbstbedienung an den Staatsgeldern untersagt hatte, war dieser verlockende Honigtopf kurzzeitig geschlossen. Zugleich führten die Große Koalition und die Rezession dazu, dass die Spenden zurückgingen. Entlassungen in der Geschäftsstelle, die Einstellung von Parteizeitungen und ein Zahlungsstopp an die Vereinigungen und Landesverbände waren die Folge. Wegen der Großen Koalition konnte sich die CDU zudem nicht mehr wie bislang aus den Regierungsmitteln bedienen. Ihre staatlich finanzierten Werbeorganisationen, wie die Arbeitsgemeinschaft Demokratischer Kreise, musste sie nun nach Protesten des sozialdemokratischen Koalitionspartners auflösen. Damit musste Adenauer noch kurz vor seinem Tod mit ansehen, wie sein erfolgreiches Finanzsystem zusammenbrach.

Erst durch diesen Druck erklärte sich die Union bereit, 1967 endlich das seit 17 Jahren ausstehende Parteiengesetz zu verabschieden. Es sollte vor allem die staatliche Wahlkampfkostenerstattung ermöglichen, die das Bundesverfassungsgericht in Aussicht gestellt hatte. Mit dem Parteiengesetz gewährten sich die Volksparteien einen noch größeren staatlichen Geldsegen als zuvor. Dafür mussten sie nun ihre Finanzen in Rechenschaftsberichten offen legen. Bislang hatte dies nur die SPD in ihren Jahrbüchern freiwillig gemacht, wobei sie natürlich auch nicht alle Besitzstände preisgab. Nachdem die Karlsruher Richter die von der Union durchgesetzte Nennungsgrenze von 200 000 DM als zu hoch veranschlagt hatten, sollten nun sogar Spenden ab 20 000 DM namentlich verzeichnet werden.

Die Finanzkrise und das Parteiengesetz führten zu zahlreichen Veränderungen bei der CDU, die eine Annäherung an das sozialdemokratische Finanzsystem bedeuteten. Erstens leitete die Union eine verpflichtende Abgabe für die Mandatsträger und

Minister ein. Damit »keiner mehr durch die Lappen geht«, legte sie die unterschiedlichen Ländersätze schließlich bundesweit fest.⁹ Zweitens setzte die CDU endlich durch, dass die Höhe der Mitgliedsbeiträge nach Verdiensttabellen gestaffelt wurde. Durch die Staffelung, den Mitgliederanstieg und den Generationswechsel wuchsen ihre Mitgliedereinnahmen nun fortlaufend an. Drittens begann die Union jetzt ebenfalls, parteieigene Unternehmen aufzubauen. Die Umwandlung des bisherigen Verlages in die Union-Betriebs-GmbH (UBG) bildete dafür seit 1969 ein gemeinsames Dach. Der neue Bundesschatzmeister Kurt Schmücker, der dieses Projekt ehrgeizig vorantrieb, sah die UBG als eine »Auffangstellung für alle anderen wirtschaftlichen Unternehmungen«[10]. So unterhielt sie bei ihrer Gründung etwa 100 Prozent der Bonner Werbe GmbH. Diese war 1966 aus der Anzeigen- und Werbeabteilung der Bundesgeschäftsstelle heraus entstanden, um befreundete Unternehmen zu betreuen und günstige Aufträge für die Union zu übernehmen. Zudem gehörten der Union-Betriebsgesellschaft 50 Prozent am Eichholz-Verlag, zwei Drittel der Union Reisedienst GmbH, 45 Prozent des Kommunalverlags und 30 Prozent der Berliner Werbegesellschaft. 1969 brachte die UBG damit rund zwei Millionen Mark ein. 85 Prozent davon flossen zur je Hälfte an die Bundespartei und die CDU-Landesverbände. Der UBG selbst schrieb Schmücker eine dreifache Bedeutung zu: »1. Abwicklung aller für die Partei steuerverursachenden Geschäfte 2. Durchführung gewinnbringender Geschäfte 3. Verrechnungsstellen für den Geldverkehr.«[11] Damit war die expandierende UBG wie der vorherige Verlag ein steuerlicher Umschlagplatz. Der Bau eines eigenen großen Parteihauses, das sich über Vermietungen tragen sollte, ergänzte die neue Unternehmertätigkeit der CDU. Hierfür trat die Konrad-Adenauer-Haus-GmbH an die Seite der neuen Gesellschaften.

Die Reform des CDU-Finanzsystems verlagerte innerhalb der CDU die Gewichte. Sie erhöhte offiziell die Kompetenzen des Bundesschatzmeisters und des Generalsekretärs. Bereits die Satzung von 1967 wies in diese Richtung. Die Etats der Bundespartei sollten der Generalsekretär und Bundesschatzmeister aufstellen und der Vorstand beschließen. Auch die Etats der Vereinigungen bedurften der Zustimmung des Generalsekretärs. Die zwei Jahre später endlich verabschiedete Beitrags- und Finanzordnung wies dem Bundesschatzmeister ebenfalls eine weitgehende Aufsichtspflicht über alle Parteiverbände und Vereinigungen zu. Allerdings legte Schatzmeister Schmücker 1968 zugleich inoffiziell eine Aufgabenteilung fest, die bis hin zur letzten Spendenaffäre fatale Folgen hatte. »Der Bundesschatzmeister sieht seine vordringliche Aufgabe in der Mittelbeschaffung, während die Ausgabenwirtschaft der Geschäftsstelle obliegt.«[12] Aus dieser Teilung heraus erhielt die Spendensammlung ein Eigenleben, das für die Geschäftsstelle kaum kontrollierbar war.

Insgesamt verstärkten die neue Satzung und das Parteiengesetz jedoch die innerparteiliche Transparenz. Helmut Kohl hob am 4. Dezember 1967 im Bundesvorstand hervor: »Es ist das erste Mal, dass uns ein Etat vorgelegt wird. Das kann man gar nicht hoch genug einschätzen.« Bundesgeschäftsführer Kraske rechtfertigte dies damit, er und der Bundesschatzmeister hätten »in früheren Jahren häufiger einen Anlauf gemacht, den Vorstand mit den Etatproblemen der Partei zu befassen. Das ist in früheren Jahren immer am Veto des Parteivorsitzenden gescheitert.«[13] Der neue Bundesschatzmeister weihte sogar die Führung der Bundesgeschäftsstelle und den Bundesvorstand in das weiterhin bestehende halblegale Spendensystem ein. Freimütig erklärte Schmücker 1968, wie er das verdeckte Spendensystem neu organisierte. Die Spenden der etwa 125 größten Firmen der Liste A sollte die Industrie wie bisher ohne Einmischung der Partei über die Staatsbürgerliche Vereinigung sammeln. Auf einer Liste B bearbeite die Partei »eine weitere Gruppe finanzkräftiger Unternehmen, etwa 500, grundsätzlich durch den Schatzmeister und die Landesverbände gemeinsam«. Weitere 13 500 Firmen würden direkt nur vom Landesverband angesprochen.[14] Die CDU hielt somit trotz aller Veränderungen weiterhin an ihrem alten Spendensystem fest. Aber immerhin hatte sie nun darüber hinaus eine Mischfinanzierung aus unterschiedlichsten Quellen. Staatsgelder, verdeckte Spenden, offizielle Spenden, Mitgliederbeiträge, Fraktionsabgaben und Einkünfte aus eigenen Unternehmen standen in den siebziger Jahren nebeneinander. Damit besaß die Union ein Polster für die Oppositionszeit.

In ihren ersten Oppositionsjahren war ihre Finanzlage noch recht schlecht. Trotz fehlender Mittel hatte die CDU 1969 einen großen Wahlkampfetat von rund 30 Millionen Mark aufgestellt und sich dabei mit neun Millionen Mark verschuldet. Auch die Staatsbürgerliche Vereinigung zahlte nach dem Regierungswechsel zunächst etwas weniger. Der teure Bau der Bundesgeschäftsstelle sollte durch symbolisch verkaufte Bausteine durch die Mitglieder bezahlt werden. Aber auch diese Finanzierung durch die Basis misslang. Allzu groß war die Begeisterung über den Parteiausbau anscheinend nicht. Deshalb musste die CDU sich 1971 durch Sonderabgaben der Abgeordneten und Landesverbände sanieren. Anfang der siebziger Jahre wuchsen jedoch nicht nur die Mitgliederbeiträge, sondern auch die Spenden stark an. Die SPD-Regierung förderte offensichtlich die Freigebigkeit. Bereits bei der Wahl von 1972 konnte die Union mit einer gewaltigen Spendensumme in den Wahlkampf ziehen, die alles bisherige weit übertraf. Mindestens zwanzig Millionen erhielt sie verdeckt alleine von der Staatsbürgerlichen Vereinigung, während ihr offizieller Rechenschaftsbericht immerhin 50 Millionen Mark aufwies.[15]

Wirklich transparent und gesetzestreu waren ihre Spenden auch jetzt nicht. Die seit 1967 eingeführten Neuerungen bescherten in vieler Hinsicht eher eine Scheinlegalität oder Scheintransparenz. Zunächst umging die Union systematisch die vom Parteiengesetz geforderte Offenlegung ihrer Finanzen. Vor allem die nennungspflichtigen Großspenden ab 20 000 DM verschleierte sie weiterhin. In den CDU-Rechenschaftsberichten fand sich bis zum Jahr 1983 so gut wie nie ein bestimmtes Unternehmen oder ein Einzelspender. Stattdessen führten ihre Rechenschaftsberichte lediglich einzelne Strohmänner oder Spendenorganisationen auf, die Gelder weiterleiteten. Der Hamburger Landesverband deklarierte etwa seine sechsstelligen Großspenden unter dem Namen ihres Schatzmeisters Ove Franz. Andere Landesverbände übergaben ihre Spenden gezielt Anwälten, die dann im Rechenschaftsbericht standen. Der Dürener Anwalt Dr. Hintzen war etwa im Rechenschaftsbericht 1973 mit 3 320 000 Mark verzeichnet, im Jahr zuvor mit 1 552 600 DM. Beim CDU-Schatzmeistertreffen vom 6. Oktober 1970 war dieser Weg sogar empfohlen worden, da ein Anwalt »aufgrund seiner Schweigepflicht besser in der Lage ist, steuerliche Recherchen abzuwägen«[16].

Mitunter nannte die CDU auch einfach direkt die Fördergesellschaften als Geldgeber. Dadurch blieben die wahren Spender ebenfalls unbekannt. Bei einer 2,8-Millionen-Spende der Vereinigung Politik und Wirtschaft in der Bundesrepublik e.V. konnte aus dem Rechenschaftsbericht von 1983 niemand nachvollziehen, ob ein bestimmter Spender korrumpierend wirken wollte oder nicht. Spitzenspender wie Flick oder die Deutsche Bank tauchten deshalb bis zum Regierungswechsel in keinem einzigen Rechenschaftsbericht auf. Neben der Aufstückelung der Spenden war jedoch der dreisteste Weg, das Parteiengesetz ad absurdum zu führen, die Nennung des Namens »anonym«. 1973 führte die CDU in ihrem Rechenschaftsbericht immerhin 18 Spenden von über 200 000 DM mit dem Eintrag »anonym« auf. Wenigstens dies sollte Mitte der siebziger Jahre seltener werden.

Zudem umging die CDU die vom Parteiengesetz geforderte Transparenz, indem sie weiterhin Spenden annahm, die überhaupt nicht im Rechenschaftsbericht auftauchten. Vor allem über die Staatsbürgerliche Vereinigung flossen in den siebziger Jahren weiterhin gewaltige Summen am Finanzamt vorbei zur Union. Nach dem Urteil des Bonner Landgerichtes von 1987 gingen zwischen 1969 und 1980 über 200 Millionen Mark an die CDU/CSU und die FDP. Seit 1960 dienten Lichtensteiner Scheinfirmen wie die »Etablissements« Aspe, Wisotest, Interdroit und ISP als »Spendenwaschanlage«, um das Geld über Schweizer oder Luxemburger Konten zurückzuführen. Wie das Urteil weiter nachzeichnete, zahlten die Unternehmen und Verbände dabei mitunter gezielt an bestimmte Personen oder Landesverbände der Partei. Die Transparenz, die das Parteiengesetz und die kritischere Öffentlichkeit geschaffen hatten, beantwortete die CDU folglich mit einer immer raffinierteren Verschleierung.

Die verdeckten Gelder gingen dabei nicht nur an die Partei, sondern auch gezielt an einzelne Politiker. Nach Aussage der langjährigen Buchhalterin der Staatsbürgerlichen Vereinigung, Gerta Beckmann, vermerkten die Schatzmeister häufig per Anruf, wann für wen welche Spende zu erwarten sei.[17] In den Listen der Buchhaltung fanden sich dabei prominente Namen wie Kohl, Dregger, Vogel oder Geißler. Die Staatsbürgerliche Vereinigung war dabei kein reiner Männer-Finanzierungsverein. Auch die Vorsitzende der Frauenvereinigung, Helga Wex, ermunterte, Gelder am Finanzamt und an der Bundespartei vorbeizuspenden. An den Gerling-Konzern richtete sie etwa die Bitte: »Damit eine solche eventuelle Spende nicht in einem großen Topf untergeht, kann ich einen gezielten Einsatz garantieren, und zwar in meinem Direktwahlkreis Mühlheim. Eine Abzugsfähigkeit ergibt sich durch die Überweisung an die Staatsbürgerliche Vereinigung 1954 e.V. [...] mit dem Hinweis Weiterleitung an die CDU-Kreispartei [...]«.[18] Dieser Spendenweg über die Staatsbürgerliche Vereinigung war in der weiteren CDU-Führung damit allgemein bekannt.

Die undurchsichtige Finanzierung war zudem keine Praxis, die allein den wirtschaftsnahen Flügel betraf. Die Christlich-Demokratische Arbeitnehmerschaft (CDA) profitierte nicht nur von den Geldzuweisungen aus den schwarzen Konten. Auch innerhalb der CDA gab es ein ähnlich intransparentes Finanzgebaren, wie bereits 1975 die Dissertation eines Mitarbeiters aufdeckte.[19] Hier hatten nur drei Leute Zugriff auf und Kenntnis der Geldbestände, die sich aus Spenden, Sonderbeiträgen und aus Geldern der eigenen Jakob-Kaiser-Stiftung zusammensetzten. Vor allem der Vorsitzende Hans Katzer verschaffte sich so eine Schlüsselstellung, die er selbst nach seiner Abwahl 1977 nicht aufgeben wollte. Erst nach einem Eklat sollte sein Nachfolger Norbert Blüm die finanzielle Grundstruktur der CDA neu strukturieren.

Der verdeckten Spendenbeschaffung diente weiterhin die Union-Betriebs-Gesellschaft (UBG). Sie vertrieb nach wie vor die steuerlich absetzbare Spendenzeitschrift »Das Wirtschaftsbild«. Den CDU-Aktivisten empfahl sie offen, das Wirtschaftsbild an Unternehmen zu verkaufen. »Der Erlös aus dieser Tätigkeit kommt der politischen Arbeit der CDU zugute«, hieß es 1975 in ihrer Parteipresse.[20] Das »Exklusiv-Abonnement« mit »besonders vertraulichen Informationen« kostete dabei 1200 Mark im Jahr, plus Mehrwertsteuer. Zudem holte die UBG seit 1969 Spenden über wertlose, aber steuerlich absetzbare Gutachten ein, die bis zu 10 000 DM kosteten. Wie spätere Gerichtsermittlungen nachwiesen, war auch hier eine Lichtensteiner Adresse namens Europäische Beratungsanstalt zwischengeschaltet, welche die verdeckten Spenden an die UBG weiterleitete. Ihr Geschäftsführer Peter Müllenbach führte die Gelder dann je nach Bedarf an die Landesverbände oder an Suborganisationen wie den RCDS. Unter den 105 Käufern solcher Expertisen waren die Topadressen der Wirtschaft. Viele kauften mehrere, nachdem CDU-Bundestagsabgeordnete offen für diesen Spendenweg geworben hatten.[21] Im Vergleich zu der Staatsbürgerlichen Vereinigung blieben diese Beträge natürlich viel geringer. Da dieses System allein von einem parteieigenen Unternehmer ausgeklügelt wurde, war es aber umso heikler.

In der Partei war das Schuldbewusstsein allerdings recht gering. Nach der Erinnerung des Generalsekretärs Geißler gab es bis Ende der siebziger Jahre keine Diskussionen über die Staatsbürgerliche Vereinigung oder andere Spendenvereine.[22] Da sie seit über drei Jahrzehnten der gängigen Praxis entsprachen, hatten sich die Christdemokraten anscheinend daran gewöhnt. Und weil weder die Finanzbeamten noch die Staatsanwaltschaft aktiv wurden, erschien es vielen so, als sei es legitim. Mahnungen wie die des Leiters der Verwaltungsabteilung der CDU-Bundesgeschäftsstelle, Nathan, der bereits 1970 die Überführung der illegalen SV-Spenden in versteuerte Gewinne forderte, blieben daher die Ausnahme.[23]

Kohl und die Krise des Spendensystems

Welche Rolle spielte Helmut Kohl in diesem Spendensystem? Der junge Kohl war in den sechziger Jahren als ein Reformer angetreten, der auch bei den Finanzen die Partei modernisieren wollte. Bereits als Landesvorsitzender von Rheinland-Pfalz hatte er sich dafür eingesetzt, die Beiträge der Mitglieder und Mandatsträger zu erhöhen. Ebenso trat er im Bundesvorstand mit drastischen Worten dafür ein, die Mitgliederfinanzierung auszubauen und die Etats durchsichtiger zu machen. Auf eine Abkehr von den halblegalen Spenden bestand er allerdings nicht. Ihm ging es eher darum, Einblick in das christdemokratische Kontensystem zu erhalten. Auf Kohls Antrag durften deshalb die Landesvorsitzenden 1968 sogar erstmals an der Sitzung des CDU-Finanzausschusses teilnehmen, in dem die Schatzmeister das verdeckte Spendensystem koordinierten. Auch hier trat Kohl als ein engagierter Diskutant auf, der offensichtlich an Finanzfragen ein größeres Interesse hatte.[24] Selbstverständlich kannte er die Arbeitsweise der Staatsbürgerlichen Vereinigung oder der Union-Betriebsgesellschaft deshalb genau.

Wie schon gezeigt, erfand aber weder Helmut Kohl noch dessen Schatzmeister Walter Leisler Kiep das später aufgedeckte Finanzsystem. Kohl übernahm vielmehr ein System, das unter Adenauer angelegt und unter Schatzmeister Kurt Schmücker modifiziert worden war. Das Erstaunliche war jedoch, dass gerade der Reformvorsitzende Kohl nach 1973 dieses Modell noch ausbaute, obwohl es in doppelter Hinsicht anachronistische Züge aufwies. Im Unterschied zu den fünfziger Jahren verfügte die CDU nun einerseits über eine ausreichende legale Finanzbasis, die aus hohen Mitglieder-, Fraktions- und Staatseinnahmen und offiziellen Spenden bestand. Verdeckte Zusatzspenden waren da eigentlich nicht mehr nötig. Andererseits wurde das alte Spendensystem zu einer Zeitbombe. Denn die CDU stand jetzt nicht nur einer kritischen Öffentlichkeit gegenüber, sondern auch Steuer- und Gerichtsbeamten, die nicht mehr automatisch das Finanzsystem wohlwollend deckten. Schließlich waren im Zuge der Bildungsexpansion mehr linksliberale Juristen in den Behördenapparat gekommen, und deren Toleranzschwelle war geringer. Was bei Adenauer noch machbar erschien, war seit den siebziger Jahren ein großes Risiko.

Dennoch hielt Kohl an jenem undurchsichtigen System der Ära Adenauer fest, das bereits dem ersten Kanzler half, seine politische Macht abzusichern. Gewohnheit, Kalkül und Machtwille liefen hier zusammen. So knüpfte Kohl an die Sonderkonten des Parteivorsitzenden an, die auch nach Adenauers Tod fortbestanden. Auch im Oppositionsjahr 1970 gab es beim Kölner Bankhaus Oppenheim noch ein Konto »Christlich Demokratische Union (1. Vorsitzende)«, für das weiterhin nur Adenauers Staatssekretär Globke und der Vorsitzende Kiesinger verfügungsberechtigt waren. Es galt als eine »eiserne Reserve«, die die Bundesgeschäftsstelle angesichts der Bau- und Wahlschulden gerne angebrochen hätte.[25]

Kohl baute diesen Sonderkontenbereich seit den siebziger Jahren sogar noch aus. Die Frankfurter Kanzlei Weyrauch und Kapp verwaltete dabei die Konten außerhalb des offiziellen Rechenwerks. Später sollte Kohl dem Präsidium gestehen: »Ich habe als Parteivorsitzender in meiner Amtszeit die vertrauliche Behandlung bestimmter Sachverhalte wie Sonderzuwendungen an Parteigliederungen und Vereinigungen, zum Beispiel als unabweisbare Hilfe bei der Finanzierung ihrer politischen Arbeit, für notwendig erachtet. Eine von den üblichen Konten der Bundesschatzmeisterei praktizierte getrennte Kontenführung erschien mir deshalb vertretbar.«[26] Ähnlich wie bei Adenauer war dies eine wesentliche Machtressource. Landes- und Kreisverbände konnten auf diese Weise ebenso gezielt gefördert werden wie bestimmte leitende Mitarbeiter oder Vereinigungen. Die föderale Struktur, die die Politikwissenschaft auch bei den CDU-Finanzen ausmachte, wurde dadurch durchbrochen.[27] Bekanntlich sollte Kohl bis 1998 an diesen Sonderverteilungen festhalten, die – laut Heiner Geißler – auch schwache, aber loyale Landesvorsitzende wie den Bremer Bernd Neumann in ihrer Position absicherten. Das Geld für seine Konten musste dabei nicht aus undurchsichtigen Spendenquellen stammen, sondern kam auch aus parteiinternen Umschichtungen. So setzte Helmut Kohl etwa die Kosten für Bundesparteitage deutlich zu hoch an, um die übrig bleibende Summe in seine Töpfe umzuleiten.[28]

Neben den Sonderkonten hielt Kohl zweitens an den unversteuerten Schwarzgeldzahlungen der Staatsbürgerlichen Vereinigung fest. Gerade bei seiner ersten Kanzlerkandidatur 1976 erreichten sie mit insgesamt 40 Millionen eine Größenordnung, die alle bisherigen Schwarzgeldtransfers überbot. Die verdeckten Großspenden übertrafen die angegebenen mitunter um das Zehnfache. Drittens sorgte Kohl bei den im Parteiengesetz geforderten Rechenschaftsberichten für keine Transparenz. Vielmehr war kein Rechenschaftsbericht so undurchsichtig wie der nach seinem Amtsantritt 1973. Selbst die wesentlich kleinere CSU sollte in den siebziger Jahren oft mehr Großspenden deklarieren als ihre große Schwesterpartei.[29] Und viertens lehnte der Parteivorsitzende Kohl bereits kurz nach seinem Amtsantritt selbst jene geheimen Spenden nicht ab, die einen hohen Korruptionsverdacht nahe legen konnten. Dies offenbarte der spätere Flick-Skandal.

Den Umbau des Spendensystems leitete nicht Kohls Reformgeist ein, sondern die Urteile des Bundesverfassungsgerichtes und die staatsanwaltlichen Ermittlungen. Die illegalen Geldtransfers über Lichtenstein wurden zuerst bei der Unions-Betriebsgesellschaft aufgedeckt, gegen die die Bonner Staatsanwaltschaft bereits seit 1976 ermittelte.[30] 1979 wurde das Ende der Staatsbürgerlichen Vereinigung eingeleitet. In diesem Jahr wies das Bundesverfassungsgericht einen niedersächsischen Normenkontrollantrag zurück und erklärte die Praxis der Staatsbürgerlichen Vereinigung als illegal. Nach Kieps Aussage wollte die CDU sofort auf deren Spenden verzichten. CSU und FDP hätten aber auch im folgenden Jahr auf diese Quelle beharrt, bis sie endgültig versiegte.[31] Wie weit das Erbe der Staatsbürgerlichen Vereinigung reichte, ist bislang nicht abschließend geklärt. Ob ihr Restvermögen 1983 tatsächlich auf geheime Schweizer Konten kam, aus denen sich später vor allem der hessische CDU-Landesverband bediente, bleibt zumindest so lange ein nahe liegender Verdacht, wie sich die hessische Union über die Herkunft ihrer angeblichen »Vermächtnisse jüdischer Emigranten« ausschweigt.

Zudem verloren Anfang der achtziger Jahre jene Fördergesellschaften an Bedeutung, die bislang in den Rechenschaftsberichten erwähnt wurden. Auch hier beschleunigten staatsanwaltschaftliche Ermittlungen ihr Ende. So verlor die Gesellschaft zur Förderung der Wirtschaft Baden-Württemberg e.V. 1983 rückwirkend ihren steuerfreundlichen Status, weil sie weit mehr als die 25 Prozent an zulässigen Abgaben über Zwischenstationen an die bürgerlichen Parteien weiterführte.[32] Von ihr hatte die CDU allein in den letzten vier Jahren laut Rechenschaftsbericht 2,85 Millionen Mark erhalten. Lediglich die niedersächsische Fördergesellschaft, das Institut der Niedersächsischen Wirtschaft e.V., sollte bis 1993 weiterhin Großspenden an die CDU leiten.

Das Ende der Spendenvereine hatte vielfältige Folgen. Zunächst sorgte vor allem das Verbot der Staatsbürgerlichen Vereinigung für harte Auseinandersetzungen mit den Großspendern. Angesichts des öffentlichen Skandals und der drohenden Steuernachzahlungen fühlten sich viele Geldgeber getäuscht. Denn immerhin hatten ihnen hochrangige Politiker versichert, Spenden über die Staatsbürgerliche Vereinigung seien unbedenklich. Um eine neue Transparenz zu schaffen, legten verschiedene Unternehmen ihre Zahlungen offen. Die Deutsche Bank bekannte beispielsweise auf ihrer Hauptversammlung im Mai 1984 freimütig, seit 1957 rund 29 Millionen Mark an Fördergesellschaften wie die SV und die politischen Stiftungen gezahlt zu haben. Nun wolle sie die Steuern nachtragen. Die Dresdner Bank nannte gut die Hälfte dieser Summe, die Commerzbank ein Drittel. Alle Spender betonten dabei ganz überparteilich, auch der SPD-nahen Friedrich-Ebert-Stiftung Gelder gegeben zu haben.[33] Allerdings waren diese Beträge sehr viel kleiner.

Mit dem Ende der Spendenvereine kam es seit den frühen achtziger Jahren zu einer weitgehenden Umschichtung des CDU-Finanzwesens. Die Spenden gingen seit 1983 deutlich zurück. Nach den skandalösen Prozessen waren viele Spender einfach zu verunsichert und verärgert, um der Union weiter hohe Summen zu überlassen. Die nun endlich praktizierte Offenlegung der Großspenden schreckte zusätzlich ab. Zudem konnten sie nun schlechter an bestimmte Amts- und Mandatsträger spenden. Denn nach den neuen Spendenrichtlinien der Union durften nur die Parteiverbände Quittungen auf durchnummerierten Formularen ausstellen.

Während die Spenden sanken, stieg der Anteil der Staatsgelder deutlich an. Bereits für die wenig aufwendige Europawahl 1979 hatten sich die Parteien auffallend hohe Staatsmittel zugewiesen. Die vom Verfassungsgericht erneut eingeleitete Änderung des Parteiengesetzes verhalf seit 1983 zu einem völlig neuartig hohen staatlichen Geldsegen. Da 1983 zugleich die Mitgliederbeiträge einen Höchststand erreichten, konnte die CDU ihre Spendenskandale zumindest finanziell zunächst recht gut überstehen.

Moralisch und juristisch führten sie die Union dagegen in eine grundlegende Krise, die Helmut Kohls Kanzlerschaft ernsthaft gefährdete. Der Flick-Skandal löste eine Ermittlungslawine aus, die selbst den Kanzler mit in die Tiefe zu reißen drohte. Flick hatte stets zu den wichtigsten Parteispendern gehört. Im Unterschied zu den meisten Unternehmen ließ er auch der SPD kleinere Summen zukommen. Zwischen 1969 und 1980 spendete er rund 18 Millionen steuerbegünstigt über die Fördergesellschaften. Dazu kamen rund 8,5 Millionen über schwarze Kassen wie die Steyler Missionsgesellschaft Societas Verbi Divini in Sankt Augustin. Dieses Geld ging in der Regel bar und ohne Quittung an die Politiker. Im Unterschied zu den anderen Ermittlungsverfahren ging es bei der Flick-Affäre jedoch nicht nur um Steuerhinterziehung im großen Stil. Zusätzlich stand noch ein Korruptionsvorwurf im Raum. Denn 1975 hatte der Flick-Konzern Daimler-Benz-Aktien für 1,935 Milliarden Mark an die Deutsche Bank verkauft. Dafür wären eigentlich rund 900 Millionen Mark Steuerzahlungen angefallen. Flick erhielt jedoch für den größten Teil eine Steuerbefreiung, da der liberale Wirtschaftsminister eine förderungswürdige Reinvestition nach § 6b des Einkommensteuergesetzes anerkannte.

Der Vorwurf der Bestechlichkeit fiel dabei jedoch nicht nur auf damalige Regierungsmitglieder, sondern auch auf amtierende. Denn laut Notizen des Hauptbuchhalters von Flick, Rudolf Diehl, hatte auch Helmut Kohl zwischen 1974 und 1980 insgesamt 565 000 DM aus Flicks schwarzen Kassen erhalten, wobei 1975 insgesamt 150 000 DM in bar flossen. Zudem hielt eine Aktennotiz, des Flick-Managers von Brauchitsch zu einem Gespräch mit Kohl am 20. 11. 1975 fest: »Kohl schlägt vor, dass er für die Partei und Carstens/Stücklen für die Fraktion sicherstellen, dass nicht von Links-CDU/CSU-Seite das 6b-Thema für uns negativ emotionalisiert wird.«[34] Außerdem förderten die Ermittlungen zahlreiche Einzelheiten über die finanzielle Stützung von Unionspolitikern zutage. Vor allem der Bundestagspräsident Rainer Barzel musste nun seinen Posten räumen, da man ihm anlastete, er habe von Flick in den letzten zehn Jahren 1,6 Millionen Mark an Zuwendungen erhalten.

Moralisch entlastend war für die CDU, dass alle Altparteien von Flick verdeckte Spenden bekommen hatten. Erst das Skandalmanagement der Christdemokraten machte das Ganze zu einer nachhaltigen Krise für die Union. Das galt zunächst für ihren gescheiterten Versuch, zusammen mit den Liberalen ein »Amnestiegesetz« für Spendendelikte zu verabschieden. Um es im Präsidium und Vorstand durchzusetzen, wies Kohl vor allem auf die vielen Schatzmeister im Land hin, denen für ihre ehrenamtliche Arbeit Gefängnisstrafen drohen könnten. Tatsächlich schützte der Gesetzentwurf vor allem den FDP-Schatzmeister und Wirtschaftsminister Otto Graf Lambsdorff. Er hatte das Gesetz bereits 1981 angeregt, war aber letztlich an Helmut Schmidts Veto gescheitert. Ein Amnestiegesetz hätte nun die neue Koalition entscheidend zusammenschweißen können. Außerdem musste Kohl ahnen, dass er selbst gefährdet war. Tatsächlich überzeugte er nicht nur den Bundesvorstand, sondern auch über zwei Drittel des Bundesparteitages von dem Amnestiegesetz.[35] Die Fraktion war zunächst ebenfalls bereit, es mitzutragen, kippte dann aber angesichts der öffentlichen Entrüstung, die das Gesetz auslöste. Denn öffentlich erschien es als ein Versuch, sich von der eigenen Schuld reinzuwaschen. Zugleich brachte sich Kohl bei den Zeugenbefragungen in höchste Bedrängnis. Als er am 7. November 1984 im Flick-Untersuchungsausschuss aussagte, berief er sich immer wieder auf seine Gedächtnislücken. Da gerade Kohl als ein Mann mit ausgezeichnetem Detailgedächtnis bekannt war, wirkte die regelmäßige Antwort »keine Erinnerung« kaum glaubwürdig. Vor dem Mainzer Untersuchungsausschuss gab er im Jahr darauf sogar vor, nicht gewusst zu haben, dass die Staatsbürgerliche Vereinigung der verdeckten Parteienfinanzierung diente. 1986 wiederholte er dies, weshalb Otto Schily ihn wegen des Verdachtes auf uneidliche Falschaussage anzeigte. Nur weil die Koblenzer Staatsanwaltschaft das Verfahren äußerst wohlwollend einstellte, kam Kohl knapp an einer Verurteilung und damit an einem Rücktritt vorbei.[36]

Indirekt erreichte die Union durch die Skandale jedoch ein Finanzsystem, wie es Helmut Kohl in den sechziger Jahren als junger Reformer gefordert hatte. Mitte der achtziger Jahre war das CDU-Finanzwesen tatsächlich ein völlig anderes als zuvor und ähnelte durchaus dem sozialdemokratischen Modell. Es beruhte nun vornehmlich auf Mitglieder- und Fraktionsbeiträgen und auf Staatsgeldern. Spenden machten dagegen weniger als ein Fünftel der Einkünfte aus. Die »Einnahmen aus Vermögen« betrugen 1989 bei beiden Parteien nur vier Prozent. Die seit 1984 abgefassten, wesentlich detaillierteren Rechenschaftsberichte unterstrichen schließlich, wie wenig die CDU noch mit dem intransparenten Finanzsystem aus Adenauers Tagen gemein hatte. Der finanzielle Vorsprung der Union gegenüber der SPD hatte sich mit dem Flick-Skandal verringert. Aber die Gesamteinnahmen von CDU/CSU lagen auch unmittelbar nach der Aufdeckung weiterhin höher als bei den Sozialdemokraten.

Sanierung in der Verschuldung

Auch nach dem glimpflich überstandenen Skandal kam keine Ruhe ins christdemokratische Finanzwesen. Am 21. Mai 1989 titelte die Bild am Sonntag »CDU vor der Pleite: 56 Millionen Schulden«. Tatsächlich sollte das Blatt diesmal nicht übertreiben. Im Gegenteil: Am Ende des Jahres verzeichnete die Bundespartei sogar 75 Millionen Mark Schulden, die Gesamtpartei 115 Millionen. Innerhalb von nur fünf Jahren hatte die CDU ihr Reinvermögen um über 70 Prozent heruntergewirtschaftet, von 106 Millionen auf 30 Millionen Mark. Damit durchlitt die Union wie im Jahr 1966 eine dramatische Finanzkrise, die mit einer Führungskrise einherging. Ihr Finanzdesaster berührte zudem abermals ihr wirtschaftsethisches Selbstverständnis. Denn sowohl Mitte der sechziger Jahre als auch Mitte der achtziger Jahre war sie in der Regierung dafür eingetreten, Maß zu halten, Selbstständigkeit zu beweisen und zu sparen. Innerhalb der eigenen Partei hatten diese Grundsätze aber offensichtlich wenig gegolten. Vielmehr zeigte sich erneut, wie sehr die CDU von staatlichen Subventionen abhängig war. Wie war es dazu gekommen?

Noch 1984, auf dem Höhepunkt des Flick-Skandals, waren die Finanzen der Union in recht gutem Zustand. Dann setzte eine kontinuierliche Verschuldung ein. Schatzmeister Kiep wies zurecht darauf hin, dass sich die drei großen Finanzströme der Union verkleinerten. Die staatlichen Gelder sanken mit den abnehmenden Wahlerfolgen. Besonders die Europawahl von 1989 bescherte schließlich 17 Millionen Mark weniger als geplant. Die Spenden stagnierten nach dem Flick-Skandal und erreichten selbst vor den Wahlen nicht mehr ihre alte Höhe. Und mit den Mitgliederzahlen sanken seit 1984 auch die Beiträge der Basis geringfügig. Da sich die Stimmung in der Partei zunehmend verschlechterte, erschienen jedoch entsprechende Beitragserhöhungen inopportun. Schatzmeister Kiep rechtfertigte die Verschuldung zudem nicht nur mit den unerwartet hohen Wahlkampfausgaben, sondern mit den Kosten, die die Mitglieder verursachen. Da jedes Mitglied zwei bis drei Mark koste, die Bundespartei aber nur eine Mark erhalte, sei sie so verschuldet.[37]

Tatsächlich war dies alles nur die halbe Wahrheit. Der Hauptgrund für den drohenden Bankrott war, dass die CDU nach dem Ende der Staatsbürgerlichen Vereinigung weit über ihre Verhältnisse lebte. Mitte der achtziger Jahre vergrößerte sie ihre Ausgaben sogar noch weiter. So lagen ihre Verwaltungsausgaben 1986 um nahezu ein Drittel höher als bei den Sozialdemokraten, obwohl die CDU nicht einmal das einwohnerreiche Flächenland Bayern bearbeiten musste. Auch ihre Personalausgaben übertrafen in diesem Jahr die funktionärsstarken Sozialdemokraten, selbst wenn man nicht die der CSU hinzurechnete.

Als Bundesvorsitzender trug Helmut Kohl natürlich eine gewisse Mitverantwortung für die heillose Verschuldung der Bundespartei. Kohl selbst bot jedoch auch Ende der achtziger Jahre kein Vorbild für eine neue Sparsamkeit, sondern ging trotz der wachsenden Defizite recht bedenkenlos mit den Parteigeldern um. Selbst für kurze Strecken nahm er zumeist den Hubschrauber, den er über die Parteikasse abrechnete. Sein Reiseetat belastete die Partei daher mit extrem hohen Summen. Die Kosten für einen Wahlkampfauftritt Kohls bei der Landtagswahl in Baden-Württemberg beliefen sich 1988 auf rund 120 000 Mark. Trotz der Verschuldung ließ er Anhänger in Bussen von Veranstaltung zu Veranstaltung fahren, um seine Massenpräsenz zu zeigen. Die Konflikte mit dem Generalsekretär Geißler und dessen Mitarbeiter Rüdiger May verstärkten sich auch bei dem Finanzthema Ende der achtziger Jahre, zumal diese nun auch die Sonderkonten des Kanzlers monierten.[38]

Für das Machtverhältnis zwischen Bundes- und Landespartei hatte die Finanzkrise der Union nicht unbeträchtliche Folgen. Der Bundesverband wurde durch seine rasant wachsende Verschuldung und sein geringes Geldvermögen zunehmend unbeweglich. Dagegen erhöhte sich der Spielraum der Landesverbände, die weiterhin über ein wesentlich besseres Polster verfügten. Ihre Besitzposten stiegen sogar noch leicht an. Gerade der Landesverband Baden-Württemberg behielt eine große finanzielle Stärke, was nicht zuletzt die Position des dortigen Kohl-Opponenten Lothar Späth verbesserte.

Der Erfolg des Krisenmanagements hielt sich in Grenzen. Die Kosten für Personal, Verwaltung und politische Arbeit wurden zwar nicht gesenkt, aber zumindest eingefroren. Der Bremer Parteitag 1989 erhöhte den Mitgliederbeitrag für die Bundespartei, allerdings wesentlich zögerlicher, als der Entwurf vorsah. Die Hilfsbereitschaft der Landesverbände hielt sich offenbar in Grenzen.[39] Einen Ausweg aus der Misere sollte vor allem die weitere Privatisierung der Parteiorganisation bieten. Wie in den späten sechziger Jahren setzte die Union 1988 auf eine erneute Umstrukturierung ihres Verlagswesens. Ihr Spendenblatt »Das Wirtschaftsbild«, das »mit Kontaktdienst« nun 2400 Mark im Jahr kostete, war bereits an den WDU-Verlag von Axel Dirk Walter gegangen. Dessen Mitarbeiter warben in Anschreiben unverhohlen: »Die WDU schafft Ihnen die richtigen Verbindungen zu ersten Adressen im Bundestag, in den Landtagen und in den wichtigsten Ministerien und Behörden. Zusätzliche Kosten entstehen Ihnen hierbei nicht.«[40] Die restlichen Parteiblätter blieben jedoch wachsende Verlustgeschäfte. Aus diesem Grunde probierte die CDU eine Privatisierung unter dem Dach der neu geschaffenen Union GmbH & Co Kommunikation und Medien KG (UKM). Deren Generalbevollmächtigter war ebenfalls Axel Dirk Walter, der bereits seit 1975 die Anzeigenverwaltung der CDU-Publikationen exklusiv führte. Er erhielt die Rechte für alle CDU-Zeitschriften. Walter krempelte nicht nur die Redaktionen um, sondern gab der CDU-Mitgliederzeitschrift Deutsches Monatsblatt sogar den neuen Namen Union.

Dennoch schaffte die Auslagerung weder eine finanzielle Sanierung, noch verbesserte sie den Ruf der CDU-Finanzen. Im Gegenteil. Es häuften sich die Meldungen, dass die von Walter akquirierten Anzeigen nicht nur völlig überteuert seien, sondern nie erschienen. Später sollte die Düsseldorfer Staatsanwaltschaft deswegen gegen Walter ermitteln. In der CDU selbst wuchs der Unmut gegen die Werbemethoden von Walter und seinen Mitarbeitern, die bei eingeworbenen Anzeigen und Spenden bis zu 50 Prozent Provision einbehielten. Die neue Schatzmeisterin Brigitte Baumeister stoppte dies schließlich 1994 und führte sogar Prozesse wegen Spendenunterschlagung. Die UKM-Anteile, die Walter für eine symbolische Mark 1988 erhalten hatte, musste die CDU schließlich für fast fünf Millionen Mark zurückkaufen.[41]

Noch schneller scheiterte ein anderer Versuch, per Privatisierung die Partei zu sanieren. 1987 gründete die CDU aus steuerrechtlichen Gründen die Dico-Soft GmbH. Sie entstand aus der Informatikabteilung der Bundesgeschäftsstelle. Räumlich und personalpolitisch blieb sie mit ihr verbunden. Damit entsprach die Union dem Trend der Zeit, da viele Unternehmen nun ihre Datenverarbeitung auslagerten. Die Dico-Soft sollte der Partei, den Vereinigungen, Fraktionen, Verwaltungen, nahe stehenden Unternehmen und Verbänden formal unabhängige Dienstleistungen anbieten. Angesichts der euphorischen Erwartungen an das anbrechende Computerzeitalter versprach dies große Gewinne. Die Gefahr der verdeckten Parteifinanzierung war aber ebenso offensichtlich. Immerhin hielt die CDU-Bundesgeschäftsstelle 51 Prozent der Anteile, die CDU-eigene Union-Betriebs-GmbH 49 Prozent. Tatsächlich entwickelte sich der Sanierungsversuch bereits nach zwei Jahren zu einer riesigen Pleite. Die Angebote waren zu teuer, zu unelastisch und zu zentralistisch. PC-Geschenke an bestimmte Kreisverbände sicherten vielleicht Loyalitäten, dämpften den Umsatz aber weiter. Schließlich hatte das Unternehmen 3,87 Millionen Mark Schulden und verschmolz daraufhin mit der Union-Betriebsgesellschaft. Auch wenn der wichtigste Gläubiger Siemens/Nixdorf vermutlich Schulden erließ, blieb der kurze Ausflug in die Marktwirtschaft ein denkbar großes Debakel.[42] Aus eigener Kraft schien die Union damit nicht aus ihrer finanziellen Misere herauszukommen.

Auch in finanzieller Hinsicht war es die Wiedervereinigung, die den rettenden Anker in der Krise bescherte. Erstaunlicherweise sollte sich die Union nun innerhalb von wenigen Jahren wieder vollkommen sanieren. Im Jahr 1990 stieg ihr Reinvermögen um 50 Millionen Mark an (um 163 Prozent!), während sich ihre Schulden rasant verringerten. Den befreienden Geldsegen verdankte sie an erster Stelle dem Staat. Durch die neuen Wähler im Osten und die zahlreichen Landtagswahlen erhielt sie nun eine neuartig hohe Wahlkampfkostenerstattung von 140 Millionen Mark. Das war zweieinhalbmal so viel wie im Wahljahr 1987. Zudem verzeichnete sie einen ungewöhnlich hohen Spendenzu-

Tab. 2: Offizielle Einnahmen, Besitz und Schulden der CDU 1968 bis 1999*

	Gesamteinnahmen in Millionen DM			Spenden (Prozent)	Mitgliederbeiträge (Prozent)	Direkte staatliche Mittel (Prozent)	Besitzposten in Millionen DM	Schuldposten in Millionen DM
	CDU	CSU	SPD	CDU	CDU	CDU	CDU	CDU
1968	34,4	10,1	48,0	14,7	20,1	51,5		
1969	49,3	13,9	65,1	29,3	15,6	33,2		
1970	50,2	12,8	59,9	26,7	18,7	27,2		
1971	45,2	13,9	58,0	26,8	27,9	24,7		
1972	113,9	22,9	76,7	44,2	15,5	31,6		
1973	72,4	13,0	76,7	40,3	29,2	14,5		
1974	88,6	26,6	95,7	29,8	29,1	25,4		
1975	113,6	20,0	130,0	25,7	28,0	32,0		
1976	154,4	33,7	138,6	34,8	24,6	23,5		
1977	101,1	23,0	106,2	24,6	42,5	13,3		
1978	122,4	42,9	127,1	17,8	37,0	20,2		
1979	192,2	42,0	198,8	13,4	25,0	50,4		
1980	176,9	45,9	207,1	27,4	28,6	22,0		
1981	122,7	33,0	122,9	17,0	43,4	11,7		
1982	146,9	42,3	149,9	20,6	38,9	23,1		
1983	252,9	68,2	233,4	15,9	24,6	49,4		
1984	192,7	42,5	198,1	11,0	38,3	33,0	140,1	34,0
1985	176,6	39,5	193,7	12,6	46,0	31,3	139,9	40,1
1986	192,1	60,1	199,1	19,5	45,9	25,0	151,5	81,2
1987	193,0	48,2	214,0	16,0	45,3	31,0	148,3	92,8
1988	174,0	43,6	195,8	13,6	49,4	27,7	157,4	98,1
1989	198,2	57,1	241,2	21,6	42,3	25,0	146,2	115,4
1990	330,4	89,8	353,8	21,9	26,3	43,0	185,5	104,2
1991	212,8	51,7	339,6	18,1	43,8	24,8	175,8	84,0
1992	213,5	49,5	262,6	17,6	44,1	26,4	173,3	64,0
1993	225,8	56,0	280,7	19,5	42,4	27,0	201,8	57,5
1994	279,9	67,8	353,3	20,3	33,4	41,4	172,3	51,7
1995	218,3	52,8	285,1	16,5	45,3	33,7	169,1	37,1
1996	221,7	62,2	283,0	16,2	45,3	32,7	179,8	30,1
1997	218,2	56,0	280,9	15,5	46,1	33,6	202,7	24,5
1998	270,1	65,5	304,4	24,5	37,3	27,4	242,5	107,8
1999	258,9	63,7	306,0	25,2	40,7	29,6	226,1	127,4

Quelle: Rechenschaftsberichte 1968-2000, in: Drucksachen des Deutschen Bundestages.
* Gesamteinahmen unter Abzug des innerparteilichen Geldtransfers; 1998 für die CDU korrigierter Rechenschaftsbericht vom 9.10.2000; ab 1984: Mitgliedsbeiträge »und ähnliche regelmäßige Beiträge« zusammen, bes. also Sonderbeiträge von Fraktionsmitgliedern.

wachs. Mit 72 Millionen erreichte sie 1990 die wohl höchsten Spenden ihrer bisherigen Geschichte, wobei schon im Jahr zuvor die Zuwendungen bemerkenswert waren. Nicht nur die klassischen Wirtschaftsverbände, sondern auffällig viele Banken machten sich im Einheitsjahr mit Spenden bemerkbar. Und schließlich stiegen mit der Übernahme der neuen Parteimitglieder und Abgeordneten der Ost-CDU auch die Mitglieder- und Fraktionsgelder leicht an. Damit waren alle drei Finanzsäulen schlagartig reanimiert.

Dennoch blieben Zweifel bestehen, ob diese plötzliche Sanierung mit rechten Dingen vor sich gegangen sei. Im Rechenschaftsbericht fielen besonders die geringen Wahlkampfausgaben auf. Bei den anderen Parteien waren sie durch die Gebietsvergrößerung erkennbar angestiegen, bei der CDU waren sie dagegen sogar geringer als bei der letzten Bundestagswahl. Dies war besonders erstaunlich, weil sie laut Bericht ihrer Bundesgeschäftsstelle einen recht kostspieligen Wahlkampf führte. Während sie bei der letzten Wahl etwa nur die Gratiswerbung im öffentlich-rechtlichen Fernsehen nutzte, zeigte sie nun 100 teure Wahlspots im Privatfernsehen. Ebenso warb sie flächendeckend mit einem Kinofilm und verschaffte den Kreisverbänden einen neuen Infofax-Dienst. Die CDU verteidigte sich dagegen, sie habe weniger Wahlversammlungen gemacht und bei Zielgruppen- und Regionalkonferenzen gespart.[43]

Umstritten blieb, ob die Christdemokraten vom Vermögen der Ost-CDU und der Bauernpartei profitiert hätten. Das Vermögen aller DDR-Parteien war am 1. Juni 1990 in die treuhänderische Verwaltung einer unabhängigen Kommission übergegangen. Auf Vorschlag der Union übernahm es dann die Treuhandanstalt. Sie sollte es an rechtmäßige Besitzer oder an gemeinnützige Zwecke überführen. Am 12. November 1990 fasste der CDU-Bundesvorstand zusätzlich den Beschluss, auf sämtliche Eigentumsrechte an Grundstücken, Gebäuden und Wirtschaftsbetrieben zu verzichten. Dafür übernahm sie allerdings selbst die Abwicklung der Vermögensmasse der Ost-CDU. Nach eigenem Bericht gab sie davon für die technische Ausstattung der ostdeutschen Landes- und Kreisverbände, für Abfindungen und den Aufbau neuer Strukturen rund sieben Millionen Mark aus.[44] Auffällig blieb zudem, wie sehr Generalsekretär Volker Rühe das Erbe der Ost-CDU und der Bauernpartei klein rechnete und ihr Haus- und Grundvermögen lediglich auf 1,3 Millionen Mark bezifferte.[45] Die weitere Kontroverse drehte sich vor allem um das Barvermögen der Ost-CDU, das jedoch im Wesentlichen aus den Wahlkampfkostenerstattungen der Volkskammer- und Kommunalwahlen stammte. Da die Ost-CDU vor 1990 über eine äußerst gute Ausstattung verfügt hatte, waren die Empfindlichkeiten groß. Ihr letzter Vorsitzender und späterer Stellvertreter Kohls, Lothar de Maizière, warf der Bundespartei in der Vorstandssitzung vom 31. August 1991 vor, sich an der früheren Ost-CDU »um 26 Millionen Mark bereichert« zu haben. Elf Millionen konnte er dann aber davon doch für seine Landesverbände retten.[46] Für die West-CDU war die restliche Summe eine weitere wichtige Finanzhilfe. Im Vergleich zu den Sozialdemokraten brachte ihr die Wiedervereinigung damit gewisse finanzielle Startvorteile. Eine systematische Bereicherung lässt sich aber nicht feststellen. Zudem sollten die ostdeutschen Landes- und Kreisgeschäftsstellen in den folgenden Jahren auch für die Bundes-CDU ein Kostenfaktor werden, der nur mit drastischen Einsparungen zu bewältigen war.

In den neunziger Jahren geriet das CDU-Finanzwesen endlich wieder in ruhigeres Fahrwasser. Der Rücktritt des seit zwei Jahrzehnten amtierenden Schatzmeisters Kiep war dabei ein wichtiges Signal. Nach all den Skandalen war seine lange Weiterbeschäftigung ohnehin erstaunlich. Immerhin war Kiep am 8. Mai 1991 »wegen fortgesetzter Beihilfe zur Steuerhinterziehung« verurteilt worden, was der Bundesgerichtshof aber wegen Verjährung aufhob. Bei der Wahl seines Nachfolgers entschied sich die Partei bewusst für einen Neuanfang. Nicht Kieps Generalbevollmächtigter Uwe Lüthje, sondern die von Fraktionschef Schäuble empfohlene Diplommathematikerin Brigitte Baumeister erhielt den Posten. Sie war bislang weder mit dem Finanzsystem noch mit der Parteiführung enger vertraut. Tatsächlich bemühte sich

Baumeister unverkennbar, den Zustand und das Image der CDU-Finanzen zu verbessern. So stoppte sie die kommerzielle Spendensammlung gegen Provisionen, von denen auch die Spender oft nichts wussten. Eine neue Form der Geldersammlung baute sie in Form des amerikanischen »direct mailing« aus. Im Unterschied zu den Sozialdemokraten schrieb die CDU dabei nur Nichtmitglieder mit der Bitte um Spenden an. Diese suchte sie nach Wahlhochburgen und der gut situierten Wohnlage aus. Bis Ende 1998 konnte sie nach Baumeister so immerhin rund 10 000 neue Spender unter den Bürgern gewinnen.[47] Die Sammlung von Kleinspenden korrespondierte dabei mit dem neuen Parteiengesetz, das Spenden bis 6000 DM staatlich förderte.

Bis 1997 konnte sich die CDU weitgehend entschulden. Eine neue Sparsamkeit bei den Kosten für Personal, Verwaltung und politische Arbeit erleichterte dies. Die Ausgaben aller drei Posten stagnierten seit der Wiedervereinigung auf einem geringeren Niveau als bei den Sozialdemokraten. Nach den vielen Skandalen der Vergangenheit sollte kaum jemand für möglich halten, dass die CDU noch einmal ihre Position durch eigenes Verschulden gefährden würde.

Mehr als nur die Spendenaffäre

Die Spendenaffäre bescherte den Christdemokraten eine finanzielle Krise, die allenfalls mit der von 1966 zu vergleichen war. Abermals mussten sie nun radikale Sparmaßnahmen ergreifen, die sie nahezu unbeweglich machten. Hinzu kam eine moralische Belastung, deren Gewicht sogar den Flick-Skandal noch übertraf. Während damals auch die anderen Parteien verstrickt waren, konzentrierten sich nun die Vorwürfe vor allem auf die CDU. Da die Union im Unterschied zu den achtziger Jahren über keine Bundestagsmehrheit verfügte, konnte sie zudem den Untersuchungsausschuss des Bundestages nicht mehr in ihrem Sinne lenken.

Bei den Enthüllungen der Jahre 1999/2000 handelte es sich im Grunde genommen nicht um *einen* Spendenskandal, sondern um mehrere locker verbundene Aufdeckungen über die christdemokratische Finanzpraxis der neunziger Jahre. Ohne die Vorwürfe im Einzelnen nachzeichnen zu wollen, lassen sich zwei unterschiedliche Tatbestände ausmachen. Zum einen musste die CDU eingestehen, dass ihre Rechenschaftsberichte zahlreiche Großspenden nicht auswiesen. Das galt etwa für die 2,174 Millionen Mark Sonderspenden von Kohl, deren Herkunft er nicht verriet. Das galt für die 100 000 Mark Barspende, die Schäuble vom Rüstungslobbyisten Schreiber bekam. Und das galt vor allem für die mindestens 17 Millionen Mark, die der hessische CDU-Landesverband seit den achtziger Jahren bar von geheimen Schweizer Konten abhob und teilweise als Vermächtnisse deklarierte.[48] Gerade weil diese illegalen Spenden unabhängig voneinander einliefen, erschien das Ganze bei der Aufdeckung wie eine in der Union allgemein übliche Praxis.

Zum anderen stand die CDU unter dem Verdacht, dass Großspenden und persönliche Zuwendungen ihr Regierungshandeln mit beeinflusst hätten. Das galt zunächst für die Parteispenden des Ehepaars Ehlerding. Mit knapp sechs Millionen Mark hatten sie 1998/99 die mit Abstand höchste offizielle Einzelspende der Parteigeschichte entrichtet. Da Ehlerding im Juni 1998 den Zuschlag für 112 000 bundeseigene Eisenbahnerwohnungen erhalten hatte, obwohl sein Angebot über eine Milliarde niedriger lag als das eines japanischen Konkurrenten, war die Spende bedenklich. Und selbst wenn die Entscheidungsfindung der Union nicht durch die Spende beeinflusst wurde, hätte sie aus moralischen und parteienrechtlichen Gründen die Schecks ablehnen müssen. Zudem stand der Vorwurf im Raum, beim Verkauf von Schützenpanzern nach Saudi-Arabien und beim Verkauf der Leuna-Werke seien über Beraterverträge Millionenzuwendungen geflossen, die mit ähnlich umstrittenen Verkaufsentscheidungen einherliefen. Ob tatsächlich nicht nur an einzelne Unionspolitiker, sondern an weitere Parteiteile Gelder gingen, konnte der Untersuchungsausschuss nicht klären. Die gezielte Aktenvernichtung im Kanzleramt verwischte zwar die Spuren, nicht aber den öffentlichen Verdacht.[49]

Die skandalösen Enthüllungen verstärkten die finanzielle Misere der Union. Die Ursache für ihre Finanzkrise waren sie freilich nicht. Natürlich waren die Strafgelder, die die CDU für ihre falschen Rechenschaftsberichte zahlen muss, ein harter Rückschlag. Sie vergrößerten die finanzielle Überlegenheit der Sozialdemokraten bei der Bundestagswahl 2002 zusätzlich. Der Weg in ihre Finanzmisere hatte sich aber seit Ende der achtziger Jahre deutlich angekündigt und war nur durch die Einheit kurz überdeckt worden. Seit Mitte der neunziger Jahre hatten die Sozialdemokraten ihren Vorsprung bei den Gesamteinnahmen deutlich ausgebaut. Unabhängig von dem jüngsten Skandal verlor die CDU bei allen drei Finanzressourcen strukturell ihre finanzielle Überlegenheit an die Sozialdemokraten.

Bis 1987 konnte die CDU erstens darauf vertrauen, vor Wahlen ein Vielfaches mehr an *Spenden* einzunehmen. Seitdem ist dieser Abstand deutlich geschmolzen. In Bundestagswahljahren erzielte die CDU nur noch die doppelte Spendensumme wie die SPD, dazwischen häufig nur noch 50 Prozent mehr. Offensichtlich sind die Sozialdemokraten schon vor dem Regierungswechsel von 1998 für Großspender attraktiver geworden. Der Wandel der SPD, das Ende des Kalten Krieges und der Generations- und Strukturwechsel bei den Wirtschaftsunternehmen dürften diese neuartigen Zuwendungen an die Sozialdemokraten erklären. Der wirtschaftsnahe Regierungskurs von Gerhard Schröder machte die bislang angestammte Unionsreserve weiter abspenstig.

Obwohl beide Volksparteien zunehmend an Mitgliedern verlieren, konnten zweitens die Sozialdemokraten ihre *Mitgliedereinnahmen* seit Mitte der achtziger Jahre deutlich ausbauen. Wer SPD-Mitglied bleibt, ist offensichtlich bereit, mehr zu zahlen. Die Union erbte zwar durch die Wiedervereinigung einen großen Mitgliederbestand von der Block-CDU, aber ihre Einnahmeposten vergrößerten sich vergleichsweise geringfügig. Pro Kopf gaben die Unionsmitglieder zunehmend weniger Beiträge als die Sozialdemokraten. 1998 zahlte ein Christdemokrat 160 DM im Jahresdurchschnitt, ein Sozialdemokrat dagegen 203 Mark. Dagegen lag die CDU zehn Jahre zuvor noch mit 127 Mark pro Kopf um zwei Mark vor den Genossen. Da Mitgliederbeiträge mittlerweile der wichtigste Einnahmeposten der Volksparteien sind, lag hier ein besonders gefährliches Defizit, das zugleich das Image der Union verschlechterte.

Drittens verkleinerte sich seit längerem die *staatlichen Einnahmen* der Union gegenüber der SPD. Das lag nicht nur an ihren schlechteren Wahlergebnissen, sondern auch an den 1994 verabschiedeten Richtlinien zur Parteienfinanzierung. Denn das neue Parteiengesetz belohnte nicht nur die Wählerstimmen, sondern bezuschusste auch jede Mark an Mitgliedsbeiträgen und an Kleinspenden (bis 6000 Mark) mit maximal 50 Pfennig.[50] Beides kam vor allem der SPD zugute.

Die neue Finanzmisere der CDU war somit ein grundsätzliches Problem, das sich seit den späten achtziger Jahren entwickelte. Das sah auch der kurzzeitige Bundesschatzmeister Matthias Wissmann. Er bezifferte auf dem Essener Parteitag 2000 das jährliche Defizit der CDU auf rund 16,5 Millionen Mark.[51] Alle diese langfristigen Einbußen führten dazu, dass sich die CDU bereits im Bundestagswahljahr 1998 wieder um die gewaltige Summe von knapp 80 Millionen Mark zusätzlich verschuldete. Das Erbe, das der Parteivorsitzende Helmut Kohl hinterließ, war damit schon vor dem Skandal ein negatives. Und wie in den späten sechziger Jahren kulminierte diese Krise gerade, als der Neubau der Bundesgeschäftsstelle zusätzliche Gelder verschlang.

Viele Sparmaßnahmen, die die CDU im Jahr 2000 notgedrungen beschloss, hätten damit ohnehin angestanden. Nun fielen sie allerdings besonders drastisch aus. Nach den festlichen Parteitreffen der Kohljahre gab es auf dem Essener Parteitag 2000 ein demonstrativ sparsames Buffet. Die Mitgliederzeitschrift »Union« wurde einfach eingestellt. Um in Zukunft jährlich acht Millionen zu sparen, sollte von den 160 Mitarbeitern der Bundesgeschäftsstelle fast ein Drittel entlassen werden. Die Kreisverbände müssen für fünf Jahre zusätzliche Mittel abführen. Die geplanten Kosten für die Bundestagswahl 2002 wurden um ein Fünftel auf 40 Millionen gesenkt. Das verschlechterte ihre Ausgangsposition für die Wahl. Um die geringen Mitgliederbeiträge zu erhöhen, setzte der Essener Parteitag die Richtwerte zur Selbsteinschätzung der Beitragshöhe fest. Allerdings lagen auch die neuen Beitragsstufen unterhalb der der Sozialdemokraten, was erneut das lange Nachwirken von Traditionen belegte. Einen relativ großen Erfolg erzielte die CDU mit ihren Spendenaufrufen. Sie konnten zumindest einen Teil der Strafzahlungen abdecken. Wie der scheidende Schatzmeister Cartellieri auf dem Dresdner Parteitag im Dezember 2001 eingestand, blieb das Spendenaufkommen insgesamt gering. Die Verschuldung konnte er insgesamt aber deutlich abbauen.

Zudem verabschiedete die CDU in Essen zahlreiche Reformen, um derartige Verstöße in Zukunft zu verhindern. Mit Änderungen im Statut und in der Finanz- und Beitragsordnung verbesserte sie die innerparteiliche Kontrolle der Finanzen. Dabei stärkte sie die Aufsichtspflichten des Bundesvorstandes und des Generalsekretärs. Der Vorstand beschließt seitdem alle Etats der Bundespartei, alle finanziellen Abschlüsse und die Rechenschaftsberichte. Die Kontrolle des Generalsekretärs soll ein Eigenleben des Schatzmeisters unterbinden, der nicht mehr wie früher allein für die Einnahmen zuständig ist. Außerdem prüft nun ein hauptamtlicher, nicht weisungsgebundener Finanzbeauftragter kontinuierlich die Geldströme der Partei. Gleichzeitig verschärfte die Union ihre Richtlinien für die Spendenannahme. Sie dürfen nur noch bis 3000 Mark in bar erfolgen. Ab 1000 Mark ist eine namentliche Quittung auszustellen. Explizit sind Spenden unstatthaft, »wenn ersichtlich ist, dass der Spender persönliche Vorteile damit verfolgt«. Spenden von öffentlichen Unternehmen seien dagegen ganz abzulehnen.[52] Die Satzungsreformen des skandalbelasteten hessischen Landesverbandes gingen sogar noch darüber hinaus. Sie verbieten sogar Auslandskonten.

Die Wahl des Schatzmeisters Ulrich Cartellieri unterstrich ebenfalls die Wandlungsbereitschaft. Die Parteiführung entschied sich mit dem ehemaligen Aufsichtsratvorsitzenden der Deutschen Bank bewusst für einen Mann von außen. Er brachte zwar nur eine geringe politische Kompetenz mit, dafür aber eine große Erfahrung im Finanzwesen. Cartellieri führte sogleich die kaufmännische Buchführung nach dem Handelsgesetzbuch ein. Da er über wesentlich bessere Wirtschaftskontakte verfügte als seine Amtsvorgänger, konnte er auch die Spendensammlung ausbauen. Bei seinem Versuch, auch die Landesverbände von einer einheitlichen Wirtschaftsprüfung zu überzeugen, stieß er allerdings »auf ein erhebliches Eigenständigkeitsgefühl«[53]. Ende 2001 schmiss der Quereinsteiger schließlich das Handtuch und trat zurück. Mit Wolfgang Peiner fand die CDU einen Nachfolger, der sowohl in der Parteiarbeit als auch im Schatzmeisterwesen Erfahrung hat.

Im Vergleich zur Flick-Affäre haben die Christdemokraten diesmal tatsächlich aus der Krise gelernt. Ob sich derartige Vorfälle in Zukunft dauerhaft ausschließen lassen, hängt freilich nur zum Teil von den ohnehin recht strengen Richtlinien ab. Vor allem der innerparteiliche Generationswechsel stimmt hoffnungsfroh. Da die meisten Christdemokraten erst nach der Flick-Affäre an die Führungsspitze gekommen sind, kennen sie das alte, unter Adenauer entwickelte Spendengebaren kaum noch – wohl aber die desaströsen Folgen davon. Als gebrannte Kinder dürften sie das Feuer scheuen.

Vom Milieu zur Bürgerpartei:
Gesellschaftsbindungen und Wahlerfolge

In der Mediengesellschaft stehen Personen im Vordergrund. Wahlgewinne scheinen deshalb vor allem eine Frage des richtigen Kandidaten zu sein. Zweifelsohne hat ihre Bedeutung zugenommen.[1] Für das Gesamtergebnis einer Volkspartei sind aber weiterhin die langfristigen Bindungen wichtig, die sie im Laufe ihrer Geschichte zu einzelnen Gesellschaftsgruppen aufgebaut hat. Wirklich dramatische Wählerumbrüche blieben deshalb in den alten Bundesländern aus. Trotz aller Versuche konnte die FDP eben nicht schlagartig die angestrebten 18 Prozent erreichen, obwohl sie telegene Spitzenpolitiker nach vorne stellte und flexibel auf Sachfragen reagierte. Ebenso brach die CDU auch dann nicht völlig ein, wenn ihre Kandidaten wenig medienwirksam auftraten oder ihre Positionen umstritten waren. Vielmehr sorgten ihre langfristigen Wählerbindungen dafür, dass sie selbst in großen Krisenphasen nur selten wirklich schwere Verluste erlitt. Sogar unmittelbar nach der Spendenaffäre entsprachen die Unionsergebnisse in Schleswig-Holstein und Nordrhein-Westfalen nahezu den letzten Landtagswahlen.

Echte Verschiebungen erfolgen nicht allein durch Kandidatenwechsel. Sie stellen sich eher schrittweise ein, mit dem Wandel der Bindungen zwischen Partei und Gesellschaft. Nicht die Medien, sondern vor allem die politischen Vorfeldorganisationen (wie die Kirchen, Verbände oder Vereine) waren dabei lange Zeit die Mittler, die über den Grad der Wählerintegration mitentschieden. Die Parteibindungen haben heute zweifelsohne abgenommen. Die Parteien der Bundesrepublik stehen aber dennoch nicht das erste Mal vor einem großen Umbruch. Vielmehr mussten sie in jedem Jahrzehnt um einzelne Wählergruppen ringen.

Neue Parteigründung mit alten Milieus

Die CDU entstand 1945 als eine neue Partei. Dennoch wäre ihr schneller Erfolg undenkbar gewesen, wenn sie nicht an kraftvolle ältere Traditionen hätte anknüpfen können. Ihr wichtigstes Fundament war das katholische Milieu. Wie in einigen anderen westeuropäischen Ländern hatte sich es seit dem Kulturkampf der 1870er Jahren verdichtet, als sich die Katholiken gegen den kulturellen Führungsanspruch des liberalen Staates formierten. Die liberalen Ehe-, Schul- und Kirchengesetze hatten für den politischen Katholizismus einen ähnlichen Effekt wie die Sozialistengesetze für die Sozialdemokraten. Beide Strömungen traten nicht geschwächt, sondern dauerhaft gestärkt aus dieser Kraftprobe hervor. Wie man zum liberalen Staat oder zur Kirche stand, bildete nun eine gesellschaftliche Konfliktlinie (einen »cleavage«), die das Wahlverhalten maßgeblich bestimmte.

Die katholische Zentrumspartei bildete den politischen Arm dieses Milieus. Zweifelsohne blieb sie organisationsschwach. Aber sie konnte sich nun zunehmend auf eine ausdifferenzierte Vereinswelt verlassen, die viele Katholiken von der Wiege bis zur Bahre begleitete. Nicht nur der Gottesdienst, sondern katholische Gesellenvereine, Studentenverbindungen, Sozialstätten oder Sportclubs verknüpften den Alltag der Zentrumsanhänger enger mit der Partei, als es ein funktionärsstarker Parteiapparat jemals vermocht hätte. Hinzu kam eine eigene katholische Presse. Diese dichte Organisationskultur erklärte auch die recht gleichmäßigen Wahlergebnisse des Zentrums. Selbst am Ende der Weimarer Republik konnte es sich wie kaum eine andere Partei behaupten. Sie integrierte natürlich nicht alle Katholiken, aber zumindest einen größeren Teil umso fester. Zugleich ermöglichte das religiöse Band einen schichtenübergreifenden Schulterschluss, der vom Arbeiter über den alten Mittelstand bis hin ins Bürgertum reichte. Damit war das Zentrum die erste deutsche Partei mit einem Volksparteiprofil, wenn auch einem katholischen.[2]

Nach 1945 schienen die Kriegsfolgen vor allem die Sozialdemokraten zu begünstigen. Immerhin hatten Zerstörung und Vertreibung für eine massenhafte Verarmung und »Entwurzelung« gesorgt, wie es in den konservativen Schriften der Zeit hieß. Die Sozialdemokraten konnten zudem an ihre alte Parteistruktur anknüpfen und erhielten durch die Alliierten zahlreiche lokale Verwaltungsposten. Doch obwohl die CDU als neue Partei an den Start ging, verfügte sie dank ihrer Milieubindungen vielerorts über eine bessere Ausgangsposition. Denn weite Teile der Arbeiterorganisationen waren im Nationalsozialismus gewaltsam zerstört worden. Dagegen hatten sich die Grundstrukturen des katholischen Milieus trotz aller Einschnitte besser erhalten können.

Besonders die katholische Kirche gewährte den Christdemokraten nach 1945 weiterhin ein Kommunikationsnetz, das trotz der chaotischen Nachkriegssituation schnell Parteibindungen stärkte. Von der Kirchenpresse bis hin zum Hirtenwort konnte sie für die christliche Partei werben. Ihre Geistlichen waren bevorzugte Ansprechpartner, um Orts- und Kreisverbände zu gründen oder kommunale Posten zu besetzen. Dementsprechend reüssierten die Christdemokraten bei den ersten Wahlen auf Anhieb in katholischen Regionen wie Nordrhein-Westfalen, Rheinland-Pfalz, Württemberg-Hohenzollern und Südbaden. Vom Weimarer Zentrum erbte die CDU zugleich ihr Volksparteiprofil. Die soziale Spannbreite der ersten Gründer und Mitglieder reichte im katholischen Raum tatsächlich wieder vom Arbeiter über den Landwirt bis ins städtische Bürgertum. Die in der britischen Zone neu gegründete Zentrumspartei ergänzte in Westfalen und Süd-West-Niedersachsen ihre Erfolge. Aber dank ihrer Kirchenunterstützung war die neue Zentrumspartei kein echter Rivale mehr.

Der Zusammenschluss mit den Protestanten ergab sich nicht von selbst, sondern musste mühsam errungen werden. Zwar hatten schon in der Weimarer Republik einzelne Zentrumsmänner wie Adam Stegerwald dieses Bündnis erwogen. Aber erst die gemeinsame Erfahrung von Diktatur, Krieg und Besatzung baute alte Barrieren ab und ermöglichte einen gemeinsamen Neuanfang. Dennoch befürworteten viele Katholiken auch nach 1945 ein

Wiederaufleben einer katholischen Partei – besonders in Rheinland-Pfalz und Westfalen. Dass sich die Union dennoch durchsetzte, lag zunächst an der allgemeinen Furcht, die Sozialdemokraten und Kommunisten würden nun die Führung übernehmen. Ein breites antisozialistisches Bündnis schien deshalb ein Gebot der Zeit. Nicht zuletzt aus dieser Kommunismusangst heraus entschieden sich auch die katholischen Bischöfe für eine neue, interkonfessionelle Partei. Für die Katholiken war das eine wegweisende Entscheidung. Von größter Bedeutung war zudem, dass die Alliierten neben den Sozialdemokraten, Kommunisten und Liberalen zunächst nur eine christliche Partei zuließen. Alternative Parteipläne blieben somit vorerst chancenlos. Gegenüber den später gegründeten katholischen oder konservativen Parteien erreichte die Union so einen maßgeblichen Vorsprung. In katholischen Gebieten hatte die CDU damit auf unterschiedlichste Weise von den Bedingungen der Nachkriegsgesellschaft profitiert.

Schwieriger war ihre Ausgangslage in den mehrheitlich protestantischen Gebieten Deutschlands. Die dort ansässigen liberalen und konservativen Parteien hatten schon vor 1933 nie vergleichbar dichte Milieus aufgewiesen wie die Katholiken. Die protestantische Kirche, die vaterländischen Vereine und die Wirtschaftsverbände förderten zwar tatkräftig die bürgerlichen Parteien. Aber es fehlte ein fester weltanschaulicher und organisatorischer Mittelpunkt, der ähnlich wie bei den Katholiken Politik und Gesellschaft vereint hätte. Während das katholische Vorfeld die Zentrumspartei stabilisierte, ermöglichte das dynamische Vorfeld der Protestanten mitunter die Abkehr von den Parteien, bis hin zur NSDAP.[3]

Nach 1945 war dieses ohnehin fragile bürgerlich-protestantische Lager zusätzlich angeschlagen. Schließlich hatten sich die konservativen Parteien und Vereine durch ihre Affinität zum Nationalsozialismus diskreditiert. Eine Neugründung ließen die Alliierten deshalb nicht zu. Gestärkt ging dagegen die protestantische Kirche aus der Diktatur hervor. Sie galt als unbelastet, wenn auch nicht immer zu Recht. Die neue Frömmigkeit der Nachkriegsjahre wertete sie zusätzlich auf. Das erleichterte den Brückenschlag hin zu einer gemeinsamen christlichen Partei. Dementsprechend gelang die Etablierung der CDU besonders schnell in den Regionen, in denen die Protestanten kirchlicher waren – etwa im Württembergischen oder im Siegerland.

Die CDU erhielt in einigen protestantischen Gebieten eine wohlwollenden Unterstützung der Kirche. Ihre Geistlichen waren jedoch überall deutlich zurückhaltender als die katholischen. Zwischen Partei und Gesellschaft vermittelten hier am ehesten noch die Wirtschafts- und Bauernverbände und die lokalen Geselligkeitsvereine – besonders in Schleswig-Holstein. Von ihrem Sozialprofil her entsprachen die protestantischen CDU-Gründungen kaum einer Volkspartei. Sie umschlossen vornehmlich mittelständische Schichten, im ländlichen Raum zudem zahlreiche Flüchtlinge. Bei den Wahlen blieben viele bürgerliche Protestanten gegenüber der CDU misstrauisch, weil sie diese für eine verkappte Zentrumspartei hielten. Dadurch erreichten die Liberalen bei vielen Landtagswahlen 1946/47 knapp zwanzig Prozent. Auch in der Sowjetischen Besatzungszone konnten die Liberalen bei den ersten und letzten freien Wahlen die Christdemokraten knapp übertreffen, die insgesamt unter 25 Prozent blieben.[4]

Das Wahlergebnis der ersten Bundestagswahl von 1949 wies ebenfalls entsprechende regionale Unterschiede auf. Während die Union im katholischen Rheinland-Pfalz die Hälfte der Stimmen erreichte, waren es im evangelischen Niedersachsen nur siebzehn Prozent – und das obwohl die alliierte Lizenzierung noch ein letztes Mal echte Konkurrenten verbot. Um dennoch eine CDU-Wahl zu umgehen, entschieden sich gerade die evangelischen Wähler häufig für unabhängige oder liberale Kandidaten oder blieben der Wahl ganz fern. Die erste Bundestagswahl stand damit noch ganz in der Weimarer Tradition.[5]

Bei den Landtagswahlen der frühen fünfziger Jahre brach die Union schließlich ganz ein. Die hohe Arbeitslosigkeit, die steigenden Preise und die Bedenken gegen die Westbindung beschleunigten gerade in den evangelischen Räumen die Verluste. Vor allem traten nun aber neue Rivalen wie die rechtsradikale Sozialistische Reichspartei oder die Flüchtlingspartei Block der Heimatvertriebenen und Entrechteten (BHE) auf. Die konservative Deutsche Partei baute ebenfalls ihre Position rechts von der CDU aus. Im Norden und in Hessen rutschte die Union dadurch noch weiter ab, während die rechten »Kleinparteien« sie insgesamt deutlich übertrafen. Anfang der fünfziger Jahre sah es damit tatsächlich so aus, als wenn die Christlich Demokratische Union nur mäßige Zukunftsperspektiven hätte.

Die Integrationspolitik der Adenauer-CDU

In dieser prekären Situation bewährte sich die CDU als eine Sammlungspartei, die eben nicht nur auf ihr angestammtes katholisches Milieu setzte. Vielmehr trieb sie in den fünfziger Jahren aktiv den Einschluss der protestantisch-bürgerlichen Wähler voran, bis sie schließlich fast das gesamte Mitte-Rechts-Spektrum vereinte. Natürlich erleichterten der wirtschaftliche Aufschwung und die außenpolitische Konsolidierung diesen Prozess ungemein. Die Christdemokraten vertrauten jedoch nicht auf diese noch ungewisse politische Entwicklung, sondern glänzten vor allem durch drei Integrationsstrategien: durch ihre modernen Wahlkämpfe, durch die großzügige Einbindung unterschiedlicher Gesellschaftsgruppen und durch die Umarmung der bürgerlichen Konkurrenzparteien. Vor allem ihr Vorsitzender Konrad Adenauer trieb diese drei Integrationsstrategien voran, die eine genauere Betrachtung verdienen.

Die kurzfristige Einbindung der Wähler erreichte die Union durch ihre modernen und medialen Wahlkämpfe. Mit ihnen richteten sich die Christdemokraten an die große Zahl der politisch Unentschlossenen. Adenauer und sein Wahlkampfgremium benutzten dabei lange vor der SPD die Meinungsforschung, kommerzielle Werbefirmen und elektronische Medien. Die Organisationsschwäche der CDU erleichterte diese frühzeitige Öffnung für externe Hilfe. Bereits seit Anfang der fünfziger Jahre lieferte das Allensbacher Institut für Demoskopie Adenauer regelmäßige Umfragedaten. Ihre Kampagnen und Begriffe glich die CDU in Bund und Ländern mit der Meinungsforschung ab. Als die Umfragen vor der Wahl von 1953 beispielsweise feststellten, der Preisanstieg sei die größte Sorge der Bevölkerung, zog Adenauer sofort die Konsequenzen. Unmittelbar vor der Wahl senkte er die Steuern für Tabak, Kaffee und Tee. Gleichzeitig zeigten die Demoskopen frühzeitig, welche Themen und Begriffe so heikel waren, dass man sie aus dem Wahlkampf ausklammern müsse – wie etwa die Bekenntnisschule oder die Wiederbewaffnung. Sosehr man die Umfragedaten im Einzelnen kritisieren mag: Für die CDU waren sie eine wichtige Technik, um auf gesellschaftliche Ängste und Bedürfnisse einzugehen.[6]

Die gut ausgestatteten PR-Gruppen, die Adenauers Staatssekretär Otto Lenz mit Regierungsmitteln aufbaute, warben in Verbänden und Betrieben für ihre Positionen. Zudem führten sie seit 1953 bis hinein in die Dörfer Filmveranstaltungen durch, die scheinbar unpolitisch den Staatsmann Adenauer näher brachten. Im Unterschied zur Weimarer Republik präsentierte sich der Kanzler privat beim Rosenpflücken, zusammen mit seinen Töchtern oder mit einem Boulevardsternchen wie der persischen Kaiserin Soraya. Dabei verbreitete noch nicht das Fernsehen, sondern die auflagenstarke Illustriertenlandschaft die Bilder. Diese mediale Personalisierung ermöglichte eine neuartige, emotional aufgeladene Präsenz des Kanzlers. Viele Wähler sollten deshalb nicht für die CDU, sondern vor allem für Adenauer stimmen. Diese positiven Stimmungsbilder ergänzte die Union mit einer scharfen Polarisierung gegenüber der SPD, die noch stark an die Weimarer Wahlkämpfe erinnerte. Nicht nur ihr berühmtes Plakat »Alle Wege des Marxismus führen nach Moskau!« (1953) suggerierte die Gemeinsamkeiten zwischen der Sozialdemokratie und dem Stalinimus. Bei ihren antisozialistischen Kampagnen kam ihr schließlich die weltpolitischen Ereignisse entgegen: 1953 sorgte der DDR-Aufstand vom 17. Juni für einen weiteren Stimmungswechsel zugunsten der CDU, drei Jahre später die Ereignisse in Ungarn.

Um ihre Botschaften optimal zu verkaufen, beschäftigte die Union zudem seit 1957 bei allen Wahlen mindestens zwei externe Werbefirmen zugleich, die die komplette Wahlkampfführung ausarbeiteten. Während der SPD-Vorstand noch selbst an umständlich langen Texten tüftelte, waren die Slogans der Werbeprofis wesentlich knapper und ansprechender.[7] Sie waren besser aufeinander abgestimmt und wurden gezielt verbreitet. Damit waren die Wahlkämpfe der CDU bereits in der modernen Konsumgesellschaft angekommen. Die SPD glaubte dagegen noch lange an eine rationale Aufklärungsmission im Weimarer Stil und blieb gegenüber kommerziellen, externen Werbefirmen bis in die siebziger Jahre hinein misstrauisch. Die Wahlkämpfe der CDU waren den Sozialdemokraten schließlich nicht nur qualitativ, sondern auch quantitativ überlegen. Dank ihrer hohen Spendenmittel erreichte sie eine wesentlich größere Streuung ihrer Plakate, Broschüren und Filme. Die Wirtschaft stellte ihr zudem Werbeflächen und Filmsäle zur Verfügung. Die umfangreichen SPD-Broschüren über die kaum legale Spendenpraxis der CDU blieben dagegen völlig wirkungslos. Für vergleichbar professionelle Kampagnen wollten die Sozialdemokraten ihr großes Parteivermögen nicht einsetzen. Sie hüteten stattdessen ihre Schätze.

Um die unentschlossenen Wähler einzubinden, ging die Öffentlichkeitsarbeit der Union auch zwischen den Wahlkämpfen neue Wege. Die SPD ließ nach 1945 ihre parteieigene Presse wieder aufleben. Dagegen entschied sich die Union für das Modell einer parteinahen Presse, die sich im Verein-Union Presse zusammenschloss. Adenauer monierte zwar weiterhin per Brief etwaige »falsche Positionen« dieser Zeitungen und fand wenig Verständnis für die Unabhängigkeit der Redaktionen. Gleichzeitig stellte sich die Union aber früher auf das Ende der alten Richtungspresse ein und kommunizierte über die Milieugrenzen hinweg. Stilbildend waren Adenauers Teegespräche. Nach der restriktiven Informationspolitik früherer Zeiten lud der Kanzler nun seit 1950 handverlesene Journalisten zu Hintergrundgesprächen ein. In der privaten Atmosphäre warb er nicht nur für seine Positionen, sondern holte zugleich Einschätzungen der Journalisten ein.[8] Bei seinen Wahlkampfreisen per Zug konnte er diesen Austausch vertiefen. Private Einladungen an führende Presseleute ergänzten dies. Schnell erkannte Adenauer auch die Bedeutung von Radio und Fernsehen. Ohne Berührungsängste bemühte er sich um häufige Präsenz.

Die mediale Wählereinbindung war somit nicht erst ein Phänomen der letzten Jahrzehnte. Dagegen scheiterten Adenauers Versuche, im Weimarer Stil die Medien zu kontrollieren. Das galt etwa für seinen Verstoß, 1950 die Rundfunkräte von der Regierung besetzen zu lassen. Und das galt zehn Jahre später für das geplante regierungsnahe Zweite Fernsehprogramm. Ebenso scheiterte die CDU damit, führende Tageszeitungen durch hohe Subventionen aufzuziehen. Die gezielt gestützte »Deutsche Zeitung« erwies sich als Flop. Die anfangs stark geförderte Wochenzeitung »Die Zeit« schlug schließlich einen zunehmend liberalen Kurs ein. Nicht in der alten Medienkontrolle, sondern in der neuen Mediennutzung lag schon in den fünfziger Jahren ein Erfolgsgeheimnis der CDU.

Die Wahlkampf- und Medienpolitik der Union förderte vor allem kurzfristige und indirekte Bindungen zur Gesellschaft. Zugleich bemühte sich die CDU um die langfristige Integration unterschiedlicher Gruppen. Als Regierungspartei konnte sie ihre Ressourcen nutzen, um gezielte Zugeständnisse zu machen. Die Neugründung des westdeutschen Staates war ihr dabei eine denkbar große Hilfe. Denn mit dem Antritt der ersten Regierung waren zahllose Posten zu vergeben. Das sicherte natürlich nicht nur Loyalitäten zur Demokratie, sondern auch zur Union. Ihre aktive Integrationspolitik schloss unverkennbar auch das Millionenheer der NSDAP-Mitläufer und Anhänger ein. Zu diesen quasi frei schwebenden Gesellschaftsteilen zählten etwa die nach 1945 entlassenen Berufssoldaten und Beamten. Über den berühmten Grundgesetzartikel 131 bot die Unionsregierung ihnen schon 1951 eine großzügige Versorgung an, auch wenn sie sich im Nationalsozialismus moralisch diskreditiert hatten. Ein Recht auf Wiedereinstellung oder materielle Alimentation erhielten dabei zugleich die rund 100 000 vertriebenen oder geflüchteten Beamten des Großdeutschen Reiches. Durch den Lastenausgleich sollte die Union ein Jahr später die langwierige Integration der insgesamt über acht Millionen Vertriebenen fördern, die ebenfalls eine frei flottierende Wählergruppe waren.[9] Ebenso erfuhren die Landwirte, die in der Weimarer Republik ein hohes politisches Protestpotential gebildet hatten, nun die besonders hohe Aufmerksamkeit des Subventionsstaates. Insgesamt wartete die CDU nicht ab, bis die Segnungen des Wirtschaftswunders in den späten fünfziger Jahren breitere Bevölkerungsschichten erreichten, sondern versorgte die Deutschen vor Wahlen bereits mit gezielten Geschenken. Und selbst wenn sie nicht die Forderungen der jeweiligen Verbände voll erfüllte, trug zumindest der verständnisvolle Aushandlungsprozess bereits zur Integration bei.

Zu ihrer aktiven Integrationspolitik gehörte auch der Ausgleich, den die CDU zwischen den Katholiken und den Protestanten einleitete. Denn trotz Diktatur und Krieg waren die Spannungen zwischen den Konfessionen nicht überwunden. Vielmehr flackerten sie in den fünfziger Jahren wieder neu auf. Nun fühlten sich Teile der bisher privilegierten Protestanten durch eine vermeintlich katholische Regierung benachteiligt, die Führungsposten angeblich nur an Katholiken vergab und die Protestanten in der »Ostzone« für ein katholisches Kleineuropa verrate. Besonders die FDP schürte diese Vorwürfe. Um sie zu entkräften, leitete die CDU eine umfangreiche statistische Vermessung der Republik ein. In vielen Bundesländern erfasste sie selbst die Beamten und Angestellten von Polizei, Krankenhäusern oder Schulen. Besonders der christdemokratische Bundestagspräsident Hermann Ehlers entwickelte sich dabei zu einem innerparteilichen Anwalt der Protestanten. Nicht nur im Regierungsapparat, sondern bei allen Führungsstellen des öffentlichen Dienstes achtete die CDU nun verstärkt auf ein konfessionelles Gleichgewicht. Lokalen Vorwürfen ging sie sofort nach. Die CDU leitete somit auch in der Gesellschaft eine »Union« ein.

Zudem versuchte gerade der gläubige Katholik Adenauer, die protestantischen Bischöfe bei entsprechenden Personal- oder Sachentscheidungen einzubinden. In den einzelnen Landeskirchen hatte die CDU damit unterschiedlichen Erfolg: Während die Bischöfe im Norden, in Berlin und im Südwesten trotz aller Einzelkritik die Union durchaus unterstützten, blieben besonders die Reformierten im Rheinland und die evangelische Kirche in Hessen-Nassau unter Martin Niemöller auf Distanz.

Die katholischen Geistlichen mussten die Christdemokraten in den fünfziger Jahren dagegen kaum extra mobilisieren. Sie galt es eher zu bremsen, wenn sie zu starke klerikal-katholische Erwartungen hatten, auf die die Union allenfalls regional eingehen konnte. Obwohl dadurch einzelne Reibungen entstanden, empfahlen die Hirtenworte vor den Wahltagen weiterhin unverkennbar die Christdemokraten. Denn bei allen »aufregenden Modernisierungen« der fünfziger Jahre förderte die Union doch ein moralisch-kulturelles Klima, das dem konservativen Weltbild der Kirche entsprach.

Um den engeren Kontakt zu einzelnen gesellschaftlichen Zielgruppen auszubauen, hatte die Union frühzeitig verschiedene Vereinigungen gegründet. Hierzu zählten in den fünfziger Jahren etwa der Evangelische Arbeitskreis, die Christlich-Demokratische Arbeitnehmerschaft, die Mittelstandsvereinigung, die Frauenvereinigung, die Junge Union und die Landwirtschafts-, Beamten- oder Flüchtlingsausschüsse. Diese Untergruppen, die an die Weimarer Zentrumsbeiräte anknüpften, entsprachen sowohl dem ständischen Denken der Christdemokraten als auch ihrem Volksparteianspruch. Um eine Mittlerfunktion zwischen Partei und Gesellschaft zu übernehmen, waren die Vereinigungen recht unabhängig. Auch Nichtmitglieder der CDU konnten zumeist bei ihnen eintreten. Die Vereinigungen sollten die christdemokratische Politik in die entsprechenden Gesellschaftsgruppen hinein vermitteln und gleichzeitig aus ihnen heraus in die Union hineinwirken. Tatsächlich blieb ihr politischer Einfluss weitgehend gering und im Wesentlichen auf eine Mitsprache bei der Personalauswahl beschränkt. Organisations- und mitgliederstark waren die meisten Vereinigungen nur in Nordrhein-Westfalen und in Rheinland-Pfalz, wo sie an das Zentrumserbe anknüpften. Politische Macht erlangten die Vereinigungen vor allem, wenn ihre

Repräsentanten die entsprechenden Ministerien führen konnten. Das galt besonders für das Sozialministerium, das mit Anton Storch, Hans Katzer und Norbert Blüm führende CDA-Vertreter übernahmen. Auf diese Weise bildete die Union nebeneinander stehende Politikdomänen, die das innerparteiliche Aufeinanderprallen der unterschiedlichen Interessengruppen verhinderten.[10]

Zudem suchte die Adenauer-CDU über die Vereinigungen hinaus intensiv eine direkte Anbindung an gesellschaftliche Verbände. Adenauer konsultierte diese stets vor wichtigen personellen oder politischen Entscheidungen. Wollte er etwa das Vertriebenen- oder Landwirtschaftsministerium besetzen, holte er zunächst die Empfehlungen der Bauernpräsidenten und Vertriebenenverbände ein. Um eine Nominierung für den Bundes- oder Landtag zu erhalten, war eine leitende Verbandstätigkeit von großem Vorteil. Im zweiten Bundestag waren immerhin rund 35 Prozent ihrer Fraktionsmitglieder hauptamtlich oder leitend in Verbänden tätig; in der gewerkschaftsnahen SPD dagegen nur 23 Prozent.[11] Besonders die Treffen des CDU-Landwirtschaftsausschusses ähnelten dadurch dem Führungsgremium des Bauernverbandes. Dies half der Union vor allem, die evangelische Provinz zu erobern. Eine reine »Herrschaft der Verbände«, die damals viele angstvoll ausmachten, bestand jedoch sicher nicht. Dazu war die CDU zu pluralistisch angelegt. Wie zahlreiche Gegenbeispiele belegen, übernahm sie nicht direkt die Verbandsforderungen, sondern sorgte häufig für ausgleichende Korrekturen.

Im Unterschied zu den italienischen, belgischen oder niederländischen Christdemokraten fehlte der CDU allerdings ein politisches Vorfeld in der Arbeiterschaft. In der Weimarer Republik hatten die christlichen Gewerkschaften dafür gesorgt, dass der größte Teil der katholischen Arbeiter zur Zentrumspartei hielt. Nach 1945 schlossen sich jedoch die bislang getrennten Gewerkschaftsströmungen zur Einheitsgewerkschaft zusammen. Weder die Unionsvereinigung CDA noch die 1955 wieder neu gegründeten Christlichen Gewerkschaften konnten diese alten Vorfeldbindungen wiederbeleben. Gegenüber dem DGB blieben sie viel zu mitgliederschwach und einflusslos. Dadurch wurde bereits in den fünfziger Jahren das religiöse Band zwischen der CDU und den katholischen Arbeitern brüchiger, was sich in den Wahlverlusten in einigen Ruhrgebietsstädten widerspiegelte. Gerade bei den männlichen Industriearbeitern der Ballungsräume begann die Erosion des katholischen Milieus zuerst.

Die Einheitsgewerkschaft war eine schwere Herausforderung für die Volkspartei CDU, der sie vielleicht mit zu wenig Engagement begegnete. In der unmittelbaren Nachkriegszeit war es noch keineswegs entschieden, dass sich die Einheitsgewerkschaft zu einer SPD-nahen Großorganisation entwickeln sollte. Zahlreiche katholisch-soziale CDU-Politiker nahmen in ihr noch führende Positionen ein und drängten auf eine engere Zusammenarbeit. Adenauer hatte mit seinem Zugeständnis bei der Montanmitbestimmung 1951 ein kompromissbereites Signal an den DGB gerichtet. Jedoch kam es schon im Jahr darauf zu einem deutlichen Bruch, als die Gewerkschaften ihren Protest gegen das Betriebsverfassungsgesetz mit Arbeitsniederlegungen unterstrichen. Die gewerkschaftliche Wahlempfehlung von 1953, die sich unverkennbar gegen die Unionsregierung richtete, unterstrich und verstärkte die Konfrontation. Auch wenn die Christdemokraten per Proporz in den DGB eingebunden blieben und stets einen stellvertretenden Vorsitzenden stellten, so waren sie seit den frühen fünfziger Jahren doch Randfiguren, die gebetsmühlenhaft den überparteilichen Charakter der Einheitsgewerkschaft anmahnten. Die engagierten Arbeitnehmervertreter der CDU blieben dabei wie beim Weimarer Zentrum ganz überwiegend katholisch. Die evangelischen Arbeiter konnte die Volkspartei dementsprechend kaum integrieren.

Diese unterschiedlichen Milieubindungen und Milieutraditionen schlugen sich auch in der sozialen Zusammensetzung der CDU nieder. Ihre Mitgliederstruktur variierte beträchtlich zwischen den einzelnen Landesverbänden. In protestantischen Regionen, besonders in Norddeutschland, blieb die Union eine bürgerliche Partei, die überwiegend Selbstständige, Beamte und Angestellte umfasste, aber fast keine Arbeiter. Diese fanden lediglich im katholischen Westen zur Union. Bundesweit machten die

Arbeiter so etwa 15 Prozent der CDU-Mitglieder aus, in der Gesellschaft dagegen die Hälfte. Dagegen waren weit über ein Drittel der Parteibuchbesitzer Selbstständige.

Für die Gesellschaftsanbindung der Union spielten die Mitglieder jedoch nur eine untergeordnete Rolle. Die CDU verstand sich vornehmlich als Wahl- und Regierungspartei. Nicht die rund 200 000 Mitglieder (1954), sondern die Verbands- und Vereinswelt gewährte ihr dafür die maßgeblichen gesellschaftlichen Bindungen. Sie ersetzten selbst in der Ministerialbürokratie das Parteibuch. Dass nur zehn Prozent ihrer leitenden Beamten Parteimitglied waren, kommentierte eine Analyse des Generalsekretärs 1968 selbstkritisch mit den Worten: »Von Bedeutung waren insbesondere die gemeinsame Zugehörigkeit zu studentischen Korporationen, konfessionelle und gesellschaftliche Bindungen oder auch persönliche Bekanntschaften.«[12] Deshalb blieb ihre Mitgliederzahl bis Ende der sechziger Jahre auch relativ gering. Es brachte schlichtweg keinen echten Vorteil, ein CDU-Parteibuch zu besitzen. Ein Posten im Bauernverband oder in der Synode hatte oft mehr Gewicht.

Ihren Volksparteicharakter zeigte die Union eher bei den Wahlen als bei ihren Mitgliedern. Hier erreichte sie auch bei Protestanten und Arbeitern jeweils über ein Drittel der Stimmen. Dabei entschied sich immerhin die Hälfte der katholischen Arbeiter für die Union, bei den evangelischen nahezu ein Viertel. Der generationelle Bevölkerungsaufbau kam ihr entgegen. Als konservativ orientierte Partei wurde sie von den älteren Wählern ab 60 Jahren bevorzugt, die noch im Kaiserreich sozialisiert worden waren. Im Vergleich zur mittleren Generation war diese Gruppe besonders bevölkerungsstark, da bei ihnen die Kriegsverluste geringer waren. Ebenso bevölkerungsstark waren auch die Frauen, die ebenfalls dank ihrer größeren Kirchenbindungen häufiger die CDU wählten. Bemerkenswert war zudem, dass sich auch die jungen Wähler unter dreißig überdurchschnittlich stark für die CDU und gegen die bürgerlichen Kleinparteien entschieden. Eine große neue Partei, die sich gegenüber dem Westen öffnete, verkörperte für sie anscheinend mehr Modernität.

Die Integrationspolitik der Adenauer-CDU beschränkte sich jedoch nicht nur auf bestimmte Gesellschaftsgruppen. Sie richtete sich zugleich auch an ihre bürgerlichen Konkurrenzparteien. Die CDU bemühte sich dabei recht erfolgreich, sich die Kleinparteien einzuverleiben. Auf diese Weise konnte sie indirekt deren Wählervorfeld und deren Verbandsbindungen übernehmen. Ein abschließender Blick auf diese dritte Integrationstechnik mag diesen Prozess verdeutlichen.

Das Aufsaugen der Kleinparteien leitete Adenauer zunächst durch seine konsequente Koalitionspolitik ein. Eine möglichst enge Zusammenarbeit gegen die SPD sollte die Übergänge im eigenen politischen Lager fließend machen. Schon vor der ersten Bundestagswahl war er massiv für dieses Modell eingetreten. Nachdem Adenauer im Wirtschaftsrat und in der ersten Bundesregierung durch taktisches Geschick eine bürgerliche Koalition durchgesetzt hatte, übertrug er diesen Kurs auf die Länder. Dabei übte er mitunter einen erheblichen Druck auf deren Vorsitzende aus, der bis hin zu ihrer Absetzung reichen konnte.

Die Einbindung der Konkurrenten ging dabei weit über die gemeinsamen Koalitionen hinaus. Die CDU teilte bereits vor der Wahl generös mit ihnen ihre Wahlkreise und Spendenmittel auf. In den norddeutschen Bundesländern bildete sie gemeinsame »Bürgerblöcke«, die bereits den Wahlkampf gemeinsam gegen die Sozialdemokraten führten. Im Falle der Regierungsübernahme sollten die führenden Eliten der Nachbarparteien besonders großzügig mit Ministerposten bedacht werden. Das galt 1953 für Adenauers Koalition mit der FDP, der Deutschen Partei und dem BHE, aber auch für zahlreiche Landesregierungen. In Niedersachsen ging die CDU mit Unterstützung Adenauers sogar so weit, dem Vorsitzenden der Deutschen Partei, Heinrich Hellwege, den Ministerpräsidentenposten zu überlassen, um seine Partei langfristig zu absorbieren. Die bürgerlichen Kleinparteien profitierten von diesen Gesten, gerieten aber zugleich in eine gewisse Abhängigkeit. Die enge Einbindung nahm ihnen die Möglichkeit, sich gegen die CDU zu profilieren. Zugleich förderte sie innerparteiliche Diskussionen in den

Kleinparteien, die den Spaltungsprozess der Rivalen beschleunigten.

In einem zweiten Schritt eröffnete die CDU den eingebundenen Parteieliten die Möglichkeit, zur Union überzutreten und dabei entsprechende Ämter und Mandate zu erhalten. Schon Anfang der fünfziger Jahre gelang dies gegenüber der neu gegründeten Zentrumspartei, von der beispielsweise der junge Rainer Barzel kam. 1955/56 traten die Minister und ein Teil der BHE-Abgeordneten zur CDU über, 1960 die Minister und Abgeordneten der Deutschen Partei. In den Bundesländern erfolgten ähnliche Übertritts- und Fusionsverhandlungen. Bis Mitte der sechziger Jahre führten sie auch auf Kreis- und Landesebene weite Teile der beiden Parteien zur Union. Die übergewechselten Eliten bildeten für die Wähler die Garantie, dass das Erbe der beiden Parteien in der CDU berücksichtigt wurde. Vor allem übernahm die Union durch diese behutsame Integration auch das jeweilige gesellschaftliche Vorfeld. Mit den BHE-Politikern stärkte sie ihre Anbindung an die einflussreichen Vertriebenenverbände. Die CDU wurde nun auch die Partei der Flüchtlinge.[13] Und mit der Deutschen Partei übernahm sie ein konservatives Traditionsgefüge, das die Union in dem Flächenland Niedersachsen langfristig mehrheitsfähig machte. Mit Ausnahme einiger lokaler Bündnisse blieben die rechtsextremen Parteien dagegen ausgegrenzt. Durch den erfolgreichen Verbotsantrag gegen die Sozialistische Reichspartei setzte die Union 1952 ein deutliches Zeichen. Das Verbot zog eine klare Grenze, die zugleich die Integration des rechtsextremen Wählerspektrums erleichterte.

Allein der FDP gelang es, sich dieser Umarmung zu entziehen. Ihre frühzeitige Abgrenzung von der Union, ihre besseren Finanzressourcen und ihre breitere gesellschaftliche Anbindung ermöglichten ihr Überleben. Allerdings ging auch sie dauerhaft angeschlagen aus der Sammlung hervor. In den Landtagen, in denen wie in Schleswig-Holstein eine enge Blockbildung bestand, liefen auch ihre Abgeordneten über. Auf der Bundesebene verließen im Februar 1956 immerhin vier Minister und zwölf weitere Abgeordnete die FDP, die zunehmend einen Konfrontationskurs gegen Adenauer einschlug. Ihre Koalitions- und Kurswechsel führten zu Spaltungsprozessen, in denen die CDU/CSU ihr zumindest die nationalliberalen Wähler langfristig abringen konnte. Die FDP rückte dadurch in die politische Mitte, blieb aber strukturell auf unter zehn Prozent beschränkt.

Zusammenfassend betrachtet waren es also nicht allein die politischen Erfolge, die zu den großen Wahlsiegen führten. Entscheidend für die Wahlsiege der CDU war zugleich ihre langfristige gesellschaftliche Verankerung, die sie in den fünfziger Jahren weiter ausbaute. Ihre Wahlkampfführung, Gruppeneinbindung und Bürgerblockbildung trugen maßgeblich dazu bei, neue Wählergruppen zu erschließen, die jenseits der alten Zentrumspartei standen. Der Blick auf diese langfristigen und kurzfristigen Faktoren erklärt zudem, warum die CDU derartig unterschiedliche Wahlergebnisse in den einzelnen Regionen erreichte. Selbst in einem rein evangelischen Land wie Schleswig-Holstein konnte sie reüssieren, da sie hier konsequent die Kleinparteien integrierte und ihr politisches Vorfeld ausbaute. In Hessen etwa versäumte sie dies und scheiterte bis in die sechziger Jahre.

Bewährung im Gesellschaftswandel

Bis Mitte der sechziger Jahre konnte die Union von den überlieferten Milieubindungen zehren. Nun setzten jedoch unverkennbar gesellschaftliche Veränderungen ein, die massiv die Fundamente der Union bedrohten. Keine Umwälzung hatte für die CDU dabei eine derartig große Bedeutung wie die abnehmende Kirchenbindung. Schon Anfang der sechziger Jahre ging sie bei den Protestanten zurück, am Ende des Jahrzehnts auch bei den Katholiken. Natürlich war dies ein europaweites Phänomen. Die Verbreitung des Fernsehens, die Urbanisierung, die stärkere Mobilität, die Bildungsexpansion und das Anwachsen von weltanschaulich ungebundenen (Sport-) Vereinen lockerte überall die tradierten Bindungen des ausgehenden 19. Jahrhunderts.[14] Die CDU trug indirekt zur Auflösung ihrer Milieus bei. Zum einen hatte sie den interkonfessionellen Ausgleich gefördert, der dem politischen Katholizismus seine alte Geschlossenheit nahm. Zum anderen fehlte der katholischen Kirche angesichts der christdemokratischen Regierung die liberale oder sozialistische Bedrohung, die einst Zusammenhalt und Engagement gefördert hatte.

Zugleich zeigte das Verhältnis zwischen der CDU und den Kirchen die ersten Risse. Die Verbindung zur katholischen Kirche blieb weiterhin eng. Aber sie war nicht mehr exklusiv, weil sich die Sozialdemokraten seit Ende der fünfziger Jahre um eine Annäherung bemühten. Deshalb musste die Union nun erstmals auch ihr eigenes Verhältnis zum Katholizismus in umständlichen Diskussionen klären und explizite Grenzen zwischen Partei und Kirche benennen.[15] Als Regierungspartei hatte sie zudem Modernisierungsprozesse zu verantworten, die die Kirche ablehnte – vom Abbau der Bekenntnisschulen bis hin zur Einführung eines kommerziellen zweiten Fernsehprogrammes. Das förderte Reibungen. Und schließlich öffnete sich die katholische Kirche selbst im Zuge des zweiten Vatikanischen Konzils. Schon die vor der Bundestagswahl 1965 verlesenen Hirtenworte unterstützten nur noch Politiker mit »gläubiger Haltung«. Das Hirtenwort zur nordrhein-westfälischen Landtagswahl von 1966 fiel hinter alles Bisherige zurück. Die dramatischen Verluste, die die Christdemokraten hier erstmals bei den katholischen Arbeitern erlitten, führten sie hierauf zurück. Ob die katholischen Geistlichen die CDU genügend empfehlen würden, blieb bei den folgenden Wahlen eine fortlaufende Debatte. 1969 veröffentlichten die Bischöfe statt des Wahlhirtenbriefes nur ein allgemeines Schreiben. Der gestürzte Kanzler Kiesinger machte deshalb die fehlende Wahlhilfe von der Kanzel mit für die Niederlage verantwortlich.[16] Cum grano salis blieb die katholische Kirche aber auch in den siebziger Jahren eine stützende Hand. Vor allem durch die sozialliberale Neuregelung der Abtreibung und des Ehe- und Familienrechtes rückte sie nun wieder enger an die Christdemokraten.[17] Reibungen um Moralfragen blieben freilich nicht aus. Die Kirchenbindungen der neuen Führungsspitze in der CDU waren zudem deutlich geringer. Helmut Kohl hielt den Kontakt zu den

Geistlichen, betonte jedoch, man solle »unabhängig, aber partnerschaftlich kooperieren«[18].

Das Verhältnis zur evangelischen Kirche wurde dagegen wesentlich schwieriger. Auch hier war das Jahr 1965 eine erste Wasserscheide. Die Evangelische Kirche Deutschlands (EKD) rückte nun mit ihrer Ostdenkschrift auf Distanz zur christdemokratischen Außenpolitik und forderte eine Verständigung mit Polen. Nur einzelne protestantische Unionspolitiker stimmten ihr hierin zu.[19] An der Spitze der EKD stand nach dem CDU-Mitglied Otto Dibelius nun mit Kurt Scharf ein Ratsvorsitzender, der durchaus mit den Sozialdemokraten sympathisierte. Ende der sechziger Jahre schlossen sich besonders jüngere Pfarrer der Linken an. Gegenüber der neuen sozialliberalen Regierung waren die evangelischen Kirchenvertreter wesentlich aufgeschlossener als die Katholiken. Der »Bevollmächtigte des Rates der EKD bei der Bundesregierung«, Hermann Kunst, sympathisierte zwar weiterhin mehr mit der Union, pflegte nun aber zugleich eine engere Zusammenarbeit mit den neuen Machthabern. Brandts Ostpolitik sollten einige Geistliche offen unterstützen – etwa in der »Erklärung der 25« im April 1972. Die positiven Stellungnahmen der EKD zu den deutsch-polnischen Vereinbarungen sorgten auch in den folgenden Jahren für weitere Verstimmungen.[20] Da die Union mitunter überhitzt auf die abweichenden Positionen reagierte, verstärkte sich die Distanz. Unter Adenauer war die Mehrheit der bürgerlichen Protestanten nur unter Mühen gewonnen worden. Nun zeigte sich, wie brüchig dieses neuartige Bündnis war.

Der gesellschaftliche Wertewandel war für die Union freilich über die Kirchen hinaus gefährlich. Mit dem Abtauen des Kalten Krieges verloren die Kommunismusfurcht und das alte Freund-Feind-Denken an Gewicht. Das wachsende Bedürfnis nach mehr Partizipation, Selbstentfaltung und langfristiger Planung kam ebenfalls eher den Sozialdemokraten entgegen.[21] Die sozialen Umschichtungen stimmten ebenfalls nicht optimistisch. Der Anteil der treuesten CDU-Anhänger, der Landwirte und der Selbstständigen, verkleinerten sich Mitte der sechziger Jahre dramatisch zugunsten der Angestellten und Beamten. Zudem verloren sie Ende der sechziger Jahre an gesellschaftlichem Einfluss. Während sie bislang in den Gemeindeparlamenten als Wortführer auftraten, übernahmen nun auch in den ländlichen Gemeinden häufiger zugezogene Beamte die kommunale Führung.[22] Die Ausweitung des neuen Mittelstandes sprach freilich nicht automatisch für die SPD. Denn schließlich waren die Angestellten und Beamten bislang vornehmlich Unionswähler. Zudem hatte auch die SPD damit zu kämpfen, dass die Zahl der Arbeiter in den gewerkschaftsstarken Großindustrien sank.

Die Union trug sicherlich eine gewisse Mitschuld daran, dass seit Mitte der sechziger Jahre ihre gesellschaftliche Vormachtstellung schwand. In unterschiedlichen Bereichen wich sie von dem Integrationskurs der Ära Adenauer ab. So verzichtete sie darauf, das bürgerliche Lager weiterhin durch eine gemeinsame Koalition gegen die SPD einzubinden. Die Große Koalition förderte am rechten Rand die NPD, die seit 1966 im Zuge der Wirtschaftsflaute ihren ersten Erfolg feierte. Zugleich machte die Große Koalition die Sozialdemokraten regierungsfähig. Sie stärkte nicht nur Brandts Ansehen, sondern vor allem das von Wirtschaftsminister Karl Schiller. Gerade Schillers Ausstrahlung sollte die neuen Mittelschichten 1969 zur SPD führen.[23] Vor der Bundestagswahl sah Kiesinger von einer vorherigen Einbindung der FDP ab. Sein Wahlsieg verwandelte sich so in eine Niederlage. Anfang der siebziger Jahre setzten weite Teile der Union schließlich auf eine absolute Mehrheit ohne die Liberalen. Durch dieses vermessene Ziel wurde ihre Regierungsbeteiligung immer unwahrscheinlicher.

Gleichzeitig vernachlässigte die Union die Einbindung der tragenden Gesellschaftsverbände. Gegenüber den Geistlichen blieben Erhard und Kiesinger zurückhaltend, weil das Kirchliche in ihrem Leben nur eine geringere Rolle spielte. Erhard hatte zudem nicht nur zu den Gewerkschaften, sondern auch zu den Arbeitgeberverbänden ein schwieriges Verhältnis. Sein Wunsch, jenseits aller Interessengruppen regieren zu wollen, spiegelte seine wachsende Abneigung gegen die Verbandsansprüche. Dennoch kam es nach den großen Streiks von 1963 zu einer neuartig korporatistischen Zusammenarbeit zwischen den Tarifparteien und dem Staat, die angesichts der Wirtschaftskrise 1967 in die konzertierte Aktion mündete. Aber auch sie war kein Gewinn für die Union. Vielmehr wertete dies eher die Sozialdemokraten als Ansprechpartner auf.

Zudem gelang es den Christdemokraten kaum noch, die neuen intellektuellen Meinungsführer einzubinden. Während die Schriftsteller in der »Sozialdemokratischen Wählerinitiative« für die SPD auftraten, beschimpfte Erhard Autoren der Gruppe 47 als »Pinscher«. Kiesinger passte sich schon eher an die Mediengesellschaft an und umgab sich im Wahljahr mit Prominenten wie Udo Jürgens, Bubi Scholz oder Curd Jürgens. Mit seinem »Teledialog«, bei dem er über riesige Bildschirme live mit mehreren Versammlungen diskutierte, zeigte er 1969 zugleich eine neuartige Wahlkampftechnik. Insgesamt holte die SPD in der Wahlkampfführung jedoch auf. Unter ihrem Spitzenkandidaten Brandt führte sie nun ebenfalls professionelle mediale Wahlkämpfe. Besonders die Macht der nun verbreiteten Fernsehbilder kam Brandt seit 1961 zugute. Der ehemalige Journalist glänzte zudem durch seine engen Kontakte zu seinen Berufskollegen. Die Entideologisierung der SPD ermöglichte zugleich eine neue Öffnung gegenüber Werbeberatern. 1969 ließ auch die SPD erstmals einen Wahlkampf komplett von einer Werbefirma entwerfen, wenn auch nur von der parteieigenen Firma Are. Dagegen hatte die Union 1972 sogar Probleme, überhaupt eine große Werbefirma zu finden, die ihre Kampagne übernehmen wollte. Denn auch bei den Werbern stellte sich der Zeitgeist gegen die CDU.[24]

Insgesamt sollte man sich jedoch hüten, den Wählerumbruch zu sehr mit hausgemachten Versäumnissen der CDU oder den Stärken Brandts zu erklären. Den christdemokratischen und konservativen Parteien in den Nachbarländern ging es in dieser Zeit schließlich ähnlich. In den Niederlanden brachen die konfessionellen Parteien ebenso ein wie die Konservativen in Dänemark. Besonders die Krise der italienischen Christdemokraten betrachtete die deutsche Presse dabei als mahnendes Beispiel für die CDU.²⁵ Der Werte- und Gesellschaftswandel war eben ein (west-)europäisches Phänomen. Nachdem die christdemokratischen Regierungen gerade in den katholischen Ländern die Nachkriegsjahrzehnte geprägt hatten, wirkten sie nun verbraucht und altmodisch. Diese internationale Entwicklung erklärt die Niederlage von 1972 nicht ausschließlich, aber macht sie verständlicher. Vor allem bei den katholischen Arbeitern, den protestantischen neuen Mittelschichten und den Frauen bescherte die Milieuerosion herbe Einbußen.

Trotz des gesellschaftlichen Umbruches konnte die CDU ihre Wahlergebnisse in den siebziger Jahren wieder deutlich steigern. Denn auch sie profitierte von der gesellschaftlichen Politisierung und Polarisierung, die seit den späten sechziger Jahren einsetzte. Die Studentenproteste, die Reformen der SPD-Regierung und der Terrorismus führten im bürgerlichen Lager zu einem neuen Bedrohungsgefühl, das nach der Entspannung in den sechziger Jahren erneut zusammenschweißte. Nun galt es wieder, sich zwischen zwei Richtungen zu entscheiden. Die bürgerliche Presse, die Adenauer noch verhaltener unterstützt hatte, schlug sich nun ebenso klar auf die Seite der Union wie zwar Springers Boulevardblatt, das anfangs noch Brandts Aufstieg förderte. Die zunehmende wirtschaftliche Instabilität und die Reideologisierung der SPD verstärkten die bürgerliche Politisierung. Die CDU war nun wieder als Partei gefragt, die Sicherheit versprach; sei es gegen die Inflation, den Osten oder die Gesamtschulen. Und als im Zuge der Ölkrise die Planungseuphorie in Pessimismus umschlug, entsprach die pragmatisch-realistische CDU schon wieder eher dem gesellschaftlichen Common Sense. Von einem Abbau der Hochburgen konnte daher keine Rede sein. Die Zahl der Hochburgen-Wahlkreise stieg bis 1980 sogar an. Das galt selbst für die konfessionelle Spannungslinie, die durch die sozialliberale Innenpolitik neu aufgeladen wurde. Allen Veränderungen zum Trotz blieb die Union dabei eine Partei der ländlich-kleinstädtischen Wähler, die sich gegen die Umbrüche in den Ballungsräumen abgrenzten.²⁶

Die gesellschaftliche Politisierung belebte zwar nicht die alten Vereinsmilieus, gab ihnen aber eine neue Form. Die Partei selbst sorgte nun für den direkten Kontakt zur Gesellschaft. Das Präsidium traf sich nun regelmäßig mit den unterschiedlichen Interessenverbänden, vom DGB bis zum Bauernverband.[27] Die Kreisgeschäftsstellen rüstete die CDU zu Dienstleistungszentren auf, die Wahlkämpfe zu Materialschlachten. Zudem traten seit Ende der sechziger Jahre scharenweise Mitglieder der Union bei. Vor allem im Wahljahr 1972 erhöhte sich der Zulauf um 18 Prozent. Innerhalb von fünf Jahren verdoppelte sich bis 1976 die Parteibasis auf über 600 000 Mitglieder. Anschließend sollte sie bis 1983 zumindest gemächlich weiterwachsen. Die neue Mitgliederbasis ersetzte dabei in gewisser Weise die alten Milieuvereine, die Fachtagungen ersetzten die Verbandstreffen und die Kreisgeschäftsführer die Honoratioren. Allerdings sollte man den neuen Mitgliederboom auch nicht überbewerten. Er verbesserte vor allem das Image und die Finanzbasis der Union. Durch aktives Engagement glänzte jedoch nur ein kleiner Teil der neuen Basis. Rund 40 Prozent sahen ihre Rolle als passive Anhänger. Rund 15 Prozent der Mitglieder arbeiteten regelmäßig mit, obwohl sie ihre Einflussmöglichkeiten als geringer einschätzten als die Sozialdemokraten.[28]

Der Mitgliederboom verjüngte die CDU deutlich. Ihre Grundstruktur blieb jedoch prinzipiell erhalten. Ihre Mitglieder waren weiterhin überwiegend katholisch und männlich. Und keine Berufsgruppe blieb so stark vertreten wie die Selbstständigen und die Beamten, während der Anteil der Arbeiter weiterhin extrem gering war.[29] Damit zeigte sich gerade bei den Mitgliedern die lange Wirkungsmacht der alten Milieus. Die neuen Mitglieder mochten seltener die Kirche besuchen und kaum noch CDU-nahen Vereinen vorstehen. Aber allein ihre Sozialisation tradierte die weltanschaulichen Prägungen weiter. Nivelliert war die politische Landschaft damit noch lange nicht. Denn auch bei den politischen Eliten der Union blieb etwa das alte katholische Übergewicht weiterhin bestehen.

Bei ihrer Zielgruppeneinbindung zeigte die Union eine doppelte Strategie. Einerseits erhielten die abtrünnigen Wählergruppen eine neue Aufmerksamkeit. Die Anliegen der jungen Generation und

Tab. 3: Die Mitgliederentwicklung der CDU (jeweils Jahresende)

Jahr	Mitglieder Absolut	Jährlicher Zuwachs	Jahr	Mitglieder Absolut	Jährlicher Zuwachs
1955	197.142		1983	734.555	2,2
1958	234.725		1984	730.395	-0,6
1964	279.770		1985	718.590	-1,6
1967	285.804		1986	714.089	-0,6
1968	286.541	0,2	1987	705.821	-1,2
1969	303.532	5,9	1988	676.747	-4,3
1970	329.239	8,5	1989	658.411	-2,7
1971	355.745	8,0	1990	789.609	19,9
1972	422.968	18,9	1991	751.163	-4,9
1973	457.393	8,1	1992	713.846	-5,0
1974	530.500	16,0	1993	685.343	-4,0
1975	590.482	11,3	1994	671.497	-2,0
1976	652.010	10,4	1995	657.643	-2,1
1977	664.214	1,9	1996	645.786	-1,8
1978	675.286	1,7	1997	631.700	-2,2
1979	682.781	1,1	1998	626.342	-0,8
1980	693.320	1,5	1999	638.056	1,9
1981	705.116	1,7	2000	616.722	-3,3
1982	718.889	2,0	Okt. 2001	608.560	-1,3

Quelle: Zentrale Mitgliederkartei/ Berichte der Geschäftsstelle;
1955: Bericht Heck 9.3.1956, in: ACDP VII-004-033/1 (noch ohne Saarland);
1958 in: ACDP IV-003-003/2

der Frauen fanden nun mehr Gehör. Die Sozialausschüsse traten unter ihrem Vorsitzenden Hans Katzer mit neuem Gewicht für die Arbeitnehmer ein und scheuten dabei keine harten Auseinandersetzungen mit der Mittelstandsvereinigung. Anderseits setzte die CDU jetzt wieder auf emotionalisierende Kampagnen, die ihr traditionelles Lager bis zum rechten Rand einbinden sollten. Nach Barzels technokratischem Wahlslogan (»Wir bauen den Fortschritt auf Stabilität«) trat sie 1976 unter dem berühmten Banner »Freiheit statt Sozialismus« an. Damit reaktivierte sie ihren alten antisozialistischen Kurs. Gerade weil bei dieser Wahl die großen Themen fehlten, Helmut Schmidt kein gefährlicher

Tab. 4: Die Sozialstruktur der CDU-Mitglieder

	Katholiken	Protestanten	Frauen	Arbeiter	Angestellte	Beamte	Selbstständige	Weniger als 10 Jahr. Mitglied	Über 20 Jahr. Mitglied	Alter unter 30 Jahr.	Alter über 60 Jahre
1969	73,6	23,0	13,1	12,1	23,4	13,3	30,3				
1973	65,8	29,7	16,3	10,7	25,9	13,2	28,3				
1975	61,4	30,9	20,2	10,8	27,4	12,4	25,6				
1980	60,6	33,4	21,0	10,6	27,6	12,5	25,0			10,6	20,2
1985	58,8	34,5	22,0	10,0	28,0	12,5	24,4	46,4	13,5	8,3	23,2
1989	58,8	34,2	22,8	9,5	28,2	12,7	23,7	34,9	18,7	7,1	25,6
1991	52,0	38,6	25,6	12,7	28,9	11,2	20,8	34,1	24,2	6,2	29,8
1996	52,7	35,9	24,9	9,9	28,7	11,4	21,6	27,6	44,9	4,9	36,3
2000	52,0	34,5	25,2	8,0	27,5	10,9	21,2	30,2	45,7	5,2	44,2

Quelle: Zentrale Mitgliederkartei/ Berichte Bundesgeschäftsstelle (bis 1980: ACDP 2/201/22-1)

Tab. 5: Die Wähler der CDU/CSU nach sozialen Gruppen

Jahr	CDU/CDU	Katholiken	Protestanten	Männer	Frauen	Arbeiter Kath. Ev.	Ang./Beamte Kath...Ev.	Selbstst Kath...Ev.	Landw.
1953	45,2	58	33	38,9	47,2	47...22	61...40	66...39	58
1957	50,2			44,6	53,5				
1961	45,3	65	37	40,4	49,6	50...25	64...41	74...47	77
1965	47,6	69	41	42,1	51,7	58...31	70...42	75...46	92
1969	46,1	62	36	40,6	50,6	52...23	58...33	90...64	72
1972	45,8	50	22	43,0	46,0	39...11	53...25	61...43	82
1976	48,6	63	34	47,2	48,8	57...24	65...34	76...52	87
1980	44,5	56	32	44,2	43,7	52...17	51...36	68...48	92
1983	48,8	65	40	47,7	49,2	58...33	67...47	76...45	68
1987	44,3	55	32	41,5	45,1	47...25	58...35	71...45	77
1990	43,8	55	39	42,0	44,8	52...36	55...34	72...52	78
1994	41,5	52	39	40,6	42,2	36,9	38,4 42,4*	52,2	64,4
1998	35,1	48,7	32,1	34,9	35,0	28,8	30,3 34,5*	43,8	63,3

Quelle: Datenhandbuch zur Geschichte des deutschen Bundestages, Bd. 1 und 3, Berlin 1999; für 1994 FGW; für 1998 Infratest dimap Wahltagsbefragung.
* Daten Angestellte/Beamte ohne Konfession

Marxist war und über die Unionsmehrheit im Bundesrat quasi eine Allparteienregierung vorherrschte, förderte die Union künstlich die gesellschaftliche Polarisierung. Die Allensbacher Meinungsforscherin Elisabeth Noelle-Neumann empfahl die Begriffe Freiheit und Sozialismus im Jahr vor der Wahl. Bei der vorhergehenden baden-württembergischen Landtagswahl bewährte sich der Slogan bereits. Obwohl die CDU ihn kaum plakatierte, sorgten die Proteste der Sozialdemokraten für die schlagartige Verbreitung in den Medien.[30] Eine nationale Kampagne (»Aus Liebe zu Deutschland«) und eine starke Personalisierung auf den Herausforderer Kohl ergänzten diesen emotionalen Kurs. Dieser grundsätzliche, weltanschauliche Akzent führte besonders die protestantischen Beamten und Angestellten, die Frauen und die katholischen Arbeiter 1976 wieder zur CDU zurück.

Die Kraft der Union ruhte nun vor allem in den Bundesländern. Hier lagen die Unionsergebnisse in den siebziger Jahren deutlich höher als bei den Bundestagswahlen. In den Ländern konnte die föderale CDU sich wesentlich besser an die jeweilige Gesellschaftsstruktur anpassen. Verschiedene Landesverbände zogen die Konsequenz aus der gesellschaftlichen Polarisierung und stärkten ihr konservatives Profil. Das galt besonders für die bislang christlich-sozial ausgerichtete CDU Hessens, die sich nun unter Alfred Dregger nach rechts bewegte. Aber auch die Niedersachsen unter Wilfried Hasselmann oder die Baden-Württemberger unter Hans Filbinger standen hierfür. Nicht nur die abtrünnigen NPD-Wähler, sondern auch die nationalliberalen FDP-Anhänger fanden so zur Union. Die protestantischen Landesverbände profitierten davon, dass die Konfessionsfrage in der Gesellschaft an Bedeutung verlor. Die CDU konnte nun als antisozialistische Partei mit Wirtschaftskompetenz antreten, ohne wie früher als »zu katholisch« zu gelten. Gleichzeitig profitierten die stärker katholisch geprägten Landesverbände weiterhin von der Kirchenunterstützung, die die Union gegen die Reformen der SPD erhielt. Das galt besonders für die in den siebziger Jahren heiß umkämpfte Schulfrage und den Streit um den § 218. In fast allen Wahlkämpfen empfahl sich die Union dabei als Heimatpartei. Landesfarben und Landessymbole schmückten ihre Parteiembleme, ihre Slogans versprachen die Stärkung der eigenen Heimat gegen die Sozialisten in Bonn. In gewisser Weise übernahmen die Landesverbände dabei das Konzept der CSU. Die Union sorgte so für eine Aufwertung der Provinz, die gerade ihr Bundesvorsitzender Helmut Kohl authentisch verkörperte.

Der CDU kam zudem entgegen, dass der rasante gesellschaftliche Umbruch in den siebziger Jahren erst einmal abgebremst wurde. Die für die Union dramatischen Prognosen erfüllten sich nicht. Der Wertewandel verlief gemächlich und erreichte eben nicht alle Bevölkerungsteile, sondern vornehmlich die Jugend. Die Kirchaustritte gingen seit 1974 deutlich zurück. Auch die Zahl der Gottesdienstbesuche stabilisierte sich auf einem etwas niedrigeren Niveau.[31] Gerade die katholische Kirche erwies sich für die CDU weiterhin als eine treue Verbündete. Noch bei der Bundestagswahl von 1980 sollte sich ihr Hirtenwort unzweideutig gegen die amtierende sozialliberale Regierung richten. Nicht nur ihre Familienpolitik, sondern selbst ihre Finanzpolitik kritisierten die Geistlichen so unmissverständlich, dass die Union ihre Wahlempfehlung sofort in der Parteipresse verbreitete.[32] Die Wirtschaftsverbände hatten ohnehin wenig für die amtierende Regierung übrig, auch wenn sie sich anfänglich mit Schmidt gut stellten. In seinem Jahresbericht gab der BDI der sozialliberalen Wirtschaftspolitik schließlich 1982 die Note »mangelhaft«.[33]

Gefährlich war für die Union, dass Ende der siebziger Jahre die harten Debatten abgeflaut waren. Die Christdemokraten wirkten nun zunehmend kraftlos, weil ihnen der Gegner fehlte. Seit 1977 nahmen die Austritte zu. Auch bei den Landtagswahlen musste sie leichte Verluste hinnehmen. Bei der Bundestagswahl 1980 erhielt sie schließlich das schlechteste Ergebnis seit 1949. Der Wahlkampf von Franz Josef Strauß machte deutlich, dass harte Angriffe gegen die Linke nicht ausreichten, um alle Unionsanhänger anzusprechen. Die CDU war weiterhin ein kompliziertes Geflecht von unterschiedlichen Zielgruppen, die einen pfleglichen Ausgleich benötigten. Das konservative, scharfe Auftreten von Strauß verschreckte jedoch gerade die Wählergruppen wieder, die schon acht Jahre zuvor kurzzeitig abgewandert waren. Vor allem bei den Jungwählern, den Frauen und den protestantischen Norddeutschen konnte der CSU-Vorsitzende wesentlich weniger Stimmen holen. Gleiches galt für Regionen mit katholischen Arbeitern, wie etwa das Saarland und das Ruhrgebiet. Der Vergleich mit den parallelen Landtagswahlen machte dabei deutlich, welchen negativen Einfluss der Spitzenkandidat bei dieser Wahl hatte. Zudem zeigte Strauß' Kandidatur die Schwierigkeiten, die ein CSU-Mann außerhalb Bayerns hatte. Der Wahlkampf lief extrem langsam und spät an. Und gerade Teile der Jungen Union und der Sozialausschüsse sollten ihn nur verhalten unterstützen.[34]

Trotz dieser Niederlage ging die Union mit relativ guten Ergebnissen in die achtziger Jahre. Im internationalen Vergleich hatte sie den gesellschaftlichen Umbruch gut überstanden. Ihr Parteiausbau konnte die Milieuerosion auffangen. Vor allem profitierte sie aber davon, dass sie frühzeitig bürgerliche und protestantische Wähler an sich gebunden hatte. Zum einen war sie so gegen die Folgen der Säkularisierung besser gewappnet als ihre Schwesterparteien. Zum anderen verhinderte ihr breites Volkspartei-Profil den Erfolg von liberalen oder rechten Parteien. Ihren politischen Raum hielt die Union weiterhin besetzt.[35]

Zwischen Ostermärschen und Streiks

Die frühen achtziger Jahre zeichneten sich durch eine bisher unbekannte soziale Mobilisierung aus. Friedens- und Umweltdemonstrationen erreichten nun sechsstellige Teilnehmerzahlen. Allerorts entstanden Bürgerinitiativen, die sich für derartige Ziele engagierten, die quer zum alten Konflikt zwischen Kapital und Arbeit standen. Für die CDU schien diese gesellschaftliche Entwicklung von großem Nachteil zu sein. Sie konnte kaum hoffen, von diesen alternativen Netzen zu profitieren, die ihre Anhänger mehrheitlich ablehnten.[36] Da die neue Massenbewegung bürgerlich geprägt war und vor allem jüngere, gebildete und kirchennahe Menschen ansprach, geriet die Union unter besonderen Handlungsdruck.

Die CDU reagierte hierauf in einer doppelten Weise. Einerseits grenzte sie sich inhaltlich deutlich von der Friedensbewegung ab und scheute dabei keine scharfen Angriffe. Helmut Kohl bezeichnete die Friedensbewegung etwa als eine Volksfront mit den Kommunisten, da die SED sie angeblich mit fünf Millionen

Mark monatlich unterstütze.[37] Und sein Generalsekretär Geißler warf den Grünen eine »faschistoide, elitäre Moral« und »eine radikale Opposition gegen diese freiheitliche Ordnung« vor.[38] Andererseits übernahm die CDU aber in abgewandelter Weise die Aktionsformen der neuen Massenbewegung. Als Parteisymbol wählte sie 1983 eine Friedenstaube vor den Deutschlandfarben. »Frieden schaffen mit immer weniger Waffen« war ihr neuer Slogan, den sie dem »Frieden schaffen ohne Waffen« der Pazifisten entgegnete und über die damals beliebten Aufkleber verbreitete. Mit ihrer Aktion »10 000 Friedenstage« bemühte sie sich um eine entsprechende Basisarbeit. Nach Angaben ihrer Bundesgeschäftsstelle konnte sie zwischen Juli 1983 und Januar 1984 3,5 Millionen Bürger in 10 114 Veranstaltungen ansprechen.[39] Friedensinitiativen, Gewerkschaften und Kirchen erhielten dabei Einladungen, um den Kontakt zu den neuen Netzen zu wahren. Zugleich organisierte die CDU Großdemonstrationen, Friedenskongresse und Streitgespräche mit Intellektuellen. Um die Ängste und den Wertewandel der Jugend aufzugreifen, öffnete sie ihren Bundesparteitag 1981 für 500 Jugendliche, die nicht der Partei angehören mussten. Dabei hörte sich die Parteispitze mit Engelsgeduld die Kritik der jungen Redner an, die häufig für die Abrüstung eintraten.[40] Mit allen diesen Aktionen erwies sich die Union erneut als eine flexible Volkspartei, die sich an die Gesellschaftsstruktur anschmiegte. Freilich durfte auch ihr klar sein, dass man eine Massenbewegung nicht von oben inszenieren konnte. Eine echte Eigendynamik entwickelten die christdemokratischen Veranstaltungen nicht.

Ein Kernproblem der Friedensbewegung war, dass sie die Verbindung zu den Kirchen weiter erschwerte. Um die zähe Kommunikation zu verbessern, hatte die Bundesgeschäftsstelle bereits 1979 ein Kirchenreferat eingerichtet, wie es bislang nur die SPD besaß. Besonders in der Abrüstungs-, Umwelt- und Entwicklungspolitik vergrößerten sich die Gräben.[41] Zahlreiche Geistliche – besonders die protestantischen – nahmen jetzt an den Demonstrationen vor Kasernen oder Atomkraftwerken teil. Die Union reagierte hierauf häufig mit scharfem Protest. In Schleswig-Holstein drohten 1985 etwa einige Bundestagsabgeordnete wegen des kirchlichen »Linkskurses« mit Kirchenaustritten. Heiner Geißler monierte, die Kirchen verfehlten ihren Auftrag, da sie vom Waldsterben und von Nicaragua ausführlicher sprachen als über das Wort Gottes. In einem Landkreis wie Dannenberg boykottierte die CDU sogar kirchliche Veranstaltungen, da die Geistlichen gegen das dortige Atomendlager Gorleben eintraten. Der stellvertretende EKD-Vorsitzende Hild sprach deshalb bereits im Mai 1982 von »Entfremdungs- und Polarisierungsprozessen« zwischen Union und Kirche.[42] Mitte der achtziger Jahre musste die CDU daher in einem Arbeitspapier feststellen, dass ihre Vorwürfe einen entgegengesetzten Effekt hatten.[43] Die Führungsspitze der EKD und besonders ihr Bonner Bevollmächtigter bauten zwar ein relativ gutes Verhältnis zur neuen Unionsregierung auf. Dagegen blieben viele Pfarrer und jüngere Gemeindegruppen gegenüber der »Wende« kritisch. Nach dem Atomkraftunglück von Tschernobyl sollte sich ihr Engagement gegen die christdemokratische Umweltpolitik noch verstärken.

Das Verhältnis zur katholischen Kirche war weiterhin wesentlich besser. Der gemeinsame Kampf gegen die Abtreibung blieb auch in den achtziger Jahren ein wichtiges Band. Das »Wort der Bischöfe zur Bundestagswahl am 25. Januar 1987« empfahl an erste Stelle die Partei, die »ein Konzept zum Schutz der ungeborenen Kinder« habe. Zudem lobte sie die Verbesserung in der Wirtschaftslage, Finanzpolitik und Familienförderung. Gleichzeitig nahmen die Reibungen in anderen Politikbereichen zu. Der Umweltschutz, die Entwicklungshilfe und die Bekämpfung der Arbeitslosigkeit waren nun ebenfalls Themen, die die katholische Kirche kritisch ansprach. Umgekehrt konnte die Union als Regierungspartei kaum noch den unzeitgemäßen Forderungen nachkommen, die ihre Geistlichen etwa gegen Süssmuths Verhütungskampagnen oder zur Verschärfung des Abtreibungsrechtes stellten. Und schließlich drohten die Wahlhilfen der katholischen Kirche irrelevant zu werden. Denn zumindest die in den siebziger Jahren sozialisierte Generation konnte sie kaum noch für den Kirchgang gewinnen.

Zusätzlich zur Friedensbewegung nahmen in der organisierten Arbeitnehmerschaft die Proteste zu. Helmut Kohl hatte bei seinem Antritt noch auf eine symbolische Einbindung gesetzt. Vor seiner ersten Regierungserklärung empfing er den DGB-Chef und hob in der Rede demonstrativ hervor, »welchen bedeutenden Beitrag die Gewerkschaftsbewegung zum wirtschaftlichen und politischen Wiederaufbau unseres Landes geleistet hatte«[44]. Inhaltlich machte Kohl aber keine Zugeständnisse. Während der Bundesverband der Deutschen Arbeitgeberverbände die ersten Sparmaßnahmen begrüßte[45], reagierte der DGB mit Massendemonstrationen. 1984 erreichten die Streiks von der Zahl der beteiligten Arbeitnehmer und betroffenen Betriebe die größte Intensität seit den fünfziger Jahren.[46] Die Novellierung des Streikparagraphen 116 führte die Beziehungen schließlich 1986 auf einen historischen Tiefpunkt. Der DGB richtete sich bei der folgenden Wahl entsprechend klar gegen die »konservativ-liberale Bundesregierung«. Er lastete ihr »Sozialabbau, die Beschneidung der Arbeitnehmerrechte, die Umverteilung von unten nach oben, die Aushöhlung des Streikrechtes« an.[47]

Angesichts der Sparmaßnahme gerieten zugleich die christdemokratischen Gewerkschaftsmitglieder in die Defensive. In der Bundestagsfraktion gehörten weiterhin knapp ein Fünftel der Unionsabgeordneten einer Gewerkschaft an, davon knapp die Hälfte denen des DGB. Sie standen nun zwischen den Stühlen. Der christdemokratische DGB-Stellvertreter Gustav Fehrenbach hatte große Schwierigkeiten, in der eigenen Partei noch Anerkennung zu finden, da auch er viele Regierungsmaßnahmen kritisch sah. Im DGB hatte er ebenfalls kaum Einfluss, zumal 80 Prozent aller hauptamtlichen Vorstandsmitglieder der SPD angehörten, aber nur zehn Prozent der CDU. Die Christlich-Demokratische Arbeitnehmerschaft (CDA) bemühte sich bei der Meinungsbildung innerhalb der CDU um Modifikationen. Da der CDA-Vorsitzende Norbert Blüm jedoch zugleich das Arbeits- und Sozialministerium leitete, konnte er aus seiner Doppelrolle heraus kaum den Konflikt kanalisieren. Er erreichte allenfalls begrenzte Zugeständnisse. 1986 verließen deshalb einige profilierte Gewerkschafter die CDA.⁴⁸ In den Partei- und Fraktionsvorständen war die CDA weiter gut vertreten. Aber bei entscheidenden Fragen konnte sie sich kaum gegenüber dem Mittelstandsflügel behaupten; sei es bei der Verlängerung der Vorruhestandsregelung, bei der Familienförderung oder dem Ausbau der Mitbestimmung. Damit löste sich jene dünne Bindung, die die Union im Unterschied zu den Liberalen noch zur organisierten Arbeitnehmerschaft hatte. Dem DGB bescherte die Konfrontation ebenfalls keinen Erfolg. Ende der achtziger Jahre war er vielmehr so machtlos wie nie zuvor. Seinen Draht zur Regierung hatte er verloren, ohne große Korrekturen zu bewirken.

Das Protestklima führte wie in den frühen siebziger Jahren zu einer gesellschaftlichen Polarisierung. 1976 hatten sich laut Umfragen noch 59 Prozent der Bürger mit der »Mitte« identifiziert. 1987 waren es nur noch 47 Prozent, während sich 28 Prozent als rechts und 25 Prozent als links von der Mitte einstuften.⁴⁹ Besonders in den kleinen Orten mit weniger als 5000 Einwohnern bezeichnete sich nun ein größerer Teil als politisch rechts stehend. Dass sich die Gewerkschaften und die Friedensbewegung vehement gegen die Unionspolitik stellten, war für die CDU nicht nur von Nachteil. Ähnlich wie nach den 68er-Krawallen schweißte es ihre engere Anhängerschaft zunächst zusammen. Nachdem die Sozialdemokraten als marxistisches Schreckgespenst ausgedient hatten, boten die Grünen ein willkommenes neues Feindbild. Die Warnung vor dem »rot-grünen Chaos« sollte deshalb seit der Hamburger Bürgerschaftswahl von 1982 zahlreiche Wahlkämpfe prägen.⁵⁰

Bei der Bundestagswahl 1983 erzielte die Union somit trotz der zahllosen Demonstranten das zweitbeste Ergebnis ihrer Geschichte. Nach der schlechten Wirtschaftsbilanz der Vorgängerregierung konnte sie sich als Partei der Konsolidierung profilieren. Ihr Wahlkampfmanagement verstand es dabei gut, mit Begriffen wie sozialdemokratische »Altlasten« oder »Misswirtschaft« die öffentliche Debatte zu besetzen. Wie 1976 gewann Kohl bei den abtrünnigen Wählergruppen – also besonders bei den Frauen, den jüngeren Wählern und den protestantischen

Arbeitnehmern. Sein Erfolg beruhte jedoch vor allem auf der hohen Mobilisierung der katholischen Stammwähler. Laut Forschungsgruppe Wahlen entschieden sich immerhin 65 Prozent der Katholiken für die Union.

Mit dem Sieg von 1983 erreichte die CDU zugleich ihren Zenit. Schon in diesem Jahr zeigten die Umfragen deutlich, dass trotz des Wahlsieges die Parteiidentifikation mit der Union deutlich abgenommen hatte.[51] Bereits die Landtagswahlen der folgenden Jahre brachten fast durchweg Verluste. Diese entstanden freilich nicht durch eine einseitige Erosion ihrer Stammwähler. Vielmehr verlor sie bei allen Wählergruppen gleichmäßig. Bei der Bundestagswahl 1987 setzten sich diese Wählerverluste fort. Insgesamt büßte die CDU über vier Prozent ein, in nahezu allen Bundesländern und Berufsgruppen gleichermaßen. Allein bei den Selbstständigen blieb der Unionsanteil stabil, während die Verluste bei den Wählern von unter 45 Jahren überdurchschnittlich waren. Die niedrige Wahlbeteiligung war ein weiterer Hinweis auf die abnehmenden Parteibindungen. Dennoch: Kurzfristige Einflüsse überwogen bei der Wahl von 1987 noch nicht. Der amtierende Kanzler siegte, obwohl er erstmals keinen Vorsprung vor dem Herausforderer hatte. Je 46 Prozent der Bevölkerung präferierten Kohl und Rau. Von einer Personalisierung der Politik konnte man da nicht sprechen. Auch der Wahlkampf wurde allgemein als farblos und unspektakulär empfunden. Die CDU reüssierte zwar als Partei mit der höheren Wirtschaftskompetenz, aber auch hier blieb ihre Rolle angesichts der hohen Arbeitslosigkeit ambivalent. Trotz der gesellschaftlichen Umbrüche hielt die weltanschauliche Prägung der traditionellen Milieus offensichtlich weiterhin vor, wenn auch auf etwas niedrigerem Niveau. Bei den Europa- und Landtagswahlen der späten achtziger Jahre sollten die Verluste allerdings noch steigen.

Der Wählerabfall stellte die Union seit 1989 vor ein weiteres Problem: Erstmals seit den sechziger Jahren zog mit den Republikanern wieder eine Rechtspartei in die Landtage ein. Die Polarisierung der Gesellschaft, die Arbeitslosigkeit und die sinkenden Parteibindungen förderten ihren Aufstieg. Zudem kanalisierte der Ost-West-Konflikt nun nicht mehr die Ängste nach außen. Die Bedrohungsgefühle verlagerten sich nach innen, wurden diffuser, kleiner und lokaler. Gegenüber einer großen Bedrohung wie der Sowjetunion hatten die Wähler auf eine große Partei gesetzt. Die Bekämpfung von Asylbewerbern und Kriminellen trauten viele Wähler schon eher Leuten wie Franz Schönhuber zu.

Die Christdemokraten sahen in den Republikanern sofort eine ernste Gefahr für ihre Wählermehrheit. Wie mit den Republikanern umzugehen sei, war Anfang 1989 umstritten. Einzelne Christdemokraten, wie der rheinland-pfälzische Ministerpräsident Carl-Ludwig Wagner, der Bundestagsabgeordnete Claus Fischer oder der ehemalige Berliner Innensenator Heinrich Lummer, sahen sie prinzipiell als koalitionsfähig an. Auch der Berliner Oberbürgermeister Eberhard Diepgen erklärte laut Presseberichten: »Es wäre gerade zu hirnrissig, die Republikaner als für alle Zeiten koalitionsunfähig hinzustellen.«[52] Um diese Diskussion zu beenden, beschloss das CDU-Präsidium am 4. Juli 1989, die Zusammenarbeit mit radikalen Parteien auf allen Ebenen zu verbieten. Neben den Republikanern nannte sie dabei explizit die Grünen. Ihr folgender Parteitag sollte diesen Beschluss bekräftigen. Ein Strategiepapier der Bundesgeschäftsstelle unterstrich diesen antitotalitaristischen Abgrenzungskurs. Es legte den Christdemokraten nahe, öffentlich nicht von Republikanern, sondern von Rechtsradikalen zu sprechen. »Wichtig ist, daß Links- und Rechtsradikale möglichst häufig in einem Atemzug genannt werden, daß deren Gemeinsamkeiten herausgearbeitet werden, damit die Ablehnung gegenüber Linksradikalen auch gegen die REP gewendet werden kann [...] Je klarer die Abgrenzung zwischen der CDU und rot-grün ist, um so leichter sind potentielle REP-Wähler an die CDU zu binden.«[53] Zur Bekämpfung der neuen Rivalen solle die Union zudem mehr Nationalstolz zeigen. Die Christdemokraten verteidigten damit ihren Platz in der Mitte, wussten aber, dass ihnen zugleich ein schwieriger Spagat zum rechten Rand bevorstehen würde. Tatsächlich sollten seit 1989 bei verschiedenen Landtagswahlen immer wieder Rechtspopulisten reüssieren, auch wenn die harte Asylgesetzgebung nach 1994 ihren Wirkungsgrad einschränkte. Insgesamt zeigte sich damit, dass die Union Ende der achtziger Jahre ihre breite gesellschaftliche Anbindung verloren hatte. Ähnlich wie Ende der sechziger Jahre drohte ihr die Gefahr, zwischen einer neuen Rechtspartei und einer mobilisierten Linken an beiden Rändern auszufransen.

Nicht nur bei den Wählern, sondern auch bei den Mitgliedern schrieb die CDU nun kontinuierlich rote Zahlen. 1983 war der Mitgliederzulauf noch einmal schlagartig angestiegen. Euphorie und Opportunismus gingen dabei Hand in Hand. Seit 1984 sanken jedoch die Beitritte, während die Austritte kontinuierlich anstiegen.[54] Das hing zunächst mit ihrer Regierungsübernahme zusammen. Über die Hälfte der Mitglieder hatte in den siebziger Jahren als aktuellen Eintrittsgrund nicht einen bestimmten Inhalt angegeben, sondern die verlorenen bzw. bevorstehenden Wahlen.[55] Ihr Parteibuch sollte ein Zeichen gegen die erstarkte Sozialdemokratie setzen. Als Regierungspartei fehlte der CDU dieser Motivationsfaktor. Zudem litten nun alle Altparteien und traditionellen Großorganisationen an Mitgliederverlusten. Der Trend ging zu kleineren, basisnäheren Organisationen, die jenseits des Staates standen. Die Probleme, die eine CDU-interne Untersuchung ausmachte, waren daher die gleichen wie bei den Sozialdemokraten oder den Altparteien anderer europäischer Länder: Die Mitglieder überalterten, der Frauenanteil blieb gering, und gerade untere Schichten waren immer schwieriger zu erreichen. Der Arbeiteranteil lag nun bei weniger als zehn Prozent, während die kleine Gruppe der Selbstständigen 23 Prozent ausmachte. Die gesellschaftlichen Bindungen der CDU waren damit deutlich einseitiger geworden. Da ihre Gewerkschafts- und die Kirchenbindungen ebenfalls abnahmen, begann damit eine wesentliche Stütze der Volkspartei abzubröckeln.

Um die Wähler direkt anzusprechen, bemühte sich die Union wie in den fünfziger Jahren um eine Neustrukturierung der Medienlandschaft. Diesmal hatte sie mehr Erfolg. Seit je bestand bei den Christdemokraten die Überzeugung, die öffentlich-rechtlichen Medien hätten ein sozialdemokratisches Übergewicht. Deshalb leiteten die Unionsländer als Erste eine Privatisierung ein, um kommerzielle, eher unionsnahe Sender einzurichten. Die rheinland-pfälzische CDU-Regierung führte die ersten Pilotprojekte mit dem Kabelfernsehen durch. In Schleswig-Holstein und Niedersachsen setzten die Ministerpräsidenten Stoltenberg und Albrecht einen neuen Staatsvertrag durch, der ab 1983 das Sendemonopol des »roten« NDR beseitigte. Die privaten Rundfunk- und Fernsehsender reduzierten die politische Berichterstattung. Gleichzeitig gaben sie engen Unionsanhängern wie dem Medienzar Leo Kirch eine neue Schlüsselstellung. Die traditionellen Vorfeldbindungen dürften die Christdemokraten auf diese Weise weiter gelockert haben. Während die Kirchen das kommerzielle Angebot unter moralischen Gesichtspunkten kritisierten, konnten die traditionellen Vereine und Organisationen immer weniger mit dem neuen Medienangebot konkurrieren. Die neuen Medien mochten die politische Grundstimmung zugunsten der Union prägen. Eine vergleichbar enge Wählerbindung wie früher boten sie sicher nicht.

Abbröckelnde Fundamente in den Neunzigern

Die Wiedervereinigung sollte kurzzeitig die fortlaufende Wähler- und Mitgliedererosion der Union überdecken. Von der Ost-CDU und der Bauernpartei übernahmen die Christdemokraten karteibereinigt immerhin 111 248 neue Mitglieder. Damit erreichte die CDU insgesamt ihren historischen Höchststand von über 750 000. Die neuen Landesverbände hatten zudem ein deutlich anderes Sozialprofil, das Schwachstellen etwas ausglich. Der Anteil der Arbeiter, der Frauen und der Jüngeren unter 40 Jahren war deutlich höher. Dafür hatten sie weniger Selbstständige und Beamte. Bei den Wahlen stärkten die neuen Bundesländer ebenfalls das Volksparteiprofil. Denn im Osten war die CDU im hohen Maße eine Partei, die auf den Stimmen von Arbeitern beruhte.

Nach den glanzlosen Wahlkämpfen der letzten Jahre konnte sich die CDU nun neu in Szene setzen. Während Kohl im Westen verbraucht erschien, trat er im Osten als Reformer gegen »sozialistische Experimente« auf. Hier jubelten ihm die Massen zu, was dann wiederum in den Westen zurückwirkte. Seine erfolgreichen außenpolitischen Verhandlungen machten ihn als Staatsmann unangreifbar. Im Unterschied zur neu gegründeten SPD konnte die Union zudem auf ein breites Kommunikationsnetz zurückgreifen, das aus Tagen der Ost-CDU bestand. Sie besaß ein »local knowledge«, das auch im Medienzeitalter entscheidend ist.

Dennoch zeigte sich schnell, wie trügerisch der Sieg in den neuen Bundesländern war. Da die SED-Diktatur fast alle überlieferten Milieubezüge zerstört hatte, waren die Parteibindungen hier wesentlich lockerer.[56] Nur weniger als ein Drittel der Bevölkerung gehörte einer Kirche an. Die treuesten CDU-Anhänger waren auch hier die fünf Prozent Katholiken. Gerade in der katholischen Diaspora Thüringens hatten sich unverkennbare Milieureste erhalten. Katholische Schulen und Vereine revitalisierten diese alten Bindungen. Als engere CDU-Anhänger erwiesen sich auch die protestantischen Kirchenmitglieder, die etwa ein Viertel der Neubürger ausmachten. Zwischen ihren Landeskirchen bestanden wie im Westen unterschiedliche Ausrichtungen, die die Union sogleich in einem Strategiepapier ausmachte. In Thüringen und Sachsen waren sie eher »konservativ-gemäßigt und insgesamt lutherisch geprägt«, in Berlin-Brandenburg kritisch und »intellektualisiert« und in Mecklenburg und Anhalt neutral. Tatsächlich entsprach diese Tradition in etwa den Wahlergebnissen. Die Parteistrategen machten bei den ostdeutschen Kirchen zudem eine »Orientierungsungewissheit« aus, »die von der Union mit Aufklärungsarbeit und überzeugender Argumentation genutzt werden kann.«[57] Allerdings konkurrierte die Union mit zahlreichen Geistlichen, die sich als Bürgerrechtler in der SPD engagierten.

Ansonsten spielten in den neuen Bundesländern kurzfristige Einflussfaktoren eine viel größere Rolle als im Westen. Hierzu zählten vor allem die Wirtschaftslage, politische Kompetenzzuschreibungen und die Personen. Entsprechend stark sollten die Wahlergebnisse der Union in den neunziger Jahren schwanken. Mit der Verschärfung der ostdeutschen Arbeitslosigkeit fielen auch die Wähler ab. Gleichzeitig halbierte sich der ostdeutsche Mitgliederbestand in den ersten zehn Jahren nahezu auf 60 000 (ohne Ostberlin). Dabei spielte es so gut wie keine Rolle, ob ein Landesverband erfolgreich wie in Sachsen regierte oder erfolglos blieb wie in Brandenburg. Lediglich die PDS bildete hier eine echte Milieupartei, die dank ihrer kulturell-politischen Verbindung auf allen Wahlebenen recht gleichmäßig abschnitt. In gewisser Weise bildete sich damit in den neuen Bundesländern ein anderes Parteiensystem, das mehr Ähnlichkeiten mit denen in Osteuropa hatte.[58]

Die Wiedervereinigung verkleinerte zugleich die christdemokratische Integrationskraft im Westen. Denn mit der DDR verschwand die sozialistische Herrschaft im eigenen Land, die bisher den Antikommunismus gebündelt hatte. Die CDU versuchte deshalb, mit harten Kampagnen gegen die PDS das alte Bedrohungsszenario zu ersetzen. Die bei der ostdeutschen CDU wenig beliebte »Rote-Socken-Kampagne« richtete sich vor allem an die Wähler im Westen, während sie Verluste im Osten einkalkulierte. Gleiches galt für die »Rote-Hände-Kampagne« 1998. Ein echter Ersatz war das alles nicht. Zudem kam die politische Gewalt nun kaum noch von linken Terroristen, die mit Rot-Grün in Verbindung gebracht werden konnten. Vielmehr sah sich die Bundesrepublik jetzt durch Gewalttaten und Morde von rechtsradikalen Skinheads erschüttert. Angesichts der umstrittenen Asyldebatten fiel diese Eskalation eher negativ auf die Union zurück.

Zudem schwanden die Vorfeldbindungen der Union weiter. Anfang der neunziger Jahre kam es zu neuartigen Konfrontationen mit der katholischen Kirche. Denn nun stand im Zeichen der Wiedervereinigung der §218 zur Disposition, der bislang ihr Verhältnis abgesichert hatte. Schon 1990 hatte die Präsidentin des Zentralkomitees der deutschen Katholiken die Union wegen ihrer zögerlichen Haltung in dieser Frage attackiert.[59] Es folgten die Proteste der Bischöfe, unter denen besonders der Kölner Kardinal Joachim Meisner hervortrat. 1992 sprach er im Falle einer Gesetzesänderung der CDU das Recht ab, »den Namen Christi in ihrer Selbstdefinition zu tragen«[60]. Die Christdemokraten versuchten diese Debatte in Diskussionsrunden aufzufangen. Aber selbst der unionstreue Rheinische Merkur nannte es im Zuge dieser Debatten 1994 verständlich, dass viele Katholiken sich von der CDU abkehrten.[61] Gleichzeitig traten seit Mitte der neunziger Jahre auch mehr Katholiken aus der Kirche aus. Bis Ende der Achtziger gab noch jeder zweite Katholik an, mindestens einmal im Monat zur Kirche zu gehen. Bis 1998 verkleinerte sich diese Gruppe schlagartig auf 36 Prozent. Der Kirchenabfall der jungen Generation schlug nun selbst bei ihr durch.[62]

Das ohnehin kühlere Verhältnis zu den Protestanten besserte sich nicht, obwohl die Öko- und Friedensbewegung in der ersten Hälfte der neunziger Jahre verschwand. Für Verstimmung sorgte zunächst die Abschaffung des einzigen evangelischen Feiertages, des Buß- und Bettages. Er sollte den Arbeitgeberanteil der Pflegeversicherung finanzieren. Zudem gingen die beiden Kirchen nun gemeinsam gegen die Sozialpolitik der Union vor. 1994 verfassten sie bereits ein Papier, das vor »der Spaltung der Gesellschaft in Gewinner und Verlierer« warnte und die Massenarbeitslosigkeit als »ernste Bedrohung der Humanität« bewertete. Die CDU reagierte ihrerseits mit entsprechenden Gegenangriffen. Der nordrhein-westfälische Spitzenkandidat Helmut Linsen entgegnete etwa, ihre »Überzeichnung des Jammertals« sei selbst von der SPD kaum zu überbieten.[63] Partei und Fraktion versuchten in Gesprächen mit den führenden Geistlichen diesen Disput aufzufangen. Nach langen Diskussionen verabschiedeten die beiden Kirchen im Februar 1997 tatsächlich ein gemeinsames Sozialwort zur Wirtschafts- und Sozialpolitik. Ihre Warnung, der Sozialstaat würde wirtschaftlichen Interessen geopfert, richtete sich unmissverständlich an die Union. Um den Frieden zu wahren, reagierten die Christdemokraten auf das Sozialwort etwas zurückhaltender.

Systematische Begegnungen mit den Geistlichen suchte die Union in den neunziger Jahren aber nicht mehr. Wie der Vorsitzende der Deutschen Bischofskonferenz, Karl Lehmann, später betonte, hätte Kohl immer gesagt: »Die Angelegenheit der Partei und Regierung mit der Kirche regle ich selbst. Ich kenne die Bischöfe.«[64] Kontakte zu den CDU-Parteigremien hätten deshalb kaum bestanden. Politiker wie Kurt Biedenkopf oder Bernhard Vogel hätte er kaum noch zu Gesicht bekommen. Auf protestantischer Seite verschickte der Evangelische Arbeitskreis der CDU/CSU zwar wie früher vor den Wahlen an alle Pastoren Briefe, die den Erhalt des Kirchensteuersystems und des Religionsunterrichtes versprachen und vor den Gefahren der PDS warnten. Aber für die Kirchen blieb die soziale Frage entscheidend. Vor der Wahl von 1998 kritisierte das kirchliche Vorfeld die CDU wie nie zuvor. Im April erklärte etwa Präses Manfred Kock mit 38 herausragenden Vertretern der Evangelischen Kirche im Rheinland, sich einer »Ideologie des totalen Marktes« zu widersetzen.[65] Der Vorsitzende der Katholischen Arbeiterbewegung, Karl Nothof, erklärte unmissverständlich: »Wir können nicht Beifall klatschen, wenn Politik zu Lasten von Arbeitnehmern, Familien und Arbeitslosen gemacht wird.«[66] Und der Bund der Deutschen Katholischen Jugend (BDKJ), immerhin noch 500 000 Mitglieder stark, kündigte eine Fastenaktion an, weil die Entwicklungshilfe der Regierung ein »Armutszeugnis« sei.[67] Die seit 1990 amtierende Vorsitzende des BDKJ, Karin Kortmann, sollte schließlich für die SPD in den Bundestag einziehen.

Zugleich richteten sich auch die Wirtschaftsverbände seit Mitte der neunziger Jahre zunehmend gegen die Union. Kurioserweise galt das nun für Arbeitnehmer und Arbeitgeber. Nach einer Umfrage der Zeitschrift Focus fühlten sich Anfang 1998 44 Prozent der Unternehmer schwächer von der CDU/CSU vertreten als früher.[68] Jemand wie der Präsident des DIHT, Hans Peter Stihl, kritisierte offen, dass die Wirtschaftspolitik der CDU das »Soziale« viel zu groß schriebe. In vielen Punkten sei sie kaum noch von der SPD zu unterscheiden.[69] Ebenso wie der BDI-Chef Hans-Olaf Henkel wetterte er besonders gegen Arbeitsminister Norbert Blüm. Unmittelbar vor der Wahl stellten sich die Arbeitgeberverbände allerdings aus Furcht vor einer rot-grünen Regierung wieder klar hinter die CDU. In einer gemeinsamen Erklärung kritisierten die wichtigsten Verbände direkt Gerhard Schröder und betonten: »Die deutsche Wirtschaft hält die Fortsetzung des von der Regierungskoalition eingeschlagenen Reformkurses für richtig und notwendig.« Ein optimistischer Hinweis auf den bevorstehenden Aufschwung und auf die Schaffung von 500 000 Lehrstellen und Arbeitsplätze vor der Wahl ergänzte dies.[70] Erst nach dem Machtwechsel sollte Hans-Olaf Henkel offen kritisieren, Kohl habe nicht zuhören können und auf Anregungen oft aufbrausend reagiert.[71]

Die Kritik der Arbeitgeber paarte sich 1996/97 mit den Protesten der Gewerkschaften. Ihr Ton war im Zuge der Wiedervereinigung zunächst moderater geworden. Die SPD-Niederlagen und ihre Entmachtung lösten gegenüber den achtziger Jahren ein Umdenken aus. 1990 warnte der DGB nur noch vor der Wahl der PDS. Im Unterschied zu Ernst Breit bemühte sich der neue DGB-Chef Heinz-Werner Meyer um ein besseres Verhältnis zur Unionsregierung. Besonders die IG Bergbau und Chemie trat für eine Deeskalation ein. Die Gesprächsbereitschaft reichte auch bei Meyers Nachfolger Dieter Schulte so weit, dass er 1995 mit verschiedenen Unternehmern beim CDU-Zukunftsforum des Karlsruher Parteitages auftrat.[72] Mit der Verabschiedung des so genannten Sparpaketes bröckelte diese Zurückhaltung jedoch wieder ab. Im Juni 1996 warnte Schulte in einem Brief an alle CDU-Kreisvorstände, die Bonner Koalitionspläne seien ein »erster Schritt in ein anderes Gesellschaftsmodell und gefährdeten den sozialen Frieden«, da die geplanten Kürzungen gegen die soziale Gerechtigkeit verstießen. Generalsekretär Hintze verteidigte dagegen in einem offiziellen Antwortbrief die Maßnahmen, da sie Arbeitsplätze schüfen.[73] Noch im gleichen Monat rief der DGB zu einer seiner größten Demonstrationen der Nachkriegsgeschichte auf, der rund 350 000 Teilnehmer folgten. Obwohl der DGB-Chef weiterhin verhältnismäßig kompromissbereit blieb, riss der Gesprächsfaden zur CDU ab. Ebenso scheiterte das geplante Bündnis für Arbeit. Bei der Bundestagswahl 1998 blieb

Schultes Kritik an der Unionsregierung noch recht gemäßigt. Dagegen trat vor allem der IG Metall-Chef Klaus Zwickel wesentlich direkter für eine rot-grüne Regierung ein. Insgesamt war die organisierte Arbeitnehmerschaft wieder ähnlich gegen die Union mobilisiert wie Mitte der Achtziger. Obwohl auch die Gewerkschaften an Mitgliedern verloren, heizten sie das konfrontative Klima in Kohls letztem Wahlkampf weiter an. 1998 sollten sich nur noch 28 Prozent der Arbeiter und 30 Prozent der Angestellten für die Union entscheiden, was neben der Wahl 1972 ein historischer Tiefstand war. Ebenso brach in den neunziger Jahren der Gewerkschafteranteil in der CDU/CSU-Bundestagsfraktion ein. Bislang hatte er knapp zwanzig Prozent ausgemacht, nun sollte er sich auf fünf Prozent verringern. Der Generationswechsel und die Konflikte hinterließen ihre Spuren.

Gleichzeitig wurde die Christlich-Demokratische Arbeitnehmerschaft so bedeutungslos wie nie zuvor in ihrer Geschichte. Ihre Mitgliederzahl verringerte sich in der Ära Kohl um ein Drittel auf etwa 25 000. Die Mittelstandsvereinigung der CDU wuchs dagegen fast auf die doppelte Stärke an, obwohl sie einen weitaus kleineren Bevölkerungsteil repräsentierte. In den neuen Bundesländern konnte die CDA trotz des hohen Arbeiteranteiles in der Partei keinen Fuß fassen. Trotz aller Wirtschaftsverlagerungen blieb sie auf ihre rheinisch-katholischen Traditionsgebiete beschränkt. Ihre Führungsspitze verlor kontinuierlich an Einfluss. Ihr 1987 gewählter Vorsitzender Ulf Fink blieb machtlos. Nach seinem Amtsantritt war er sofort durch Kritik an der Politik der Kohl-Regierung aufgefallen.[74] Da seine Positionen in der Partei nicht mehrheitsfähig waren, verfehlte er 1989 sogar den Einzug in den Parteivorstand. Dort sollten neben Blüm nur noch der Professor Klaus Töpfer und Alexander von Schwerin die CDA vertreten. Kohl selbst nahm die Sozialausschüsse gegen innerparteiliche Angriffe zumeist in Schutz. Den »Putschisten« Fink schnitt er jedoch und förderte dessen Ausgrenzung. Innerhalb des CDA war Fink ebenfalls umstritten. Einerseits warf man ihm vor, zu viele Ämter zu sammeln, aber keines wirklich auszufüllen. Immerhin war er Anfang der Neunziger auch Vorsitzender der CDU

Brandenburg und stellvertretender Vorsitzender des DGB. Andererseits fand er keine echte Verbindung zur christlichen Gewerkschaftsbasis. Der Habitus des Protestanten Fink war intellektuell und menschlich unnahbar. Er wollte die CDA über die klassischen Arbeitnehmerfragen hinaus zu einer innerparteilichen Reformkraft ausbauen. Progressive Programme zur Umwelt-, Ausländer- und Entwicklungshilfepolitik unterstrichen dies.[75] Dadurch löste er aber innerhalb der Vereinigung Spannungen mit den rheinisch-katholischen Traditionalisten aus, die bereits 1993 in eine Kampfabstimmung mit dem sächsischen Sozialminister Werner Schreiber mündeten. Der enger mit Kohl verbundene Schreiber gewann, musste aber im folgenden Jahr schon seinen Hut nehmen, da ihm persönliche Bereicherung vorgeworfen wurde.

Völlig bedeutungslos wurde die CDA schließlich unter dem 1994 gewählten Vorsitzenden Rainer Eppelmann. Im Unterschied zu Fink war er Kohl gegenüber loyal. Die sozialen Kürzungen verteidigte er selbst beim Sparpaket. Und seine Proteste gegen die Regierung beschränkten sich weitgehend auf kritische Anmerkungen gegenüber den Liberalen. Innerhalb der CDA fand sein Kurs wenig Gegenliebe. Zum eigentlichen Kerngebiet der Sozialausschüsse fehlten dem ostdeutschen, evangelischen Pfarrer ohnehin die klassischen Bindungen. Da er im Unterschied zu Ulf Fink auch noch die Medien scheute, blieb der CDA-Vorsitzende damit völlig unauffällig. Allein durch Norbert Blüms und Heiner Geißlers Talkshowauftritte sollte der Geist der Sozialausschüsse regelmäßig in die deutschen Wohnzimmer gelangen. Dadurch blieb der katholisch-soziale Flügel öffentlich wesentlich präsenter, als er in der Partei mittlerweile war.

Nicht nur bei den Sozialausschüssen übernahmen die Medien verstärkt die alten Verbindungen zwischen Partei und Gesellschaft. Seit der Wiedervereinigung baute besonders Helmut Kohl seinen medialen Wählerkontakt deutlich aus. Wie innerparteiliche Kohl-Kritiker gelegentlich berichten, übte Kohl mitunter erfolgreichen Druck auf unliebsame Medienberichterstatter aus.[76] Gerade die privaten Sender gewährten ihm regelmäßig wohlwollende Interviews, Porträts und Berichte. RTL zeigte etwa »Helmut Kohl privat«, SAT 1 »Zur Sache Kanzler« und die ARD die Würdigung »Unser Kanzler Helmut Kohl«. Trotz Helmut Kohls Schelten an den linken Medien bewährte sich die Union nun als eine Partei, die von ihrer Medienpräsenz ausgezeichnet profitierte. Im »Superwahljahr 1994« erreichten die Christdemokraten gegenüber der SPD eine klare mediale Überlegenheit.[77] Im Vergleich zu den alten Bindungen stand dieser Vorsprung jedoch auf dünnem Eis. 1998 sollten die Sozialdemokraten unter Schröder die mediale Ereignisstruktur bestimmen, obwohl die CDU/CSU über sechsmal so viele Werbespots ausstrahlte.

In der Stimmungsdemokratie sind wir deshalb noch lange nicht angekommen. Im internationalen Vergleich blieb die Wählerfluktuation in Deutschland gering. Auch die Mitgliederverluste waren europaweit fast nirgendwo so klein wie in Deutschland.[78] Die Anfang der neunziger Jahre ausgemachte »Politik- und Parteienverdrossenheit« blieb ein Modewort, das recht schnell wieder aus dem öffentlichen Bewusstsein verschwand. Mit über 600 000 Mitgliedern hat die CDU trotz aller Verluste weiterhin eine recht stabile Basisverbindung, die in etwa dem Stand von 1976 entspricht. Der Aktivitätsgrad der Mitglieder ist seitdem ebenfalls recht konstant geblieben. Ebenso gehören die Unionsmitglieder weiterhin überdurchschnittlich häufig zugleich Vereinen an – besonders religiösen Verbänden (28 %) oder Heimatvereinen (26 %).[79] Die religiösen Prägungen haben weiterhin eine hohe Bedeutung. In den alten Ländern kamen auch in den neunziger Jahren noch drei Viertel der Anhänger und Mitglieder aus einem religiösen Elternhaus. In den neuen Bundesländern sind es zwei Drittel. Die individuelle Religiosität erhöht dabei nach wie vor auch die ämterorientierte Partizipationsbereitschaft der Mitglieder beträchtlich. Die Christdemokraten zehren also durchaus noch von den langfristigen Bindungen, wie sie im Kaiserreich entstanden sind. Wäre es nur nach den Katholiken gegangen, hätte die CDU auch 1998 noch fast die absolute Mehrheit erreicht.

Die Niederlage von 1998 war sicher kein Debakel, das man allein Helmut Kohl anlasten könnte. Die kontinuierlichen christdemokratischen Verluste bei den Landtagswahlen und in anderen europäischen Ländern wiesen vielmehr darauf hin, dass der Verlust von langfristigen Gesellschaftsbindungen sich gerade in den neunziger Jahren beschleunigte. Der Generationswechsel bescherte den Christdemokraten dabei große Nachteile. Bislang entschieden sich die Wähler mit zunehmendem Alter stets für die Union. Für die geburtenstarken Nachkriegsjahrgänge scheint das nicht mehr zu gelten. Offensichtlich sind sie so sehr von der Aufbruchsphase der sozialliberalen Zeit geprägt, dass sie trotz zunehmenden Alters weiterhin die linken Parteien bevorzugen. Bei der Bundestagswahl brach die CDU deshalb besonders bei der entscheidenden Gruppe der 45- bis 59-jährigen ein. Die natürlichen Verluste durch verstorbene Wähler waren dagegen besonders hoch (720 000 Wähler). Wenn sich dieser Trend tatsächlich fortsetzt, hat die CDU ein echtes Problem. Denn wahlentscheidend sind mehr denn je die älteren Wähler.

Perspektiven

Allen Krisen zum Trotz: Für die Gesellschaftsbindungen der CDU gab es seit 1999 einige Lichtblicke. Bei der jüngeren Generation konnte sie fast durchweg bessere Wahlergebnisse erzielen als zuvor. Die Umfragen zur Parteiidentifikation der Jugend bestätigten diesen Trend ebenso wie die Einbrüche vieler linker Studentenvertretungen in den neunziger Jahren. Die Religiosität der Jungwähler nahm zwar weiter ab. Aber ihre Werteorientierung kommt der CDU entgegen. Denn die neue Generation ist wesentlich optimistischer, leistungsbewusster, unpolitischer und familienorientierter als die postmaterialistische Protestgeneration der siebziger und achtziger Jahre.[80]

Die Landtagswahlen nach der Spendenaffäre zeigten, dass die Union im Westen weiterhin engere Bindungen zu ihren Stammwählern hat. Weder in Schleswig-Holstein noch in Nordrhein-Westfalen reichte es für den Machtwechsel. Aber es kam immerhin nicht zu ähnlich starken Einbrüchen wie bei ihren europäischen Schwesterparteien. Die Spendenbereitschaft in der

Finanzkrise zeigte ebenfalls, dass weite Gesellschaftsteile mit der Partei durch dick und dünn gehen. Schlechter sieht es dagegen bei der Mitgliederbasis aus. Nach den permanenten Verlusten unter Kohl kam es zunächst erstmals wieder zu einem Mitgliederzuwachs. Selbst in den neuen Bundesländern wurde die dramatische Abwanderung gebremst. Im Zuge der Spendenaffäre sank ihre Mitgliederzahl jedoch wieder drastisch. Aber diese Entwicklung hat sie schließlich mit allen Altparteien gemein.

Erfolgreich verlief zudem ihr Konzept, sich von der Volkspartei zu einer »Bürgerpartei« zu entwickeln, die sich durch »flexible und offene Formen der Parteiarbeit« auszeichnet.[81] Mit ihren Unterschriften-, Brief- und Telefonkampagnen erreichte die Union 1999 neue direkte Wählerkontakte. Das Verhältnis zu den vorpolitischen Organisationen verbesserte sich zumindest teilweise. Während der Spendenaffäre hatten sich die Geistlichen noch kritisch zu Wort gemeldet. Der EKD-Ratsvorsitzenden und der Präsident des ZdK kritisierten direkt Kohls Entscheidung, ein Versprechen über das Gesetz zu stellen.[82] Mit den Debatten über die Gentechnik, die Homosexuellen-Ehe und die Abschaffung des Religionsunterrichtes deuten sich aber Themen an, bei denen die CDU wieder ein engeres Verhältnis zur Kirche gewinnen kann. Dagegen wies das Verhältnis zu den Arbeitgeberverbänden Reibungen auf. Schon 1999 kritisierten sie den vermeintlichen »Linkskurs« der Union. Die christdemokratische Wirtschaftspolitik erschien ihnen zu sozial, zu populistisch oder zu tatenlos. Die Anti-Greencard-Kampagne und die geplante Blockade der Steuerreform führte schließlich zum offenen Konflikt.[83] Da die CDU nach dem Regierungsverlust das Soziale wieder größer schrieb, entspannte sich dafür ihr Verhältnis zu den Gewerkschaften. Auch die Christdemokratische Arbeitnehmerschaft war unter ihrem neuen Vorsitzenden Hermann-Josef Arentz wieder deutlicher zu vernehmen. Der studierte Geschichtslehrer kam als Redakteur der Katholischen Arbeiterbewegung 1985 zur Bundesgeschäftsstelle der CDU. Insofern hatte das Präsidiumsmitglied sowohl zur Partei als auch zum klassischen katholisch-sozialen Vorfeld enge Kontakte.

Dennoch bleiben die Gesellschaftsbindungen der Union stark reformbedürftig. Die CDU beruht weiterhin auf einem Vereinigungssystem, das den Problemen der fünfziger Jahre entspricht. Damals benötigte man einen Evangelischen Arbeitskreis zur Integration der Protestanten, einen Flüchtlingsausschuss für die Vertriebenen, die CDA für die katholischen Arbeiter und die Mittelstandsvereinigung für die Unternehmer. Der heutigen Gesellschaftsstruktur werden diese überlieferten Gruppen jedoch häufig kaum noch gerecht. Eine ökologische Vereinigung wäre in den letzten beiden Jahrzehnten ein Zukunftssignal gewesen, um etwa die bürgerliche Jugend anzusprechen. Stattdessen gründete die CDU die Senioren-Union. Vor allem für den modernen Dienstleistungssektor gibt es eben keine adäquate starke Vereinigung. CDA und Mittelstandsvereinigung umfassen deshalb längst nicht mehr bestimmte Berufsgruppen, sondern sind politische Flügel und Hausmächte. Bei Reform- oder Programmdiskussionen blockieren sie die Debatten immer wieder mit prinzipiellen Einwänden. Da sie weiterhin in den Geschäftsstellen zahlreiche hauptamtliche Mitarbeiter haben, können sie diese Bedenken professionell ausarbeiten. Wie perspektivlos die Vereinigungen jenseits ihrer Traditionsräume sind, zeigte sich in den neuen Bundesländern. Hier konnten sie ebenso wenig Fuß fassen wie jenseits der früheren Zentrumshochburgen.

Die CDU steht folglich vor der Aufgabe, auf die neuen Gesellschaftsstrukturen mit grundsätzlichen Strukturreformen zu reagieren. Auch nach der Wiedervereinigung hat sich die Bundesrepublik eben nicht heillos individualisiert. Vielmehr sind fast die Hälfte der Bundesbürger in Vereinen organisiert, und ein Drittel gibt an, zu den ehrenamtlichen Helfern zu gehören.[84] Da die Sportvereine den größten Zulauf haben, sehen besonders die ostdeutschen Christdemokraten in ihnen ein wichtiges Vorfeld. »Wir müssen in die Sportvereine, die karitativen Organisationen und in den Posaunenchor«, hieß es etwa in einem Strategiepapier der CDU Mecklenburg-Vorpommern vom 8./9. Mai 1999. Nicht zufällig stehen daher führende Unionspolitiker großen Fußball- und Sportvereinen vor. Der mecklenburgische Landesvorsitzende Eckhardt Rehberg machte sich etwa als Präsident von Hansa Rostock einen Namen, der ehemalige Ministerpräsident von Sachsen-Anhalt, Christoph Bergner, war Präsident des SV Halle, und der neue sächsische Vorsitzende Georg Milbradt ernannte mit Hermann Winkler sogleich einen Generalsekretär, der nebenamtlich den Landessportbund führte. Der Verweis auf die eigene Fußballerzeit gehört neuerdings ebenso zum politischen Repertoire wie der Spielbesuch bei der wichtigsten Landesmannschaft. Gerade in den neuen Bundesländern bleibt der Handlungsbedarf jedoch hoch. Denn hier weisen die Kreisverbände wesentlich weniger Veranstaltungen auf, haben weniger Vereinigungen und arbeiten weniger mit außerparteilichen Organisationen zusammen.[85]

Auch jenseits der Vereinswelt hat sich die Bevölkerung nicht einfach atomisiert. Mit den alten Klassen- oder Schichtkategorien sind die Wähler aber selbstverständlich nicht mehr zu greifen. In Anlehnung an die Werbewirtschaft machten die Volksparteien deshalb schon in den achtziger Jahren neue Milieus aus. Die Adenauer-Stiftung unterschied neun Lebensstilgruppen, die jeweils gemeinsame Lebensweisen und Wertorientierungen hätten. Das Raster reichte vom »aufstiegsorientierten jüngeren Menschen« über den »gehobenen Konservativen« bis hin zum »isolierten älteren Menschen«. Jeder Gruppe wies sie ein bestimmtes Potential für die Parteien zu.[86] So umstritten die einzelnen Kategorien auch sein mögen: Um Zielgruppen präziser anzusprechen, bietet dieses von Pierre Bourdieu beeinflusste Konzept durchaus Perspektiven. Die gängige Einteilung der Wahlforschung nach Alter, Beruf und Konfession wird den neuen sozialen und kulturellen Gruppen in der Gesellschaft jedenfalls immer weniger gerecht. Eine vorausschauende Partei sucht freilich nicht nur nach Gesellschaftsgruppen, sondern schafft sie zugleich selbst. Bestimmte Strömungen warten nur auf einen Namen, der sie emotional zu einer vagen Gemeinschaft macht. Die von Brandt und Schröder verkündete neue Mitte gehörte hierzu. Erst der Begriff löste eine Debatte darüber aus, wer eigentlich zu dieser Wählergruppe zählen würde.

Es bleibt die Frage, ob der 11. September 2001 die politische Landschaft langfristig verändert hat. Auf den ersten Blick scheint es durchaus denkbar. Das neue Bedrohungsgefühl könnte das politische Gefüge ähnlich umstrukturieren wie einst die ökologische Angst in den Achtzigern. Die Rechtspopulisten wie Schill würden sich dann wie die Grünen dauerhaft als Ein-Themen-Partei etablieren. New York wäre für sie ein vergleichbares Symbol wie Tschernobyl. Die Wahlergebnisse der Union dürften sie dann ebenso schmälern wie einst die Grünen die der Sozialdemokraten.

Tatsächlich reichen aber die Paniküberschriften der Boulevardpresse für solche Veränderungen nicht aus. Eine Milieu bildende Kraft hat das Thema innere Sicherheit bislang nicht. New York ist kein historischer Schlüsselkonflikt, der weltanschauliche Netzwerke entstehen lässt. Im Unterschied zur Alternativbewegung löst die innere Sicherheit keine Massendemonstrationen aus, lässt keine Vereine oder Bürgergruppen sprießen. Die Angst vor Verbrechen bleibt eher individualisiert, ähnlich wie die vor der Arbeitslosigkeit. Ohne eine festere Basisverankerung ist der dauerhafte Erfolg einer Partei jedoch auch in der Mediengesellschaft kaum möglich. Schill, die DVU oder die Republikaner werden deshalb weiter punktuelle Erfolge feiern können. Auf lange Sicht sind sie jedoch viel stärker Stimmungsschwankungen unterworfen als die mittlerweile fünf etablierten Parteien. Für die CDU ist damit weiterhin alles offen.

Von der Wählerinnenmehrheit zur Quorumspartei: Die CDU und die Frauen

Männerpartei mit Frauenstimmen

Die frühe CDU gilt als eine Partei, in der große Männer Geschichte machten. Tatsächlich verdankten Adenauer, Erhard und Kiesinger ihre Wahlerfolge aber vor allem den Frauen. Von ihnen erhielt die Union in den ersten Jahrzehnten immerhin rund zwanzig Prozent mehr Stimmen als von den Männern. Da die Frauen nach den Kriegsverlusten die größere Bevölkerungshälfte ausmachten, bekam ihr Votum zusätzliches Gewicht. Wäre es allein nach den Frauen gegangen, hätte die Union noch bei der Bundestagswahl 1969 die absolute Mehrheit behalten.

Auf den ersten Blick mag dies erstaunen. Vorreiter der Frauenförderung waren die Christdemokraten gewiss nicht. Entscheidend war vielmehr ihre historische Tradition und ihre kirchliche Verankerung. Die Sozialdemokraten, Kommunisten und Teile der Liberalen waren zwar 1918 für das Frauenwahlrecht und eine stärkere Gleichberechtigung eingetreten. Aber trotzdem wählten Frauen bereits in der Weimarer Republik vornehmlich die kirchennahen bürgerlichen Parteien. Denn nicht die Gewerkschaften oder die Wirtschaftsverbände, sondern der Gottesdienst und die kirchlich-karitativen Netze prägten überwiegend ihre politische Haltung. Vor allem das katholische Milieu konnte Frauen stärker integrieren. Bei der katholischen Zentrumspartei übertraf deshalb der weibliche Stimmenanteil den männlichen häufig um weit über die Hälfte. In einer katholischen Großstadt wie Köln wählten 1932 etwa nur 20 Prozent der Männer das Zentrum, aber über 34 Prozent der Frauen. In den evangelischen Räumen war diese Diskrepanz etwas geringer ausgeprägt. Dennoch bevorzugten Frauen auch hier die konservative Deutschnationale Volkspartei und die nationalliberale Deutsche Volkspartei, die engere Beziehungen zur Kirche pflegten. Die Sozialdemokraten und vor allem die Kommunisten hatten dagegen trotz ihrer Emanzipationsversprechen das Nachsehen. Sie galten schlichtweg als zu gottlos und kirchenfern, um die weibliche Wählermitte anzuziehen.[1]

Nach 1945 trat die CDU/CSU das Erbe dieser kirchennahen Parteiströmungen an. Dementsprechend reüssierte die CDU schon bei den ersten Wahlen wieder besonders bei den Frauen. Das lag nicht etwa an ihrem Spitzenkandidaten Adenauer. Auch in den Bundesländern, wo sie keine charismatischen Personen aufstellte, wählten Frauen überwiegend die christliche Partei. Dagegen fand die Linke bei ihnen ebenso geringeren Zuspruch wie die rechten Kleinparteien. Frauen fühlten sich aber nicht nur quantitativ, sondern auch qualitativ enger mit der Union verbunden: Die »starken Anhänger« der CDU, die etwa 1957 eine parteiinterne Allensbach-Studie ausmachte, waren etwa zu zwei Dritteln weiblich. Auch zwischen den Bundestagswahlen sprachen sich Frauen deutlicher für die Union aus als Männer, deren Parteipräferenz offenbar stärker schwankte. Die Wahlentscheidung der Frauen hing zudem viel weniger als bei den Männern von ihrer Berufsgruppe ab. Bei den Männern wählten die Arbeiter ganz überwiegend die Sozialdemokraten, die Angestellten, Selbstständigen und Beamten dagegen die Union. Besonders bei den katholischen Frauen blieb dieser berufsspezifische Unterschied wesentlich kleiner. Die frühe CDU war somit weniger die Partei der katholischen Arbeiter als die Partei der katholischen Arbeiter*innen*. Damit löste die Union ihren Anspruch, eine Volkspartei aller Berufsgruppen zu sein, vor allem bei den Wähler*innen* ein.

Innerhalb der CDU spielten Frauen dagegen eine untergeordnete Rolle. Schon ihr Mitgliederanteil machte weniger als fünfzehn Prozent aus. Lediglich in der Sowjetischen Besatzungszone und in den größeren Städten erreichte er schnell deutlich höhere Werte, während er in den katholisch-ländlichen Hochburgen besonders gering blieb. Noch geringer war ihr Anteil in den Parteigremien und bei den Mandatsträgern. In beiden Fällen betrug er in den ersten Jahrzehnten fast immer nur etwa sieben Prozent. Führende Posten blieben für Frauen selbst per Proporz lange unerreichbar. Erst 1961 ernannte Adenauer nach langem Zögern mit Elisabeth Schwarzhaupt die erste Bundesministerin. Um keinen Mann dafür auszubooten, spaltete er für sie extra das Gesundheitsministerium ab. Und erst 1967 durfte mit Aenne Brauksiepe die erste Frau in den Kreis der stellvertretenden Parteivorsitzenden treten. In der Fraktionsspitze erhielt 1957 erstmals eine Frau einen stellvertretenden Vorsitz. Auch dieser Posten wurde zusätzlich geschaffen, um keinen Mann zu verdrängen. Ansonsten blieben die christdemokratischen Frauen gerade in der Fraktion besonders benachteiligt. Allenfalls im nebensächlichen Petitionsausschuss durften sie den Vorsitz übernehmen.

Einer stärkeren Berücksichtigung von Frauen stand zunächst das christdemokratische Frauen- und Familienbild entgegen. Da die Christdemokraten und Christdemokratinnen den Frauen vor allem die Sorge um die Familie und den Haushalt zuwiesen, kam ein politisches Engagement nur für Ausnahmefrauen in Frage. Dementsprechend waren ihre Politikerinnen wesentlich häufiger unverheiratet, kinderlos oder älter als ihre männlichen Kollegen.[2] Auch von ihrem Bildungsgrad her waren sie Ausnahmefrauen. Häufig hatten sie nicht nur einen Hochschulabschluss, sondern sogar eine Promotion erworben.

Gleichzeitig legte die christdemokratische Organisationsstruktur den Frauen große Hürden in den Weg. Erstens war es für sie von Nachteil, dass die Vorstandsposten häufig qua Amt und weniger qua Wahl vergeben wurden. Da qualifizierende Ämter (wie ein Landesvorsitz oder Schatzmeisteramt) für Frauen noch völlig unerreichbar waren, verblieben ihnen nur die wenigen gewählten Plätze, um die sie mit anderen Gruppen ringen mussten. Zweitens erschwerte der informelle Führungsstil in der CDU ihre Mitsprache. In offiziellen Gremien erhielten sie zumindest Proporzplätze. In den inoffiziellen Runden der Kanzler oder Ministerpräsidenten konnte man sie dagegen komplett übergehen. Drittens war der stark föderale, mitunter regionale Aufbau der Partei für sie unvorteilhaft. Da jedes Land seine persönlichen Interessen möglichst stark auf der Bundesebene vertreten wollte, fürchteten die Landesverbände bei einer weiblichen Repräsentantin Nachteile. Eine zentrale Vergabe von Ämtern und Mandaten wäre für Frauen vorteilhafter gewesen. Eine vierte Hürde war schließlich die Gruppenstruktur der CDU. Für ein Amt oder Mandat qualifizierte man sich in der CDU ja nicht über den kaum vorhandenen Parteiapparat, sondern über die Verbands- und Vereinswelt. Die führenden Christdemokratinnen hatten somit fast alle leitende Positionen in kirchlich-sozialen Frauenverbänden inne. Obwohl Frauen über die Hälfte der Bevölkerung ausmachten, reduzierte diese Gruppenstruktur sie auf eine der vielen Interessengruppen, die neben den Wirtschafts-, Flüchtlings- oder Landwirtschaftsvertretern um ihre Berücksichtigung rang.[3]

Im Vergleich zur SPD konnten die CDU-Frauen ihre Repräsentantinnen dafür häufiger selber auswählen. Die 1948 gegründete Frauenarbeitsgemeinschaft der CDU/CSU Deutschlands sah hierin ihre Hauptaufgabe. Der drei Jahre später daraus entstandene Bundesfrauenausschuss nahm die Personalkontrolle sogar gleich in seinen ersten Satzungsparagraphen auf. Der Vorsitz im Frauenausschuss war dabei zumeist auch das direkte Karrieresprungbrett in den jeweiligen Bundes- oder Landesvorstand. Ihre Wortbeiträge in den Vorständen und Fraktionen beschränkten sich allerdings häufig auf die Mahnung, doch stärker Frauen bei der Ämtervergabe zu berücksichtigen, weil diese doch die Hauptwählerschaft stellten. Die Personalpolitik drohte damit zum Selbstzweck zu werden, nicht zum Ausgangspunkt für inhaltliche Forderungen.

Die inhaltliche Arbeit der Frauenvereinigung blieb in der Ära Adenauer recht blass. Auf den Tagungen der Frauenvereinigung hielten vor allem männliche Politiker die Hauptreferate. Nur diese nahm zugleich die Presse wahr. »Kiesinger wendet sich an die Araber«, lautete beispielsweise 1969 eine typische Überschrift eines Artikels über die Bundestagung der Frauen, der vor allem die Rede des Kanzlers referierte.[4] Ebenso dokumentieren die Vorstandsprotokolle der Frauenvereinigung nur wenige inhaltliche Initiativen, um die gesellschaftliche Stellung der Frau zu verbessern. Bei der Verabschiedung des Hamburger Programmes brachten die Frauen 1953 immerhin den Antrag ein, die baldige Revision des Gleichstellungsartikels aufzunehmen. Allerdings wurden sie von den Männern überstimmt. Im Hamburger Programm fand sich für die Frauen nur der beiläufige Satz: »Bei der Anpassung des Familienrechts an die von uns bejahte Gleichberechtigung von Mann und Frau ist die natürliche Ordnung der Familie und Ehe für die Christlich-Demokratische Union Ausgangspunkt und Richtschnur.« Der Verweis auf die »natürliche Ordnung« ließ alle Türen offen. Tatsächlich sollte es bis zum Wahljahr 1957 dauern, bis die Adenauer-CDU endlich das erste Gleichberechtigungsgesetz beschloss, das den Eheleuten gleiche Rechte zubilligte. Der Stichentscheid des Vaters galt aber bis 1959 weiter, bis das Bundesverfassungsgericht ihn kassierte.[5] Ansonsten reduzierten sich die politischen Diskussionen der christdemokratischen Frauen auf die beiden klassischen Bereiche der familiären Sphäre: Die Bildungs- und Sozialpolitik.

Auch organisatorisch bewies die frühe Frauenvereinigung wenig eigenständige Kompetenz. Zur Lösung von Führungsstreiten mussten sie oft Männer von der Bundesgeschäftsstelle herbeirufen. Die Verwaltung der Parteibasis gelang ihr kaum. Da jedes weibliche CDU-Mitglied automatisch zu ihrer Vereinigung gehörte, erreichte sie Mitte der sechziger Jahre immerhin rund 35 000 Mitglieder. Ihre Landesvereinigungen waren jedoch so schlecht organisiert, dass sie nur 21 000 Frauen tatsächlich erfasste. Auch die wesentlich kleinere Auflage ihrer Zeitschrift Frau und Politik verdeutlichte, dass nur ein Teil der Christdemokratinnen mit der Vereinigung im Kontakt stand. Eigene Finanzmittel hatte die Frauenvereinigung nicht. Sie konnte nur mit den kleinen Summen arbeiten, die ihnen die CDU-Geschäftsstelle überließ. Die Hälfte der Landesvereinigungen hatte Mitte der sechziger Jahre noch nicht einmal einen eigenen Etat, sondern musste jeweils um eine Mittelerstattung betteln. Dementsprechend schwankte ihr Organisationsstand beträchtlich. Während sie in Ballungsräumen wie Berlin oder Nordrhein-Westfalen professionelle Veranstaltungen organisierte, beschränkte sie sich in anderen Ländern auf Kaffeekränzchen. Entscheidend für den Wahlerfolg bei den Frauen war damit auch in den sechziger Jahren nicht das Engagement der Frauenvereinigung, sondern die enge Bindung zum kirchlichen Vorfeld.

Erste Emanzipationsschübe

1972 konnten die Sozialdemokraten erstmals einen größeren Teil der Wählerinnen für sich gewinnen. Das gelang ihnen jedoch sicher nicht, weil ihre Partei Frauen so viel besser plazierte. In ihren Vorständen saßen nur unwesentlich mehr Frauen. Und niemals in der Geschichte der Sozialdemokratie war der Frauenanteil der SPD-Bundestagsfraktion so gering wie zwischen 1969 und 1980, als er mit rund sieben Prozent nur die Unionswerte erreichte. In den Wahlkampf zogen die Sozialdemokraten dagegen mit dem Slogan »Wir haben die richtigen Männer«. Dass auf dem dazugehörigen Plakat auch Käte Strobel als die einzige angehende Bundesministerin posierte, fiel kaum auf. Ebenso wenig ließen sich die Wählerinnen vom Kennedy-Image des jugendlichen Willy Brandts einnehmen, wie viele Männer vermuteten. Das zeigt bereits der vergleichende Blick auf die Landtags- und Bundestagswahlergebnisse.

Entscheidend war vielmehr, dass sich die Sozialdemokraten seit den sechziger Jahren zunehmend mit den Kirchen aussöhnten. Nicht der oft zitierte »gewerkschaftliche Multifunktionär«, sondern die kirchlich engagierten Sozialdemokraten in den Gemeinden dürften langfristig die Wählerinnen erobert haben. Gleichzeitig lockerte der neuartige Säkularisierungsstoß die kirchlichen Bindungen zur Union. Vor allem die Jungwählerinnen der Nachkriegsjahrgänge, die im geringeren Maße durch das Kirchenumfeld sozialisiert worden waren, wandten sich seit 1969 zunehmend zur SPD. Insgesamt schrumpfte der Frauenüberhang der Unionswähler damit auf wenige Prozentpunkte zusammen.

Die internen Wahlanalysen der CDU hoben dies mit bemerkenswerter Dramatik hervor und verlangten eine konsequentere

Einbindung der Frauen. Die christdemokratischen Frauen erklärten die Verluste damit, dass die CDU ihr soziales Profil vernachlässigt habe, und forderten entsprechende Kurskorrekturen. Die Frauenvereinigung legte dabei ein neues Selbstbewusstsein an den Tag. Schon 1971 kritisierte sie auf ihrer Bundestagung offen, das Referat des Bundesgeschäftsführers Göb hätte auch eine Frau halten können. Die neu gewählte Vorsitzende Helga Wex formulierte zugleich die Forderung, Frauen sollten sich in Zukunft nicht mehr nur um Sozial- und Bildungspolitik kümmern, sondern auch um »harte Themen« wie die Wirtschafts- und Ostpolitik.

Zu einem frauenspezifischen Thema mit breiter politischer Brisanz entwickelte sich nun die Diskussion über den Schwangerschaftsabbruch. Sie formierte nicht nur die Frauenbewegung, sondern verdichtete zugleich auch das Engagement der kirchennahen Christdemokratinnen. Ihre Position unterschied sich dabei nicht von der der männlichen Parteifreunde. Schon 1971 verabschiedeten die Delegierten der Frauenvereinigung die unzweideutige Resolution: »Wir bitten die Frauenvereinigung der CDU, sich mit allen Kräften gegen die vorgesehene Lockerung des §218 zu wehren.«[6] In den kommenden Jahren folgten weitere Beschlüsse gegen die geplante Fristenlösung. Nachdem der Bundestag 1974 die straffreie Abtreibung (in den ersten drei Monaten) namentlich gegen die christdemokratische Minderheit verabschiedet hatte, unterstützte die Frauenvereinigung explizit die von der Union eingereichte Klage beim Bundesverfassungsgericht. Die Debatte um den §218 sollte ein Dauerthema bleiben, welches das weltanschauliche Engagement der Christdemokratinnen bündelte. Zugleich verstärkte das Thema wieder ihre Zusammenarbeit mit den kirchlichen Netzwerken.

Trotz des hehren Anspruches von Helga Wex blieb die Familienpolitik in den siebziger Jahren das Hauptbeschäftigungsfeld der CDU-Frauen. Im Unterschied zu früher wagten sie nun aber weitreichendere Vorschläge. Schon vor Geißlers Neuer Sozialen Frage machten sie etwa auf die Not der allein stehenden Mütter aufmerksam, die mit den Witwen gleichzustellen seien.

In ihrem Grundsatzprogramm »Frau und Gesellschaft« bündelten sie schließlich ihre Forderungen, die vor allem für die Besserstellung von Frauen und Familien eintraten. So verlangten sie ein hohes Erziehungsgeld für Eltern mit Kindern bis drei Jahren, eine Partnerrente, mehr Teilzeitarbeit und die gleiche Aufteilung des Einkommens zwischen den Partnern »zur selbständigen Verfügung«.[7]

Erwartungsgemäß eckten diese Vorschläge sowohl am konservativen Weltbild als auch an den Sparplänen vieler männlicher Parteifreunde an. Die Frauen suchten sich deshalb Bündnispartner, um ihren Anliegen Gehör zu verschaffen. In den siebziger Jahren begann ihre engere Zusammenarbeit mit der Jungen Union und der CDA. Auch wenn die Vorsitzende Wex feste Bündnisse offiziell ablehnte, blieb diese Zusammenarbeit bis in die neunziger Jahre bestehen. Der neue Vorsitzende Helmut Kohl kam den Frauen entgegen, indem er die Familien-, Sozial und Bildungspolitik zugunsten der Außenpolitik aufwertete, wodurch er besonders junge Wähler und Wählerinnen ansprechen wollte. Die von Heiner Geißler aufgebrachte Neue Soziale Frage machte 1975 die Probleme von allein erziehenden Müttern und Witwen zum Anliegen der gesamten Partei. Der soziale Kurswechsel, das neue Engagement der Frauenvereinigung und die Wiederannäherung an die Kirche dürften schließlich dazu beigetragen haben, dass die CDU bei der Bundestagswahl von 1976 auch bei den jüngeren Wählerinnen wieder zulegen konnte. Denn für sie zählten jetzt stärker politische Inhalte und Personen und nicht mehr allein die langfristigen Bindungen.

Ob die Frauenvereinigung deshalb bis 1980 in allen Landesverbänden die stärkste Vereinigung wurde – wie einige Darstellungen annehmen –, ist jedoch zu bezweifeln.[8] Gehör fanden sie nur im Bündnis mit mächtigen Männern oder starken CDU-Vereinigungen. Innerhalb der einzelnen Bundesländer schwankte ihr Einfluss erheblich. Gerade in den ländlichen Regionen war ihre formelle Mitgliederzahl zwar hoch, ihr Organisationspotential aber gering. Ob frauenpolitische Äußerungen schließlich in die Programme der Landesverbände gelangten, hing zudem nicht allein von der Stärke der jeweiligen Frauenvereinigung ab. Während das Berliner Programm etwa besonders selten Frauen erwähnte, legte das der Niedersachsen besonders viel wert darauf. Tatsächlich spielten in Berlin aber Frauen weiterhin eine wesentlich größere Rolle. In ihrer Frauenpolitik unterschieden sich die Bundesländer ebenfalls. Hier fiel aber vor allem der große Unterschied zu den sozialdemokratisch regierten Ländern auf. Zwischen den CDU- und SPD-regierten Ländern bestanden 1980 in fast allen frauenpolitisch relevanten Bereichen klare Unterschiede – von der Zahl der Hortplätze über die Teilzeitarbeit bis hin zu den Beschäftigtenzahlen im öffentlichen Dienst.[9]

Nicht nur auf der politischen, sondern auch auf der personellen Ebene konnten sich die Christdemokratinnen in den reformbewegten siebziger Jahren nicht durchsetzen. Die Zahl der weiblichen Fraktionsmitglieder stagnierte bei sieben Prozent. Während die Liberalen mit dem Finanzausschuss zum ersten Mal einen wichtigen Vorsitz an eine Frau abgaben und die SPD mit Annemarie Renger erstmals eine Frau zur Bundestagspräsidentin kürte, blieben den Christdemokratinnen selbst solche symbolischen Zugeständnisse verwehrt. In den Parteivorständen hatte die Verkleinerung der Gremien nach 1967 zunächst sogar dazu geführt, dass der Frauenanteil kurzzeitig weiter sank. Dann stieg er leicht an, kam aber kaum über zehn Prozent. Vor allem die Machtzentren blieben Männersache. Helmut Kohl trat zwar verbal stets für die Frauenförderung ein, aber sein informelles Umfeld besetzte er ausschließlich mit Männern. In seiner gesamten Parteikarriere sollte seine Sekretärin Juliane Weber die einzige Frau bleiben, die wirklich zu seinem engsten Entscheidungszirkel gehörte.

Innerhalb der eigenen Vereinigung konnten die christdemokratischen Frauen dafür wenigstens eine vergleichsweise große Harmonie bewahren. Das gelang der SPD nicht. Während bei den Genossinnen Ende der siebziger Jahre die akademischen Feministinnen mit den traditionsbewussteren Frauen stritten, blieb in der CDU der Spannungsbogen kleiner.[10] Bei ihren Bundestagungen fielen in der Diskussion vereinzelte feministisch anmutende

Forderungen auf. 1977 verlangten etwa einzelne Rednerinnen, bei Stellenanzeigen die Geschlechtsangabe wegzulassen oder im Fernsehen nur noch selbstständige Frauen zu zeigen. Solche Forderungen konnte die Vereinigung aber ebenso auffangen wie eine drohende Kampfabstimmung gegen ihre Vorsitzende Helga Wex, der man 1977 vorhielt, zu viele Machtstellen zu besetzen.

In schwieriges Fahrwasser gerieten die CDU-Frauen eher durch die Kanzlerkandidatur von Franz Josef Strauß. Für Strauß sprach, dass er eine zentrale Forderung der Frauenvereinigung aufgriff: Im Falle des Regierungsgewinns wollte er für nichtberufstätige Frauen bis zum dritten Kindesjahr ein hohes Mutterschaftsgeld einführen. Ansonsten konterkarierte Strauß aber alle Kurskorrekturen, die in den siebziger Jahren zur Gewinnung der Frauen gemacht wurden. Strauß mied die CDU-Leitbegriffe Gerechtigkeit und Solidarität, verwarf die sozialen Forderungen und rückte die Außen- und Sicherheitspolitik wieder nach vorne. Die Wählerinnen quittierten dies mit einer außergewöhnlich starken Abkehr von der Union. Insbesondere die jüngeren Frauen waren nicht bereit, den von Strauß forcierten Rechtsruck mitzutragen. Dadurch wurde die Union das erste und einzige Mal in ihrer Geschichte häufiger von Männern als von Frauen gewählt. Die CDU war somit erneut vorgewarnt, Frauen nicht mehr als selbstverständliches Wählerpolster anzusehen.

Die CDU holt auf

In den siebziger Jahren hatte sich die Frauenvereinigung zu einem aktiven Teil des christlich-sozialen Flügels entwickelt. Erst im Laufe der achtziger Jahren zeigte sie jedoch genügend Eigenständigkeit, um auch innerhalb der eigenen Partei für ihre Gleichberechtigung zu kämpfen. Ihr neues Selbstbewusstsein wurde bereits bei den Bundestagungen 1983/84 deutlich. Zunächst kritisierte sie die Sparmaßnahmen der Regierung, weil sie vor allem zu Lasten der Frauen gingen. Anschließend protestierte sie gegen die geplanten Stuttgarter Leitsätze, weil diese die Gleichberechtigung nicht genügend betonten. Ihre Warnung, immer mehr Frauen würden zu Rot-Grün abwandern, untermauerten sie 1984 mit ausführlichen Analysen. Aus ihnen leiteten sie mit neuem Nachdruck personelle und programmatische Forderungen ab.[11]

Motor der christdemokratischen Frauenbewegung war in den frühen achtziger Jahren jedoch nicht eine Frau, sondern der Generalsekretär Heiner Geißler. Bezeichnenderweise hatte er 1982 auch das Bundesministerium für Jugend, Familie und Gesundheit erhalten, das die Sozialdemokraten stets den Frauen überlassen hatten. Geißler besetzte nun nicht nur öffentlich frauenspezifische Anliegen, sondern regte auch 1985 den Essener »Frauenparteitag« der CDU an. Dabei riskierte er die Proteste der Christlich-Demokratischen Arbeitnehmerschaft, die stattdessen die Arbeitslosigkeit als Schwerpunktthema forderte. In persönlichen Vermittlungen musste er durchsetzen, dass ausgerechnet im Ruhrgebiet eine derartige Versammlung stattfinden konnte, die viele Christdemokraten als »Emanzenparteitag« verspotteten. Und es war auch Geißler, der am Vorabend des Parteitages in einer Fernsehdiskussion mit der Feministin Alice Schwarzer den frauenpolitischen Standpunkt der Union vertrat. Immerhin fand Schwarzer dabei einige anerkennende Worte für den Wandel der CDU.

Geißlers Initiative fand zudem die Zustimmung von Helmut Kohl. Ohne Kohls wohlwollende Unterstützung wäre der frauenpolitische Aufbruch der Christdemokraten sicher noch langsamer verlaufen. Ähnlich wie beim Jugendparteitag vier Jahre zuvor lud die CDU nun zum Essener Parteitag zu ihren 781 Delegierten 500 weitere redeberechtigte Frauen ein, die vornehmlich von Verbänden und Organisationen kamen, nicht aber Mitglieder sein mussten. Dabei verabschiedete die CDU die »Leitsätze für eine neue Partnerschaft zwischen Mann und Frau«, die die Verwirklichung der Gleichberichtigung forderten. Die Gleichberechtigung war somit erstmals nicht mehr allein Anliegen der Frauen, sondern der gesamten Partei. Eine verbindliche Quote lehnte dagegen auch die Mehrheit der christdemokratischen Frauen ab. Ebenso wandte sich Helga Wex gegen die Einrichtung eines eigenen Frauenministeriums, weil es nur eine Alibifunktion haben würde. Aber immerhin forderte die Frauenvereinigung überparteiliche Gleichstellungsstellen auf allen gesellschaftlichen Ebenen.

Das Jahr 1985 war damit sicherlich die große Zäsur in der Geschichte der christdemokratischen Frauen. Die Ernennung von Rita Süssmuth zur Bundesministerin, die ins gleiche Jahr fiel, verstärkte diesen Aufbruch. Die Professorin übernahm Geißlers Ressort, das ein Jahr später zum Ministerium für Jugend, Familie, *Frauen* und Gesundheit erweitert wurde. Süssmuths Nominierung erschien zunächst als ein Rückschlag für die Frauenvereinigung. Denn Kohl hatte weder die Frauenvereinigung noch die Frauengruppe in der Fraktion vorab gefragt. Da man sich hier Hoffnungen auf den Posten gemacht hatte, folgten Proteste. In der Partei war Süssmuth zudem recht unbekannt, zumal sie erst 1981 in die CDU eingetreten war. Immerhin hatte sie schon 1983 den Bundesfachausschuss für Familienpolitik geleitet. Als Anfang 1986 mit Helga Wex die langjährige Vorsitzende der Frauenvereinigung verstarb, kursierten viele mögliche Nachfolgenamen. Bezeichnenderweise zählte Süssmuth zunächst nicht dazu. Erst in einer erfolgreichen Kampfabstimmung gegen Renate Hellwig trat sie schließlich auch an die Spitze der Frauenvereinigung.

So selbstbewusst wie Rita Süssmuth war bislang keine Christdemokratin hervorgetreten. Ihr Ministeramt, ihr Professorentitel und ihr Nimbus als von Kohl ausgewählte Seiteneinsteigerin verstärkten dabei ihre Autorität. Gleichzeitig verkörperte sie als Mutter und Mitglied des Zentralkommittees der deutschen Katholiken auch die traditionelle Seite der Christdemokratie. Süssmuth sprach schon beim Frauentreffen 1986 vom »Ende der Bescheidenheit« und drohte verdeckt mit der Quote. »Wer die Quote nicht will, muss Frauen wollen«, blieb dabei ihr Wahlspruch. Zugleich verabschiedete die Union 1986 den Mainzer C-3-Beschluss, der die innerparteiliche Gleichstellung der Frauen bei Ämtern und Mandaten beschleunigen sollte. Der Generalsekretär musste künftig auf den Parteitagen berichten, welchen Anteil Frauen in allen Gliederungen hätten. Die 1988 in Wiesbaden beschlossenen »Richtlinien zur politischen Gleichstellung der

Frauen in der CDU« konkretisierten dies. Frauen sollten mindestens ihrem Mitgliederanteil entsprechend bei Ämtern und Mandaten berücksichtigt werden, der damals 22 Prozent betrug. In gewisser Weise war das eine verhaltene Antwort auf die 40-Prozent-Quote, die die SPD im gleichen Jahr verabschiedete.

Nicht nur programmatisch, sondern auch politisch begann die Union einen Aufholprozess. Der vergleichende Blick auf die Frauenpolitik in SPD- und CDU-regierten Bundesländern zeigte nun, dass die Union bis 1989 die Unterschiede in der Familien- und Frauenpolitik verkleinern konnte. Das galt etwa für die Zahl der Hortplätze oder die Teilzeitarbeit, nicht aber für die Beschäftigtenzahl im öffentlichen Dienst.[12] Auf der bundespolitischen Ebene wurde mit der Einführung des Erziehungsgeldes 1986 endlich eine Forderung erfüllt, die die Frauenvereinigung seit Anfang der siebziger Jahre rituell angemahnt hatte. Um neue, zeitgemäße Akzente zu setzen, scheute Familienministerin Süssmuth keine Auseinandersetzungen. Schon ein Jahr nach ihrer Ernennung rief sie den Protest der Bischöfe hervor, die ihre Aufklärungskampagne gegen Aids als zu freizügig empfanden. Süssmuth gab jedoch nicht nach, sondern rief ihrerseits die Geistlichen auf, ihr Frauenbild und ihr Verhältnis zu allein erziehenden Müttern zu überdenken.

Provokativ erschien in der Partei vor allem ihre Haltung zum § 218. Die CDU hatte dieses Thema selbst beim Frauenparteitag 1985 ausgeklammert, um spaltende Kontroversen zu vermeiden. Ebenso wie die Mehrheit der CDU-Frauen sprach Süssmuth sich gegen eine weitere Verschärfung des Schwangerschaftsabbruches aus. Dagegen forderten vornehmlich die christdemokratischen Männer auf dem Parteitag 1988, die Abtreibung grundsätzlich zu bestrafen und die Krankenkassenfinanzierung einzustellen.[13] Gerade christlich-soziale Politiker wie Blüm oder Geißler, die sonst Bündnispartner der Frauen waren, traten aus ihrem katholischen Weltbild heraus für eine Verschärfung ein. Damit war der christdemokratische Konsens zwischen den Geschlechtern nun über die Personal- und Sozialpolitik hinaus in einem weiteren zentralen Bereich gefährdet.

Rita Süssmuth wurde somit zunehmend zu einer Politikerin, die in der Öffentlichkeit mehr Zustimmung fand als in der eigenen Partei. Ihre Ernennung zur Bundestagspräsidentin verstärkte diese Rolle seit Ende 1988. Die CDU-Frauen standen jedoch überwiegend hinter ihr, wie ihre Wahlergebnisse bei den Bundestagungen unterstrichen. Weniger Erfolg hatte dagegen ihre Nachfolgerin im Familienministerium, Ursula Lehr. Wie Süssmuth war sie nicht nur eine Professorin und Seiteneinsteigerin, sondern ebenfalls ohne Rücksprache mit der Frauenvereinigung von Kohl ernannt worden. In frauenpolitischen Fragen blieb sie äußerst blass. Für ein neues Gleichstellungsgesetz trat sie beispielsweise nicht ein. Weder in der Öffentlichkeit noch bei der Frauen-Union erregte sie größere Aufmerksamkeit. Um den Frieden in der Partei zu wahren, dürfte Kohl dies sehr recht gewesen sein.

Geringeren Erfolg hatte Süssmuth beim organisatorischen Umbau der Frauenvereinigung. 1988 leitete sie deren Umbenennung in Frauen-Union ein. Der neue Name sollte für Außenstehende die Verbindung zur CDU unterstreichen. Gleichzeitig schwang dabei der Gedanke mit, eine ähnliche Selbstständigkeit wie die Junge Union zu erreichen. Eine eigenständige Finanzbasis und der Beitritt von Nichtmitglieder waren dafür die Eckpunkte. Denn bislang war die Führung der Frauenvereinigung komplett in die Bundesgeschäftsstelle integriert, was auch die enge Zusammenarbeit mit dem Generalsekretär mit erklärte. Gleichzeitig versuchten allerdings besonders die männlichen Gegner von Süssmuth, die Frauen-Union durch ihre Umstrukturierung zu entmachten. Sie argumentierten, wegen Süssmuths Haltung zur Abtreibung wollten viele Frauen nicht mehr bei der Frauen-Union mitarbeiten. Beim Bremer Parteitag 1989 legten einige Männer den Beschluss vor, die automatische Mitgliedschaft bei der Frauenvereinigung durch einen expliziten Eintritt zu ersetzen. Das unter Kohls Leitung erstellte Papier »Moderne Parteiarbeit in den 90er Jahren« hielt in Artikel 36 lapidar fest: »Die Frauen-Union wird als Vereinigung aufgelöst. Auf dem Bundesparteitag 1994 wird ein Konzept über eine eigenständige Frauenarbeit in der CDU vorgelegt.« Die Frauenvereinigung fühlte sich dadurch überrollt. Bei einem expliziten Eintritt hätte sie vermutlich nur ein Viertel ihrer Basis halten können und entsprechend an Gewicht verloren.[14] Deshalb verschoben sie ihre Organisationsreform um fünf Jahre, bis sie schließlich ganz ausblieb.

Keine schnellen Erfolge konnten die Frauen zudem in der Personalpolitik erzielen. Insbesondere die Fraktion blieb trotz der neuen Bundestagspräsidentin ein männliches Terrain, in dem Frauen nur neun Prozent der CDU-Abgeordneten ausmachten. Seit 1987 stellten die Christdemokraten sogar keine einzige Ausschussvorsitzende mehr. Wenigstens in den Landtagen waren etwa ein Viertel der CDU-Fraktionsmitglieder Frauen. Ministerposten erhielten sie ebenfalls kaum. 1987 durfte mit der Ministerin für innerdeutsche Beziehungen, Dorothee Willms, eine zweite Frau ins Kabinett kommen. Ihre begrenzte Wirkungsmacht zeigte sich nicht zuletzt darin, dass Kohl und Schäuble in die Geschichte der deutschen Einheit eingingen, nicht aber Frau Willms. Auch in den CDU-Landesregierungen saß allenfalls eine CDU-Frau am Kabinettstisch.

Nur leicht besser sah es in den führenden Parteigremien aus. Zumindest im zunehmend bedeutungslosen Bundesvorstand war Ende der achtziger Jahre ein Fünftel Frauen vertreten, im Präsidium rund 15 Prozent. Gleiches galt für die Landesvorstände. Trotz der vorhergehenden Beschlüsse mussten die Frauen allerdings auch beim Bremer Parteitag 1989 um ihre Berücksichtigung kämpfen. So gut wie keine Frauen gab es Ende der achtziger Jahre bei den Führungsposten. Das galt für alle Parteiebenen. Hauptabteilungsleiter in der Bundesgeschäftsstelle, Landesgeschäftsführer oder Kreisvorsitzende blieben Männer. Und mit dem gescheiterten »Bremer Putsch« von 1989 verloren die Frauen mit Heiner Geißler und Rita Süssmuth auch noch zwei ihrer engagiertesten Fürsprecher.

Insgesamt hatten die Frauen seit Mitte der achtziger Jahre einen gewaltigen Sprung nach vorne gewagt. Angesichts der neuen Rolle, die sie in anderen Parteien spielten, blieben diese Fortschritte aber verhalten. Besonders die jüngeren Wählerinnen konnte die CDU so nicht mehr zurückgewinnen.

Die Quorumspartei

Auch mit Blick auf die Frauen war es die Wiedervereinigung, die die Karten neu mischte. Denn mit der Ost-CDU fiel der Union eine weiblich geprägte Partei in den Schoß, wie es sie in Westdeutschland bislang nicht gegeben hatte. Immerhin waren nahezu die Hälfte der Ost-Mitglieder Frauen. Und diese waren zugleich auch noch wesentlich jünger als die Christdemokratinnen im Westen. In der DDR hatte nicht nur das christliche Image der Ost-CDU, sondern vor allem der allgemein höhere Beschäftigungs- und Organisationsgrad der Frauen zu diesem Anteil geführt, der sich schon in der Nachkriegszeit angedeutet hatte.

Zugleich leitete die Wiedervereinigung eine frauenpolitische Kursrevision ein, die sonst kaum möglich gewesen wäre. Denn die Christdemokratinnen aus den neuen Bundesländern stellten dank ihrer höheren Berufstätigkeit, der flächendeckenden Kinderbetreuung und ihres säkularisierteren Wertehorizontes andere Erwartungen an die gemeinsame CDU. Helmut Kohl entging dies nicht. Unverkennbar schwang er sich 1990 zum Anwalt der Frauen auf. Auf der Bundestagung der Frauen-Union versprach er im Oktober, mehr Ministerinnen zu nominieren. Die Gleichberechtigung bezeichnete Kohl als noch nicht erreicht, und den § 218 bewertete er als keine befriedigende Lösung.[15]

Tatsächlich belebte die Wiedervereinigung vor allem die Diskussion über den Schwangerschaftsabbruch. Da kein schneller Kompromiss absehbar war, bestand hier nach Artikel 31 des Einigungsvertrages die Teilung zunächst fort. Im Westen galt weiterhin die »Indikationslösung«, im Osten die »Fristenlösung«. Bis Ende 1992 sollte der Gesetzgeber eine gemeinsame Regelung finden. Bei der Frauen-Union war die Uneinigkeit nun größer denn je. Ihre Bundesdelegiertentagung vom 8./9. September 1990 fasste deshalb nur den allgemeinen Beschluss: »Weder die Fristenregelung der DDR noch die bei uns geltende Indikationsregelung haben es vermocht, das ungeborene Leben wirksam zu schützen.« Den Schutz des ungeborenen Lebens wollte sie nun durch eine Verbesserung der sozialen Grundlagen erreichen. Zu ihrem

Forderungskatalog gehörten etwa ein höheres Kindergeld, längeres Erziehungsgeld und ein Rechtsanspruch auf Kleinkinderbetreuung für allein stehende Frauen. Rita Süssmuth sprach sich schon im Juli 1990 für einen »Dritten Weg« aus, bei dem der »Schutz des ungeborenen Lebens im Mittelpunkt steht«. Dabei plädierte sie für eine Fristenlösung mit Beratungspflicht, obwohl sie das Fristenmodell als ethisch inakzeptabel bezeichnete.[16]

Süssmuths Äußerungen führten allerdings auch bei einigen Unionsfrauen zu scharfem Widerspruch. Nicht nur die Frauen der CSU, sondern selbst ihre Stellvertreterin Leni Fischer hielt ihr vor, sie wolle DDR-Recht übernehmen, und nannte ihre Pläne verfassungswidrig. Die Positionen blieben so umstritten, dass der Bundesparteitag und die Bundestagung der Frauenvereinigung das Thema 1991 ausklammerten. Im Oktober forderten immerhin in neun Bundesländern die Vorsitzenden der Frauen-Union, die Frau und nicht der Arzt müsse feststellen, ob eine Notlage bestehe.[17] Schließlich verabschiedete der Bundestag 1992 ein einheitliches Abtreibungsrecht. Im Unterschied zur Abstimmung von 1974 stimmten diesmal auch Teile der Union für die Legalisierung eines Schwangerschaftsabbruches, der innerhalb der ersten zwölf Wochen mit Beratungspflicht erfolge. Kohl betonte integrativ vor der Frauenvereinigung, er respektiere die Gewissensentscheidung derer, die hier anders dächten. Aber gleichzeitig klagten drei Viertel der Unionsabgeordneten mit dem Freistaat Bayern gegen das Gesetz beim Bundesverfassungsgericht, das schließlich weitere mühsame Modifizierungen einforderte. Die geschlechtspezifische innerparteiliche Spaltung, die mit Rita Süssmuths Antritt schon eingesetzt hatte, wurde damit durch die Abtreibungsfrage weiter verstärkt.

In der Personalpolitik hielt Kohl sein Versprechen und erhöhte die Zahl der Unionsministerinnen auf drei. Schlüsselressorts erhielten die Frauen jedoch nicht. Im Gegenteil: Um keinen männlichen Anwärter auf wichtige Ressorts auszugrenzen, teilte er – ähnlich wie Adenauer 1961 – das Ministerium für Jugend, Familie, Frauen und Gesundheit für die Frauen auf. Die Ernennungen erfolgten wie bislang ohne Einfluss der Frauen-Union, die nur in einigen Fällen vorab in Kenntnis gesetzt wurde. Mit den Frauenministerinnen Angela Merkel (1990-1994) und Claudia Nolte (1994-1998) berücksichtigte Kohl besonders die jungen Frauen aus den neuen Bundesländern, die gleich einen Mehrfachproporz erfüllten. Ihre Einflusslosigkeit sollte man daraus allerdings nicht vorschnell ableiten. Tatsächlich brachte Angela Merkel schnell einen Entwurf für ein neues Gleichberechtigungsgesetz ein, für das die Frauen-Union und der Bundesfachausschuss Frauen die Eckdaten vorlegten.[18] Die 1994 verabschiedeten Änderungen sollten vor allem den Rechtsanspruch auf Teilzeitarbeit und die berufliche Chancengleichheit einfordern.

Dennoch wuchs bei den Frauen der Unmut darüber, dass sie in ihrer eigenen Partei trotz der zahlreichen Beschlüsse zu wenig Berücksichtigung fanden. 1993 zog Süssmuth auf der Bundestagung der Frauen-Union eine ernüchterte Bilanz und sprach sogar von Rückschritten. Ebenso wie zwei Jahre später in Essen listeten ihre Beiträge mit resigniertem Unterton nicht das Erreichte, sondern vor allem das Nichterreichte auf. Hierzu zählte sie etwa die ausgebliebene familienpolitische Strukturreform, die fehlenden Kindergartenplätze und den weiter blockierten Zugang zu Führungspositionen. Tatsächlich war im Präsidium und im Bundesvorstand der Frauenanteil leicht zurückgegangen. Die Frauenvorsitzende Süssmuth war selbst durch die »Dienstwagenaffäre« so angeschlagen, dass 1993 nur 83 Prozent der Frauendelegierten für sie stimmten. Beim Blick auf die Bundesländer fiel auf, wie gering der Frauenanteil gerade in den neuen Ländern war. Obwohl Frauen bei den Mitgliedern und in der Kommunalpolitik dort eine wesentlich größere Rolle spielten, erreichten sie in den Landtagsfraktionen hier oft nur einen Anteil von unter sieben Prozent. Das entsprach dem westdeutschen Stand der fünfziger Jahre.

Auch Heiner Geißler stimmte in diesen Klagechor ein und betonte, der Begriff Stagnation sei noch zu euphorisch. Nachdem die CDU bei der Hamburger Landtagswahl 1993 nur noch dreizehn Prozent unter den jungen Frauen erhalten hatte, dachte er laut über die Einführung einer Quote nach. Süssmuth schloss sich dem schnell an. Mit dem neuen Generalsekretär Peter Hintze fanden sie einen Verbündeten, der nun ebenfalls für eine Frauenquote eintrat. Ihre Einführung war in der CDU jedoch denkbar umstritten. Die Mehrheit der Männer war dagegen. Vor allem der konservative hessische Landesvorsitzende und Innenminister Manfred Kanther organisierte den Widerstand. Aber auch bei den Frauen sprachen sich zahlreiche gewichtige Stimmen gegen die Quote aus. Auffälligerweise gehörten die Quotengegnerinnen nicht zur Spitze der Frauen-Union, sondern waren ohne sie aufgestiegen. Hierzu zählten zunächst etwa die Frauenministerin Angela Merkel, ihre Nachfolgerin Claudia Nolte, die Abgeordnete Erika Steinbach oder die Präsidentin des Berliner Abgeordnetenhauses, Hanna-Renate Laurien. »Wir sind Qualität und nicht Quote«, betonte letztere.[19] Jedoch übersahen sie, dass bei der CDU stets eine ungeschriebene Quote in allen Gremien bestanden hatte, die auch ihren Aufstieg erst ermöglicht hatte. Allerdings war sie nicht einklagbar und lag nur bei unter 15 Prozent.

Für die Frauen-Union wurde der Kampf um die Quote nun zu einem Projekt, das ihren Aktivitäten wieder eine gemeinsame Zielrichtung gab. Ihr Erfolg wäre allerdings undenkbar gewesen, wenn Hintze nicht die Unterstützung von Helmut Kohl gefunden hätte. Dies zeigte sich schon auf dem Hamburger Parteitag von 1994. Während sich Rita Süssmuth bei ihrer Rede Pfiffe gefallen lassen musste, erhielt eine RCDS-Rednerin, die die Quote als »Entmündigung« bezeichnete, langen Beifall. Um eine konfrontative Diskussion zu vermeiden, überwies Kohl die Frage in den Vorstand und vertagte sie. So konnten hinter den Kulissen die Emotionen ein wenig geglättet werden.

Auf dem Parteitag von 1995 stimmte die CDU schließlich über ein »Quorum« ab, das ein Drittel aller Posten für Frauen reservieren sollte. Den unpassenden Begriff Quorum, der eigentlich die beschlussfähige Mitgliederzahl eines Gremiums bezeichnet, hatte Peter Hintze erfunden. Strategisch hatte die Bezeichnung allerdings den Vorteil, das Reizwort Quote zu vermeiden und ein eigenes Markenzeichen zu bilden. Trotz Helmut Kohls Fürsprache scheiterte das Quorum aber zunächst tatsächlich am Quorum: Bei 288 Gegenstimmen erhielt es nur 496 Stimmen, obwohl fünf Stimmen mehr nötig gewesen wären. Die meisten Delegierten waren aber bereits abgereist.

Ein Jahr später wurde das Quorum leicht verändert mit 609 zu 926 Stimmen durchgewunken. Tatsächlich war es nun keine Quote mehr, die die CDU verabschiedete. Nur im ersten Wahlgang musste die Partei künftig auf allen Ebenen mindestens ein Drittel Frauen wählen. Falls dies misslang, reichte ein zweiter Wahlgang aus. Der war auch dann gültig, wenn der Frauenanteil deutlich niedriger lag. Zudem war die Regelung nur auf fünf Jahre beschränkt. Im Vergleich zu den Sozialdemokraten zeigte dieser Beschluss den schwachen Einfluss der Frauen. Im Hinblick auf die konservative CSU, die auf derlei ganz verzichtete, war dies jedoch ein weitreichender Schritt.

Der Erfolg des Quorums blieb durchwachsen. Zunächst griff es kaum. 1997 beklagten die Christdemokratinnen auf ihrer Bundestagung, die Männer würden weiterhin die Posten unter sich aufteilen. Die statistischen Zahlen unterstrichen dies. Drei Jahre später zeigten sich jedoch unverkennbare Verbesserungen. Insbesondere in den bundespolitischen Führungsgremien der Partei näherte sich der Frauenanteil dem angestrebten Drittel an. Erfolge konnten die Frauen auch in den Landesverbänden verzeichnen. In den Landesvorständen stieg ihr Anteil bis zum Jahr 2000 fast überall auf das vorgesehene Drittel an. In den Landtagsfraktionen erhöhte sich nun selbst in Regionen wie Baden-Württemberg oder Niedersachsen der Frauenanteil auf über ein Viertel. Die Sollvorschrift und die permanente Veröffentlichung der Werte war offensichtlich zumindest ein kleiner Ersatz für die ausgebliebene feste Quote. Im Vergleich mit den anderen christdemokratischen Parteien in Europa erreichte die CDU damit einen außergewöhnlich hohen innerparteilichen Frauenanteil.[20] Auch die CSU überrundete sie nun deutlich.

Jenseits der Parteiführungsgremien griff das Quorum jedoch weniger. Der seit je geringe Frauenanteil in der Bundestagsfraktion erhöhte sich 1998 nur auf 19 Prozent. Das schlechte Wahlergebnis erschwerte gerade in diesem Jahr den Einzug von Politikerinnen zusätzlich. Die wenigen weiblichen Abgeordneten waren dabei wie bisher wesentlich häufiger kinderlos (41 Prozent). In gewisser Weise waren sie weiterhin ein Beleg dafür, wie schwer die berufliche Karriere und Kinder auch nach sechzehn Jahren christdemokratischer Familienpolitik zu vereinbaren waren. In den Kommunalparlamenten stieg der Frauenanteil ebenfalls, aber nur auf ein ähnlich niedriges Niveau. Was die Parteispitze ersonn, brauchte wie so oft lange, um an der Basis anzukommen. Das Frauenquorum gehörte offensichtlich dazu. Dementsprechend stagnierte auch der Anteil der weiblichen Parteimitglieder bis zum Jahr 2000 bei 25 Prozent.

Nur sehr geringe Verbesserungen erzielten die Frauen bei den Spitzenämtern. Von den siebzehn Landesverbänden stellten die Frauen nur eine Landesvorsitzende (Mecklenburg-Vorpommern), eine Landesschatzmeisterin (Schleswig-Holstein) und zwei Landesgeschäftsführerinnen. In der Fraktion hatte keine einzige Unionsfrau im Jahr 2000 einen Ausschussvorsitz inne (!). In der Fraktionsführung erhielt mit Maria Böhmer nur eine Frau einen der acht Stellvertreterposten. Von den 28 Arbeitsgruppen der CDU/CSU standen nur vier Frauen vor. Selbst bei den Kreis- und Ortsvorsitzenden stieg ihr Anteil lediglich auf etwa ein Achtel an. Die Wahl Angela Merkels konnte insofern nicht darüber hinwegtäuschen, dass Frauen weiterhin nicht als führungsstark und repräsentativ genug galten, um verantwortungsvolle Spitzenposten zu erhalten. Und nicht zufällig waren die »jungen Wilden«, die man Ende der Neunziger als kommende Ministerpräsidenten handelte, allesamt Männer.

Daher war es äußerst überraschend, dass ausgerechnet bei der CDU im April 2000 erstmals eine Frau den Bundesvorsitz einer Volkspartei übernahm. Angela Merkel verkörperte bis dahin zunächst die typische Karriere der führenden Unionsfrauen: Sie kam aus einem akademischen Umfeld, war promoviert und an der Frauen-Union vorbei als Ministerin aufgestiegen. Ihre Ernennung zur Generalsekretärin war 1998 bereits ein Novum, für das es selbst auf Landesebene kaum weibliche Vorläufer gab.

Tab. 6: Anteil weiblicher Abgeordneten im Bundestag und Abweichung vom Durchschnitt aller Parteien

Wahlperiode	Anteil CDU/CSU	Abweichung CDU/CSU	Anteil SPD	Abweichung SPD
1949-1953	7,7	+ 0,9	9,6	+ 2,8
1953-1957	7,6	– 1,2	13,0	+ 4,2
1957-1961	7,9	– 1,3	12,2	+ 3,0
1961-1965	7,2	– 1,1	10,3	+ 2,0
1965-1969	6,0	– 0,9	8,8	+ 1,9
1969-1972	5,6	– 1,0	7,6	+ 1,9
1972-1976	6,4	+ 0,6	5,4	+ 1,0
1976-1980	7,5	+ 0,2	6,7	– 0,4
1980-1983	7,6	– 0,9	8,3	– 0,6
1983-1987	6,7	– 3,1	10,4	– 0,2
1987-1990	7,7	– 7,7	16,1	+ 0,6
1990-1994	13,8	– 6,7	27,2	+ 6,7
1994-1998	13,9	– 12,4	33,7	+ 7,4
1998-2002	18,4	– 19,6	35,2	– 2,8

Quelle: Datenhandbuch zur Geschichte des Bundestages, Bd. 1, S. 636 f.

Tab. 7: Frauenanteile an Ämtern und Gremien in der CDU (in Prozent)

	Juli 1989	Juli 1991	Juli 1994	Juli 1997	Sept. 2001
Präsidium	15,3	17,6	26,7	28,6	28,6
Bundesvorstand	21,2	18,2	19,0	35,0	34,1
Ministerinnen	22,2	20,0	20,0	20,0	–
Ausschußvorsitzende	0	0	9,1	0	0
Landesvorsitzende	0	0	11,7	5,8	0
Landesgeschäftsführerinnen	0	0	0	5,9	13,3
Kreisgeschäftsführerinnen	17,2	17,2	24,5	24,6	27,5
Kreisvorsitzende	2,3	3,3	5,2	8,0	9,7
Ortsvorsitzende	–	10,1	11,8	11,9	13,3

Quelle: Eigene Berechnungen nach den Frauenberichten der CDU Deutschlands

Ihre Wahl zur Vorsitzenden ergab sich dagegen allein aus der Krise. Tatsächlich rückten mit ihr in der Partei einige Frauen nach vorne. Von den vier 1999 eingesetzten Programmkommissionen hatten drei eine Frau an der Spitze. In der Bundesgeschäftsstelle stieg zumindest der Anteil der Abteilungsleiterinnen auf ein Drittel an. Erstmals gehörten nun auch einige Frauen zum informellen Umfeld der Parteiführung. Der bald verbreitete Vorwurf, Merkel beriete sich lediglich mit Frauen, machte die geschlechtsspezifischen Ängste in der Partei unüberhörbar. Die Vorbildfunktion, die von Merkels Wahl für Frauen der mittleren und unteren Parteiebene ausgeht, war sicher kaum zu überschätzen. Den weiblichen Anteil der Kreis- und Ortsvorsitzenden dürfte Merkels Ernennung langfristig stärken.

Im Vergleich zu den achtziger Jahren verkehrte sich somit die Position der Frauen-Union. Ende der neunziger Jahre konnte sie wesentlich mehr Erfolge in der Personalpolitik erzielen. Dafür war ihr politisch-programmatischer Einfluss deutlich gesunken. Das hatte verschiedene Gründe. Erstens brachen der Frauen-Union die Bündnispartner weg. Bislang hatte sie vor allem mit der Jungen Union und der Christlich-Demokratischen Arbeitnehmerschaft (CDA) paktiert. Die Junge Union entwickelte sich nun jedoch in vielen Landesverbänden in eine zunehmend konservative oder wirtschaftsliberale Richtung, wodurch die sozialpolitischen Gemeinsamkeiten verblassten.[21] Im Jahr 2001 trat die Parteijugend kaum noch für eine Verlängerung des Quorums ein. Mit der CDA pflegte die Frauen-Union weiterhin regelmäßig gemeinsame Vorstandstreffen und informelle Kontakte. Vor allem die engen Absprachen zwischen Süssmuth und Geißler festigten die enge Klammer zum christlich-sozialen Flügel. Allerdings war diese Verbindung schwieriger als früher. Denn viele christlichsoziale Politiker hatten aus ihrer katholischen Verwurzelung heraus eine andere Auffassung zur Abtreibung, zur Ehe oder zur Familienpolitik als Teile der Frauen-Union. Andere Bündnispartner waren aber mit Ausnahme der einflusslosen Senioren-Union nicht in Sicht. Vor allem in der wichtigen Mittelstands- und Wirtschaftsvereinigung blieb der Frauenanteil gering.

Zweitens marginalisierte die Politik der späten Ära Kohl die Position der Frauen-Union. Hinter den großen Debatten um die Wirtschaftspolitik verblassten ihre Anliegen. Die sozialen Kürzungen standen konträr zu ihren sozial- und familienpolitischen Forderungen. Die Politik von Kohls Frauenministerin Claudia Nolte blieb nicht nur blass, sondern in vieler Hinsicht auch konservativer als die Positionen der Frauen-Union. Drittens litt die Frauen-Union am sinkenden Einfluss ihrer Vorsitzenden Rita Süssmuth. Ihre Flug- und Dienstwagenaffäre blockierte sie dabei ebenso wie das Zerwürfnis mit Kohl. Mit dem Posten der Bundestagspräsidentin verlor sie im Oktober 1998 ihre öffentlichkeitswirksame Basis. Zu Angela Merkel, die sich weiterhin wenig für die Frauen-Union interessierte, war ihr Verhältnis zunächst noch gut. Nachdem Süssmuth aber – gegen Merkels Votum – den Vorsitz in einer von Gerhard Schröder initiierten Einwanderungskommission übernahm, brach ihre Beziehung zur Parteiführung endgültig.

Ihre im September 2001 gewählte Nachfolgerin Maria Böhmer trat damit ein schweres Erbe an. Biographisch stand Böhmer in der Tradition der CDU-Spitzenfrauen. Auch sie ist eine promovierte Hochschullehrerin, programmatisch engagierte Katholikin und Spezialistin für Sozial- und Jugendpolitik. Und wie viele Ausnahmefrauen in der Unionsfraktion ist sie ledig und kinderlos.

Um die wachsende Erosion der Wählerinnen aufzuhalten, kamen die personellen Reformen der neunziger Jahre allerdings zu spät. Bei der Bundestagswahl 1998 verlor die CDU bei den Frauen über sieben Prozentpunkte. Verantwortlich dafür waren nicht nur Personalien und Politik. Nicht minder bedeutsam war der nun einsetzende demographische Umbruch, der sich seit einigen Jahrzehnten drohend angekündigt hatte. Die CDU/CSU hatte bislang stets von Frauen profitiert, die vor 1930 geboren waren. Eben jenen Jahrgängen mit millionenfacher Frauenmehrheit, deren männliche Generationsgenossen im Krieg fielen. Sie waren noch im alten kirchlichen Milieu aufgewachsen, hatten den Wiederaufstieg unter Adenauer erlebt und gehörten damit zu den treuesten Unionsanhängerinnen. Doch gerade diese große

Frauengruppe verkleinerte sich nun spürbar. Zugleich entschieden sich aber die Frauen aus den geburtenstarken Nachkriegsjahrgängen trotz zunehmenden Alters nicht mehr für die Union. Vielmehr erlebte die CDU/CSU 1998 gerade bei der Alterskohorte der 45- bis 60-Jährigen einen besonders dramatischen Verlust von über zwölf Prozent. Offensichtlich waren diese Jahrgänge so sehr vom Geist der sechziger Jahre geprägt, dass sie im höheren Maße dauerhaft zur SPD fanden.

Bei den Parteimitgliedern sah es nicht viel besser aus. Die Frauen mit Parteibuch waren immer noch deutlich älter als die Männer. Dementsprechend blieb der Frauenanteil in keiner CDU-Vereinigung so hoch wie in der Senioren-Union. Und während die geburtenstarken Alten wegbrachen, blieben die Jungen auf Distanz. Der Jungen Union stand mit Hildegard Müller zwar eine Frau vor. Bei der Jugendorganisation betrug der Frauenanteil aber weiterhin auch nur 25 Prozent.

Die CDU verspielte zudem leichtfertig ihr frauenpolitisches Kapital in den neuen Bundesländern. Denn gerade hier erhielten Frauen weiterhin besonders selten Ämter und Mandate. Ihre zurückhaltende Familienförderung beflügelte zugleich die verklärte Erinnerung an die Tagesstätten des scheinbar familienfreundlichen Sozialismus. Dementsprechend sank der Frauenanteil bei ihren dortigen Mitgliedern kontinuierlich von 40 (1991) auf 30 Prozent ab (2000). Die weitere Annäherung an das niedrige Niveau der alten Bundesländer ist somit vorgezeichnet.

Ebenso nachdenklich sollte die Christdemokraten stimmen, dass kaum noch Frauen mit Abitur die bürgerliche, leistungs- und kulturbewusste Union wählten. Im deutlichen Unterschied zu den Männern entschieden sich gerade einmal 28 Prozent der ehemaligen Gymnasiastinnen 1998 für die Union. Bei den Frauen mit Hauptschulabschluss waren es dagegen 39 Prozent. Unter den kommunikationsstarken Meinungsführerinnen wird die Union damit zunehmend schlechter vertreten sein.

Wie die angeführten Probleme zeigen, konnte weder das Quorum noch die Wahl einer Bundesvorsitzenden die Erosion der Wählerinnen stoppen. Die Union bewegte sich zwar nach vorne, hing dabei aber immer noch allen anderen Parteien nach. Allein die CSU kann weiterhin ohne jegliche innerparteiliche Frauenförderung ihre Wählerinnen halten. Das liegt nicht nur an ihrer erfolgreichen Politik. Vor allem verfügt sie noch immer über jene weltanschaulichen Bindungen ins kirchliche Vorfeld, die einst auch die CDU zu einer Partei der Frauen machte. Da die bayrischen Uhren anders gehen, wird die Schwesterpartei vermutlich erst verzögert jene Verluste bei den Wählerinnen erfahren, den die Union jetzt schon erlebt.

Rückblick – Der Wandel der CDU

Sind die deutschen Volksparteien tatsächlich »unbewegliche Tanker«, wie man in den letzten zehn Jahren häufig las? Eine große Partei wie die CDU kann sich selbstverständlich nicht ad hoc auf jede aktuelle Herausforderung einstellen. Vermutlich ist gerade die Resistenz gegenüber kurzfristigen Veränderungen eine ihrer Stärken. Der Blick auf sechs Jahrzehnte CDU-Geschichte zeigte jedoch zugleich, welche langfristige Wandlungsfähigkeit selbst eine eher konservative Partei wie die Union aufwies. In allen untersuchten Bereichen veränderte sie immer wieder ihr Profil. Gleichzeitig behielt sie jedoch stets Kernelemente ihrer Gründungstradition.

Besonders die Politik- und Programmanalyse verdeutlicht dieses Wechselspiel zwischen Tradition und Zeitgeist. Dem gesellschaftlichen Wandel entsprach etwa ihr religiöses und mitunter sozialistisches Pathos in der Nachkriegszeit, ihre soziale Ausrichtung in der Programmeuphorie der siebziger, ihre ostpolitische Wende und die wirtschaftsliberalen, frauenpolitischen und ökologischen Akzente seit den achtziger Jahren. Mit dem Ende der Umweltbewegung fielen letztere 1998 wieder heraus. Zugleich bewahrte die CDU seit den ersten Aufrufen zahlreiche Kernelemente. Dazu zählte ihr christliches Selbstverständnis, die soziale Marktwirtschaft, die Familienorientierung, die Subsidiarität und der am Westen orientierte Blick auf ein gemeinsames Europa. Insbesondere die Tradition des politischen Katholizismus behielt damit bis heute ihre prägende Kraft.

Ähnliches ließ sich für die Parteiführung und -organisation feststellen. Auch hier kam es zu augenfälligen Metamorphosen, mit denen sich die CDU an allgemeine Trends anpasste. Ihre Entwicklung reichte von der recht autoritär geführten Kanzlerpartei Adenauers über den Ausbau funktionärsstarker Planungsstäbe in den Siebzigern bis hin zu den basisnahen Friedenstagen 1983 und dem Outsourcen von Parteiabteilungen in den späten achtziger Jahren. Ebenso war die Einführung des Frauenquorums ein verspätetes Zugeständnis an den Wandel der gesellschaftlichen Erwartungen. Zugleich behielt auch ihre Organisation Strukturen aus ihrer Entstehungsgeschichte bei. Die CDU blieb eine föderale Partei, in der offizielle Parteiorgane fast durchweg eine geringere Rolle spielten. Das informelle Umfeld ihrer Kanzler oder Ministerpräsidenten hatte stets eine größeres Gewicht als die Funktionäre in der Parteispitze.

Eine vergleichbare Dynamik zeigte ihr Finanzsystem, das sich vom verdeckten Spendenwesen zur Staats- und Mitgliederfinanzierung entwickelte. So wie die Gesellschaft setzte auch die CDU seit den sechziger Jahren nicht mehr allein auf die freie Wirtschaft, sondern auf den Staat. Zugleich blieben die Spenden der Großunternehmen eine Ressource, auf die sie weiterhin in Wahl- und Krisenjahren setzen konnte. Somit bewahrten die Christdemokraten auch in ihrer Organisation dauerhafte Elemente einer bürgerlichen Parteitradition, wie sie seit dem Kaiserreich angelegt waren.

Auch ihre Gesellschaftsbindungen wiesen im Laufe der Jahrzehnte zugleich große Brüche und eine hohe Kontinuität auf. Die CDU blieb eine Volkspartei, die ihre größte Anhängerschaft bei den Katholiken, den Selbstständigen und im ländlichen Raum hatte und die geringste bei den evangelischen Arbeitern aus den Gewerkschaften. Beides zeigte die lange Wirkungsmacht von kirchlichen Prägungen, die weit über die individuelle Religiosität hinausreichte. Es spiegelte aber auch die Vorfeldbindungen der CDU, die keine grundsätzliche Neuausrichtung erfuhren. Eine engere Beziehung zu den DGB-Gewerkschaften entwickelte sie nie. Umgekehrt konnte sie selbst in Krisenphasen mit der Wahlhilfe der Wirtschaftsverbände rechnen. Trotz aller gesellschaftlichen Umbrüche blieb damit ein dauerhafter Unterschied zwischen den beiden Volksparteien bestehen.

Gleichzeitig kam es auch bei ihren Wählerbindungen zu einigen Verschiebungen. So verlor die CDU seit den frühen siebziger Jahren ihren deutlichen Vorsprung bei den Frauen und den katholischen Arbeitern. Bei den protestantischen Angestellten und Beamten brach sie sogar dramatisch ein. Sporadisch konnte sie diese drei Gruppen noch einfangen. Langfristig war aber ihre sichere Stammwähler-Mehrheit verloren. Verantwortlich dafür war nicht nur die Entkirchlichung der Gesellschaft, sondern auch die abnehmende Bindung zwischen der CDU und den Kirchen. Ihr Verhältnis zu den protestantischen Geistlichen kühlte sich bereits Mitte der sechziger Jahre ab. Die Friedensbewegung der Achtziger und die Sozialpolitik unter Kohl führten zu weiteren Spannungen, die vor der Wahl 1998 in direktem Protest kulminierten. Das Verhältnis zur katholischen Kirche blieb dagegen zunächst stabil. 1965 verlor es ebenfalls an Intensität, wurde aber in den siebziger Jahren sogar noch einmal intensiviert. Erst seit den frühen neunziger Jahren kam es zu stärkeren Reibungen zwischen der katholischen Kirche und der CDU. Parallel dazu verschob sich das Wahlverhalten. Seit 1987 sank selbst bei den katholischen Kirchgängern und den Selbstständigen die hohe Präferenz für die Union.

Fasst man die innere Entwicklung der CDU zusammen, so lassen sich deutliche Zäsuren ausmachen. Ihre Geschichte lässt sich dabei in fünf Phasen unterteilen, die eng mit den Regierungswechseln korrespondieren. In der ersten Phase, der Besatzungszeit 1945-1949, unterschied sich die CDU deutlich von dem bürgerlichen Parteientypus der Weimarer Republik. Pointiert gesprochen bildete sie eine Art »Grass-Root-Partei«. So besaß sie eine große Mitgliederbasis, hatte enge Verbindungen zu unterschiedlichen gesellschaftlichen Gruppen und finanzierte sich durch Beiträge. Zudem führte sie recht intensive Programmdebatten und wies eine dezentrale Führungsstruktur auf, die auf regionalen Parteigremien fußte. Dieses Profil war nicht nur der Nachkriegszeit geschuldet. Es war auch ein Resultat ihrer sich vortastenden Neuformierung aus unterschiedlichen Milieus.

Erst in der zweiten Phase, von 1949 bis 1967, bildete sie die klassischen Merkmale einer bürgerlichen Sammlungspartei aus. Ihre Mitgliederdecke war dünn, sie lebte von Wirtschaftsspenden. Programme und Parteiorganisationen spielten kaum eine Rolle. Gelenkt wurde sie stattdessen durch die informelle Führung des Kanzleramtes und der Staatskanzleien, deren Politik das Selbstverständnis der Partei prägte. Innerhalb dieser Phase bildete das Jahr 1959 eine unverkennbare Zäsur. Seitdem schwächten sich die genannten Strukturmerkmale ab. Die Autorität des Kanzleramtes und der Ministerpräsidenten sank. Erste programmatische Selbstvergewisserungen und Organisationsreformen wurden zaghaft probiert. Ebenso trat nun die Staatsfinanzierung neben das Spendensystem, während die Mitgliederzahlen langsam anstiegen. Schließlich wurden 1963 Parteivorsitz und Kanzleramt getrennt. Die Partei wurde dadurch zumindest ansatzweise zu einem eigenständigen Machtfaktor.

Eine echte Bedeutung entwickelte die Partei jedoch erst in der dritten Phase ihrer Geschichte, die von 1967 bis 1982 dauerte. Sie lässt sich als Reformphase fassen. Im Zuge des Parteiengesetzes, der Großen Koalition, des Generationswechsels und der gesellschaftlichen Politisierung entwickelte die CDU seit 1967 eine schlagartige Reformdynamik. Sie gab sich nun fortlaufend neue Programme, die sie ausführlich diskutierte. Sie verschlankte und effektivierte ihre Führungsgremien, baute neue auf und zentralisierte ihre Struktur. Ihre Organisation vergrößerte sich ebenso wie ihre Mitgliederbasis, von der die Partei nun auch finanziell lebte. Formell näherte sich die CDU damit der sozialdemokratischen Parteistruktur an. In der ersten Hälfte der Oppositionszeit erreichte dieser Reformprozess seine größte Dynamik. Ab 1973 konnte man sogar kurzzeitig von einer Dominanz der Partei gegenüber der Fraktion sprechen. Nach der Wahl von 1976 erlahmte der Reformschwung jedoch wieder. Spätestens nach Verabschiedung des Grundsatzprogrammes 1978 dominierte das Krisenmanagement und die Absicherung von Kohls Machtposition, während der Parteiausbau in den Hintergrund trat. Einen direkten Weg von der dynamischen Parteireform zum Machtwechsel von 1982 gab es somit nicht. Dazu bedurfte es vielmehr der Wirtschafts- und Koalitionskrise unter Schmidt.

Mit dem Machtwechsel trat die CDU zwischen 1982 und 1998 in eine vierte Phase ihrer Geschichte. Nun entwickelte sie sich zu einer organisierten Kanzlerpartei. Charakteristisch dafür war eine Doppelstruktur, die Elemente der Kanzlerpartei und der Reformpartei vereinte. Die CDU verabschiedete weiterhin regelmäßig Programme und behielt ihren großen Funktionärs- und Verwaltungsstab. Sie verloren allerdings gegenüber der Regierungspolitik und dem informellen Umfeld des Kanzleramtes immer mehr an Einfluss. Die einzelnen Machtzentren standen dabei nicht nebeneinander, sondern waren eng miteinander verflochten. Die Fraktion blieb loyal gegenüber der Regierung, und die Parteiführung war zumindest personell eng mit dem Kabinett verwoben. Auch bei den Parteifinanzen überlappten sich seit 1982 Elemente der Reformpartei und der Kanzlerpartei. Die Spenden gingen zurück und wurden so transparent wie nie zuvor. Gleichzeitig verwaltete der Kanzler jedoch noch einzelne Sonderkonten. Zudem bescherte die Regierungsübernahme an der Mitgliederbasis einen entsprechenden Einschnitt. Seit 1984 verkleinerte sich die Mitgliederzahl kontinuierlich. Im Vergleich zu den fünfziger Jahren blieb sie aber immer noch beachtenswert groß.

1989 geriet das Modell der organisierten Kanzlerpartei auf allen Ebenen in eine tiefe Krise. Der Parteivorsitzende war umstritten, die Wählerbindungen sanken, die Partei war hochverschuldet und ihr Apparat, ihre Programme und ihre Politik wirkten kraftlos. Allein die Wiedervereinigung rettete die CDU aus diesem Tief. In allen genannten Bereichen konnte nachgezeichnet werden, wie die Einheit Abhilfe schuf. Kanzler Kohl gewann staatsmännisches Prestige und die CDU einen neuen Gründungsmythos. Die Partei wurde schlagartig entschuldet und erhielt neue Wähler und Mitglieder im Osten. Zudem gab die Wiedervereinigung Kohl die Gelegenheit, mit innerparteilichen Umstellungen die Partei in seinem Sinne zu gestalten. Die Geschäftsstelle, die Parteitage, der Vorstand und selbst das Präsidium verloren nun phasenweise an Bedeutung. Politische Akzente setzte der Kanzler nicht über die Partei, sondern über die Medien. Da zugleich die Landesverbände in Ost und West große Krisen durchlitten, war Kohls Position so übermächtig wie nie. Wenn der Begriff »Kanzlerpartei« für die Ära Kohl je zutraf, dann für die Zeit von

1990 bis 1994. Seit Mitte der neunziger Jahre musste Kohl allerdings wieder stärker mit der Partei rechnen. In den Landesverbänden und in der Bundespartei meldeten sich nun alte und neue Querköpfe zu Wort, die unüberhörbar Reformen einforderten. Die Neuansätze in den Ländern konnten jedoch den Niedergang der Partei nicht mehr aufhalten.

Mit dem Machtwechsel von 1998 trat die CDU nun in eine fünfte Phase ihrer Parteientwicklung. Der Verlust des Kanzleramtes stärkte zunächst die Fraktion, dann die Parteiführung. Es ist noch zu früh, um für sie Begriffe zu finden. Die CDU selbst benutzt die recht treffende Bezeichnung »Bürgerpartei«. Denn tatsächlich hat die CDU in ihrer zweiten Oppositionsphase ihre direkte Verbindung zur Basis und zu den Nichtmitgliedern ausgebaut. Ihre Regionalkonferenzen, Unterschriftenaktionen und breiten Spendensammlungen trugen ebenso dazu bei wie ihr recht offener Führungsstil und ihre programmatische Suche. Gleichzeitig verkleinerte die Union durch ihre finanzielle Notlage ihre Funktionärsstäbe und entschlackte die Geschäftsstellen. Dies machte sie im doppelten Sinne wieder bürgerlicher. Wie sich die CDU weiter entwickelt, hängt selbstverständlich von der Dauer ihrer Oppositionszeit ab. Denn schließlich korrespondierten alle aufgezeigten Phasen mit den Regierungswechseln, mit Macht und Machtverlust.

Es bleibt die Frage, welche Perspektiven die historische Analyse für die Zukunft der CDU eröffnet. Der Längsschnitt zeigte vor allem, dass die aktuellen Probleme der CDU nicht allein aus der Spendenaffäre oder dem Kampf um die Kanzlerkandidatur entstanden. Sie waren eher oberflächliche Symptome einer tiefer liegenden, strukturellen Krise. Wie die einzelnen Kapitel des Buches verdeutlichten, hat die CDU vor allem vier langfristige Schlüsselprobleme.

Erstens steht die CDU finanziell vor dem Problem, dass ihre Einnahmen schon lange vor dem Spendenskandal stark zurückgegangen sind. Im Vergleich zu den Sozialdemokraten verzeichnet sie bei allen drei Hauptquellen langfristige Defizite. Ihre Mitgliedereinnahmen stagnieren, da ihre Basis weiterhin deutlich weniger Beiträge zahlt als die der SPD. Bei den Spendeneinnahmen ist der Vorsprung geschrumpft, da die Sozialdemokraten ein zunehmend akzeptabler Ansprechpartner der Wirtschaft geworden sind. Und auch bei den staatlichen Einnahmen hat die CDU das Nachsehen. Nicht nur die Wahlverluste führten dazu. Das neue Parteiengesetz hatte ebenfalls negative Folgen. Da es Beiträge und Kleinspenden fördert, profitiert die SPD zusätzlich vom staatlichen Geldsegen.

Natürlich muss man sich dabei fragen, ob die Finanzreserven einer Partei überhaupt für den Erfolg einer Partei entscheidend sind. »Does money matter?« Sicherlich würde niemand diese Frage mit einem einfachen Ja beantworten. Unser Blick auf die deutsche Parteiengeschichte zeigte aber zumindest einen erstaunlichen Zusammenhang zwischen der finanziellen Stärke der Parteien und ihrem Wahlerfolg. In der Ära Adenauer verfügte die Union dank ihrer hohen Wirtschaftsspenden über einen größeren finanziellen Spielraum als die Sozialdemokraten. In der zweiten Hälfte der sechziger Jahre geriet die Union jedoch in eine schwere Finanzkrise, während die Sozialdemokraten nun zunehmend vorne lagen. Bei ihrem Wahlerfolg von 1976 hatte sie ihren Vorsprung wieder ausgebaut. Anfang der achtziger Jahre erreichte sie wieder eine klare finanzielle Überlegenheit. Ihre Krise Ende der achtziger Jahre korrespondierte ebenso mit einer Verschuldung wie ihr kurzzeitiger Erfolg im Zuge der Wiedervereinigung mit ihrer Sanierung. Im Laufe der Neunziger wurde wiederum die SPD die Partei mit den weitaus höheren Einnahmen, und erneut kam es zu einem Machtwechsel. Angesichts ihrer schwachen Finanzen blieb die Ausgangslage der Union vor der Bundestagswahl 2002 schwierig. Natürlich müssen solche Beobachtungen stets im Kontext der allgemeinen Parteientwicklung gesehen sehen. Mit dieser Einschränkung lässt sich allerdings festhalten: »Money does matter.« Und da sieht es momentan schlecht für die CDU aus.

Zweitens steht die CDU vor dem Problem, dass ihr seit den frühen neunziger Jahren eine organisatorische Zielperspektive fehlt. In ihrer ersten Oppositionszeit konnte sie sich die SPD zum Vorbild nehmen und ihren Apparat, ihre Basis und ihre Programme ausbauen. Nach 1998 ist dies jedoch nicht wiederholbar. Noch hat sie keine Idee, wie sie eine ähnliche Dynamik in die Partei bringen kann. Die Forderung nach mehr Basisdemokratie erwies sich bislang als wenig mitreißend und kaum umsetzbar. Und die Landtagswahlen von 1999 zeigten schnell, dass populistische Unterschriftenlisten wie in Hessen nicht beliebig wiederholbar sind. Natürlich führt eine Organisationsreform nicht direkt zum Machtgewinn. Aber auch im Zeitalter der Mediengesellschaft ist sie nötig, um ihre Mitglieder und ihre mittlere Parteiebene zu motivieren. Wie auch international vergleichende Studien unterstreichen, hängt der Erfolg einer Partei immer noch stark von ihrem Organisationspotential ab.[1] Dagegen konnte für die CDU gezeigt werden, dass ihre Struktur in vieler Hinsicht eher vergangenen Zeiten entspricht. Das gilt besonders für ihre Vereinigungen.

Drittens steht die CDU vor einem programmatisch-ideologischen Problem. Bislang besaß sie recht zugkräftige Integrationsformeln, um ihre heterogene Anhängerschaft zuverlässig einzubinden. Diese haben seit den neunziger Jahren rasant an Bedeutung verloren. Das gilt zunächst für den Antikommunismus. Jahrzehntelang bot die DDR ein Gegenbild, um ihre unterschiedlichen Wählergruppen gegen den Sozialismus und damit auch gegen die SPD zu sammeln. Seit 1990 können nur noch die Kampagnen gegen die PDS einen schwachen Ersatz für die einstige Bedrohung bieten. Die Sozialdemokraten sind durch ihren pragmatischen Kurs ebenfalls kein echtes Feindbild mehr, das bürgerliche Wähler verängstigt. Stattdessen hat die SPD mittlerweile fast alle Erfolgsbegriffe der Union übernommen. Das gilt für die soziale Marktwirtschaft, die Gewährung von Sicherheit und die Selbstverortung in der Mitte. Gleichzeitig hat das »C« in den neunziger Jahren noch einmal rasant an Bedeutung verloren. Welche dramatischen Folgen die Entkirchlichung haben kann, zeigte bereits der Niedergang der Christdemokraten in den westeuropäischen Nachbarländern. Zumeist profitierten rechtspopulistische Parteien von ihren Verlusten. Bislang konnte die CDU diese Entwicklung verhindern, weil sie zugleich bürgerlich-konservativ genug war, um den rechten Rand einzubinden. Der Spagat zwischen den ethischen Verpflichtungen des »C« und dem marktwirtschaftlichen Selbstverständnis der CDU ist aber zweifelsohne schwieriger geworden. Bei neuen Themen wie der Asylpolitik, der inneren Sicherheit oder der Gentechnik droht die christliche und die wirtschaftsliberale Anhängerschaft der CDU zunehmend auseinander zu brechen.

Damit eng verbunden ist das vierte langfristige Problem der CDU: Der langsame, aber kontinuierliche Verlust bei entscheidenden Wählergruppen. Das gilt nicht nur für die oft angeführten katholischen Stammwähler. Als größte Gefahr konnte vielmehr die Verschiebung der Generationen ausgemacht werden. Bis in die neunziger Jahre neigten die älteren Wähler stets zur Union, die jüngeren dagegen zur Linken. Dieser Trend scheint nun sein Ende zu finden. Ihre geburtenstarken alten Anhänger, die den Kirchgang und das Wirtschaftswunder noch aus eigener Anschauung kannten, verschwinden mit dem demographischen Wandel zunehmend. Gleichzeitig findet jene in den sechziger und siebziger Jahren sozialisierte Generation trotz ihres zunehmenden Alters nicht mehr zur CDU. Offensichtlich erwies sich diese Zeit als eine dauerhafte Erfahrung, die langfristige Bindungen zu den linken Parteien schuf. Das gilt besonders für die älteren Frauen – der bislang treuesten Wählergruppe der CDU. Die unter Kohls Regierung aufgewachsenen Jungwähler neigen wieder häufiger zur Union. Aber weil die Alten mehr denn je die wahlentscheidende Mehrheit stellen, ist das zunächst nur ein schwacher Trost.

Alle vier Problembereiche zeigen, dass die Wahlniederlage von 1998 nicht allein eine Frage des Spitzenkandidaten war. Die CDU gewann ihre Macht durch ihre langfristigen Ressourcen. Umgekehrt ist deren langfristige Erosion für den zweiten Machtverlust in ihrer Geschichte mit verantwortlich. Es wäre allerdings völlig verkehrt, diese vier Schlüsselprobleme als ein Krisenszenario zu deuten. Die Geschichte der CDU unterstrich vielmehr, dass sie sich auf neue Herausforderungen stets einstellen konnte.

Eine große Partei braucht dafür nur ihre Zeit. Zudem besitzen die Sozialdemokraten trotz aller Verschiebungen keine strukturelle Mehrheit. Die Abnahme der Parteibindungen sollte man nicht überschätzen. Die Christdemokraten verfügen aus ihrer Tradition heraus immer noch über eine starke Wählerschaft, die selbst in Krisen zu ihr hält. Besonders die historischen Leistungen der Christdemokraten festigen diese Bindungen. Die Zukunft der CDU liegt somit auch in ihrer Geschichte.

Danksagung

Der erste Dank geht an meine Gesprächspartner von der CDU, die sich trotz ihres Termindruckes mitunter lange Zeit nahmen. Zudem stehe ich in der Schuld von Herrn Erich Schwarz vom Pressearchiv der Konrad-Adenauer-Stiftung. Er gab mir mit aller Geduld immer wieder Recherchetipps. Im Hause der Adenauer-Stiftung profitierte ich besonders von den Gesprächen mit Wolfram Brunner. Eine großartige Gelegenheit, wöchentlich über Fragen der Parteienforschung zu diskutieren, war schließlich das Göttinger Parteienkolloquium von Franz Walter. Die Debatten im Seminarraum, im Berliner Hof und im Berliner Politikumfeld waren mir stets Genuss und Gewinn. Ein allgemeiner Dank geht zudem an die Kollegen, die auf Konferenzen, Kolloquien oder in Gesprächen kluge Ideen oder Einwände vorbrachten. Inka Jörs, Torben Lütjen und Kay Müller nahmen sich in der Endphase noch einmal des Textes an. Angeregt wurde dieses Buch durch meinen bewährten Lektor von der DVA, Herrn Stefan Ulrich Meyer. Seine Zuversicht und sein rigider Terminkalender ermöglichten, dass dieses Buch schneller als geplant erscheinen konnte.

Anmerkungen

Vorbemerkungen

1 Gedruckt in: Adenauer: »Stetigkeit in der Politik«. Die Protokolle des CDU-Bundesvorstandes 1961-1965, bearb. von Günter Buchstab, Düsseldorf 1998, S. 750.
2 Ebd., S. 751f. u. 761.
3 Die innerparteilichen Vorwürfe bündeln etwa: Friedbert Pflüger, Ehrenwort. Das System Kohl und der Neubeginn, Stuttgart/München 2000; Gerd Langguth, Das Innenleben der Macht. Krise und Zukunft der CDU, Berlin 2001.
4 So etwas teleologisch: Wulf Schönbohm, Die CDU wird moderne Volkspartei. Selbstverständnis, Mitglieder, Organisation und Apparat 1950-1980, Stuttgart 1985.

Vom Christlichen Sozialismus zur Neuen Sozialen Marktwirtschaft

1 Biedenkopf zit. nach FR 21.1.1993. Zur geringen Programmbezogenheit der CDU vgl. Dorothee Buchhaas: Die Volkspartei. Programmatische Entwicklung der CDU 1950-1973, Düsseldorf 1981; Irmgard Reichart-Dreyer, Macht und Demokratie in der CDU. Dargestellt am Prozess und Ergebnis der Meinungsbildung zum Grundsatzprogramm 1994, Wiesbaden 2000.
2 Abgedruckt sind die frühen Programmen in: Ossip Flechtheim (Hg.), Dokumente zur parteipolitischen Entwicklung in Deutschland seit 1945, Bd. 2, Berlin 1963, zit. S. 32 u. 42. Zur Gründungsgeschichte vgl. bes.: Winfried Becker, CDU und CSU 1945-1950. Vorläufer, Gründung und regionale Entwicklung bis zum Entstehen der CDU-Bundespartei, Mainz 1987; Hans-Otto Kleinmann, Geschichte der CDU 1945-1982, Stuttgart 1993, S. 79-96; Horstwalter Heitzer, Die CDU in der britischen Zone 1945-1949. Gründung, Organisation, Programm und Politik, Düsseldorf 1988.
3 Manfred Wilde, Die SBZ-CDU 1945-1947. Zwischen Kriegsende und kaltem Krieg, München 1998, S. 49; zum unterschiedlichen Selbstverständnis im Westen: Frank Bösch, Die Adenauer-CDU. Gründung, Aufstieg und Krise einer Erfolgspartei (1945-1969), Stuttgart/München 2001, S. 21-51.
4 Vgl. Heinrich Rüschenschmidt: Gründung und erste Jahre. Die CDU Hessen unter Werner Hilpert 1945-52, in: Gerd Heidenreich/Werner Wolf (Hg.), Der Weg zur stärksten Partei 1945-1995. 50 Jahre CDU Hessen, Köln 1995, S. 24.
5 Zur Entstehung des Berliner Programms: Ralf Thomas Baus, Die Christlich-Demokratische Union Deutschlands in der sowjetisch besetzten Zone 1945 bis 1948. Gründung – Programm – Politik, Düsseldorf 2001, S. 82-86.

[6] Vgl. hierzu Buchhaas, Die Volkspartei, S. 220.
[7] Konrad Adenauer, Erinnerungen 1945-1953, Stuttgart 1965, S. 61.
[8] Vgl. Bericht Stuttgarter Zeit. 28.2.1977; UiD 9/77.
[9] Abgedruckt mit anderen Programmen etwa in: Peter Hintze (Hg.): Die CDU-Parteiprogramme. Eine Dokumentation der Ziele und Aufgaben, Bonn 1995, S. 15-20.
[10] Vgl. hierzu Antonius John, Ahlen und das Ahlener Programm. Dokumente – Ereignisse – Erinnerungen, Ahlen 1977, S. 107-109; Hans-Peter Schwarz, Adenauer, Bd. 1: Der Aufstieg 1876-1952, Stuttgart 1986, S. 539.
[11] Vgl. hierzu Dirk Schindelbeck/Volker Ilgen, »Haste was, biste was!« Werbung für die soziale Marktwirtschaft, Darmstadt 1999.
[12] Vgl. bereits die grundlegende Untersuchung von: Hans Günther Hockerts, Sozialpolitische Entscheidungen im Nachkriegsdeutschland. Alliierte und deutsche Sozialversicherungspolitik 1945-1957, Stuttgart 1980.
[13] Peter Schindler (Bearb.), Datenhandbuch zur Geschichte des Deutschen Bundestages, Bd. 2, Bad.-Bad. 1999, S. 1785; Jürgen Domes, Mehrheitsfraktion und Bundesregierung. Aspekte des Verhältnisses der Fraktion der CDU/CSU im zweiten und dritten Deutschen Bundestag zum Kabinett Adenauer, Köln 1964, S. 125-132.
[14] Als einführenden Überblick: Paul Erker, Dampflok, Daimler, Dax. Die deutsche Wirtschaft im 19. und 20 Jahrhundert, Stuttgart/München 2001, S. 249f.
[15] Helga Haftendorn, Deutsche Außenpolitik zwischen Selbstbeschränkung und Selbstbehauptung 1945-2000, Stuttgart/München 2001, S. 436. Die Außenpolitik gehört sicher zu den am besten erforschten Politikfeldern der Adenauer-Zeit; grundlegend bis heute: Arnulf Baring, Außenpolitik in Adenauers Kanzlerdemokratie. Bonns Beitrag zur Europäischen Verteidigungsgemeinschaft, München 1969.
[16] Abgedr. in: Hintze (Hg.), Die CDU-Parteiprogramme, S. 31 ff. Zum Programm: Buchhaas, Volkspartei, S. 221f.
[17] Bundesvorstand, 10.5.1962, in: Adenauer: »Stetigkeit in der Politik«. Die Protokolle des CDU- Bundesvorstandes 1961-1965, bearb. v. Günter Buchstab, Düsseldorf 1998, S. 250.
[18] Protokoll CDU-Bundesparteitag 1962, S. 316.
[19] Vgl. Heinzgerd Schott, Die Formierte Gesellschaft und das deutsche Gemeinschaftswerk. Zwei gesellschaftspolitische Konzepte Ludwig Erhards, Bonn 1982; Buchhaas, Volkspartei, S. 304-309.
[20] Zit. nach: KNA 10.11.1966.
[21] Vgl. bes. die Sitzung des CDU-Bundesvorstand 20./21.9.1968, in: ACDP VII-001-017/5.
[22] CDU-Bundesvorstand 21.6.1968, in: ACDP VII-001-017/3.
[23] Vgl. auch Buchhaas, Volkspartei, S. 309-316.
[24] Entwurf verabschiedet am 21.6.1970, in: ACDP 2/201.
[25] Peter Jochen Winters, Wohin geht die Christlich-Demokratische Union?, in: FAZ 12.1.1971.

[26] Vgl. ebd. oder SZ 23.1.1971.
[27] Vgl. hierzu auch Dreher, Helmut Kohl, S. 152.
[28] Vgl. die grundlegenden Untersuchungen von: Manfred G. Schmidt, CDU und SPD an der Regierung. Ein Vergleich ihrer Politik in den Ländern, Frankfurt 1980 und Josef Schmid, Die CDU. Organisationsstrukturen, Politiken und Funktionsweisen einer Partei im Föderalismus, Opladen 1990, bes. S. 182-199.
[29] Vgl. etwa Karl Feldmeyer in: FAZ 10.6.1975; Rheinischer Merkur 20.6.1975.
[30] Abgedr. in: Hintze (Hg.), Programme, S. 113.
[31] Vgl. bes. Heiner Geißler, Die Neue Soziale Frage. Analysen und Dokumente, Freiburg 1976.
[32] Vgl. Interviews in: Spiegel 29.9.1975 und SZ 9.10.1975.
[33] Vgl. etwa Wirtschaftswoche 24.10.1975.
[34] Rheinischer Merkur 20.6.1975.
[35] Vgl. Interview Weizsäcker in: FR 7.9.1973 und FAZ 1.9.1973; zur JU ›Die Entscheidung‹ Dezember 1971; zur reservierten Haltung der CDU vorher etwa Interview mit Kohl in: Saarbrücker Zeitung 17.2.1973; Gerd Langguth und Christian Schwarz-Schilling in: Deutsche Zeitung 2.2.1973.
[36] FAZ 2.5.1974; damit begann die Programmarbeit nicht, wie zahlreiche Darstellungen betonen, bereits 1971.
[37] Vgl. etwa Richard von Weizsäcker (Hg.), CDU Grundsatzdiskussion. Beiträge aus Wissenschaft und Politik, Gütersloh 1977.
[38] Zit. Art. 50, 41, 30 sowie 28 und 34 Entwurf. Gedruckt liegt der Entwurf von 1977 vor in: Richard von Weizsäcker (Hg.): CDU-Grundsatzdiskussion. Beiträge aus Wissenschaft und Politik, München 1977, S. 247-286; die Fassung von 1978 in: Hintze (Hg.), Programme, S. 123-167.
[39] Alfred Müller-Armack, Wirtschaftslenkung und Marktwirtschaft, Hamburg 1947.
[40] Vgl. selbst Die Welt 26.10.1976.
[41] Vgl. SZ 3.11.1978.
[42] Spiegel 2.7.1979, S. 28f.
[43] Interview in: Rheinischer Merkur 5.12.1980.
[44] »Schnellschuss mit Verspätung«, in: Rheinischer Merkur 16.5.1980.
[45] Interview in: Rheinischer Merkur 5.12.1980.
[46] Zum Teilnehmerkreis und zur Entstehung der Regierungserklärung vgl. Karl-Rudolf Korte, Deutschlandpolitik in Helmut Kohls Kanzlerschaft. Regierungsstil und Entscheidungen 1982-1989, Stuttgart 1998, S. 83-88. Die Rede findet sich etwa in: Helmut Kohl, Reden 1982-1984, Bonn 1984, S. 9-48.
[47] Das Papier ist abgedr. in: Ernst Albrecht, Erinnerungen, Erkenntnisse, Entscheidungen. Politik für Europa, Deutschland und Niedersachsen, Göttingen 1999, S. 175-182.
[48] Diese Position findet sich etwa überzogen bei: Manfred Sicking, Der »CDU-Staat« und sein politisches Regulierungsmodell. Ein Beitrag zur

Interpretation und Kritik der sozialpolitischen Konzeption der konservativen »Wende«, Aachen 1989. Zur Interpretation von Kohls Regierungspolitik vgl. die anregend unterschiedlichen Deutungen in: Göttrik Wewer (Hg.): Bilanz der Ära Kohl. Christlich-liberale Politik 1982-1998, Opladen 1998.

[49] Werner Zohlnhöfer/Reimut Zohlnhöfer, Die Wirtschaftspolitik der Ära Kohl 1982-1989/90. Eine Wende im Zeichen der sozialen Marktwirtschaft?, in: HPM 8 (2001), S. 153-174.

[50] Vgl. als Überblick etwa Jens Alber, Das Gesundheitswesen der Bundesrepublik Deutschland. Entwicklung, Struktur und Funktionsweise, Frankfurt 1992; Nils Bandelow, Gesundheitspolitik. Der Staat in der Hand einzelner Interessengruppen?, Opladen 1998.

[51] Vgl. hierzu bes. Jürgen Gros, Politikgestaltung im Machtdreieck Partei, Fraktion, Regierung. Zum Verhältnis von CDU-Parteiführungsgremien, Unionsfraktion und Bundesregierung 1982-1989 an den Beispielen der Finanz-, Deutschland- und Umweltpolitik, Berlin 1998, S. 388.

[52] Vgl. Haftendorn, Deutsche Außenpolitik, S. 306 f.

[53] Vgl. Thomas von Winter, Die CDU im Interessenkonflikt. Eine Fallstudie zur parteiinternen Auseinandersetzung über den Paragraphen 116 AFG, in: Leviathan 17.1. (1989), S. 46-84.

[54] Vgl. auch Sven Jochem, Sozialpolitik in der Ära Kohl: Die Politik des Sozialversicherungsstaates. ZeS-Arbeitspapier Nr. 12/99, S. 11-14.

[55] Vgl. Manfred G. Schmidt, Sozialstaatliche Politik in der Ära Kohl, in: Wewer (Hg.): Bilanz der Ära Kohl, S. 59-87, bes. S. 69.

[56] Vgl. auch Silke Yeomans, Das Amt des Generalsekretärs in der Christlich Demokratischen Union (CDU) auf Bundesebene 1967-1989, Diss. Augsburg 1995, S. 359.

[57] Abgedr. in Hintze (Hg.), Programme, S. 249-287.

[58] Zur Deutschlandpolitik der Achtziger vgl. bes. Korte, Deutschlandpolitik; Gros, Politikgestaltung.

[59] Zu den einzelnen Entscheidungsprozessen vgl. bes. die aktengestützten Darstellungen: Wolfgang Jäger, Die Überwindung der Teilung. Der innerdeutsche Prozeß der Vereinigung 1989/90, Stuttgart 1998; Dieter Grosser, Das Wagnis der Währungs-, Wirtschafts- und Sozialunion. Politische Zwänge im Konflikt mit ökonomischen Regeln, Stuttgart 1998.

[60] Abgedr. in: Hintze (Hg.), Programme, S. 321-327, zit. S. 322.

[61] Zur Entstehung des Programmes vgl. die kritische Darstellung von: Reichart-Dreyer, Macht und Demokratie, S. 93.

[62] Stern 29.4.1993, S. 208 f.

[63] Vgl. etwa Die Woche 4.3.1993 oder FAZ 5.8.1993, S. 4.

[64] Reichart-Dreyer, Macht und Demokratie, S. 221.

[65] Vgl. etwa Handelsblatt 24.2.1994; Die Zeit 25.2.1994; SZ 24.2.1994; General-Anzeiger 24.2.1994; positiver: Deutsches Allgemeines Sonntagsblatt 25.2.1994.

[66] Die Welt 8.7.1992.

⁶⁷ Zit. nach Handelsblatt 23.6.1993 und 21.12.1993.
⁶⁸ Reichart-Dreyer, Macht und Demokratie, S. 210.
⁶⁹ Vgl. die entsprechenden Daten bei: Göttrik Wewer, Vom »Modell Deutschland« zur Standortdebatte. Zeitpunkt und Maßstäbe einer Bilanz der Ära Kohl, in: ders. (Hg.), Bilanz, S. 7-59, bes. S. 34-42.
⁷⁰ Stephan von Bandemer/John Haberle, Wirtschaftspolitik im Zeichen des Primats der Politik oder der Ökonomie?, in: Wewer (Hg.), Bilanz, S. 129-143, bes. S. 132.
⁷¹ Richard Hilmer, Die CDU im Spiegel der Demoskopie, in: Zukunftsforum Politik Nr. 4, hrsg. von der Konrad-Adenauer-Stiftung, April 2000, S. 16.
⁷² Erfurter Leitsätze. Aufbruch '99. Beschluß des 12. Parteitags in Erfurt 25. bis 27. April 1999, S. 6; zur Reformdiskussion vgl. etwa die programmatischen Artikel in: Die politische Meinung.
⁷³ Vgl. Protokoll des 11. Parteitag der CDU Deutschlands, 7.11.1998, S. 58.
⁷⁴ Interview in: Stock, Angela Merkel, S. 168 f.
⁷⁵ Als Überblick vgl. den Artikel: »Eine Vielzahl von Stimmen«, FAZ 3.4.2001, S. 6.
⁷⁶ Zu den familienpolitischen Positionen der CDU vgl. bes. den programmatischen Beschluss des Bundesparteiausschusses »Lust auf Familie – Lust auf Verantwortung«, verabschiedet am 13.12.1999.
⁷⁷ Christian Wulff, »Chancen für alle. Arbeit für alle. Wohlstand für alle« auf dem Kongress »Der faire Sozialstaat – Eine neue Politik für eine neue Zeit«, am 24.6.2000.
⁷⁸ Die »Initiative Neue Soziale Marktwirtschaft« schaltete entsprechende ganzseitige Farbanzeigen in Tageszeitungen; vgl. etwa FAZ 19.3.2001, S. 5. Sogar die Dialogstruktur stimmte mit der Werbung für die Soziale Marktwirtschaft in den fünfziger Jahren überein.
⁷⁹ Vgl. Angela Merkel, Die Wir-Gesellschaft. Über die Notwendigkeit einer Neuen Sozialen Marktwirtschaft, in: FAZ 18.11.2000; als gute Kritik hieran: Joachim Starbatty, Eine Neue Soziale Martwirtschaft?, in: Handelsblatt 5.12.2000.
⁸⁰ Vgl. Angela Merkel, Meine Prioritäten für Deutschland, in: Die Welt 6.6.2001.

Von Adenauer zu Merkel

¹ Peter Lösche/Franz Walter, Die SPD. Klassenpartei, Volkspartei, Quotenpartei. Zur Entwicklung der Sozialdemokratie von Weimar bis zur deutschen Vereinigung, Darmstadt 1992, S. 192-200. Zu diesem parteisoziologischen Ansatz vgl. Elmar Wiesendahl, Parteien in Perspektive. Theoretische Ansichten der Organisationswirklichkeit politischer Parteien, Wiesbaden 1998; zur komplexen Struktur der CDU: Schmid, Die CDU.
² Zum theoretischen Konzept der politischen Führung, das bisher vornehmlich auf die Führung der Regierung angewandt wurde, vgl. Ludger Helms, »Politische Führung« als politikwissenschaftliches Problem, in: ZPol 41 (2000), S. 411-434.

[3] Vgl. hierzu und zum Folgenden ausführliche Belege in: Bösch, Adenauer-CDU, S. 51-72.
[4] Vgl. Rudolf Morsey, Die Rhöndorfer Weichenstellung vom 21. August 1949. Neue Quellen zur Vorgeschichte der Koalitions- und Regierungsbilung nach der Wahl zum ersten deutschen Bundestag, in: VfZ 28 (1980), S. 508-542.
[5] Vgl. einführend etwa Karlheinz Niclauß, Kanzlerdemokratie, Bonner Regierungspraxis von Konrad Adenauer bis Helmut Kohl, Stuttgart 1988; Peter Haungs, Kanzlerdemokratie in der Bundesrepublik Deutschland. Von Adenauer bis Kohl, in: ZPol 33 (1986), S. 44-66.
[6] Vgl. Datenhandbuch zur Geschichte des Deutschen Bundestages, Bd. 2, S. 1785; Domes, Mehrheitsfraktion, S. 125-132.
[7] Denkschrift Kraske 1959, in: ACDP I-157-013/1. Zur Geschäftsstelle in den fünfziger Jahren vgl. auch Schönbohm, Die CDU, S. 49-53.
[8] Protokoll Bundesparteiausschuß 16.5.1956, in: ACDP I-001-020/8. Die Protokolle des CDU-Bundesvorstandes liegen von 1950 bis 1965 gedruckt vor, bearbeitet von Günter Buchstab.
[9] Dies unterstreichen bes. die Beiträge in: Klaus Gotto (Hg.), Der Staatssekretär Adenauers. Persönlichkeit und politisches Wirken Hans Globkes, Stuttgart 1980.
[10] Gute Landesverbandsstudien für die Zeit seit 1949 sind weiter rar; vgl. bisher Ludger Gruber, Die CDU-Landtagsfraktion in Nordrhein-Westfalen 1946-1980. Eine parlamentshistorische Untersuchung, Düsseldorf 1998; Paul-Ludwig Weinacht (Hg.), Die CDU in Baden-Württemberg und ihre Geschichte, Stuttgart 1979.
[11] Protokoll Parteitag 1962, S. 210-214.
[12] Vgl. neben Adenauers Terminkalender Vermerke in: StBKAH III-039.
[13] Als frühen, aber treffenden Vergleich von Globke und Westrick: Ulrich Echtler, Einfluß und Macht. Der beamtete Staatssekretär, München 1973, S. 215-219.
[14] Notizen Globke, 13.1.1966, in: ACDP I-070-004/2.
[15] Zwischen 1961 und 1965; Datenhandbuch zur Geschichte des Deutschen Bundestages, S. 1785.
[16] Vgl. FAZ 21.6.1966.
[17] An der immer noch ausstehenden wissenschaftlichen Kiesinger-Biographie arbeitet zur Zeit Philipp Gassert. Als biographische Einschätzungen vgl. Dirk Kroegel, Kurt Georg Kiesinger, in: Torsten Oppelland (Hg.), Deutsche Politiker 1949-1969, Bd. 2, Darmstadt 1999, S. 7-17.
[18] Vgl. bereits Schönbohm, Die CDU, S. 65f.
[19] Kroegel, Kiesinger, S. 11; Kurt Georg Kiesinger, Dunkle Jahre und helle Erinnerungen 1904-1958, hrsg. v. Reinhard Schmoeckel und Bruno Kaiser, Stuttgart 1989, S. 247.
[20] Protokoll Bundesparteitag 1969, S. 18.
[21] Vgl. etwa FAZ und Die Welt 18.8.1970.
[22] Ebd., S. 207.

²³ Vgl. etwa in der RoRoRo aktuell Reihe: Norbert Blüm, Reaktion oder Reform. Wohin geht die CDU?, Reinbek 1972; als gute Überblickquelle über die Mittelständler: Georg Gölter/Elmar Pieroth (Hg.), Die Union in der Opposition. Analyse, Strategie, Programm, Düsseldorf 1970.
²⁴ Vgl. Die Welt 8.9.1971.
²⁵ Vgl. hierzu auch: Hans-Jürgen Lange, Responsivität und Organisation. Eine Studie über die Modernisierung der CDU von 1973-1989, Marburg 1994, S. 130f.
²⁶ Daten zum Umbau der frühen Siebziger in: Schönbohm, Die CDU, bes. S. 266.
²⁷ Die Sonde 4.3 (1971), S. 4-25.
²⁸ Vgl. zu diesem Reformaufbruch bes. die wissenschaftliche Selbstdarstellung: Schönbohm, Die CDU, S. 99-295; Peter J. Grafe, Schwarze Visionen. Die Modernisierung der CDU, Reinbek 1986.
²⁹ Datenhandbuch zur Geschichte des Deutschen Bundestages, Bd. 1, S. 564.
³⁰ So auch Schönbohm, Die CDU, S. 106.
³¹ Vgl. zur Unionsfraktion: Wolfgang Ismayr, Der deutsche Bundestag im politischen System der Bundesrepublik Deutschland, Opladen 2000, S. 108f.; zu den Flügeln vgl. die Artikel von Wolfram Höflings Beiträge in: Heino Kaack/Reinhold Roth (Hg.), Handbuch des deutschen Parteiensystems, Struktur und Politik in der Bundesrepublik zu Beginn der achtziger Jahre, Bd. 1, Opladen 1980, S. 125-174.
³² Ulrich Blank in: SZ 14./15.11.1964.
³³ Vgl. etwa Westfälisches Volksblatt 28.9.1970. Vgl. auch Dreher, Rainer Barzel. Zur Opposition verdammt, München 1974.
³⁴ Stuttgarter Nachrichten 8.10.1971.
³⁵ Datenhandbuch zur Geschichte des Deutschen Bundestages, S. 1785.
³⁶ Baring, Machtwechsel, S. 504-508.
³⁷ Vgl. die guten Beobachtungen von Hans Ulrich Kempskis Wahlbericht: SZ 14.11.1972.
³⁸ Vgl. Tagebuch Walther Leisler Kiep, 4.12.1972, in: ders., Was bleibt, ist große Zuversicht. Erfahrungen eines Unabhängigen. Ein politisches Tagebuch, Berlin 1999, S. 85.
³⁹ Vgl. etwa Die Welt 13.1.1973.
⁴⁰ Vgl. hierzu die etwa innerparteilichen Berichte in: Deutsches Monatsblatt Febr. 1973, UiD 28.2.1973 oder UiD 21.3.1973.
⁴¹ Stuttgarter Nachrichten 11.4.1973.
⁴² Die Welt 13.1.1973.
⁴³ Protokoll des Landesvorstandes Rheinland-Pfalz, 24.11.1956, in: LHAK 663.2-371.
⁴⁴ Protokoll Landesparteivorstand 27.6.1959, in: LHAK 663.2-1109.
⁴⁵ Ebd. Als generationelle Einordnung: Dirk Moses, Die 45er. Eine Generation zwischen Faschismus und Demokratie, in: Neue Sammlung 40 (2000), S. 233-263.
⁴⁶ Vgl. Peter Haungs, Mitgliederbefragung zur Kandidatenaufstellung. Das

Experiment des CDU-Bezirksverbandes Rheinhessen-Pfalz, in: ZParl 1 (1970), S. 403-416.

[47] Vgl. auch Peter Haungs, Die Christlich-Demokratische Union Deutschlands (CDU) und die Christlich-Soziale Union in Bayern, in: Hans-Joachiam Veen (Hg.), Christlich-Demokratische Parteien in Europa, Bd. 1, Paderborn 1983, S. 9-194, S. 80.

[48] Vgl. Tabelle 1. Unter Bezug auf Schönbohm, Die CDU, S. 155, wurde in der Literatur dagegen ein starker Anstieg der Tagungshäufigkeit unter Kohls Vorsitz ausgemacht. Dies beruht auf einem Statistikfehler bei Schönbohm bei der Auswertung der Berichte der Geschäftsstelle.

[49] Stern 19.7.1976; zu dieser frühen Vorstandsführung vgl. bes. Dreher, Kohl, S. 106f., 122f.

[50] Vgl. Datenhandbuch zur Geschichte des Deutschen Bundestages, Bd. 1, S. 1008; Schmid, CDU, S. 121.

[51] Karl Carstens, Erinnerungen und Erfahrungen, Boppard 1993, S. 429; Dreher, Kohl, S. 175f.

[52] Datenhandbuch zur Geschichte des Deutschen Bundestages, S. 1785.

[53] Vgl. neben dem Protokoll des Parteitages bes. Kempski in: SZ 9.3.1977; Reifenrath FR 9.3.1977.

[54] Vgl. Yeomans, Das Amt, S. 283.

[55] Vgl. Yeomans, Das Amt, S. 311.

[56] Dreher, Kohl, S. 214f.

[57] Vgl. dagegen Albrecht, Erinnerungen, S. 96f.

[58] Heiner Geißler im Gespräch mit dem Autor am 12.9.2001.

[59] Vgl. FAZ 28.5.1982.

[60] 12.7.1982, in: Kiep, Einen Anfang, S. 273f. Hier auch ein abgedrucktes Beispiel für Kohls Briefe: vgl. etwa: Kohl an Kiep, 7. Mai 1980, in: ebd., S. 273f.

[61] Vgl. FAZ 7.11.1981; Spiegel 9.11.1981, S. 20f.

[62] Niclauß, Kanzlerdemokratie, S. 266; Wolfgang Jäger, Von der Kanzlerdemokratie zur Koordinationsdemokratie, in: ZPol 35 (1988), S. 15-32; Korte, Deutschlandpolitik, S. 476; Schmid, CDU, S. 285.

[63] Peter Haungs, Persönliche und politische Parteien – eine Alternative, in: ders. u.a. (Hg.), Civitas. Widmungen für Bernhard Vogel zum 60. Geburtstag, Paderborn 1992, S. 573-585; zu Kohls informellen Treffen vgl. anschaulich Eduard Ackermann, Mit feinem Gehör. Vierzig Jahre in der Bonner Politik, Bergisch Gladbach 1994, S. 9f.; Korte, Deutschlandpolitik, S. 25-30; Langguth, Das Innenleben, S. 72-99.

[64] Helmut Kohl, Mein Tagebuch 1998-2000, München 2000, S. 118, 156, 169.

[65] Vgl. die Einschätzungen von Gros, Politikgestaltung, S. 403; Dreher, Kohl, S. 325; Korte, Deutschlandpolitik, S. 50; Süssmuth, Wer nicht kämpft, S. 193.

[66] Datenhandbuch zur Geschichte des Deutschen Bundestages, Bd. 1, S. 1111.

[67] Thomas Saalfeld, Parteisoldaten und Rebellen. Eine Untersuchung zur Geschlossenheit der Fraktionen im deutschen Bundestag (1949-1990), Opladen 1995, S. 353f.

[68] Heiner Geißler im Gespräch mit dem Autor am 12.9.2001 in Berlin.
[69] Diese Praxis beklagt anschaulich etwa: Pflüger, Ehrenwort, S. 42 f.
[70] Vgl. Gros, Politikgestaltung, S. 396; Peter Haungs, Parteipräsidien als Entscheidungszentren der Regierungspolitik – Das Beispiel der CDU, in: Hans-Hermann Hartwich/Göttrik Wewer (Hg.): Regieren in der Bundesrepublik, Bd. 2: Formale und informale Komponenten des Regierens in den Bereichen Führung, Entscheidung, Personal und Organisation, Opladen 1991, S. 113-123.
[71] Bis 1988 hatte sie 209 Mitarbeiter; vgl. mit Etatangaben: UiD 29/1988; Personalkosten nach den Rechenschaftsberichten der CDU.
[72] FAZ 14.9.1989; kritisch zur fehlenden Anpassung der Geschäftsstelle: Lange, Responsivität, S. 488 ff.
[73] Vgl. hierzu Lange, ebd.
[74] Diese häufig angeführten Telefonate bestätigen tatsächlich alle Gesprächspartner und Memoirenzeugnisse.
[75] Initiative in: UiD 27.8.1987; Entwurf 29.3.1989, in: ACDP 2/201/19; Ergebnis in: UiD 21.9.1989. Zudem Heiner Geißler, Zugluft. Politik in stürmischer Zeit, München 1990, S. 54.
[76] Vgl. Peter Haungs, Der Führungswechsel in Rheinland-Pfalz. Innerparteiliche Entsolidarisierung oder demokratische politische Kultur?, in: ZParl 20 (1989), S. 504-526.
[77] Vgl. Umfragedaten nach Elisabeth Noelle-Neumann/Renate Koch, Allensbacher Jahrbuch der Demoskopie, Bd. 9, München 1993, S. 424.
[78] Ebd., S. 684.
[79] SZ 28.8.1989.
[80] Vgl. dpa 22.8.1989 und 29.8.1989, Die Zeit 1.9.1989; Protokoll Parteitag 1989, etwa S. 64; Ackermann, Mit feinem Gehör, S. 298.
[81] Albrecht, Erinnerungen, S. 111 f.
[82] Vgl. Der Spiegel Nr. 41, 1989, S. 16 f.; Dreher, Kohl, S. 429 f.
[83] Protokoll Parteitag 1989, S. 71-74.
[84] Vgl. hierzu auch: Lange, Responsivität, S. 460 f.
[85] FAZ 9.10.1989.
[86] Vgl. etwa SZ 17.12. u. 18.12.1991.
[87] Vgl. FAZ 29.4.1992.
[88] Vgl. Langguth, Das Innenleben, S. 107.
[89] Zu diesem Übergangsprozess vgl. Ute Schmidt, Von der Blockpartei zur Volkspartei? Die Ost-CDU im Umbruch 1989-1994, Opladen 1997, bes. S. 346 f.
[90] dpa 17.8.1998, 16.6.1998 und 22.1.1999; SZ 27.8.1998; FAZ 26.10.1998.
[91] Vgl. auch Hans-Jörg Hennecke, Die CDU in Mecklenburg und Vorpommern, in: Nikolaus Werz/ders. (Hg.), Partei und Politik in Mecklenburg und Vorpommern, München 2000, S. 15-65.
[92] Zu Sachsen ausführlich: Schmidt, Von der Blockpartei, S. 347.
[93] Gespräch des Autors mit Rita Süssmuth, 4.9.2001; Kohl, Tagebuch, S. 119.

[94] Gespräch des Autors mit Heiner Geißler, 13.9.2001; Der Spiegel, 19.11. 1993.
[95] Vgl. zum Folgenden die Landespartei-Unterlagen in: ACDP 2/20, sowie: Artur Kübler, Die CDU diskutiert über Parteireform, in: Sonde 1/2 (1993), S. 70-77; Thomas Leif. Hoffnung auf Reformen, Reformstau und Partizipationsblockaden in den Parteien, in: APuZ B 43/93, S. 24-33.
[96] Vgl. Neue Wege zu einer Volkspartei der Mitte, beschlossen vom Landesparteitag 12./13.3.1993, in: ACDP 2/20/0; Kieler Nachrichten 19.3.2001; FAZ 5.7.1993 und Neue Ruhrzeitung 11.1.1997.
[97] Vgl. etwa Die Woche 28.4.1995 oder Die Zeit 10.10.1997.
[98] Vgl. HAZ 3.11.1994; Die Welt 24.1.1997.
[99] Modernisierung der Parteiarbeit, Beschluss des Deutschlandrates der JU 16.6.1995.
[100] Vgl. bes. Heiner Geißler, Gefährlicher Sieg. Die Bundestagswahl 1994 und ihre Folgen, Köln 1995; Biedenkopf-Papier »Anmerkungen zur politischen Lage« (1997).
[101] Handelsblatt 22.4.1997.
[102] Die Welt 30.9.1998.
[103] Vgl. Protokoll 11. Parteitag 7.11.1998, S. 67.
[104] Schriftliche Auskunft von Angela Merkel an den Verfasser, 5.11.1999.
[105] So die vergleichende Einschätzung der von mir befragten Teilnehmer.
[106] So die selbstkritische Einschätzungen von Mitarbeitern des Adenauer-Hauses. Daten nach Bericht der Bundesgeschäftstelle 2.12.2001, S. 66f.
[107] Vgl. etwa die Kritik von Wulff, Fischer oder Wadephul in: WamS 25.6.2001; Die Welt 5.6.2001.
[108] FAZ 25.4.2001; Welt 6.6.2001.
[109] Gespräch des Autors mit Christian Wulff am 30.10.2001.
[110] Als vergleichenden Überblick für die Neunziger: Andreas Kießling, Politische Kultur und Parteien in Deutschland. Sind die Parteien reformierbar?, in: APuZ B 10 (2001), S. 29-37.
[111] Vgl. hierzu auch SZ 30.6.2001.
[112] Vgl. FAZ 13.6.2000.

Vom Spendensystem zur Spendenkrise

[1] Protokoll Bundesparteitag 9.5.1984, S. 76.
[2] Vgl. als Überblick: Peter Lösche, Wovon leben die Parteien? Über das Geld in der Politik, Frankfurt 1984.
[3] Vgl. Berichte in: ACDP I-172-51, und Zahlen bei: Johannes J. Hoffmann, »Vorsicht und keine Indiskretionen!« Zur Informationspolitik und Öffentlichkeitsarbeit der Bundesregierung 1949-1955, Aachen 1995, S. 135f.
[4] Vgl. zum Spendensystem ausführlich Belege in: Bösch, Die Adenauer-CDU, S. 195-235 und 369-391.
[5] Vgl. zu dieser These komprimiert: Frank Bösch, Die Entstehung des CDU-Spendensystems und die Konsolidierung der deutschen Parteienlandschaft, in: Zeitschrift für Geschichtswissenschaft 49.8 (2001), S. 695-711.

[6] Terminkalender in: ACDP I-070-135.
[7] Damit war das CDU-System weder bis 1970 rein föderalistisch – so Schönbohm, Die CDU, S. 120 – noch zentralistisch; so Josef Schmid, Die Finanzen der CDU, in: Göttrik Wewer (Hg.), Parteifinanzierung und politischer Wettbewerb. Rechtsnormen – Realanalysen – Reformvorschläge, Köln 1990, S. 235-255, S. 246.
[8] Vgl. Rolf Ebbighausen u. a., Die Kosten der Parteiendemokratie. Studien und Materialien zu einer Bilanz staatlicher Parteifinanzierung in der Bundesrepublik Deutschland, Opladen 1996, S. 144-146.
[9] Zit. Kurt Schmücker an die Landesvorsitzenden, 3.7.1968, in: ACDP VII-051-051/1.
[10] Schmücker an Heck, 2.9.1968, in: ACDP VII-001-051/1.
[11] Prot. Bundesfinanzausschuss 2.6.1970, in ACDP VII-001-051/1; 7.11.1969, in: ACDP VII-001-069-3.
[12] Schmücker an die Landesvorsitzenden, 3.7.1968, in: ACDP VII-001-051/1.
[13] Im CDU-Bundesvorstand 4.12.1967, in: ACDP VII-001-016/6.
[14] Im CDU-Bundesvorstand 20./21.9.1968, in: ACDP VII-001-017/5. Genauer in: Protokoll der CDU-Bundesfinanzausschusses 27.2.1969, in: ACDP VII-001-069-3.
[15] Die verdeckten Zahlungen der SV liegen gedruckt vor in: Christian Landfried, Parteifinanzen und politische Macht, Baden-Baden 1990, S. 135.
[16] Protokoll der CDU-Bundesfinanzkommission 6.10.1970, in: ACDP VII-001-069-3.
[17] Vgl. dpa 10.7.1990; Landfried, Finanzen, S. 148-156; Hans Leyendecker/ Heribert Prantl/Michael Stiller, Helmut Kohl, die Macht und das Geld, Göttingen 2000, S. 99f.
[18] Zit. nach Landfried, Finanzen, S. 156.
[19] Rüdiger May, Die junge Arbeitnehmerschaft der Sozialausschüsse – ein Beitrag zur Untersuchung der CDU anhand einer Randgruppe, Diss. 1975, bes. S. 181.
[20] UiD Nr. 9 und Nr. 22 (1975).
[21] Prozessberichte in: dpa 18.9.1980; Spiegel 20.2.1978, S. 52 ff.; FAZ 26.2.1981.
[22] Heiner Geißler im Gespräch mit dem Autor am 12.9.2001.
[23] Vermerk Nathan 13.6.1970, in: ACDP VII-001-051/1.
[24] Vgl. Einladung Schmücker an die Landesvorsitzenden 3.7.1968, und Protokoll 19.9.1968, in: ACDP VII-001-051/1.
[25] Vermerk Nathan für Herrn Generalsekretär Dr. Heck 17.4.1970, in: ACDP VII-001-051/1.
[26] Am 30.11.1999, zit. nach: Stock, Merkel, S. 122.
[27] Vgl. bes. Schmid, Finanzen.
[28] So Heiner Geißler im Gespräch mit dem Autor am 12.9.2001.
[29] Vgl. die Rechenschaftsberichte der Jahre 1974, 1976, 1977 oder 1980.
[30] Spiegel 20.2.1978, S. 52 ff.
[31] Kiep, Tagebuch, S. 333.

[32] Vgl. rückblickend Wolfgang Helmer in: FAZ 30.3.1989, S. 12.
[33] Münchner Merkur 17.5.1984; FAZ 26.5.1984 und 29.6.1984.
[34] Anlage 1 zu BT-Drucksache 10/5079, zit. nach Landfried, Finanzen, S. 195.
[35] Protokoll Bundesparteitag 1984, S. 109.
[36] Vgl. Leyendecker u. a., Helmut Kohl, S. 128-132.
[37] Interview Handelsblatt 10.11.1987; vgl. auch Lange, Responsivität, S. 284.
[38] So Heiner Geißler im Gespräch mit dem Autor am 12.9.2001; vgl. Leyendecker u. a., Helmut Kohl, S. 163 f.
[39] Vgl. Entwurf Moderne Parteiarbeit in den 90er Jahren, 29.3.1989, und Beschluss in: UiD 21.9.1989.
[40] Anschreiben Auffermann/Feher (WDU) an Geschäftsführung 16.4.1985, in: ACDP 2/201/40-5; vgl. auch Organisations-Handbuch der CDU, 1988, R 6.
[41] Vgl. Prozessmeldungen etc. in: dpa 13.5.2000; Wirtschaftswoche 28.5.1993; Spiegel 24.4.1992, 28.5.1993 und 12.6.1995.
[42] Vgl. Handelsblatt 24.7.1989; Lange, Responsivität, S. 286.
[43] Bericht der Bundesgeschäftsstelle 1991, S. 6; Pressemitteilung der CDU 10.3.1992.
[44] Vgl. Schmidt, Von der Blockpartei, S. 123 f.
[45] Pressemitteilung Rühe 31.10.1990, in: ACDP 2/290/25-1.
[46] dpa 31.8.1991.
[47] Bericht der Bundesschatzmeisterin Protokoll Parteitag, S. 26; vgl. auch Andrea Römmele, Direkte Kommunikation zwischen Parteien und Wähler: Direct Mailing bei SPD und CDU, in: ZParl 30 (1999), S. 301-315.
[48] Alle Zahlen nach den Erläuterungen von Generalsekretär Ruprecht Polenz zum Rechenschaftsbericht 1998 vom 9.10.2000, in: Bundestagsdrucksache 14/5050, S. 186-188.
[49] Zur Chronologie des Skandals: Leyendecker u. a., Helmut Kohl, S. 189-244.
[50] Vgl. hierzu Friedhelm Boyken, Die neue Parteienfinanzierung. Entscheidungsprozeßanalyse und Wirkungskontrolle, Baden-Baden 1998, S. 289.
[51] Protokoll 13. Parteitag, S. 58.
[52] Alle Satzungsreformen in: Protokoll 13. Parteitag, 9.-11.4.2000, S. 282-293.
[53] Interview in: Focus 19.2.2001.

Vom Milieu zur Bürgerpartei

[1] Dies betonen zahllose Studien; vgl. zuletzt: Thomas Meyer, Mediokratie: Die Kolonisierung der Politik durch die Medien, Frankfurt 2001; Andreas Dörner, Politainment: Politik in der medialen Erlebnisgesellschaft, Frankfurt 2001.
[2] Als Forschungsüberblick zum Milieukonzept vgl. Peter Lösche/Franz Walter: Katholiken, Konservative und Liberale: Milieus und Lebenswelten bürgerlicher Parteien in Deutschland während des 20. Jahrhunderts, in: GG 26 (2000), S. 471-492; als Überblick zur Wahlsoziologie: Karl Rohe, Wahlen und Wählertraditionen in Deutschland. Kulturelle Grundlagen deutscher Parteien und Parteiensysteme im 19. und 20. Jahrhundert,

Frankfurt 1992; Karl Schmitt, Konfession und Wahlverhalten in der Bundesrepublik Deutschland, Berlin 1989.
3 Vgl. hierzu ausführlich Frank Bösch, Das konservative Milieu. Vereinskultur und lokale Sammlungspolitik in ost- und westdeutschen Regionen (1900-1960), Göttingen 2002, S. 113-161.
4 Zum Gründungsprozess vgl. im Einzelnen: Bösch, Adenauer-CDU, S. 21-72; Becker, CDU und CSU 1945-1950; Heitzer, Die CDU; Baus, Die Christlich-Demokratische Union; Ute Schmidt, Zentrum oder CDU. Politischer Katholizismus zwischen Tradition und Anpassung, Opladen 1987.
5 Jürgen Falter, Kontinuität und Neubeginn. Die Bundestagswahl 1949 zwischen Weimar und Bonn, in: PVJ 22 (1981), S. 236-263.
6 Vgl. bereits als zeitgenössische Kritik Wilhelm Hennis, Meinungsforschung und repräsentative Demokratie. Zur Kritik politischer Umfragen, Tübingen 1957.
7 Vgl. auch Volker Hetterich, Von Adenauer zu Schröder – Der Kampf um die Stimmen. Eine Längsschnittanalyse der Wahlkampagnen von CDU und SPD bei den Bundestagswahlen 1949 bis 1998, Opladen 2000, S. 167-170.
8 Vgl. Daniela Münkel, Die Medienpolitik von Konrad Adenauer und Willy Brandt, in: AfS 41 (2001), S. 297-316; grundlegend: Heinz-Dietrich Fischer, Parteien und Presse in Deutschland seit 1945, Bremen 1971.
9 Vgl. Norbert Frei, Vergangenheitspolitik. Die Anfänge der Bundesrepublik und die NS-Vergangenheit, München 1996, bes. S. 83 f.; Ulrike Haerendel, Die Politik der Eingliederung in den Westzonen und der Bundesrepublik. Das Flüchtlingsproblem zwischen Grundsatzentscheidung und Verwaltungspraxis, in: Dierk Hoffmann, u.a. (Hg.): Vertriebene in Deutschland. Interdisziplinäre Ergebnisse und Forschungsperspektiven, München 2000, S. 109-133.
10 Zum Vereinigungssystem vgl. Bösch, Adenauer-CDU, S. 283-337; vgl. auch Wolfram Höflings Beiträge in: Kaack/Roth (Hg.), Handbuch, Bd. 1, S. 125-174.
11 Vgl. Viola Gräfin von Bethusy-Huc, Die soziologische Struktur Deutscher Parlamente. Ein Beitrag zur Theorie der politischen Elitenbildung, Bonn 1958, S. 111.
12 Strukturanalyse des Büro des Generalsekretärs 16.1.1968, in: ACDP I-070-004/2.
13 Vgl. ausführlich Frank Bösch, Die politische Integration der Flüchtlinge und Vertriebenen und ihre Einbindung in die CDU, in: Rainer Schulze (Hg.), Zwischen Heimat und Zuhause. Deutsche Flüchtlinge und Vertriebene in (West-)Deutschland 1945-2000, Osnabrück 2001, S. 107-125.
14 Zum diesem Umbruch vgl.: Axel Schildt u.a. (Hg.), Dynamische Zeiten. Die 60er Jahre in den beiden deutschen Gesellschaften, Hamburg 2000.
15 Neben Barzels früher Denkschrift von 1962 vgl. Bruno Heck, Kirche und Politik, 1969, in: ACDP 2/204/4. Zum gewandelten Verhältnis: Thomas M. Gauly, Kirche und Politik in der Bundesrepublik Deutschland 1945-1976, Bonn 1990, S. 218-252.

[16] Express 17.10.1969; KNA 11.6.1970; Gauly, Kirchen, S. 252.
[17] Vgl. etwa Berichte in: Bonner Generalanzeiger 6.11.1972; Kölner Stadt-Anzeiger 23.10.1972; Rheinische Post 10.10.1975; vgl. auch: Klaus Gotto, Wandlungen des deutschen Katholizismus seit 1945, in: Dieter Oberndörfer u.a. (Hg.), Wirtschaftlicher Wandel, religiöser Wandel und Wertwandel, Berlin 1985, S. 221-235.
[18] Helmut Kohl in: Internationale Herder-Korrespondenz 29.3.1975, S. 122f.
[19] Vgl. Martin Greschat, Protestantismus und Evangelische Kirche in den 60er Jahren, in: Schildt u.a. (Hg.), Dynamische Zeiten, S. 566.
[20] Vgl. etwa Die Welt 12.11.1975; FR 27.1.1977.
[21] Vgl. etwa: Helmut Klages, Wertoriertierung im Wandel: Rückblick, Gegenwartsanalyse, Prognose, Frankfurt 1985.
[22] Dies zeigen diverse Lokalstudien; vgl. etwa: Peter Exner, Ländliche Gesellschaft und Landwirtschaft in Westfalen 1919-1969, Paderborn 1997, S. 275 und 443.
[23] Vgl. Peter Haungs, Wahlkampf und Wählerverhalten 1969, in: ZParl 1 (1970), S. 90-106.
[24] Vgl. die Briefe in: ACDP VII-003-50/1 und –50-2.
[25] Vgl. etwa Peter Jochen Winters, Wohin geht die Christlich-Demokratische Union?, in: FAZ 12.1.1971.
[26] Vgl. Andreas Engel, Regionale politische Traditionen und die Entwicklung der CDU/CSU, in: Dieter Oberndörffer/Karl Schmitt (Hg.): Parteien und regionale politische Traditionen in der Bundesrepublik Deutschland, Berlin 1991, S. 89-124, S. 100f.
[27] Vgl. die jährlichen Auflistungen in den Berichten der Bundesgeschäftsstelle.
[28] Vgl. die Umfragedaten in: Wolfgang Falke, Die Mitglieder der CDU. Eine empirische Studie zum Verhältnis von Mitglieder- und Organisationsstruktur der CDU 1971-1977, Berlin 1982; Michael Greven, Parteimitglieder. Ein empirischer Essay über das politische Alltagsbewußtsein in Parteien, Opladen 1987; Terry Barton, Die CDU 1975-1983: Nach rechts rutschende Honoratiorenpartei? Zum Selbstverständnis der Parteitagsdelegierten, in: ZParl 15 (1984), S. 196-210.
[29] Vgl. Schönbohm, Die CDU, S. 216; Peter Gluchowski/Hans-Joachim Veen: Nivellierungstendenzen in der Wähler- und Mitgliederschaft von CDU/CSU und SPD von 1959 bis 1979, in: ZParl 10 (1979), S. 312-332.
[30] Vgl. Hans-Peter Biege u.a.: Die Landtagswahl vom 4. April in Baden-Württemberg. Bewährungsprobe für die Thematik des Bundestagswahlkampfes, in: ZParl 7 (1976), S. 329-352; Manfred Rabeneck, Der Bundestagswahlkampf 1976 der CDU, in: ZParl 10 (1979), S. 64-74.
[31] Daten zu dieser Entwicklung bei: Klages, Wertorientierung, hier S. 124.
[32] UiD Nr. 35, 17.9.1980.
[33] Handelsblatt 14.5.1982.
[34] Vgl. die Wahlanalysen in: Max Kaase/Hans D. Klingemann (Hg.), Wahlen und politisches System. Analysen aus Anlaß der Bundestagswahl 1980, Opladen 1983.

[35] Besonders der Vergleich mit den Niederlanden und der Schweiz ist hier interessant; vgl. Hans-Joachim Veen, Christlich-demokratische und konservative Parteien in Westeuropa, Bd. 5, Paderborn 2000.
[36] Vgl. Hermann Schmitt u. a., Etablierte und Grüne. Zur Verankerung der ökologischen Bewegung in den Parteiorganisationen von SPD, FDP, CDU, CSU, in: ZParl 12 (1981), S. 516-540.
[37] Interview mit Kohl in: Spiegel 7.11.1981.
[38] Entsprechende Beispiele bei: Yeomans, Das Amt, S. 465-467.
[39] So zumindest: Bericht der Bundesgeschäftsstelle 1984, S. 7.
[40] SZ 6.11.1981.
[41] Vgl. die selbstkritische Analyse der CDU-Arbeitsgruppe Wahlkampffragen Jan. 1981, in: ACDP 2/204-4.
[42] Zit. nach: SZ 24.5.1982; zu den erwähnten Disputen vgl. etwa: Die Welt 14.5.1980; FR 12.5.1984; Christ und Welt/RM 26.10.1984; FR 12.2.1985; Der Spiegel 18.8.1986.
[43] RM 12.10.1985.
[44] Bundeskanzler Helmut Kohl, Reden 1982-1984, Bonn 1984, S. 37.
[45] Die Welt 5.11.1982.
[46] Daten in: Horst-Udo Niedenhoff/Wolgang Pege, Gewerkschaftshandbuch, Köln 1989, S. 164.
[47] Frank Neuhaus, DGB und CDU. Analysen zum bilateralen Verhältnis von 1982 bis 1990, Köln 1996, S. 332.
[48] Vgl. Thomas von Winter, Die CDU im Interessenkonflikt. Eine Fallstudie zur parteiinternen Auseinandersetzung über den Paragraphen 116 AFG, in: Leviathan 17.1. (1989), S. 46-84, bes. 68; ders., Die Sozialausschüsse der CDU. Sammelbecken für christdemokratische Arbeitnehmerinteressen oder linker Flügel der Partei?, in: Leviathan 3 (1990), S. 390-416.
[49] Daten nach: Oberndörffer/Mielke, FAZ 23.3.1989.
[50] Zu den Wahlkämpfen der 80er vgl. im Einzelnen die Bände von Max Kaase/Hans D. Klingemann und die Auswertungen in der ZParl.
[51] Vgl. Daten FGW, etwa in: Rainer-Olaf Schulze, Die Bundestagswahl 1987 – eine Bestätigung des Wandels, in: APuZ B12 (1987), S. 3-17.
[52] Die Welt 7.8.1989; Die Welt 1.7.1989 und 23.8.1989; SZ 19.6.1989; FR 29.3.1989.
[53] »Die Rep-Analyse und politische Bewertung einer rechtsradikalen Partei«, 18.5.1989, in: ACDP 2/2812/7-1.
[54] Alle statistischen Einzeldaten nach den jährlichen Berichten der Bundesgeschäftsstelle.
[55] Falke, Die Mitglieder, S. 101.
[56] Zur Zerstörung des konservativen Milieus in der DDR vgl. Bösch, Das konservative Milieu, S. 163-184; zu den Parteibindungen nach 1990: Kai Arzheimer/Jürgen Falter, »Annäherung durch Wandel«. Das Wahlverhalten bei der Bundestagswahl 1998 in Ost-West-Perspektive, in: APuZ B 52/98, S. 33-43.
[57] Abgedruckt wurde das Papier in: FR 5./6.10.1990.

[58] Ursula Birsl/Peter Lösche, Parteien in West- und Ostdeutschland. Der gar nicht so kleine Unterschied, in: ZParl 29 (1998), S. 7-24.
[59] SZ 4.5.1990.
[60] Zit. nach: Die Welt 21.6.1992
[61] Rheinischer Merkur 7.7.1994.
[62] Statistisches Bundesamt (Hg.), Datenreport 1999. Zahlen und Fakten über die Bundesrepublik Deutschland, Bonn 2000, S. 532.
[63] dpa 20.8.1994.
[64] Karl Lehmann, »Es ist Zeit, an Gott zu denken«. Ein Gespräch mit Jürgen Hören, Freiburg 2000, S. 104.
[65] dpa 29.4.1998.
[66] SZ 16.5.1998.
[67] SZ 16.5.1998.
[68] Focus 12.1.1998, S. 21-24.
[69] dpa 29.10.1997 und 13.12.1997.
[70] Die Welt 10.3.1998; SZ 7.4.1998.
[71] SZ 22.2.2000.
[72] Handelsblatt 16.10.1995.
[73] dpa 1.6.1996; 4.6.1996.
[74] Vgl. schon seine Antrittsrede, abgedr. in: FR 22.10.1987.
[75] Zu seinen Reformplänen vgl. etwa: 7 Thesen zur Situation und zu den künftigen Aufgaben der CDA, in: Soziale Ordnung 22.12.1988; vgl. auch: Wolfgang Schroeder, Das katholische Milieu auf dem Rückzug. Der Arbeitnehmerflügel der CDU nach der Ära Kohl, in: Tobias Dürr/Rüdiger Soldt, Die CDU nach Kohl, Frankfurt 1998, S. 175-191; Claudia Mrozek, Die Sozialpolitik zwischen Konsolidierung und Expansion seit 1982. Sozialpolitische Kontroversen in der CDU unter besonderer Berücksichtigung des Politikmanagements der Christlich-Demokratischen Arbeitnehmerschaft (CDA), Diss. München 1993, S. 252.
[76] Vgl. etwa Pflüger, Ehrenwort, S. 195.
[77] Otfried Jarren/Markus Bode: Ereignis- und Medienmanagement politischer Parteien. Kommunikationsstrategien im »Superwahljahr 1994«, in: Bertelsmann-Stiftung (Hg.), Politik überzeugend vermitteln. Wahlkampfstrategien in Deutschland und in den USA, Gütersloh 1996, S. 65-114, bes. S. 87.
[78] Vgl. Peter Mair/Ingrid von Beetzen, Party Membership in Twenty European Democracies 1980-2000, in: Party Politics 7 (2000), S. 5-21; Klaus von Beyme, Parteien im Wandel. Von den Volksparteien zu den professionalisierten Wählerparteien, Wiesbaden 2000, S. 59.
[79] Umfragedaten in: Wilhelm P. Bürklin u.a., Die Mitglieder der CDU, Interne Studie Nr. 148/1997 der Konrad-Adenauer-Stiftung, Sankt Augustin 1997, S. 29 und 42.
[80] Vgl. Umfragen in: Deutsche Shell (Hg.), Jugend 2000, Bd. 1, Opladen 2000, S. 13-21 und 265-271.
[81] Vgl. bes. Erfurter Leitsätze. Aufbruch '99. Beschluss des 12. Parteitags in Erfurt 25. bis 27. April 1999, S. 7f.

[82] epd 24.1.2000; zdk 21.1.2000.
[83] Vgl. zu den Konflikten etwa: BZ 23.3.2000; WaS 18.2.2001; Welt 14.7.2001; dpa 30.3.2000 und 3.7.1999.
[84] Vgl. Bundesministerium für Familie, Senioren, Frauen und Jugend (Hg.), Freiwilliges Engagement in Deutschland. Ergebnisse der Repräsentativerhebung 1999 zu Ehrenamt, Freiwilligenarbeit und bürgerschaftlichem Engagement, Stuttgart 2000.
[85] Vgl. die Kreisverbandsanalyse in: Karsten Grabow, Abschied von der Massenpartei. Die Entwicklung der Organisationsstruktur von SPD und CDU seit der deutschen Wiedervereinigung, Wiesbaden 2000, S. 152.
[86] Peter Gluchowski, Lebensstile und Wandel der Wählerschaft in der Bundesrepublik, in: APuZ B12/87, S. 18-32; vgl. auch: Michael Vester u. a., Soziale Milieus im gesellschaftlichen Strukturwandel zwischen Integration und Ausgrenzung, Frankfurt 2001.

Von der Wählerinnenmehrheit zur Quorumspartei

[1] Zu den Weimarer Wahlen liegen nur Auszählungen aus einzelnen Städten vor; Statistiken in: Jürgen Falter u. a., Wahlen und Abstimmungen in der Weimarer Republik, München 1986, S. 83; zur Bundesrepublik: Ute Molitor, Wählen Frauen anders? Zur Soziologie eines frauenspezifischen politischen Verhaltens in der Bundesrepublik Deutschland, Baden-Baden 1992.
[2] Vgl. Datenhandbuch zur Geschichte des Deutschen Bundestages, Bd. 1, S. 640-647.
[3] Vgl. ausführlich Bösch, Adenauer-CDU, S. 299-312.
[4] FAZ 18.1.1969. Vgl. einführend zur Frauenvereinigung: Hans Süssmuth, Kleine Geschichte der CDU-Frauen-Union. Erfolge und Rückschläge 1948-1990, Baden-Baden 1990.
[5] Vgl. hierzu Robert G. Moeller, Geschützte Mütter. Frauen und Familien in der westdeutschen Nachkriegspolitik, München 1997.
[6] Delegiertentagung 25.–28.2.1971, in: ACDP 2/201/34-1.
[7] In: ACDP 2/201/34-1.
[8] So jedoch: Schmid, Die CDU, S. 131; Schönbohm, Die CDU, S. 322.
[9] Vgl. die anregende Studie: Anke Schuster, Frauenpolitik zwischen parteipolitischer Programmatik und Wirklichkeit. Ein Bundesländervergleich, Sinzheim 1997, S. 255.
[10] Zu den SPD-Frauen vgl. Lösche/Walter, Die SPD, S. 241-248.
[11] In: ACDP 2/201/34-1.
[12] Schuster, Frauenpolitik, S. 257.
[13] Protokoll Parteitag 1988; Die Zeit 24.6.1988.
[14] So die Einschätzung von Rita Süssmuth im Gespräch mit dem Autor, 4.9.2001.
[15] Vgl. FAZ und SZ 9.10.1990.
[16] Vgl. Protokoll FU-Tagung 1990; SZ 10.9.1990; FR 27.7.1990.
[17] dpa 28.10.1991.
[18] Vgl. UiD 23.1.1992.

[19] Vgl. Positionen in: FAZ 1.5.1994; 20.12.1993.
[20] Alle Daten nach: Frauenberichte des Generalsekretärs. Zum internationalen Vergleich: Beate Hoecker (Hg.), Handbuch politische Partizipation von Frauen in Europa, Opladen 1998.
[21] Rita Süssmuth im Gespräch mit dem Autor, 4.9.2001.

Rückblick – Der Wandel der CDU

[1] Vgl. Thomas Poguntke, Parteiorganisationen im Wandel. Gesellschaftliche Verankerung und organisatorische Anpassung im europäischen Vergleich, Wiesbaden 2000, S. 259.

Literatur und Quellenauswahl

[1] Einen Überblick bieten bisher zwei Bände der Adenauer-Stiftung: Hans-Otto Kleinmann, Geschichte der CDU 1945-1982, Stuttgart 1993, und, als explizite Kurzform von diesem Buch: Felix Becker (Red.), Kleine Geschichte der CDU, Stuttgart 1995; vgl. zudem auch: Geoffrey Pridham, Christian Democracy in Western Germany. The CDU/CSU in Government and Opposition, 1945-1976, London 1977.

Abkürzungen

abgedr.	abgedruckt
ACDP	Archiv für Christlich-Demokratische Politik
ADK	Arbeitsgemeinschaft Demokratischer Kreise
AfS	Archiv für Sozialgeschichte
APuZ	Aus Politik und Zeitgeschichte
BA	Bundesarchiv Koblenz
Bd.	Band
BDI	Bundesverband der Deutschen Industrie
BdV	Bund der Vertriebenen
Bearb.	Bearbeiter
bes.	besonders
betr.	betrifft
BHE	Bund der Heimatvertriebenen und Entrechteten
BT	Bundestag
BTW	Bundestagswahl
BVerfG	Bundesverfassungsgericht
CDA	Christlich-Soziale Arbeitnehmerschaft
DBV	Deutscher Bauernverband
DDP	Deutsche Demokratische Partei
DGB	Deutscher Gewerkschaftsbund
DIHT	Deutscher Industrie- und Handelstag
DNVP	Deutschnationale Volkspartei
DP	Deutsche Partei
dpa	Deutsche Presse-Agentur
DRP	Deutsche Reichspartei
DUD	Deutschland-Union-Dienst
DVP	Deutsche Volkspartei
DZP	Deutsche Zentrums-Partei
EAK	Evangelischer Arbeitskreis der CDU/CSU
ebd.	ebenda
EKD	Evangelische Kirche in Deutschland
epd.	Evangelischer Pressedienst
ev.	evangelisch
FAZ	Frankfurter Allgemeine Zeitung
FR	Frankfurter Rundschau
GB/BHE	Gesamtdeutscher Block / Bund der Heimatvertriebenen und Entrechteten

GG	Geschichte und Gesellschaft
Hg.	Herausgeber
HPM	Historisch-Politische Mitteilungen
HZ	Historische Zeitschrift
IHK	Industrie- und Handelskammer
Jg.	Jahrgang
JU	Junge Union
Kap.	Kapitel
kath.	katholisch
KNA	Katholische Nachrichten-Agentur
LES	Ludwig-Erhard-Stiftung
LHAK	Landeshauptarchiv Koblenz
LT	Landtag
LTW	Landtagswahl
MdB	Mitglied des Deutschen Bundestages
NPD	Nationaldemokratische Partei Deutschlands
NSDAP	Nationalsozialistische Deutsche Arbeiterpartei
o.D.	ohne Datum
o.O.	ohne Ort
o.U.	ohne Unterschrift
PVS	Politische Vierteljahresschrift
RCDS	Ring Christlich-Demokratischer Studenten
Red.	Redaktion
S.	Seite
SBZ	Sowjetische Besatzungszone
sonst.	Sonstige
SRP	Sozialistische Reichspartei
StBkAH	Stiftung Bundeskanzler-Adenauer-Haus
SV	Staatsbürgerliche Vereinigung
SZ	Süddeutsche Zeitung
Tab.	Tabelle
UiD	Union in Deutschland
VfZ	Vierteljahrshefte für Zeitgeschichte
vgl.	vergleiche
WP	Wahlperiode
ZfP	Zeitschrift für Politikwissenschaft
ZfG	Zeitschrift für Geschichtswissenschaft
zit.	zitiert
ZParl	Zeitschrift für Parlamentsfragen

Literatur- und Quellenauswahl

Bei einem Buch, das von der Nachkriegszeit bis in die unmittelbare Gegenwart reicht und zugleich neue Themenfelder erschließt, können viele Einschätzungen natürlich nur den Charakter einer ersten Bestandsaufnahme haben. Denn bislang liegt eine parteiunabhängige Gesamtdarstellung der CDU-Geschichte nicht vor, sondern nur einzelne Spezialstudien.[1] Für die Zeit bis 1971 stützen sich die Befunde deshalb im hohen Maße auf interne Akten. Protokolle, Briefe und Aufzeichnungen wurden hierfür in diversen Archiven umfassend eingesehen, besonders natürlich im Archiv für Christlich-Demokratische Politik (ACDP). Durch die 30-Jahres-Sperrfrist der Archive ist für die spätere Zeit dieser Aktenzugang natürlich nicht mehr möglich. Hier gewährten deshalb die Recherchen in den Pressearchiven des Deutschen Bundestages und im ACDP ein erstes Grundgerüst. Zudem wurden im ACDP die umfangreichen öffentlichen und halböffentlichen Parteiunterlagen der CDU ausgewertet. Entwürfe für Programme, Protokolle von Parteitagen, Pressemitteilungen, Parteiblätter, Parteidrucksachen, interne Analysen und Geschäftsberichte gehören dabei zu den wichtigsten Quellen. Statistische Berichte, Memoirenbände, Meinungsumfragen und Rechenschaftsberichte ergänzen diese. Viele Informationen verdanke ich schließlich den Gesprächen mit einzelnen Generalsekretären, Landesvorsitzenden, Geschäftsstellenmitarbeitern und Vorsitzenden von Vereinigungen.

Ganz neu war das Thema CDU für mich schließlich nicht. Bei den Abschnitten über die ersten beiden Jahrzehnte der CDU-Geschichte konnte ich in vielfältiger Weise an meine früheren Studien zur »Adenauer-CDU« und zum »konservativen Milieu« anknüpfen. Was dort auf einigen hundert Seiten unter spezifischen Fragestellungen untersucht wurde, konnte nun komprimiert in einen allgemeineren Überblick einfließen. Für ausführlichere Quellen- und Literaturangaben sei deshalb auch auf diese Bücher verwiesen. Die folgende Literatur- und Quellenauswahl gibt einführende Hinweise.

Ackermann, Eduard: Mit feinem Gehör. Vierzig Jahre in der Bonner Politik, Bergisch Gladbach 1994.
Adenauer, Konrad: Briefe, bearb. von Hans Peter Mensing, Bd. 1 (1945-1947), Berlin 1983; Bd. 2 (1947-1949), Berlin 1984; Bd. 3 (1949-1951), Berlin 1985; Bd. 4 (1951-1953), Berlin 1986; Bd. 5.

(1953-1955); Bd. 6 (1955-1957), Berlin 1998, Bd. 7 (1957-1959), Paderborn 2000.

Alemann, Ulrich von: Das Parteiensystem in der Bundesrepublik Deutschland, Opladen 2001.

Baring, Arnulf: Machtwechsel. Die Ära Brandt-Scheel, Stuttgart 1983.

Barton, Terry: Die CDU 1975-1983: Nach rechts rutschende Honoratiorenpartei? Zum Selbstverständnis der Parteitagsdelegierten, in: ZParl 15 (1984), S. 196-210.

Bauer, Gerhard: Die CDU im Saarland, Saarbrücken 1981.

Baus, Ralf Thomas: Die Christlich-Demokratische Union Deutschlands in der sowjetisch besetzten Zone 1945 bis 1948. Gründung – Programm – Politik, Düsseldorf 2001.

Becker, Felix (Red.): Kleine Geschichte der CDU, hrsg. von der Konrad-Adenauer-Stiftung, Stuttgart 1995.

Becker, Winfried: CDU und CSU 1945-1950. Vorläufer, Gründung und regionale Entwicklung bis zum Entstehen der CDU-Bundespartei, Mainz 1987.

Blumenwitz, Dieter u. a. (Hg.): Konrad-Adenauer und seine Zeit. Politik und Persönlichkeit des ersten Bundeskanzlers, Bd. 1: Beiträge von Weg- und Zeitgenossen; Bd. 2: Beiträge der Wissenschaft, Stuttgart 1976.

Böhr, Christoph (Hg.): Jugend bewegt Politik. Die Junge Union Deutschlands 1947 bis 1987, Krefeld 1988.

Bösch, Frank: Die Adenauer-CDU. Gründung, Aufstieg und Krise einer Erfolgspartei (1945-1969), Stuttgart/München 2001.

Bösch, Frank: Das konservative Milieu. Vereinskultur und lokale Sammlungspolitik in ost- und westdeutschen Regionen (1900-1960), Göttingen 2002.

Boysen, Jacqueline: Angela Merkel. Eine deutsch-deutsche Biographie, München 2001.

Buchhaas, Dorothee: Die Volkspartei. Programmatische Entwicklung der CDU 1950-1973, Düsseldorf 1981.

Buchheim, Hans (Hg.): Konrad Adenauer und der Deutsche Bundestag, Bonn 1986.

Buchstab, Günter (Bearb.): Die Protokolle des CDU-Bundesvorstandes, 4 Bde., Düsseldorf 1986 bis 1998.

Burger, Werner: Die CDU in Baden-Württemberg und die CSU in Bayern. Eine vergleichende Analyse, Freiburg 1984.

Bürklin Wilhelm P. u.a.: Die Mitglieder der CDU, Interne Studie Nr. 148/1997 der Konrad-Adenauer-Stiftung, Sankt Augustin 1997.

Cary, Noel D.: The Path to Christian Democracy. German Catholics and the Party System from Windthorst to Adenauer, Cambridge 1996.

Clemens, Clay/Patterson, William E. (Hg.): The Kohl Chancellorship, in: German Politics 7, Special Issue (1998).

Clough, Patricia: Helmut Kohl. Ein Portrait der Macht, München 1998.

Conze, Werner: Jakob Kaiser. Politiker zwischen Ost und West 1945-1949, Stuttgart 1969.

Dettling, Warnfried: Das Erbe Kohls. Bilanz einer Ära, Frankfurt/M. 1994.

Dittberner, Jürgen: Die Bundesparteitage der Christlich-Demokratischen Union und der Sozialdemokratischen Partei von 1946 bis 1968. Eine Untersuchung der Funktionen von Parteitagen, Augsburg 1969.

Domes, Jürgen: Mehrheitsfraktion und Bundesregierung. Aspekte des Verhältnisses der Fraktion der CDU/CSU im zweiten und dritten Deutschen Bundestag zum Kabinett Adenauer, Köln 1964.

Dreher, Klaus: Helmut Kohl. Leben mit Macht, Stuttgart 1998.

Drummer, Heike/Zwilling, Jutta (Red.), Elisabeth Schwarzhaupt (1901-1986). Portrait einer streitbaren Politikerin und Christin, Freiburg 2001.

Dürr, Tobias/Soldt, Rüdiger (Hg.), Die CDU nach Kohl, Frankfurt 1998.

Ebbighausen, Rolf: Die Kosten der Parteiendemokratie. Studien und Materialien zu einer Bilanz staatlicher Parteifinanzierung in der Bundesrepublik Deutschland, Opladen 1996.

Engel, Andreas: Regionale politische Traditionen und die Entwicklung der CDU/CSU, in: Dieter Oberndörfer/Karl Schmitt (Hg.): Parteien und regionale politische Traditionen in der Bundesrepublik Deutschland, Berlin 1991, S. 89-124.

Fäßler, Peter: Badisch, christlich und sozial. Zur Geschichte der BCSV/CDU im französisch besetzten Land Baden (1945-1952), Frankfurt 1995.

Falke, Wolfgang, Die Mitglieder der CDU. Eine empirische Studie zum Verhältnis von Mitglieder- und Organisationsstruktur der CDU 1971-1977, Berlin 1982.

Gauly, Thomas M.: Kirche und Politik in der Bundesrepublik Deutschland 1945-1976, Bonn 1990.

Geißler, Heiner: Gefährlicher Sieg. Die Bundestagswahl 1994 und ihre Folgen, Köln 1995.

Gluchowski, Peter/Veen, Hans-Joachim: Nivellierungstendenzen in der Wähler- und Mitgliederschaft von CDU/CSU und SPD von 1959 bis 1979, in: ZParl 10 (1979), S. 312-332.

Gotto, Klaus (Hg.): Der Staatssekretär Adenauers. Persönlichkeit und politisches Wirken Hans Globkes, Stuttgart 1980.

Grabow, Karsten: Abschied von der Massenpartei. Die Entwicklung der Organisationsstruktur von SPD und CDU seit der deutschen Wiedervereinigung, Wiesbaden 2000.

Gros, Jürgen: Politikgestaltung im Machtdreieck Partei, Fraktion, Regierung. Zum Verhältnis von CDU-Parteiführungsgremien, Unionsfraktion und Bundesregierung 1982-1989 an den Bespielen der Finanz-, Deutschland- und Umweltpolitik, Berlin 1998.

Grotz, Claus-Peter: Die Junge Union. Struktur – Funktion – Entwicklung der Jugendorganisation von CDU und CSU seit 1969, Kehl am Rhein 1983.

Gruber, Ludger: Die CDU-Landtagsfraktion in Nordrhein-Westfalen 1946-1980. Eine parlamentshistorische Untersuchung, Düsseldorf 1998.

Haungs, Peter: Die Christlich-Demokratische Union Deutschlands (CDU) und die Christlich-Soziale Union in Bayern, in: Hans-Joachiam Veen (Hg.), Christlich-Demokratische Parteien in Europa, Bd. 1, Paderborn 1983, S. 9-194.

Haungs, Peter: Kanzlerdemokratie in der Bundesrepublik Deutschland. Von Adenauer bis Kohl, in: ZfP 33 (1986), S. 44-66.

Haungs, Peter: Die CDU. Prototyp einer Volkspartei, in: Alf Mintzel/Heinrich Oberreuther (Hg.), Parteien in der Bundesrepublik, Bonn 1992, S.172-216.

Hehl, Ulrich von (Hg.): Adenauer und die Kirchen, Bonn 1999.

Heidenheimer, Arnold J.: Adenauer and the CDU. The Rise of a Leader and the Integration of the Party, The Hague 1960.

Heidenreich, Gerd/Wolf, Werner: Der Weg zur stärksten Partei 1945-1995. 50 Jahre CDU Hessen, Köln 1995.

Heitzer, Horstwalter: Die CDU in der britischen Zone 1945-1949. Gründung, Organisation, Programm und Politik, Düsseldorf 1988.

Hennecke, Hans-Jörg: Die CDU in Mecklenburg und Vorpommern, in: Nikolaus Werz/Ders. (Hg.), Partei und Politik in Mecklenburg und Vorpommern, München 2000, S. 15-65.

Hentschel, Volker: Ludwig Erhard. Ein Politikerleben, Berlin 1998.

Hetterich, Volker: Von Adenauer zu Schröder – Der Kampf um die Stimmen. Eine Längsschnittanalyse der Wahlkampagnen von CDU und SPD bei den Bundestagswahlen 1949 bis 1998, Opladen 2000.

Hildebrand, Klaus: Von Erhard zur Großen Koalition 1963-1969, Stuttgart 1984.

Hintze, Peter (Hg.): Die CDU-Parteiprogramme. Eine Dokumentation der Ziele und Aufgaben, Bonn 1995.

Hüwel, Detlev: Karl Arnold. Eine politische Biographie, Wuppertal 1980.

John, Antonius: Ahlen und das Ahlener Programm. Dokumente – Ereignisse – Erinnerungen, Ahlen 1977

Kaack, Heino/Roth, Reinhold (Hg.): Handbuch des deutschen Parteiensystems, Struktur und Politik in der Bundesrepublik zu Beginn der achtziger Jahre, 2 Bde., Opladen 1980.

Kiep, Walther Leisler: Was bleibt ist große Zuversicht. Erfahrungen eines Unabhängigen. Ein politisches Tagebuch, Berlin 1999.

Kleinmann, Hans Otto: Geschichte der CDU 1945-1982, hrsg. von Günter Buchstab, Stuttgart 1993.

Köhler, Henning: Adenauer. Eine politische Biographie, Berlin 1994.

Koerfer, Daniel: Kampf ums Kanzleramt. Erhard und Adenauer, Stuttgart 1987.

Kohl, Helmut: Mein Tagebuch 1998-2000, München 2000.

Korte, Karl-Rudolf: Deutschlandpolitik in Helmut Kohls Kanzlerschaft. Regierungsstil und Entscheidungen 1982-1989, Stuttgart 1998.

Kühr, Herbert: Die CDU in Nordrhein-Westfalen. Von der Unionsgründung zur modernen Mitgliederpartei, in: Ulrich von Alemann (Hg.), Parteien und Wahlen in Nordrhein-Westfalen, Köln 1985, S. 91-120.

Landfried, Christine: Parteifinanzen und politische Macht. Eine vergleichende Studie zur Bundesrepublik, Italien und den USA, Baden-Baden 1990.

Lange, Hans-Jürgen: Responsivität und Organisation. Eine Studie über die Modernisierung der CDU von 1973-1989, Marburg 1994.

Langguth, Gerd: Das Innenleben der Macht. Krise und Zukunft der CDU, Berlin 2001.

Leggewie, Claus: CDU – Integrationsmodell auf Widerruf. Die zwei Modernisierungen der deutschen Rechten nach 1945, in: Blätter für deutsche und internationale Politik 34 (1989), S. 294-308.

Lösche, Peter/Walter, Franz: Katholiken, Konservative und Liberale: Milieus und Lebenswelten bürgerlicher Parteien in Deutschland während des 20. Jahrhunderts, in: GG 26 (2000), S. 471-492.

Leyendecker, Hans/Prantl, Heribert/Stiller, Michael, Helmut Kohl, die Macht und das Geld, Göttingen 2000.

Martin, Anne: Die Entstehung der CDU in Rheinland-Pfalz, Mainz 1995.
Morsey, Rudolf: Heinrich Lübke. Eine politische Biographie, Paderborn 1996.
Neuhaus, Frank: DGB und CDU. Analysen zum bilateralen Verhältnis von 1982 bis 1990, Köln 1996.
Niclauß, Karlheinz: Kanzlerdemokratie. Bonner Regierungspraxis von Konrad Adenauer bis Helmut Kohl, Stuttgart 1988.
Nonnenmacher, Günther (Hg.): Die gespendete Macht. Parteiendemokratie in der Krise, Berlin 2000.
Oppelland, Torsten: Politik zwischen Staat, Partei und Konfession. Eine politische Biographie Gerhard Schröders, Düsseldorf 2002.
Pflüger, Friedbert: Ehrenwort. Das System Kohl und der Neubeginn, Stuttgart/München 2000.
Preusse, Detlev: Gruppenbildung und innerparteiliche Demokratie. Am Beispiel der Hamburger CDU, Königstein 1981.
Pridham, Geoffrey: Christian Democracy in Western Germany. The CDU/CSU in Government and Opposition 1945-76, London 1977.
Rannacher, Helmut: Das konfessionelle Gleichgewicht als Strukturproblem der Christlich-Demokratischen Union Deutschlands, Tübingen 1970.
Recker, Marie-Luise: Wahlen und Wahlkämpfe in der Bundesrepublik Deutschland 1949-1960, in: Gerhard A. Ritter (Hg.), Wahlen und Wahlkämpfe in der Bundesrepublik Deutschland. Von den Anfängen im 19. Jahrhundert bis zur Bundesrepublik, Düsseldorf 1997, S. 267-309.
Reichart-Dreyer, Irmgard: Macht und Demokratie in der CDU. Dargestellt am Prozess und Ergebnis der Meinungsbildung zum Grundsatzprogramm 1994, Wiesbaden 2000.
Reitz, Ulrich: Wolfgang Schäuble. Die Biographie, Bergisch-Gladbach 1996.
Rohe, Karl: Wahlen und Wählertraditionen in Deutschland. Kulturelle Grundlagen deutscher Parteien und Parteiensysteme im 19. und 20. Jahrhundert, Frankfurt 1992.
Scarrow, Susan: Parties and their Members. Organizing for Victory in Britain and Germany, Oxford 1996.
Schäuble, Wolfgang: Mitten im Leben, München 2000.
Schindler, Peter (Bearb.), Datenhandbuch zur Geschichte des Deutschen Bundestages, 3 Bde., Baden-Baden 1999.
Schmid, Josef: Die CDU. Organisationsstrukturen, Politiken und Funktionsweisen einer Partei im Föderalismus, Opladen 1990.

Schmidt, Manfred G.: CDU und SPD an der Regierung. Ein Vergleich ihrer Politik in den Ländern, Frankfurt 1980.
Schmidt, Ute: Die Christlich-Demokratische Union Deutschlands, in: Richard Stöss (Hg.): Parteien-Handbuch. Die Parteien der Bundesrepublik Deutschland 1945-1980, Bd. 1, Opladen 1986, S. 490-660.
Schmidt, Ute: Zentrum oder CDU. Politischer Katholizismus zwischen Tradition und Anpassung, Opladen 1987.
Schmitt, Karl: Konfession und Wahlverhalten in der Bundesrepublik Deutschland, Berlin 1989.
Schönbohm, Wulf: Die CDU wird moderne Volkspartei. Selbstverständnis, Mitglieder, Organisation und Apparat 1950-1980, Stuttgart 1985.
Schroeder, Wolfgang: Katholizismus und Einheitsgewerkschaft: Der Streit um den DGB und der Niedergang des traditionellen Sozialkatholizismus in der Bundesrepublik bis 1960, Bonn 1992.
Schulz, Gerhard: Die CDU – Merkmale ihres Aufbaus, in: Parteien in der Bundesrepublik. Studien zur Entwicklung der Parteien bis zur Bundestagswahl 1953, hrsg. v. Institut für Politische Wissenschaft, Stuttgart 1955, S. 3-153.
Schwarz, Hans-Peter: Adenauer. Bd.1: Der Aufstieg 1876-1952, Stuttgart 1986 und Bd. 2: Der Staatsmann 1952-1967, Stuttgart 1991.
Schwarz, Hans-Peter: Konrad Adenauers Regierungsstil, Bonn 1991.
Spotts, Frederic: Kirchen und Politik in Deutschland, Stuttgart 1976.
Struck, Claus Ove: Die Politik der Landesregierung Friedrich Wilhelm Lübke in Schleswig-Holstein (1951-1954), Frankfurt 1997.
Stubbe-da Luz, Helmut: Von der »Arbeitsgemeinschaft« zur Großstadtpartei. 40 Jahre Christlich-Demokratische Union in Hamburg (1945-1985), Hamburg 1986.
Stützle, Peter: Auf den Spuren der CDU. Parteigeschichte aus der Sicht von Zeitzeugen, Bonn 1995.
Süssmuth, Hans: Kleine Geschichte der CDU-Frauen-Union. Erfolge und Rückschläge 1948-1990, Baden-Baden 1990.
Süssmuth, Rita: Wer nicht kämpft, hat schon verloren. Meine Erfahrungen in der Politik, München 2000.
Thuß, Holger/Voigt, Mario: Der RCDS – Fünf Jahrzehnte gelebte Studentenpolitik, Erlangen 2001.
Uertz, Rudolf: Christentum und Sozialismus in der frühen CDU. Grundlagen und Wirkungen der christlich-sozialen Ideen in der Union 1945-1949, Stuttgart 1981.

Veen, Hans-Joachim/Gluchowski, Peter: Die Anhängerschaften der Parteien vor und nach der Einheit – eine Langfristbetrachtung von 1953 bis 1993, in: ZParl 25 (1994), S. 165-186.

Walter, Franz/Dürr, Tobias: Die Heimatlosigkeit der Macht. Wie die Politik in Deutschland ihren Boden verlor, Berlin 2000.

Weinacht, Paul-Ludwig (Hg.): Die CDU in Baden-Württemberg und ihre Geschichte, Stuttgart 1979.

Weitzel, Kurt: Von der CSVP zur CDU. Die Gründung der CDU in Rheinhessen 1945-1947, Frankfurt/M. 1982.

Wewer, Göttrik (Hg.): Bilanz der Ära Kohl. Christlich-liberale Politik 1982-1998, Opladen 1998.

Wieck, Hans Georg: Die Entstehung der CDU und die Wiederbegründung des Zentrums im Jahre 1945, Düsseldorf 1953.

Wieck, Hans Georg: Christliche und Freie Demokraten in Hessen, Rheinland-Pfalz, Baden und Württemberg 1945/46, Düsseldorf 1958.

Wiesendahl, Elmar: Parteien in Perspektive. Theoretische Ansichten der Organisationswirklichkeit politischer Parteien, Wiesbaden 1998.

Wilde, Manfred: Die SBZ-CDU 1945-1947. Zwischen Kriegsende und kaltem Krieg, München 1998.

Winter, Thomas von: Die CDU im Interessenkonflikt. Eine Fallstudie zur parteiinternen Auseinandersetzung über den Paragraphen 116 AFG, in: Leviathan 17.1. (1989), S. 46-84.

Wolf, Werner (Hg.): CDU Hessen 1945-1985. Politische Mitgestaltung und Kampf um die Mehrheit, Köln 1986.

Yeomans, Silke: Das Amt des Generalsekretärs in der Christlich Demokratischen Union (CDU) auf Bundesebene 1967-1989, Augsburg 1995.

Zohlnhöfer, Werner und Reimut: Die Wirtschaftspolitik der Ära Kohl 1982-1989/90. Eine Wende im Zeichen der sozialen Marktwirtschaft?, in: HPM 8 (2001), S. 153-174.

Personenregister

Abs, Hermann-Josef 84
Ackermann, Eduard 120, 137
Ade, Meinhard 119, 124
Adenauer, Konrad 7, 9, 16-26, 28, 36, 39, 43-45, 49-51, 55f., 67, 69, 72f., 75-95, 98, 104f., 108, 121f., 125, 146f., 157, 159-164, 171f., 177, 196-200, 202, 205, 207, 212, 240-242, 263
Albrecht, Ernst 38, 46, 118, 130, 132, 134, 226
Althaus, Dieter 140
Altmann, Rüdiger 28
Altmeier, Peter 89, 109, 146
Arentz, Hermann-Josef 61, 236
Arnold, Karl 14, 77, 87, 105

Bach, Ernst 157, 161f.
Barschel, Uwe 130
Barzel, Rainer 26, 33, 66f., 73, 92-95, 99, 101-108, 115, 148, 176, 206, 214
Baumann, Beate 153
Baumeister, Brigitte 180, 184f.
Beckmann, Gerta 169
Berg, Fritz 88, 159f.
Bergner, Christoph 139, 236
Bergsdorf, Wolfgang 120
Beust, Ole von 144, 153
Biedenkopf, Kurt 10, 34-38, 42, 54, 58f., 111-113, 115-117, 125, 127, 130-132, 134f., 141f., 145f., 230
Blankenhorn, Herbert 84
Böck, Willibald 140
Böhmer, Wolfgang 139
Böhmer, Maria 260, 263
Böhr, Christoph 132
Blüm, Norbert 40f., 52, 111, 123, 127, 132, 134, 137, 147, 169, 202, 221, 230, 232f., 252

Bohl, Friedrich 121
Bourdieu, Pierre 238
Brandt, Willy 42f., 50, 54, 89, 105, 107, 209-212, 238, 245
Brauchitsch, Eberhard von 176
Brauksiepe, Aenne 244
Breit, Ernst 231
Brentano, Heinrich von 80
Burgbacher, Fritz 163

Carstens, Karl 110, 113, 176
Cartellieri, Ulrich 150, 189
Christiansen, Eva 153

Daehre, Karl-Heinz 139
Dettling, Warnfried 45, 102, 112, 124, 133
Dibelius, Otto 209
Diehl, Rudolf 176
Diepgen, Eberhard 224
Diestel, Peter-Michael 140
Dirks, Walter 12
Dregger, Alfred 41, 108, 115, 123, 137, 216
Duchac, Josef 140
Dufhues, Josef Hermann 26f., 89

Ehlerding, Ingrid und Karl 186
Ehlers, Hermann 200
Engholm, Björn 130
Eppelmann, Rainer 145, 233
Erhard, Ludwig 7, 20, 22, 26-28, 36f., 40, 49, 60, 69-73, 87f., 90-95, 98f., 210f., 240
Eschenburg, Theodor 84
Escher, Klaus 148
*Etzel, Franz 30

Fehrenbach, Gustav 221

Filbinger, Hans 110, 117, 125, 216
Fink, Ulf 58, 132f., 139f., 142, 232f.
Fischer, Claus 224
Fischer, Leni 256
Flick, Frierich-Karl 121, 168, 175-178
Franz, Ove 167
Fricke, Otto 159

Gaulle, Charles de 87
Gauly, Thomas 59
Geißler, Heiner 34-36, 41, 45, 52f., 59, 61, 69, 111, 116, 119, 123-125, 127, 129-136, 142, 145, 169f., 172, 179, 219f., 233, 246f., 250-252, 254, 257, 262
Genscher, Hans-Dietrich 50, 54
Gereke, Günther 85
Gerster, Johannes 142
Gerstenmaier, Eugen 86, 94
Gies, Gert 139
Globke, Hans 83f., 89, 91f., 121, 159-161, 172
Göb, Rüdiger 101f., 104, 246
Göhner, Reinhard 58-61
Gomolka, Alfred 141
Gorbatschow, Michael 50
Gradl, Johann Baptist 108

Hähle, Fritz 141
Hallstein, Walter 84
Hartfelder, Carola 140
Hassel, Kai-Uwe 88, 93
Hasselmann, Wilfried 130, 216
Häßler, Klaus 140
Haungs, Peter 122
Hausmann, Willi 150
Heck, Bruno 29, 31, 84, 93, 97, 101, 123
Heinemann, Gustav 23
Heitmann, Steffen 137
Hellwege, Heinrich 205
Hellwig, Renate 251
Henkel, Hans-Olaf 230f.
Hennig, Ottfried 104, 138
Hennis, Wilhelm 38
Hermes, Andreas 56, 74

Heuss, Theodor 87
Hilpert, Werner 85
Hintze, Peter 59f., 136f., 145f., 231, 258
Holzapfel, Friedrich 76
Honecker, Erich 50, 54

Jäger, Wolfgang 120
Josten, Michael 139
Jürgens, Curd 211
Jürgens, Udo 211

Kaiser, Jakob 14, 16, 18, 56, 75, 84, 87
Kanther, Manfred 145, 258
Katzer, Hans 100, 102, 108, 169, 202, 214
Kiep, Walther Leisler 120, 171, 173, 178, 184
Kiesinger, Kurt Georg 73, 78, 94f., 97-100, 103f., 147, 172, 208, 210f., 240, 243
Kirch, Leo 226
Klarsfeld, Beate 98
Klein, Thomas 140
Koch, Roland 144, 149
Kock, Manfred 230
Kogon, Eugen 12
Kohl, Helmut 7-10, 29, 31f., 34f., 37, 39, 41-45, 47f., 50f., 53-55, 57-61, 63-65, 72f., 89, 94, 96, 99f., 103-125, 127-139, 142-150, 152-154, 166, 169, 171-173, 175-177, 179, 186, 188, 208, 216, 218, 221f., 227, 230-234, 236, 247f., 250, 253-258, 263, 270, 274
Korte, Karl-Rudolf 120
Kortmann, Karin 230
Kraske, Konrad 80, 84, 101, 104, 111, 166
Krause, Günther 141
Krone, Heinrich 80, 83f., 91, 105
Kues, Hermann 68
Kunst, Hermann 209

Lambsdorff, Otto Graf 176
Laurien, Hanna-Renate 258

Lehmann, Karl 230
Lehr, Ursula 253
Lenz, Otto 157, 197
Linsen, Helmut 229
Lübke, Heinrich 87
Lücke, Paul 93
Lüthje, Uwe 184
Lummer, Heinrich 224

Maizière, Lothar de 58, 134, 139, 184
May, Rüdiger 133, 179
Meisner, Joachim 229
Merkel, Angela 10f., 67-73, 134, 141f., 147f., 150-155, 257f., 260, 262f.
Merz, Friedrich 72, 150, 152
Meyer, Heinz-Werner 231
Meyer, Laurenz 150, 153
Meyers, Franz 26
Milbradt, Georg 141, 238
Mitterand, Francois 50
Momper, Walter 54
Müllenbach, Peter 170
Müller, Hildegard 153, 264
Müller, Peter 148, 153
Müller-Armack, Alfred 18, 40
Münch, Werner 139

Neumann, Bernd 172
Niclauß, Karl-Heinz 120
Niemöller, Martin 200
Noelle-Neumann, Elisabeth 215
Nolte, Claudia 257f., 263
Nothof, Karl 230

Oberländer, Theodor 89
Oettinger, Günther
Osterheld, Horst 84

Peiner, Wolfgang 190
Pferdmenges, Robert 84, 87, 159-161
Polenz, Ruprecht 150, 153
Preschle, Klaus 150f.
Preysing, Konrad Graf von 84

Radunski, Peter 102, 119, 124, 133

Rau, Johannes 223
Rehberg, Eckhardt 141, 238
Reichenbach, Klaus 141
Renger, Annemarie 248
Rühe, Volker 131-133, 135f., 147, 149, 184
Rüttgers, Jürgen 68, 149, 153

Schäuble, Wolfgang 66-68, 73, 121, 123, 132, 137, 146f., 149, 152, 186, 254
Scharf, Kurt 209
Scharnberg, Hugo 159
Schavan, Annette 68, 147, 153
Scheufelen, Klaus 159
Schill, Ronald 239
Schiller, Karl 210
Schily, Otto 177
Schlange-Schöningen, Hans 76
Schmid, Josef 120
Schmidt, Helmut 42, 48, 122, 176, 214, 217, 269
Schmücker, Kurt 165f., 171
Schnoor, Steffie 141
Schönbohm, Jörg 140
Schönbohm, Wulf 38, 102, 124, 133
Schönhuber, Franz 224
Scholz, Bubi 211
Schreckenberger, Waldemar 121
Schreiber, Karlheinz 186
Schreiber, Werner 233
Schröder, Gerhard (CDU) 71, 94f., 103
Schröder, Gerhard (SPD) 187, 231, 238, 263
Schulte, Dieter 231
Schwarzer, Alice 250
Schwarzhaupt, Elisabeth 242
Schwerin, Alexander von 232
Seite, Berndt 141
Seiters, Rudolf 121
Späth, Lothar 54, 119, 125, 127, 131-133, 142, 179
Stalin, Josef 23
Staudacher, Wilhelm 133
Steffel, Frank 153

Stegerwald, Adam 193
Stein, Gustav 88, 159f.
Steinbach, Erika 258
Steiner, Julius 105
Stihl, Hans Peter 230
Stoiber, Edmund 42, 72, 153, 155
Stoltenberg, Gerhard 26, 52, 96, 100, 102f., 110, 118, 122, 125, 134, 162, 226
Storch, Anton 202
Streithofen, Heinrich Basilius 34
Strauß, Franz Josef 17, 28, 42-44, 92, 106, 108, 113f., 118f., 138, 156, 217f., 249
Streibl, Max 138
Strobel, Käte 245
Stücklen, Richard 176
Soraya Esfandiari 197
Süssmuth, Rita 52, 127, 131-135, 142, 148, 251-254, 256f., 262f.

Teltschik, Horst 120, 137
Terlinden, Hans 119, 133, 150
Tietmeyer, Hans 70
Töpfer, Klaus 49, 132, 232

Uldall, Gunnar 68

Vaatz, Arnold 58
Vogel, Bernhard 111, 130, 134, 140, 142, 153, 169, 230

Wagner, Carl-Ludwig 130, 224
Wagner, Peter 140
Waigel, Theodor 138, 144
Walter, Axel Dirk 180
Weber, Juliane 137, 248
Weizsäcker, Richard von 34, 37f., 59, 111, 137
Westrick, Ludger 91f.
Wex, Helga 100, 169, 246f., 249-251
Weyrauch, Horst 172
Wilhelm, Hans-Otto 130
Willms, Dorothee 254
Winkler, Hermann 238
Wissmann, Matthias 119, 147, 149, 188
Wulfert, Manfred 139
Wulff, Christian 70, 144, 147, 153

Zwickel, Klaus 232

Sachregister

Organe und Ämter beziehen sich auf die CDU

Abtreibung/§ 218 53, 57f., 208, 216, 220, 228, 246, 252, 255f., 262
Achtundsechzig/68er 96, 99, 101, 106, 212, 222
Arbeitslosigkeit 20,40, 45f., 51, 53, 64, 220, 228f., 231, 250
Außenpolitik 22-24, 28, 31, 38, 41-43, 49f., 55, 62, 79, 105, 107f., 209

BHE 159, 196, 205f.
Bildungspolitik/-programmatik 13, 15, 24f., 28, 30f., 32-34, 44
Bremer »Putsch« 130-135, 178, 254
Bundesausschuß 78, 81-83, 87f., 96, 126, 136
Bundesgeschäftsstelle 74, 80f., 91, 101f., 104, 112, 119, 127-129, 133, 150f., 181, 244, 262
Bundesparteitage
- 1950 77f.
- 1953 25, 244
- 1956 86
- 1958 26, 86
- 1962 89
- 1965 27
- 1966 93
- 1968 30
- 1969 31, 99f.
- 1971 32, 103f.
- 1975 35
- 1977 115
- 1978 41
- 1979 117f.
- 1981 43f., 120,
- 1984 176
- 1985 250, 252
- 1988 130, 252
- 1989 128f., 131f., 179, 224, 253f.
- 1990 134 f.
- 1991 135, 256
- 1994 135, 145, 258
- 1995 146, 231, 258
- 1996 145, 259
- 1997 146
- 1998 147 f.
- 1999 148
- 2000 154, 188f.

Bundestagsfraktion CDU/CSU 33, 79f., 83, 91f., 97f., 102f., 105, 107 f., 110,113-115, 123f., 137, 153, 221, 248, 254, 260f., 270
Bundesvorstand 29f., 32, 35, 55, 77, 81-83, 86-88, 91, 96, 98, 100, 102, 110f., 117, 125-127., 135f., 145, 148, 152, 189, 257, 261

»C«/Christliches Selbstverständnis 13, 15, 26-28, 37-40, 52f., 60, 67f.
CDA, vgl. Sozialausschüsse
CSU 10, 37, 42f., 92, 100, 103, 106f., 110, 113f., 117-119, 124, 138, 151f., 163, 173, 216, 256, 259, 265

Deutsche Partei (DP) 159, 196, 205f.
Deutschlandpolitik, vgl. Wiedervereinigung

Familienpolitik/-programmatik 13, 35, 39f., 43, 46, 51f., 61, 65, 68f., 220, 243f., 246f., 249, 252, 257
FDP 10, 94, 99, 100, 113f., 117, 159, 163, 168, 173, 176, 191, 200, 205, 206f., 210f.
Finanzen
- 1945-1967: 156-163
- 1967-1986: 164-177

- 1986-1998: 177-185
- seit 1998: 185-190, 271f.

Fördergesellschaften 159-161, 168, 174

Fraktion, vgl. Bundestagsfraktion

Frauen/ Frauen-Union
- 1945-1969: 240-245
- 1969-1982: 107, 169, 245-249
- 1982-1990: 133, 249-254
- seit 1990: 69, 255-265

Frauenquote/Quorum 250f., 257-260, 264, 267

Friedensbewegung 43, 52, 218-220, 229

Generalsekretär 78, 96f., 102, 104, 111f., 116, 119, 123-125, 133, 136, 150, 165, 189, 250-253

Gentechnik 68

Gewerkschaften
- Christliche 12, 14, 202
- DGB 20f., 36, 48, 51, 202f., 210f., 219, 221f., 231-233, 236, 267

Die Grünen 52, 219, 222, 224, 232, 239

Junge Union/Junge Generation 7, 31, 37, 43, 49, 58, 86, 99, 101f., 103f., 107, 115, 118f., 132, 136f., 144f., 162, 204, 218f., 235, 247, 253, 258, 260, 262, 264

Kanzleramt 44f., 53, 55, 77, 79, 83f., 88, 91f., 98, 120-123, 127f., 254, 269f.

Kanzlerkandidaten-Auswahl 94, 103, 110, 113f., 117f., 146 f., 155

Konrad-Adenauer-Stiftung 97, 151, 238

Kirchen
- Katholische 13, 24, 192-194, 201, 207f., 216f., 220, 228-230, 236, 240, 245f., 251f., 268
- Protestantische 194f., 200f., 207, 209, 219f., 227, 229f., 236, 240, 245f., 268

Konfessioneller Ausgleich 12-16, 23, 74, 82-84, 87, 161, 193-195, 200f., 204, 216

Landesverbände/innerparteilicher Föderalismus 14, 33f., 47, 75-78, 83, 85f., 88f., 96f., 110, 112f., 117, 124f., 130, 133, 138-144, 153-155, 160f., 172, 179, 190, 205, 216, 242f., 248

Medienpolitik/Medieneinsatz 89, 100, 116, 144, 147, 150, 157, 180f., 188, 196-199, 208, 211f., 226f., 233f., 249

Mitbestimmungsfrage 18, 20f., 30, 32, 34, 222

Mittelstandsgruppen und –verbände 22, 27, 33, 49, 80, 88, 107, 159-161, 195, 199f., 202, 217, 221, 230-232, 236f., 262

Mitglieder der CDU
- allgemein 58, 101
- Beiträge 157, 165, 167, 171, 173, 178, 187
- Partizipation 29, 32, 59, 109, 143-146, 154, 234
- Sozialstruktur 89, 192f., 195, 203f., 213, 215, 225-227, 234, 241, 255, 260, 264
- Umfang 75, 85, 204, 213f., 225f., 228, 234, 236
- Werbung 7, 91, 143

Nationalsozialismus 13, 15, 84, 89, 98, 117, 137, 194, 199

Neue Soziale Frage 35-37, 39, 42, 61, 69

Neue Soziale Marktwirtschaft 68, 70f.

Ost-CDU/neue Bundesländer 56-58, 134f., 138-142, 183f., 225-228, 237f., 255-257, 264

Organisationsstruktur der CDU
- Nachkriegszeit 74-77, 192-194
- Fünfziger Jahre 77-88, 201-204,

242f.
- Sechziger Jahre 88-99
- Siebziger Jahre 99-119, 213
- Achtziger Jahre 119-133
- Neunziger Jahre 134-139, 142-147
- seit 1998: 147- 155, 272f.

Parteiengesetz 95, 161f., 164, 167f., 173, 185, 188
Parteiführung
- Adenauer 75-91, 108, 121f.
- Erhard 90-94
- Kiesinger 94-99
- Barzel 103-108, 148
- Kohl 108-148
- Schäuble 147-149
- Merkel 150-155
Parteitage, vgl. Bundesparteitage
PDS 228, 230f., 273
Präsidentschaftskrise 87f.
Präsidium 89f., 98, 104f., 110, 119, 125-127,131-133, 136, 145, 148, 152-154, 213, 254, 261
Programme
- Gründungsphase (1945/46) 12-16
- Neheim-Hüsten (1946) 16f.
- Ahlener (1947) 17f., 36
- Düsseldorfer (1949) 18f.
- Hamburger (1953) 25, 244
- Formierte Gesellschaft (1965) 27f., 36, 71f.
- Berliner (1968/71) 29-32
- Mannheimer Erklärung (1975) 35-37
- Ludwigshafener Grundsatzprogramm (1978) 37-42
- Stuttgarter Leitsätze (1984) 46f., 249
- Politik auf der Grundlage des christlichen Menschenbildes (1988) 52f.
- Ja zu Deutschland (1990) 56f.
- Dresdner Manifest (1991) 57
- Hamburger Grundsatzprogramm (1994) 57-62
- Erfurter Leitsätze (1999) 65-67

Quorum, vgl. Frauenquote

Rechtsextreme/ -populistische Parteien 196, 206, 210, 216, 223-225, 239
Reform der Parteiorganisation

Schulpolitik, vgl. Bildungspolitik
Soziale Marktwirtschaft 18-22, 40f., 60, 65, 69f., 266
Sozialauschüsse der CDA 18, 20, 31, 33f., 41, 52, 58, 61, 70f., 80, 107f., 118, 133, 169, 202f., 218, 221f., 232f., 236f., 247, 250, 262
Sozialpolitik/-programmatik 20-22, 35-37, 39-43, 48f., 51, 61, 70, 80, 92, 221, 229f., 231, 246f.
SPD 10, 13-15, 22, 26, 35, 45, 56, 63, 100, 115, 128, 154, 156, 163f., 174, 179, 187-189, 192f., 197f., 205, 210f., 219, 221, 225, 227, 229f., 243, 245, 248, 252, 259, 264, 269, 272f., 275
Staatliche Parteienfinanzierung 162-164, 175, 181
Staatsbürgerliche Vereinigung 159, 166, 168-170, 173f.

Union-Betriebs-GmbH(UBG) 165, 169f., 173, 181.
Union GmbH & Co Kommunikation und Medien KG (UKM) 180
Umweltpolitik/-programmatik 40, 43, 46, 49, 53, 60, 71

Vereinigungen der CDU allgemein 81 f., 125, 154, 164, 201f., 237

Wahlen/Wahlkämpfe
- Nachkriegszeit 195, 241
- Fünfziger Jahre 160, 195-199, 201, 203-205, 207, 241
- Sechziger Jahre 89, 93f., 167, 208, 210f.,

- Siebziger Jahre 38, 106, 112, 167, 212-216, 245, 247
- Achtziger Jahre 42f., 118f., 217f., 222-226, 249
- Neunziger Jahre 63, 193, 226-228, 230-232, 234f., 257, 263f., 273
- Nach 2000 151, 153, 155, 187f., 235f.

Wahlkampfkostenerstattung Staatliche Parteienfinanzierung
»Wende« 44

Wiedervereinigung 23, 30f., 41, 54-58, 134, 181, 183f., 226f., 255
Wirtschaftsbild 158, 170, 180
Wirtschaftspolitik/ programmatik 12-14, 16-24, 40-42, 46-49, 56, 62-64, 69-71
Wirtschaftsverbände, vgl. Mittelstandsgruppen

Zentrumspartei 12-14, 74f., 85, 192-194, 201-203, 206f.